Paris
1866

Buchez, Philippe Joseph Benjamin

Traité de politique et de science sociale

1

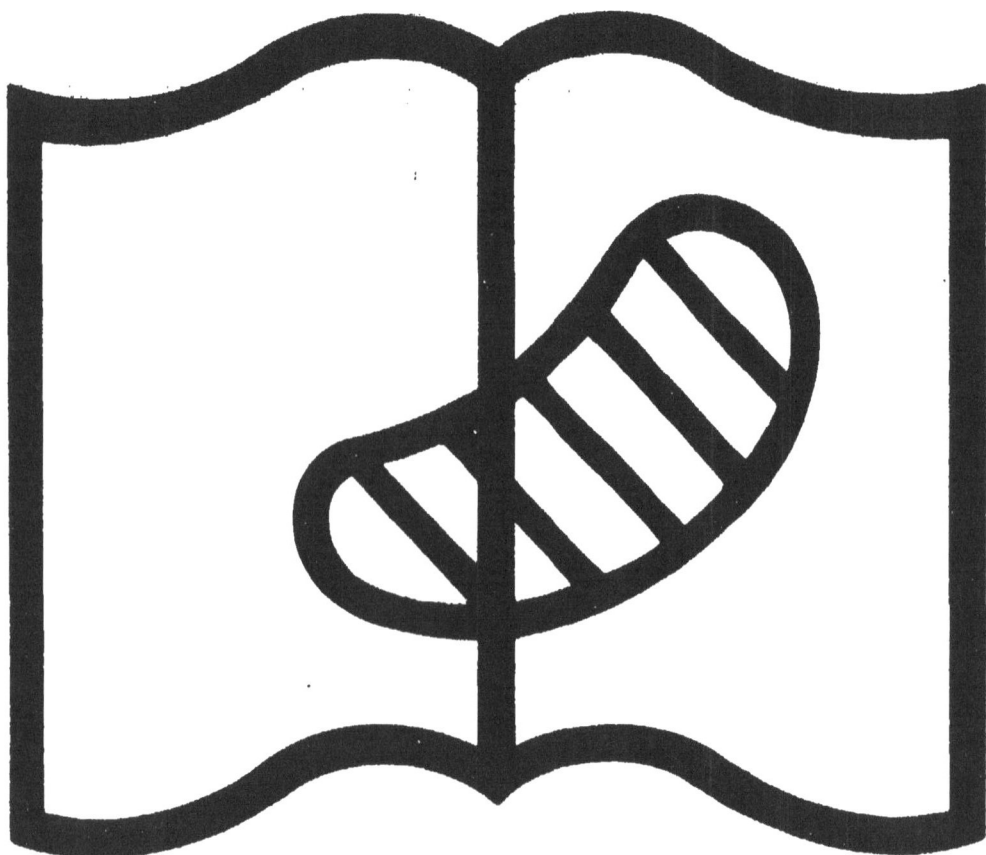

Symbole applicable
pour tout, ou partie
des documents microfilmés

Original illisible

NF Z 43-120-10

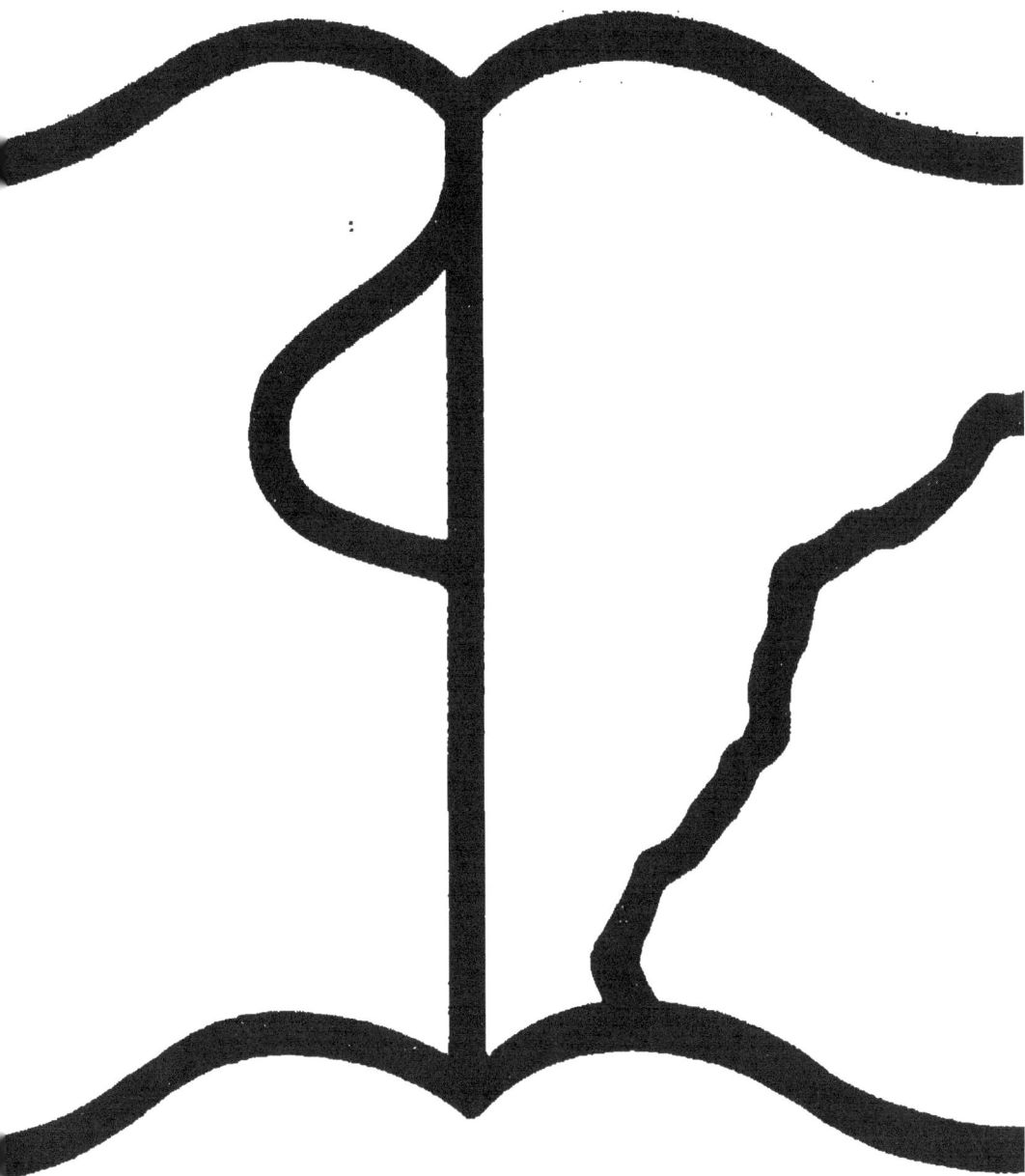

Symbole applicable
pour tout, ou partie
des documents microfilmés

TRAITÉ
DE POLITIQUE

ET

DE SCIENCE SOCIALE

4904

8500 — IMPRIMERIE GÉNÉRALE DE CH. LAHURE

Rue de Fleurus, 9, à Paris

P. J. B. BUCHEZ

ANCIEN PRÉSIDENT DE L'ASSEMBLÉE CONSTITUANTE DE 1848

TRAITÉ

DE POLITIQUE

ET

DE SCIENCE SOCIALE

Publié par les exécuteurs testamentaires de l'auteur

L. CERISE ET A. OTT

PRÉCÉDÉ D'UNE NOTICE SUR LA VIE ET LES TRAVAUX DE BUCHEZ

PAR A. OTT

TOME PREMIER

PARIS

AMYOT, ÉDITEUR, 8, RUE DE LA PAIX

1866

PRÉFACE.

L'homme, pour vivre et pour se développer, n'est pas seulement en rapport nécessaire avec le milieu physique, il est encore en rapport nécessaire avec le milieu social. Supprimez la première de ces deux atmosphères qui enveloppent tout homme venant au monde, vous rendrez impossibles la respiration et la vie; supprimez la seconde, vous tarirez la source de la connaissance et de la pensée. L'homme reçoit de la société, avec le langage, les idées qui précisent les sensations, qui complètent l'organisation cérébrale et qui mettent en action les aptitudes morales et intellectuelles. C'est par la société que l'homme échappe au cercle fatal dans lequel se meuvent les espèces animales, en faisant servir aux générations qui se succèdent les conquêtes accumulées dans les âges antérieurs, en réalisant le progrès dans

l'ordre moral et dans l'ordre physique, et en dirigeant les pensées et les actes vers l'accomplissement du but suprême, qui est la constitution fraternelle de l'humanité.

De même qu'il importe à l'homme de faire concourir à sa grandeur et à son bien-être les influences du monde physique et de lutter sans
cesse contre celles qui peuvent l'arrêter ou lui
nuire, de même il lui importe de faire acte de
discernement entre les influences diverses de la société, de manière à faire triompher celles qui sont
bonnes et à faire disparaître celles qui sont mauvaises. A cet égard, notre sollicitude doit être
d'autant plus persévérante qu'aucune action n'égale
l'action sociale. A elle il appartient, par une hygiène efficace, d'accroître l'énergie des populations,
de les préserver d'un grand nombre de maux,
et par une éducation permanente, d'accroître
leur moralité, de les préserver des erreurs et
des défaillances. En dehors de la société, qui
dispose des plus puissants moyens d'action sur
l'homme et sur la nature elle-même, les efforts
individuels et isolés seraient nécessairement stériles ou impossibles. Il est donc de notre devoir
à tous de nous préoccuper de l'œuvre sociale et
de veiller sur elle avec une constante prédilection.

Pour remplir ce premier des devoirs, il faut acquérir la connaissance des éléments généraux dont
se compose la société et des principes sur lesquels
elle repose. Cette connaissance, surtout dans le
temps où nous vivons, ne doit jamais être négligée.
On ne saurait faire, pour la répandre, une propagande assez active. Sa place, dans l'enseignement d'un peuple libre ou qui aspire à l'être, est
au premier rang. Il est permis à un homme de
n'être pas un savant dans l'ordre des choses naturelles, mais il n'est pas permis à un citoyen d'être
un ignorant dans les choses sociales. Comme son
obligation est d'intervenir directement ou indirectement, de près ou de loin, dans la direction
de l'œuvre commune, une telle ignorance est un
véritable malheur.

C'est cette pensée qui a surtout préoccupé Buchez et qui l'a décidé à écrire ce traité qu'il a pu
achever avant de mourir. Nous publions le manuscrit tel qu'il l'a laissé, nous refusant le droit d'y
toucher en quelques points, ce qu'il aurait sans
doute fait lui-même en le livrant à l'impression. Le nombre de pages dans lequel, à une
époque où les gros volumes ont si peu de lecteurs, l'auteur a cru devoir renfermer un aussi
vaste sujet, a peut-être été trop petit, et le temps

lui a peut-être manqué pour être parfait en voulant être court. Quoi qu'il en soit, ce traité à la fois si vrai et si original, si précis et si étendu, a l'incontestable mérite de combler une des plus déplorables lacunes de la littérature contemporaine. De nombreuses et remarquables publications ont mis récemment en relief diverses parties de cet ensemble dont se compose la science sociale. Dans les unes sont plus particulièrement traitées les questions de liberté politique, de système électoral, des rapports de l'individu et de l'État, etc.; dans les autres sont plus particulièrement discutées les formes de gouvernement, les conditions du régime représentatif, etc. Dans quelques-unes on aborde des problèmes plus ou moins aventureux de sociologie. Dans aucune on ne s'est proposé d'exposer, sous la forme à la fois didactique et démonstrative, les éléments de la science sociale, c'est-à-dire de déterminer les conditions nécessaires à la formation, à la durée et à la progression des sociétés, de formuler les principes qui dominent ces conditions et d'apprécier les institutons qui les réalisent.

Il règne sur la science politique et sociale, à cause des obscurités et des agitations qui ont été produites en son nom, des idées tout à fait fausses, des préjugés vraiment déplorables, et qu'il est sage

de signaler en disant ce qu'elle est réellement et
ce qu'elle n'est pas.

La science sociale, la plus ancienne de toutes
les sciences, n'est point une théorie arbitraire et
variable du gouvernement des sociétés; elle n'est
point une doctrine au service des opinions ou des
partis; elle n'est point, comme voudraient le faire
croire les esprits sceptiques ou égoïstes, une des
diverses formes de l'utopie. La science sociale est
une science, dans toute la rigoureuse signification
du mot. Elle est aussi exacte et aussi positive que
les sciences physiques les mieux établies. Non-seulement elle repose sur des données nécessaires et
incontestées, sur des principes certains, sur la loi
morale des relations humaines par exemple, et sur
la notion précise des devoirs et des droits sans
lesquels l'homme resterait seul; mais encore elle
a pour se constituer solidement la double enquête
de l'observation et de l'expérience.

L'analyse des éléments sociaux, qu'elle a mission
de mettre en évidence et de coordonner, est rendue
aisée par le spectacle des sociétés qui se maintiennent, se dissolvent, ou se forment sous nos yeux,
et par l'histoire de celles qui se sont amoindries
ou évanouies après avoir jeté dans le monde un
éclat plus ou moins vif, plus ou moins prolongé.

Toutes les associations passées et présentes, appelées cités, peuples, confédérations, fédérations, nations, ont pris naissance sous l'empire d'un but commun d'activité proclamé par des chefs et acclamé par des masses; elles ont péri lorsque le but avait été oublié ou négligé, elles se sont maintenues en progressant vers l'accomplissement du but initial au moyen d'institutions fondamentales qui sont partout les mêmes. Les sociétés peuvent varier et varient en effet par le but qui les a formées, elles peuvent varier par quelques-unes de leurs formes, mais elles ne varient jamais par l'ensemble de ces institutions de premier ordre, qui partout et toujours ont pour objet le maintien et le progrès de l'association, c'est-à-dire le règlement des mêmes intérêts sociaux et individuels. La diversité des buts à atteindre et l'inégalité des étapes parcourues expliquent la différence des civilisations; quant aux institutions, quant aux fonctions sociales, elles sont à peu près les mêmes dans les civilisations les plus diverses. Les modifications qui y sont apportées tiennent aux changements que commandent le but d'activité lui-même ou les transformations qu'il a pu subir.

Buchez a voulu nettement distinguer les institutions qui constituent jusqu'à un certain point le

corps ou l'organisme de toute société de celles qui
en sont en quelque sorte l'âme ou la volonté, et
qui en dirigent le mouvement. Il appelle les unes
et les autres des *constantes sociales*; mais il appelle
constantes de conservation les institutions qui servent à faire vivre et durer l'état social, et il appelle
constantes de progression celles qui servent à faire
marcher les sociétés vers le but proposé à leur activité. Au premier ordre des constantes appartiennent les institutions de la famille, de la propriété,
de la religion, de l'enseignement, de l'hygiène publique, de la force, de la justice, etc.; au second
ordre des constantes appartient le gouvernement,
c'est-à-dire les pouvoirs législatif et exécutif, spirituel et temporel, toutes les fonctions, en un mot,
de l'autorité souveraine dont la constitution et les
actes varient avec le progrès accompli dans la réalisation du but commun. On comprend l'importance sociale du but d'activité, qui, après avoir
présidé à la fondation des nationalités, sert à la
fois de guide et de lumière dans la conduite des
affaires, dans l'initiative des actes, dans la direction des idées générales, et dans la prévision des
événements plus ou moins prochains; aussi le but
d'activité est-il considéré par Buchez comme la
constante sociale la plus générale. La croyance à

un avenir que chacun a le devoir de préparer selon ses forces, n'est-il pas le lien le plus sérieux des associations? Quelle ne doit pas être chez les peuples chrétiens l'autorité des gouvernements qu'inspire la pensée permanente de cet avenir de fraternité qui leur a été promis !

La science sociale a donc sa place assurée dans le vaste domaine de nos connaissances, puisqu'elle a pour objet l'exposé des principes qui président à la formation des sociétés et la coordination des institutions et des fonctions en vertu desquelles les sociétés se conservent et progressent. Elle comprend à la fois la théorie des sociétés et l'art du gouvernement. Chez les anciens, où, il faut bien le dire ici, l'idée de progrès n'avait pas pénétré, cette science s'appelait la *Politique*, si nous avons bien compris la signification donnée à ce mot par Aristote et Cicéron. Aujourd'hui, on attache à la Politique un sens plus restreint en la considérant plutôt comme la science de l'État. Il en résulte que la science sociale ne représenterait dans les esprits contemporains que la théorie de l'organisation des sociétés, tandis que la Politique représenterait plus particulièrement celle de l'action des pouvoirs sociaux. Je signale cette différente signification des deux mots pour expliquer le titre donné par Buchez à son ouvrage. C'est ainsi qu'il l'a expliqué lui-même dans une note manuscrite que nous avons sous les yeux.

Ces quelques lignes de préface sont insuffisantes, sans doute, et ne sauraient donner une idée même sommaire du Traité de politique et de science sociale que nous publions. Les lecteurs trouveront ce qui y manque dans la notice étendue sur la vie et les travaux de Buchez, que M. Ott a écrite, et qui est, pour la dernière œuvre de notre maître, la meilleure des introductions.

L. CERISE.

NOTICE

SUR LA VIE ET LES TRAVAUX DE BUCHEZ.

La vie de Buchez a été inspirée tout entière par la pensée d'être utile à ses semblables. L'accomplissement d'une œuvre capable de contribuer au bien général, constituait à ses yeux le premier devoir de tout homme et sa préoccupation constante fut de coopérer de toute sa puissance, soit par l'action politique, soit par les travaux scientifiques aux progrès de la société moderne. Ce fut cette pensée qui le détermina à choisir la profession médicale ; ce fut elle qui en 1821, en 1830, en 1848 le poussa dans les luttes de la politique active ; ce fut la même conviction aussi qui le dirigea dans ses recherches philosophiques et historiques et qui le porta enfin à se vouer plus particulièrement aux œuvres de la science parce qu'il avait reconnu que ce serait là qu'il rendrait le plus de services. Doué d'une forte volonté et d'un caractère énergique, il ne perdit jamais de vue ce but de sa vie et ne recula devant aucun des sacrifices exigés pour l'atteindre.

Dans ses travaux scientifiques comme dans son action politique, Buchez était donc guidé par les mêmes motifs. Malgré la préférence qu'il donnait aux premiers, il ne voulut jamais renoncer à la seconde; il croyait au contraire que ces deux œuvres devaient marcher de front et concourir au même but. De là un cachet d'unité qui marque si profondément toute son existence, qu'il est impossible de séparer complétement sa biographie de l'histoire de ses principales idées. Je commencerai donc par faire connaître sa vie et la marche générale de son développement intellectuel; j'exposerai ensuite dans une seconde partie les principaux résultats scientifiques auxquels il est parvenu.

PREMIÈRE PARTIE.

LA VIE DE BUCHEZ ET LE DÉVELOPPEMENT DE SES IDÉES.

---

§ 1. SA JEUNESSE. LES CONSPIRATIONS CONTRE
LA RESTAURATION.

Philippe - Joseph - Benjamin Buchez naquit le 31
mars 1796, dans le pays wallon, au village de Mattai-
gne-la-Petite, situé entre Givet et Marienbourg et qui
avant la Révolution avait fait partie de l'évêché de Liége[1].
Il connut peu son pays natal bien qu'il y eût des rapports
de parenté avec la plupart des habitants, qui presque
tous y portent son nom ou un nom peu différent du sien.
Son grand-père en effet demeurait à Paris et son père y
était né. Ce dernier, Jacques-Philippe Buchez, était un
homme actif et intelligent, complétement dévoué aux

1. Le canton du département des Ardennes dont ce village
faisait partie ne fut enlevé à la France qu'après la seconde
invasion, par le traité de Paris de 1815. Le père de Buchez
ne paraît pas avoir rempli les formalités prescrites par la loi
du 14 octobre 1814 pour conserver sa qualité de Français.
Mais Buchez lui-même a tiré à la conscription à Paris en
1816 et sa qualité de Français fut reconnue au procès de
Colmar.

idées de la Révolution. Lorsque à la suite de l'invasion française son pays eut été joint au département des Ardennes, il y exerça des fonctions départementales et municipales. Plus tard, il revint à Paris et fut placé en octobre 1798 dans l'octroi de la capitale; il était depuis six ans chef de bureau dans l'administration centrale de ce service, quand la réaction de 1815 lui enleva cet emploi.

Son fils avait été élevé dans un pensionnat du Marais et y avait fait des études assez médiocres, non par défaut d'intelligence ni d'application, mais à cause de l'infériorité où étaient alors les études classiques. Mais le jeune Buchez avait trouvé dans son père même un excellent guide. Quelques-unes des lettres que celui-ci lui a adressées pendant qu'il était en pension ont été conservées. Elles sont empreintes d'une certaine dignité et d'une élévation de sentiments qui ont dû vivement impressionner l'écolier qui les recevait. « Livrez-vous avec constance au travail, disait une lettre de janvier 1807, préparez par vos succès présents vos succès de l'avenir et surtout n'oubliez pas qu'il n'est sur la terre ni repos ni bonheur réel sans la paix du cœur et la pratique des vertus. » Ces leçons paternelles ne furent pas perdues. A l'âge de quinze ans, c'est-à-dire en 1811, Buchez entra comme surnuméraire à l'octroi de Paris. Avide d'instruction, il profita de tous ses moments de loisir pour lire des ouvrages de géographie et d'histoire. Les récits de voyages surtout lui offraient un vif attrait; il en lut un nombre considérable, dont son excellente mémoire garda fidèlement le souvenir, et c'est de là que datait en partie la prodigieuse érudition qu'il possédait dans cet ordre de connaissances. L'événement le plus marquant pour lui pendant cette période de sa vie fut la mort de sa mère, en 1813. C'était une femme belle et grande, au type flamand, et son fils crut plus tard retrouver ses traits dans une figure de Rubens, au musée du Loûvre. C'était d'elle qu'il tenait sa haute taille et sa forte carrure et peut-être aussi cette bonté simple et naïve qui formait un des traits de son caractère. Buchez aimait sa mère avec toute l'énergie passionnée qui constituait une autre de ses qualités distinctives, et quand elle mourut il se livra à un véritable accès de désespoir.

Cependant tout en conservant sa place à l'octroi, retribuée depuis 1812, Buchez se livra d'après les conseils de son père à l'étude suivie des sciences naturelles. C'était l'époque où les Cuvier, les Geoffroy-saint-Hilaire, les Lamark illustraient l'enseignement du Jardin des Plantes. Buchez suivit leurs leçons avec ardeur et fut même admis aux manipulations et travaux intérieurs du cabinet de zoologie. Dès lors se manifestait aussi chez lui cette faculté d'invention, cette puissance de créer des idées qu'il possédait à un si haut degré et dont il a donné tant de preuves frappantes dans toutes les questions dont il s'est occupé. Un jour il déposa sur le bureau de Cuvier, qui préparait alors une nouvelle édition de son *Discours sur les révolutions du globe*, un billet où il posait sous forme dubitative l'hypothèse de changements périodiques de l'axe terrestre. Il eut la satisfaction de voir que Cuvier mentionna cette hypothèse dans son livre.

Avec les Bourbons étaient revenus l'agitation politique et le mouvement des idées. Toutes les traditions de famille poussaient Buchez dans l'opposition et il s'y lança avec toute l'ardeur de son caractère. Il perdit son père en 1816, mais il avait alors vingt ans et pouvait se diriger lui-même. Nous avons peu de renseignements sur cette période de sa vie. Nous savons seulement que dans les années qui suivirent la mort de son père, il se lia

intimement avec Bazard, qui était employé comme lui; que
dès ce moment il se préoccupait vivement des idées générales : — il avait formé avec Bazard et quelques amis une
réunion qui siégeait rue des Quatre-Vents sous le titre
juvénil de « Société diablement philosophique ; » — qu'il
était très-hostile aux Bourbons, mais ne sympathisait
nullement avec les Bonapartistes; que dans un but purement politique il entra dans la franc-maçonnerie et
arriva bientôt aux plus hauts degrés de la hiérarchie
maçonnique ; enfin que ne voulant pas recevoir de traitement d'un gouvernement contre lequel il conspirait, il
se démit de sa place à l'octroi de Paris et résolut, malgré le peu de ressources dont il disposait, d'étudier la
médecine. Grâce à ses manières franches et ouvertes, à
la facilité avec laquelle il soutenait une conversation ou
une discussion, au courage et à l'activité dont il faisait
preuve en toute circonstance, à l'autorité que lui donnait un savoir déjà étendu, enfin à la supériorité réelle
que reconnaissaient en lui tous ceux qui l'approchaient,
il acquit bientôt un grand ascendant sur tous ses condis-
ciples, et dans les mouvements qui marquèrent les premières années de la Restauration, il fut toujours un des
premiers parmi ceux qui figuraient en tête de la jeunesse des écoles.

Les sociétés secrètes qui s'étaient formées jusque-là
contre les Bourbons, en dehors de l'armée, avaient poursuivi principalement un but de propagande et n'avaient
pas préparé de mouvement insurrectionnel. Une conspiration militaire qui tendait directement au renversement
des Bourbons avait échoué en 1820 et cet échec avait jeté
un certain désordre dans les partis hostiles au gouvernement. Ce fut dans ces circonstances que deux amis de
Buchez et de Bazard, Dugied et Joubert, qui avaient
coopéré à la révolution de Naples, rapportèrent d'Italie

les statuts du Carbonarisme. L'un d'eux en donna
lecture, au commencement de l'année 1821, à huit
jeunes gens réunis rue Copeau (aujourd'hui rue Lacé-
pède) dans la chambre de Buchez. Trois de ces jeunes
gens, Buchez, Bazard et M. Flottard furent désignés
immédiatement pour modifier ces statuts et les adapter
aux habitudes françaises. Ce comité se mit au travail
séance tenante, y consacra le reste du jour et la nuit,
et, le lendemain matin, il put présenter dans une
seconde séance générale un projet de règlement qui
fut adopté aussitôt [1]. Ainsi se constitua la première
vente de la société des Carbonari de France. A la fin
de la même année cette société comptait 80 000 membres, parmi lesquels ne se trouvait pas un seul agent de
police.

Ses commencements néanmoins furent assez difficiles
et elle ne prit une extension rapide que lorsque les principales notabilités libérales, notamment Lafayette, Voyer
d'Argenson, Jacques Kœcklin et la plupart des membres du *comité dirigeant* des sociétés secrètes antérieures, eurent consenti à se mettre à sa tête et à former la
vente suprême. Mais ce furent toujours les premiers
fondateurs qui en restèrent le noyau actif. Ils s'étaient
réparti les diverses contrées de la France et Buchez
avait été chargé d'organiser les départements de l'Est.
Il parcourut la Lorraine et l'Alsace et séjourna pendant
quelques mois à Strasbourg. Pendant ce temps un
plan d'insurrection mûrissait dans le Haut-Rhin et
toutes les mesures étaient prises pour qu'un complot
militaire, éclatant dans les derniers jours de décembre

---

1. Pour les détails, voir le tome V de l'*Histoire des deux
Restaurations* de M. Vaulabelle, auquel Buchez lui-même a
donné beaucoup de renseignements sur cette conspiration.

1821, à Béfort et dans d'autres places de guerres voisines, donnât le signal du soulèvement de toute la
région orientale de France.

Je n'ai pas à raconter comment cette entreprise
échoua. Buchez préparait le mouvement dans les
Vosges quand il apprit l'avortement du complot de
Béfort. Peu de temps après il fut arrêté à Metz, par
mesure de suspicion, quoiqu'on ne possédât aucune
preuve de sa participation à la conspiration. L'instruction qui fut suivie contre lui à Metz, et qu'il déroutait
par un silence obstiné ou des sorties violentes, ne produisit aucun fait à sa charge. Cependant il fut renvoyé
devant la cour d'assises de Colmar. Là il trouva un
juge d'instruction des plus bienveillants, M. de Gol-
béry, qui se plaisait à causer histoire et archéologie
avec le prévenu et qui n'entrava en rien sa défense.
La sympathie que les prisonniers inspiraient à toute la
population et même aux geôliers et aux gendarmes,
était telle que Buchez aurait pu facilement s'échapper
de prison. Mais les charges qui s'élevaient contre lui
étaient si faibles, qu'il ne croyait pas une condamna-
tion possible. Et cependant il aurait été frappé, comme
tous ses co-accusés, de la plus terrible des peines, il
aurait été condamné à mort, si le jury avait fait droit
aux réquisitions du ministère public. Le jury avait été
choisi en outre de telle manière que le gouvernement
croyait pouvoir compter avec assurance sur une déclaration de culpabilité, et s'il se trouva six voix pour
proclamer non coupables la plupart des prévenus, ce
fut grâce à la pression exercée sur quelques jurés
par les riches manufacturiers de Mulhouse.

Le procès de Colmar se termina le 21 août 1822.
Buchez acquitté revint immédiatement à Paris et se
remit avec ardeur à ses études médicales. Il les acheva

avec succès sous les auspices de Récamier, qui l'avait
pris en affection et dont il fut pendant quelques années le chef de clinique. Lorsqu'il eut été reçu docteur,
en mars 1825, Récamier aurait volontiers guidé ses
premiers pas dans la carrière médicale; mais les opinions politiques de l'illustre professeur étaient trop
opposées à celles du jeune docteur pour que celui-ci
crût pouvoir accepter cet appui. D'ailleurs malgré le
grand savoir médical que Buchez avait acquis, — il avait
fait notamment un nombre prodigieux de dissections, —
il ne considéra dès l'origine l'exercice de la médecine que
comme un moyen de se livrer à d'autres travaux et ne
rechercha jamais la clientèle. Déjà un autre horizon
s'était ouvert à ses yeux : la science sociale était devenue l'objet principal de son attention.

§ 2. BUCHEZ ET L'ÉCOLE SAINT-SIMONIENNE.

L'issue malheureuse des conspirations auxquelles il
avait pris part, avait convaincu Buchez de l'impuis-
sance de toutes les tentatives de ce genre sous un
gouvernement libre. Mais il avait été frappé en même
temps de l'étroitesse des doctrines libérales qui étaient
en faveur alors et il les jugeait insuffisantes pour l'a-
chèvement de l'œuvre commencée en 1789. Bazard
partageait cette opinion et tous deux se mirent à la
recherche d'idées plus larges et plus compréhensives.
C'était l'époque où l'école des de Maistre et des de Bonald
jetait le plus vif éclat; Buchez et Bazard rendirent à ces
écrivains plus de justice qu'on ne le faisait généralement alors dans le parti libéral; mais il était impossible qu'ils acceptassent leurs doctrines. Ce fut à ce
moment que la publication du *Nouveau christianisme*
de Saint-Simon attira particulièrement leur attention

sur ce philosophe, déjà connu dans le monde politique par le procès de presse que lui avait suscité sa célèbre *Parabole*.

La doctrine exposée par Saint-Simon dans le *Nouveau christianisme* n'avait que très-peu de rapports avec les idées qu'ont attribuées plus tard à ce grand penseur quelques-uns de ses disciples. Il n'y était question ni du dogme panthéiste, ni de la réhabilitation de la chair, ni de la communauté des biens, ni de la hiérarchie des travailleurs imaginée, quelques années après, par Enfantin et Bazard. Mais les conclusions de Saint-Simon quoique moins hardies n'en étaient pas moins neuves ni moins vraies. Il voulait en effet que la société sortît de l'état de doute, d'incrédulité et d'égoïsme où elle se trouvait depuis trois siècles et qu'elle revînt aux idées synthétiques et religieuses. Mais en fait de religion, il ne demandait qu'une rénovation du christianisme. Le principe essentiel de la religion chrétienne, disait-il, est que tous les hommes doivent se conduire à l'égard les uns des autres comme des frères. Jusqu'au quinzième siècle l'Église suivit assez exactement cette direction chrétienne, mais à partir de ce moment elle devint infidèle à sa mission et Luther aussi manqua l'œuvre de la réforme. Il y a donc lieu de procéder à une nouvelle organisation chrétienne dans laquelle le principe de la fraternité devra être présenté de la manière suivante : « Toute société doit travailler à l'amélioration de l'existence morale et physique de la classe la plus pauvre. La société doit s'organiser de la manière la plus convenable pour atteindre ce grand but. »

Cette formule exprime certainement la plus grande idée qui ait été émise depuis des siècles dans l'ordre des sciences sociales. Jointe à la notion du progrès, à la-

quelle Saint-Simon la rattachait immédiatement, et à
l'affirmation contenue dans le même ouvrage : que dans
la religion la morale forme la partie essentielle et que
le dogme et le culte n'ont qu'une importance secondaire, elle dirigeait la science sociale dans une voie
toute nouvelle. C'est de ces principes, en effet, qu'est
sorti tout ce qu'il y a de fécond dans le mouvement
intellectuel du dix-neuvième siècle. Buchez en fut vivement frappé et ils ont été le fondement de tous ses travaux postérieurs.

Saint-Simon mourut en mai 1825, un mois à peine
après la publication du *Nouveau christianisme*. Ni Buchez ni Bazard ne le connurent personnellement; mais
Enfantin les mit en rapport avec les membres de son
école et ils promirent leur concours au *Producteur*,
journal hebdomadaire dont les fonds avaient encore
été réunis par Saint-Simon lui-même.

Les articles que Buchez inséra dans le *Producteur*
furent la première ébauche de l'œuvre capitale qu'il
publia huit ans plus tard. Saint-Simon avait beaucoup
insisté dans plusieurs de ses ouvrages sur la nécessité
d'un travail complet sur la physiologie individuelle, qui
pût servir de base à la physiologie sociale. Par le mot
de *physiologie*, il entendait ce qu'on appelle de préférence aujourd'hui *anthropologie* et y comprenait notamment la psychologie. Il pensait que sauf la différence des proportions, les lois de la vie sociale étaient
identiquement les mêmes que celles de la vie individuelle. A ses yeux l'œuvre la plus urgente à accomplir
dans l'état où se trouvaient les sciences politiques et
historiques consistait donc dans la détermination des
lois générales de la physiologie individuelle et sociale.
Buchez entreprit ce travail.

Les essais qu'il publia sur ce sujet dans le *Produc-*

teur [1] ne pouvaient avoir aucun caractère définitif. Cependant on y voit percer déjà quelques-unes des idées qu'il a mises plus tard en pleine lumière. Mais l'ensemble présentait un cachet d'indécision et d'obscurité qui provenait de ce que Buchez n'avait pas encore élucidé suffisamment ses conceptions les plus générales. Il était matérialiste. Sous le premier Empire et la Restauration, l'enseignement donné au Jardin des plantes et à l'École de médecine était matérialiste au fond s'il ne l'était pas tout à fait dans la forme, et un esprit prompt et vigoureux comme Buchez ne pouvait manquer d'en saisir rapidement les dernières conclusions. Ses traditions politiques n'étaient pas de nature à le prémunir contre les opinions de ses maîtres, et il céda naturellement au courant qui régnait alors dans les sciences naturelles et physiologiques. Mais ayant accepté la doctrine matérialiste, il voulut en avoir la théorie complète et il en approfondit, plus qu'aucun de ses contemporains, les principes et les conséquences. Ce fut ce qui l'aida à en sortir.

Le *Producteur* avait cessé de paraître en 1826, après un an de durée, faute d'argent. L'école saint-simonienne subsistait néanmoins, mais elle était réduite à la propagande orale et ses membres dispersés se livraient pour la plupart à leurs travaux particuliers. Buchez se tourna de nouveau du côté de la médecine et fonda le *Journal des Progrès des sciences et institutions médicales*, destiné surtout à faire connaître en

---

1. Trois articles sur la *physiologie individuelle* dans le tome III; deux sur la *physiologie sociale*; un autre *Sur la subordination des sciences*, et un article intitulé : *Quelques réflexions sur la littérature et les beaux-arts*, dans le tome IV.

France les plus importants des travaux étrangers[1]. Ce fut dans le neuvième volume de ce journal que parut pour la première fois, d'une manière complète, son travail sur la physiologie du système nerveux qui a formé une des bases de sa théorie des facultés humaines. Déjà auparavant, il avait publié en collaboration avec M. Trélat un traité élémentaire d'*hygiène*[2]. Dans les articles qu'il inséra dans le *Journal des Progrès* en 1827 et 1828, on ne s'aperçoit pas encore que ses convictions matérialistes se soient modifiées. Mais ce changement se voit clairement dans les articles de 1829. C'était à ce moment en effet que s'opérait en lui la grande transformation intellectuelle qui devait donner à ses idées une base désormais inébranlable.

Les membres de l'école de Saint-Simon avaient formé le projet, à la fin de 1828, de reprendre la publication du *Producteur*. Buchez se préoccupait depuis longtemps de la question du plan encyclopédique des sciences humaines, sur laquelle Saint-Simon aussi avait porté son attention, et il s'était chargé d'en faire l'objet d'un article qui devait être inséré dans le premier numéro du nouvel organe de l'école. Le manuscrit de ce travail a été conservé. Buchez avait reconnu qu'il était impossible d'établir l'unité encyclopédique des sciences en prenant pour base le matérialisme. Il s'agissait pour lui de reproduire dans ce plan encyclopédique l'harmonie générale du monde; or le matérialisme ne fai-

---

1. Il en a paru 21 volumes en tout, 6 volumes par an, pendant les années 1827, 1828, 1829 et les six premiers mois de 1830.

2. *Précis élémentaire d'hygiène*, par MM. Buchez et Trélat, docteurs en médecine, Paris, 1825 (formant le t. XXVIII de la *Bibliothèque du dix-neuvième siècle*).

sait voir que des forces particulières et antagonistes, se livrant une lutte éternelle. Le matérialisme en outre ne fournissait aucune solution capable de satisfaire aux trois grandes inconnues que présente toute série de phénomènes, celles d'origine, de substratum et de fin. Buchez constatait, que non-seulement ces trois inconnues étaient les mêmes pour toutes les sciences, mais que c'étaient elles précisément qui formaient l'objet de la science générale ou encyclopédique, tandis que les lois propres aux phénomènes particuliers ne formaient que l'objet des sciences spéciales. Buchez concluait de là que le matérialisme était tout à fait insuffisant pour fournir la formule encyclopédique du monde. Il n'admettait pas que cette formule eût été donnée par la théologie du moyen âge, mais il affirmait la nécessité d'un dogme, d'une théologie en général, et exprimait la pensée que la période future de l'humanité serait religieuse.

Les collaborateurs de Buchez refusèrent d'accepter ce travail, et alors s'engagea une discussion qui se prolongea pendant toute l'année 1829 et à la suite de laquelle Enfantin et Bazard aboutirent au panthéisme, à la réhabilitation de la chair, à tout ce qui a constitué le système dit saint-simonien, tandis que Buchez arriva au christianisme. Ce ne fut pas sur la nécessité d'un dogme et d'une religion qu'ils se trouvèrent en désaccord. Enfantin et Bazard ne tardèrent pas à prouver qu'ils entendaient aller beaucoup plus loin sous ce rapport que ne le voulait Buchez. Mais le dogme que les premiers mettaient en avant était le panthéisme, l'identification de l'esprit et de la matière, et déjà ils s'apprêtaient à jouer le rôle de Pères d'une Église nouvelle. Buchez, de son côté, avait horreur des doctrines panthéistes et les croyait incompatibles avec les

principes de la morale. Il ne pensait qu'à une réforme
du christianisme, telle que l'avait indiquée Saint-Simon
lui-même, qui ne prévoyait guère que ses disciples le
poseraient en révélateur d'une religion nouvelle. De
même que ceux dont il allait se séparer, Buchez avait
une haute idée de la doctrine saint-simonienne; comme
eux il croyait qu'il y avait lieu de fonder une grande
école qui renouvellerait toutes les sciences et ferait la
gloire du dix-neuxième siècle. Mais complétement inaccessible par nature aux sentiments mystiques et non
moins antipathique à toute mise en scène théâtrale, il
ne songeait qu'à créer une école purement philosophique, et c'était comme philosophe, comme savant
qu'il prévoyait un avenir religieux. Tout en étant d'avis
qu'il serait utile de centraliser l'enseignement de la doctrine saint-simonienne, il n'avait en vue que l'organisation de la propagande; aussi n'eut-il pas connaissance des formes de plus en plus religieuses qu'Enfantin
s'efforçait d'introduire dans l'école pendant cette discussion même, et fut-il fort étonné quand il s'entendit
qualifier de Père par un nouvel adepte. Buchez trouvait ces formes ridicules, et la répugnance qu'elles lui
inspiraient contribua à le détacher de ceux dont il était
déjà séparé par les convictions.

Buchez cependant n'était pas encore arrivé complétement au christianisme, il n'avait pas encore compris
la grandeur du dogme chrétien. Il s'était arrêté sous ce
rapport à une sorte de dualisme : il admettait Dieu
comme activité et intelligence infinie, mais supposait
une matière éternelle, absolument inerte d'ailleurs et
privée de toute qualité active, comme réceptacle de
l'action de Dieu. Ce fut un peu plus tard seulement
qu'il reconnut que la matière elle-même était une
création de Dieu. Nous verrons en étudiant sa doctrine

générale comment l'ensemble de son système historique le conduisit à l'idée de la révélation.

Mais s'il n'avait pas encore apprécié toute la valeur
dogmatique du christianisme, il en avait saisi parfaitement toute la puissance morale. Même étant matérialiste, il avait toujours pratiqué la morale chrétienne.
Saint-Simon lui avait appris à ne pas voir seulement dans
la morale les règles de la conduite individuelle, mais
l'ensemble des principes qui président à l'organisation
sociale et au mouvement progressif des sociétés. Il
avait étudié lui-même la morale chrétienne à ce point
de vue et avait reconnu que toutes les transformations
sociales qui s'étaient accomplies depuis dix-huit siècles,
s'étaient produites sous l'inspiration de ses enseignements et que, de même, elle contenait en germe tous
les progrès et toutes les améliorations que promettait
l'avenir. Sous ce rapport sa conviction était faite et
tous ses travaux postérieurs ne firent que l'y confirmer.

Buchez rompit définitivement avec les autres disciples
de Saint-Simon et son ancien ami Bazard dans les premiers jours de juin 1830. Plusieurs de ses amis, notamment le docteur Boulland, quittèrent l'école saint-
simonienne avec lui. Mais il ne rompit pas avec la
mémoire de Saint-Simon, dont il se croyait de plus en
plus appelé à continuer l'œuvre. Il était toujours animé
du vif enthousiasme qui avait saisi les disciples de cet
homme de génie après la mort de leur maître; à leur
défaut, il résolut de fonder avec les amis qui l'avaient
suivi une école purement scientifique et philosophique.
Déjà la plupart des idées qu'il devait émettre étaient
élaborées dans sa tête; il ne s'agissait plus que de les
exposer et de les propager.

§ 3. PRINCIPAUX TRAVAUX DE BUCHEZ. — SON ÉCOLE.

La révolution de Juillet parut ouvrir une large carrière aux aspirations nouvelles. Buchez avait pris au mouvement insurrectionnel une part enthousiaste, il s'était mêlé aux combattants pour recueillir et soigner les blessés. Mais la victoire du peuple n'eut pas les conséquences qu'espéraient les amis du progrès : elle n'aboutit qu'à un changement de dynastie. Aussi le lendemain de la révolution, Buchez se trouva-il dans l'opposition républicaine.

La vive agitation qui se produisit en France et en Europe après les journées de juillet était favorable à l'enseignement de toutes sortes d'idées. Il était naturel que Buchez en profitât. Il était alors à la tête d'une école véritable qui, depuis la rupture avec les saint-simoniens, s'était recrutée d'un grand nombre d'adhérents. La société des *Amis du peuple* dont Buchez avait été l'un des fondateurs et au sein de laquelle il produisit quelques-unes de ses idées fut dissoute par l'autorité. Mais grâce à la liberté dont on jouissait encore, on put organiser des cours, des conférences, des réunions qui devinrent un puissant moyen de propagande. Bientôt on parvint à réunir les fonds d'un journal hebdomadaire qui fut le premier manifeste de l'école de Buchez. Le premier numéro de ce journal, l'*Européen*, parut le 3 décembre 1831[1].

Le but de cette publication était essentiellement pra-

---

1. Les quatre premiers numéros furent publiés sous le titre de *Journal des sciences morales et politiques*, qui, à partir du cinquième numéro, devint le sous-titre. L'ensemble de la publication forme 2 vol. in-4°.

tique. La pensée dominante de ses rédacteurs était d'indiquer les institutions politiques et économiques propres à amener la réalisation sociale des principes de la morale chrétienne. Buchez y déploya toute la vigueur de son esprit créateur. On se sent ému encore aujourd'hui quand on relit ces pages pleines d'ardeur et d'enthousiasme où furent jetées avec profusion tant d'idées nouvelles. Des articles sur la nationalité, sur le rôle de la France, sur la souveraineté, sur l'organisation du gouvernement représentatif, sur les institutions propres à améliorer le sort des classes laborieuses, sur les établissements de crédit, alternaient avec de hautes considérations sur l'art et la littérature, l'appréciation des questions politiques du jour et la constatation des progrès accomplis à chaque instant par la science. De même que les saint-simoniens, l'*Européen* combattait les doctrines purement individualistes de l'école libérale et insistait, un peu trop peut-être, sur la nécessité d'un pouvoir fort et directeur. Mais en face du communisme hiérarchique d'Enfantin et de Bazard, il proposait comme moyen de la réforme sociale, l'association ouvrière qui devait émaner avant tout de l'initiative indi-viduelle.

Buchez et Boulland étaient les principaux rédacteurs de l'*Européen*. Mais un grand nombre d'hommes nouveaux s'étaient joints à eux, notamment M. Roux-Lavergne qui avait publié une brochure contre les saint-simoniens, M. Sain de Bois-le-Comte, auteur d'un ouvrage sur les *Fortifications de Paris*, le docteur Cerise et le docteur Belfield-Lefèvre. Malheureusement les idées exposées dans ce journal répondaient trop peu au courant général de l'opinion. L'*Européen* n'eut que quarante-neuf numéros et cessa de paraître en octobre 1832.

Cependant Buchez terminait son œuvre capitale, l'*Introduction à la science de l'histoire*, dont la première édition parut au commencement de 1833, en un volume in-8 [1]. Dans cet ouvrage, Buchez exposa l'ensemble de ses idées générales, qui formaient alors un système complet parfaitement arrêté dans tous ses points principaux. Comme j'aurai à exposer ce système, je me bornerai ici à dire qu'il reposait tout entier sur l'idée du progrès. Buchez élevait le progrès au rang d'une loi universelle et donnait en même temps la théorie complète de la marche de l'humanité et de ses progrès dans les beaux-arts, dans la science, dans les institutions politiques et sociales.

Dans la même année, Buchez commença avec M. Roux-Lavergne la publication de l'*Histoire parlementaire de la révolution française* [2], immense recueil de documents qui par suite des conditions imposées aux auteurs a peut-être été fait trop hâtivement eu égard à la masse de matériaux qu'il s'agissait de mettre en œuvre pour la première fois, mais dont la haute valeur n'a échappé à aucun de ceux qui ont étudié cette grande période de notre histoire et dans lequel il ne subsiste aucune lacune importante, comme on peut s'en convaincre par la lecture des pièces nombreuses qui ont été publiées depuis. Dans cet ouvrage d'ailleurs les auteurs ne se bornaient pas au rôle de compilateurs, ils étaient historiens et jugeaient les événements de la Révolution, d'après leur point de vue général. Dans une introduction placée en tête du premier volume, Buchez retraçait, d'après les sources, l'histoire

1. Chez Paulin.
2. *Histoire parlementaire de la révolution française*. Paris, 1833-38, 40 vol. in-8. Paulin.

de la formation de la nationalité française et de ses
progrès politiques; il prouvait que la France n'était
pas née d'une conquête, mais d'une alliance libre entre
les populations catholiques de la Gaule et les Francs,
dans le but de créer une force contre l'arianisme, et il
arrivait à la conclusion qui fit scandale en 1833 et qui
est assez généralement acceptée aujourd'hui, « que la
*révolution française est la conséquence dernière et la
plus avancée de la civilisation moderne, et que la
civilisation moderne est sortie tout entière de l'Évangile.* » Les auteurs ne soulevèrent pas moins d'accusations quand ils prirent franchement et ouvertement la
défense de la Convention et surtout des chefs jacobins
de cette grande assemblée. Jusque-là quelques voix
isolées avaient osé à peine s'élever en faveur des
hommes qui avaient assuré le triomphe de la révolution. Pour la première fois, il fut prouvé pièces en
main, que ces hommes n'étaient pas des monstres san-
guinaires comme on se plaisait à les représenter ; que la
plupart des actes rigoureux dont ils portent la responsabilité dépassaient leurs intentions et leur furent
imposés par la fatalité inexorable des circonstances,
qu'enfin les crimes et les horreurs réelles qui ont
souillé la révolution n'ont été l'œuvre que de quelques
fanatiques exaltés jusqu'à la folie par la terrible crise
sociale dont ils étaient les acteurs et les témoins. Mais
jamais ni dans le cours de l'ouvrage ni dans les préfaces qui accompagnaient chaque volume et qui étaient
consacrées à des discussions de doctrine, les auteurs
de l'*Histoire parlementaire* n'ont approuvé les excès
qu'ils avaient à raconter.

Le dernier volume de l'*Histoire parlementaire* parut
en 1838. Pendant toute la durée de cette publication,
Buchez n'avait cessé de faire chez lui des cours et des

conférences, et je me rappelle qu'en 1834, époque où je le connus, un grand nombre d'hommes de lettres et d'artistes assistaient à ces réunions hebdomadaires de la rue Chabannais. En 1835 l'école reprit la publication de l'*Européen* qui parut d'abord par livraisons mensuelles, puis à de longs intervalles[1]. La plupart des collaborateurs étaient occupés à d'autres travaux. Mais ce qui contribua surtout à faire languir cette publication et à rendre moins nombreuses aussi les conférences hebdomadaires, ce fut une crise qui se préparait sur un point essentiel de la doctrine.

Une fois que Buchez eut reconnu la vérité du christianisme et sa fécondité au point de vue des progrès de l'avenir, il se vit appelé naturellement à se prononcer pour l'une ou l'autre des deux grandes confessions qui se partagent le monde chrétien, le catholicisme et le protestantisme. Son choix ne pouvait être douteux. Déjà Saint-Simon avait démontré la supériorité de l'organisation catholique sur la réforme inaugurée par Luther. Placé avant tout au point de vue social, considérant principalement la religion comme un lien moral entre les hommes, et la religion chrétienne comme le principe de l'unité future de l'humanité, Buchez ne pouvait admettre une doctrine qui fait de la croyance religieuse un sentiment purement individuel et qui ne se préoccupe que de l'indépendance de chacun lorsqu'il s'agit du foyer des idées communes à tous. Buchez n'hésita donc pas à se prononcer pour le catholicisme.

Mais il y avait là un écueil à éviter. Tout en reconnaissant que le catholicisme était la forme la plus parfaite qu'eût reçue la religion chrétienne, Buchez n'en

---

1. *L'Européen, journal de morale et de philosophie*, oct. 1835 à déc. 1838, 2 vol. in-4°.

concluait pas que dans son état actuel cette forme
répondît complétement aux besoins de la société. Il
était toujours convaincu que depuis le quatorzième
siècle les chefs de l'Église avaient fait fausse route ; que
la papauté et le haut clergé avaient manqué à leur
mission progressive, en s'opposant à l'application sociale de la morale chrétienne, au lieu d'y pousser de
toutes leurs forces comme c'était leur devoir. Il reconnaissait qu'en conséquence l'enseignement de l'Église
avait reçu une mauvaise direction et déplorait notamment que le clergé méconnût le côté social du christianisme au point de ne voir dans la religion que le moyen
du salut des individus. Enfin il constatait que par suite
de ces circonstances, l'Église s'était montrée hostile à
tous les progrès modernes et que tous ces progrès
s'étaient accomplis malgré et contre elle.

Des différences considérables le séparaient donc de
l'Église officielle. Buchez n'y voyait pas une raison
pour désespérer du catholicisme, mais elles constituaient
à ses yeux un motif suffisant pour ne pas se soumettre
à la direction du clergé. Il se préoccupait peu des
questions relatives au dogme et au culte. Il considérait
le culte comme un moyen d'enseignement et de mora-
lisation ; quant au dogme il le laissait à la théologie, et
jamais il ne voulut entrer dans le détail des questions
dogmatiques ni des controverses qui séparent sous ce
rapport les diverses confessions chrétiennes. Il pensait,
il est vrai, que la théologie avait besoin d'une réforme
radicale, mais il espérait que le clergé opérerait lui-
même cette réforme, une fois que les idées nouvelles
auraient pénétré dans son sein. En tous cas il ne voulait sacrifier à aucun prix aux préjugés actuels du
clergé les idées fondamentales de sa doctrine : le progrès considéré comme loi universelle, la réalisation

sociale de la morale chrétienne, l'identité des principes de cette morale avec ceux de la Révolution; il préférait rester en dehors de l'Église officielle jusqu'au moment où le clergé se montrerait plus accessible à ces idées.

Tel ne fut pas l'avis de tous les membres de l'école. Plusieurs d'entre eux, principalement M. Roux-Lavergne, se rapprochèrent de plus en plus du clergé et finirent par abandonner précisément les principes que Buchez considérait comme fondamentaux. D'autres, poussés par un profond sentiment de dévouement et d'abnégation, consentirent à suivre Lacordaire, qui cherchait alors à renouveler l'ordre des frères prêcheurs, et furent les premiers des nouveaux Dominicains français[1]. Des tentatives furent faites pour pousser Buchez dans cette voie si différente de celle qu'il avait suivie jusqu'alors et pour le détourner des idées qui étaient l'œuvre de sa vie. Elles ne pouvaient réussir. Mais elles eurent le résultat regrettable de provoquer une scission dans l'école, et de priver celle-ci de plusieurs membres capables et dévoués.

Buchez cependant ne cessait de travailler et de produire, et son esprit ne perdait rien de son activité ni de sa vigueur. A peine l'*Histoire parlementaire* fut-elle terminée qu'il s'occupa de la rédaction d'un cours de philosophie qu'il avait fait dans des réunions privées. Avant l'achèvement de ce travail, il publia un autre cours, sur l'étude des sciences médicales, rédigé par M. Belfield-Lefèvre[2]. Une partie de ces dernières leçons fut insérée dans l'*Européen*, qui avait pris de plus en

1. Requédat, Piel et Besson.
2. *Introduction à l'étude des sciences médicales*, par J. B. Buchez, leçons orales recueillies et rédigées par M. Belfield-Lefèvre, D. M. 1838.

plus le caractère d'un recueil philosophique et qui cessa de paraître peu après.

Le cours de philosophie devint un grand *traité* en trois volumes publiés de 1838 à 1840[1]. Sans abandonner en rien les principes de sa doctrine, Buchez donna dans ce livre au catholicisme tous les gages que la plus stricte orthodoxie pouvait désirer. Il y émit en même temps, sur la plupart des questions dont s'occupe la philosophie, des vues originales, parmi lesquelles je mentionnerai particulièrement ses théories de l'idée, de la proposition, de l'hypothèse, du criterium moral, des forces sérielles et circulaires du monde physique, des rapports de l'esprit avec le cerveau. Je ferai connaître les principales de ces conceptions dans la seconde partie de cette notice.

Après le *Traité de philosophie*, il fit une seconde édition de son *Introduction à la science de l'histoire*. Sans modifier beaucoup le fond de cet ouvrage, il en changea complétement la forme et ne reproduisit qu'un petit nombre des pages anciennes. Il y ajouta en outre plusieurs parties complémentaires qui en faisaient un ouvrage presque nouveau[2]. Quelques-uns de ses amis lui conseillèrent à cette époque de se présenter à l'académie des sciences morales et politiques. Mais ses idées étaient trop peu en rapport avec celles qui régnaient alors dans cette société, pour qu'il eût quelque chance d'y être admis. Il voulut néanmoins en faire la tentative, qui échoua comme on avait pu le prévoir.

1. *Essai d'un traité complet de philosophie au point de vue du catholicisme et du progrès*, par P. J. B. Buchez, 1838-1840. 3 vol. in-8°, chez Périsse.

2. *Introduction à la science de l'histoire*, par P. J. B. Buchez, 2° édit., 1842, 2 vol. in-8, chez Guillaumin.

Bientôt on lui proposa de faire une seconde édition de l'*Histoire parlementaire*. Cette publication fut entreprise en effet sous les plus heureux auspices, avec de nouveaux collaborateurs; malheureusement l'éditeur éprouva des embarras qui ne lui permirent pas de la continuer. On fut obligé de l'interrompre au septième volume et elle n'a pas été reprise depuis malgré la faveur avec laquelle le public l'avait accueillie [1].

Buchez avait exposé la plupart de ses idées; il ne lui restait plus qu'à compléter son *Traité de philosophie* par un traité de science politique ou sociale. Quand la seconde édition de l'histoire parlementaire eut été suspendue, il songea à entreprendre ce travail; mais un catarrhe aigu qui le retint dans l'inaction pendant six mois et l'obligea à se rendre deux fois aux eaux de Cauterets l'empêcha de mettre ce projet à exécution. Lui-même et ses disciples, qui avaient de leur côté repris les conférences destinées à propager sa doctrine, sentaient d'ailleurs le besoin de se mêler plus activement au mouvement politique. Déjà plusieurs ouvriers qui partageaient ses idées s'étaient mis à la tête d'un journal populaire, l'*Atelier*, qui avait pris pour tâche principale de vulgariser l'idée de l'association ouvrière. Il semblait désirable de reprendre l'*Européen*, mais en lui donnant un caractère moins philosophique et en s'adjoignant quelques hommes purement politiques. On parvint en effet à réunir les fonds nécessaires pour

1. *Histoire parlementaire de la Révolution française; Histoire de l'Assemblée constituante*, par P. J. B. Buchez, 2ᵉ éd., revue, corrigée et entièrement remaniée par l'auteur en collaboration avec MM. Jules Bastide, S. de Bois-le-Comte et A. Ott; 1846, 5 vol. gr. in-16. *Histoire de l'Assemblée législative*, t. I et II.

une revue mensuelle qui parut à partir de mars 1847,
sous le titre de *Revue nationale*. Outre les rédacteurs du
second Européen, ce journal comptait quelques collaborateurs nouveaux, dont le principal était M. Jules
Bastide du *National* [1]. Le succès paraissait devoir cou-
ronner cette entreprise, quand éclata soudain la révolution de Février.

§ 4. RÔLE POLITIQUE DE BUCHEZ SOUS LA RÉPUBLIQUE.

Buchez avait pris une certaine part à la victoire du
peuple. Capitaine dans la deuxième légion de la garde
nationale depuis plusieurs années, il s'était mis dans la
matinée du 24 février à la tête d'un certain nombre de
gardes de son bataillon et s'était dirigé par la rue
Richelieu vers la place du Palais-Royal où se livrait
alors le dernier combat entre la troupe et l'insurrection. Avançant par les rues de Rohan et de Rivoli,
il était arrivé jusqu'au guichet des Tuileries. Les troupes d'infanterie rangées devant la porte mirent la crosse
en l'air et Buchez entra sans obstacle dans la cour du
château avec les gardes nationaux qui l'avaient suivi.
Aucune bande d'insurgés n'y avait encore pénétré. C'é-
tait au moment du départ de Louis-Philippe.

Comme il ne faisait partie ni de la chambre ni de la
rédaction des grands journaux, il ne s'attendait nullement à être appelé à des fonctions publiques. Aussi
éprouva-t-il quelque surprise quand il apprit que son
ancien ami, M. Garnier-Pagès, l'avait nommé ainsi que
M. Recurt, maire-adjoint de Paris. Buchez accepta volontiers ce poste dans lequel il pensait pouvoir être utile.

1. *Revue nationale* fondée par MM. Buchez et Jules Bastide (mai 1847 à juillet 1848), 1 vol. gr. in-8°.

En effet les maires titulaires, M. Garnier-Pagès d'abord, plus tard Marrast, qui étaient en même temps membres du gouvernement provisoire, étaient trop absorbés par les affaires générales pour pouvoir s'occuper des détails de l'administration de Paris. Le soin de cette administration retomba donc presque tout entier sur les deux maires-adjoints.

Or, c'était une lourde tâche et qui avait une importance de premier ordre. Des questions vitales pour la république dépendaient jusqu'à un certain point de mesures administratives relatives à la capitale. C'était à Paris que bouillonnait la masse populaire agitée par la révolution; c'était à Paris surtout que les ateliers se fermaient, que les riches renvoyaient leurs domestiques, que les banquiers refusaient de se prêter aux opérations commerciales les plus indispensables, que la nécessité de donner du travail et du pain à la population constituait une exigence aussi impérieuse que difficile à remplir, dans un moment où les recettes municipales les plus importantes se trouvaient suspendues par la destruction des bureaux de l'octroi. Ceux qui ont vu l'hôtel de ville pendant ces deux mois qui s'écoulèrent jusqu'à la réunion de l'assemblée constituante, se rappellent le mouvement extraordinaire qui y régnait sans interruption, les députations qui s'y succédaient sans relâche, les difficultés de toutes sortes qu'il fallait résoudre à chaque instant. Le rétablissement de la perception aux barrières, la réorganisation de la garde nationale, les secours aux blessés de février, les mesures d'ordre et de sûreté, les soins de l'assistance publique, l'organisation des ateliers nationaux, les ressources financières à appliquer à tous ces besoins, formaient autant de questions urgentes qu'il fallait résoudre à bref délai. Buchez déploya pen-

dant toute cette période une activité fébrile. Il arrivait
à son poste à huit heures du matin et ne le quittait qu'à
dix heures du soir. Il n'accepta aucun traitement pour
ces fonctions. Il est vrai qu'il prenait ses repas à l'hôtel
de ville; or comme une foule d'employés municipaux et
tous les fonctionnaires que les affaires publiques appelaient au siége du gouvernement mangeaient à la table
des maires-adjoints, la dépense de cette table, toujours
modeste, fut assez considérable, ce que plus tard la réaction reprocha amèrement à Buchez et à Recurt.

Mais à côté des difficultés administratives, un autre
soin encore préoccupait Buchez. On sait qu'aussitôt
après la révolution de février, il se forma un parti d'a-
gitateurs qui, soit par ambition personnelle, soit en
vertu d'opinions exagérées, tendaient à renverser le gouvernement provisoire, à le remplacer par une dictature
et à ajourner indéfiniment la réunion de l'assemblée
nationale. Il eût suffi de faire arrêter dès le début quelques-uns de ceux qui fomentaient cette agitation, pour
éviter de grands malheurs à la république. Telle était
l'opinion de Buchez. Malheureusement l'accord ne régnait pas au sein du gouvernement provisoire, le parti
de la dictature y avait des adhérents, et il ne fut pas
tenu compte des conseils que le maire-adjoint donna à
ce sujet. A l'aide de la liberté absolue de la presse et de
réunion, les meneurs des clubs parvenaient facilement
à mettre en mouvement un peuple sans travail, qui cependant avait encore pleine confiance dans le pouvoir sorti
de la révolution. Alors furent organisées ces manifestations successives qui consistaient à réunir d'immenses
masses populaires autour de l'hôtel de ville, où des
mandataires sans mission allaient présenter au gouvernement provisoire des demandes dont le peuple n'avait
aucune connaissance. La première de ces manifestations

avait eu lieu le 17 mars. Buchez en avait compris tout le danger et une de ses plus vives préoccupations était d'organiser la défense pour le cas où le siége du gouvernement serait attaqué. Les faits ne tardèrent pas à prouver que ses craintes n'étaient pas sans fondement. Une nouvelle manifestation beaucoup plus formidable que la première se préparait pour le dimanche 16 avril, avec l'intention positive de constituer un nouveau pouvoir. Il est connu que M. Ledru Rollin lui-même était initié à ce projet et qu'il ne se sépara des agitateurs que dans la matinée même du 16 avril. Par cela même que le ministre de l'intérieur et le préfet de police étaient engagés dans cette entreprise, le gouvernement provisoire en était fort mal informé. Mais déjà Buchez avait pris toutes les mesures nécessaires pour la faire échouer. Il a raconté lui-même cette journée dans une lettre adressée à un ami. Nous reproduisons les passages les plus importants de cet écrit qui offre en même temps l'intérêt d'un témoignage historique.

Après avoir rappelé les informations qu'il avait reçues quelques jours auparavant sur la manifestation projetée, Buchez continue en ces termes : « Tout cela me donna la pensée d'un projet de mouvement analogue à celui du 17 mars. J'en parlai le jeudi soir à Marrast; il rejeta cette opinion bien loin. Je lui en reparlai le vendredi et le priai avec instance d'en parler au gouvernement; il me dit qu'il n'était question de rien de cela, que je m'étais trompé. Enfin le samedi, sur mes instances, il répondit seulement que je pouvais me préparer, quoiqu'il fût certain qu'il n'y avait rien. Je n'avais pas attendu cette autorisation. J'avais parlé à la plupart des maires de Paris et je leur avais demandé s'ils feraient marcher leurs légions sur ma signature; tous m'avaient répondu affirmativement. Je

les avais excités de toutes manières, tous m'avaient répondu par les protestations les plus énergiques. J'avais
en outre parlé au colonel de la neuvième légion, homme
d'un grand zèle et qui jouissait d'une grande influence.
Enfin pour la défense de l'hôtel de ville je m'étais entendu non pas avec le colonel Rey, mais avec le commandant de notre bataillon, le citoyen Beaumont,
homme honnête et qui était par-dessus tout homme
d'exécution. Le samedi je demandai au général Duvivier quatre bataillons de garde mobile, qui étaient à
l'hôtel de ville le dimanche matin. Enfin un piquet
devait être sous les armes dans toutes les mairies de
Paris.

« Malgré tous ces préparatifs, les affirmations de
Marrast m'avaient fait douter de l'utilité de mes soins
et par conséquent de la vérité des renseignements que
j'avais reçus.

« Le dimanche 16 au matin, lorsque j'arrivai à l'hôtel
de ville, je trouvai Marrast parti pour aller reconnaître les officiers des légions de la banlieue. On ne
savait quand il reviendrait. Recurt, moins au courant
que moi et rassuré par l'indifférence de Marrast, était
parti suivant son ordinaire de tous les dimanches pour
aller se reposer un moment au sein de sa famille. Je
commençai à espérer que j'avais été la dupe d'une
panique. Mais je ne tardai pas à être détrompé.

« Vers 11 heures un quart ou demie, arriva M. Arago.
Sa figure me parut décomposée, moins calme qu'à
l'ordinaire. Il me trouva dans les appartements du
préfet. « Eh bien, me dit-il en entrant, ils arrivent;
êtes-vous prêt? que ferez-vous? » Alors je lui exposai
nos moyens. Nous avions quatre pièces de canon et
des munitions en abondance; quatre bataillons de mobile et le bataillon de l'hôtel de ville dit garde républi-

caine. Dans ce bataillon, il est vrai, il y avait un
officier et quelques sous-officiers et soldats tout
dévoués à Blanqui; mais ils avaient été dispersés dans
le bataillon et tous étaient surveillés. Lorsque l'attroupement se présenterait, il était convenu qu'on tirerait
deux coups de canon. A ce signal une centaine de
gardes nationaux devaient sortir de la rue de la Mortel-
lerie et brûler, en tirant en l'air, un certain nombre de
cartouches, tant afin d'écarter les curieux, que pour
ébranler le noyau même de l'attroupement. Au même
signal, le colonel Gautier devait faire battre le rappel
dans la neuvième légion et porter au pas de course son
piquet de mille hommes sur l'hôtel de ville. Simultanément un bataillon de mobile devait porter ses matelas
contre les grilles du jardin du préfet et garnir ces
grilles d'une ligne de banquettes; enfin toutes les fe-
nêtres devaient être garnies d'hommes armés. Des
grenades étaient disposées sur les combles pour débar-
rasser les approches de l'hôtel. « Certes, ajoutai-je, en
parlant à M. Arago, il faudra que les insurgés soient
bien forts pour vaincre de tels obstacles. Si nos défenseurs ne se démoralisent pas, nous aurons tout le
temps pour attendre les secours extérieurs. » M. Arago
approuva ces dispositions.... Il se rendit ensuite à la
mairie du sixième arrondissement, d'où il pouvait en-
voyer des secours à l'hôtel de ville.

« La démarche de M. Arago me confirma toutes
mes prévisions. Le moment fatal où tout annonçait que
le sang coulerait, approchait. Nous allions donc être
obligés de sortir de cette politique qui voulait que sous
le gouvernement provisoire, il n'y eût point de sang
versé. Alors me vint une pensée que je considère
comme un grand bonheur : ce fut d'opposer un flot
d'hommes au flot d'hommes que dirigeaient les adver-

saires; ce fut de remplir les abords de l'hôtel de ville
d'une masse si compacte que l'émeute fût arrêtée par
elle, par le seul fait de la masse. J'allais voir si la
garde nationale existait et si on pouvait compter sur
elle. Aussitôt je pris la plume et j'écrivis aux maires
des huitième, septième, sixième et cinquième arrondis-
sements à peu près ces mots : « Faites battre le rappel;
envoyez au pas de course, sur la place de l'hôtel de
ville, tous les gardes nationaux que vous avez sous la
main, ainsi que ceux qui obéiront à l'appel à mesure de
leur réunion. La rapidité dans l'exécution est par-dessus
tout ce que je demande. » Toutes ces lettres furent
écrites de ma main, les unes après les autres, en sorte
que le fond était plus uniforme que la rédaction. Peut-
être quelques maires en ont-ils conservé. Je les confiai
à des messagers intelligents et sûrs, en sorte que l'effet
en fut immédiat.

« Cependant lorsque j'eus écrit au cinquième arrondissement, je réfléchis que j'étais seul à l'hôtel de ville;
que je n'étais pas membre du gouvernement, que
j'usurpais en fait sur un pouvoir qui méritait d'autant
plus de respect qu'il était moins fort; enfin qu'il pourrait bien arriver si le mouvement de la garde nationale
réussissait, que celui qui serait à l'hôtel de ville se
trouvât le chef du pouvoir. C'était une sorte d'usurpation dont je ne voulais être ni accusé ni coupable. En
conséquence, j'écrivis à M. Lamartine, l'homme puissant par la parole, l'homme populaire dans toutes les
opinions. Ma lettre était courte, mais elle exprimait les
pensées dont je viens de parler.

« Je ne venais que de la terminer, lorsqu'on
m'amena l'état-major du bataillon de volontaires,
dit les Lyonnais. Ils étaient porteurs d'une lettre de
Caussidière, le préfet de police, dans laquelle il me

disait que l'hôtel de ville étant menacé, il m'envoyait
ces forces pour me défendre. Je n'avais pas grande
confiance dans Caussidière; l'hôtel de ville et la pré-
fecture de police étaient en rupture complète. Je crus
voir un piége dans cette offre et je craignis d'introduire dans la place qu'il s'agissait de défendre tout
autres gens que des défenseurs. Cependant je ne voulus
pas manifester ma pensée; je résolus de me servir du
bataillon lyonnais, mais de le mettre à une place où il
ne pût nuire et où il contribuât cependant à faire masse.
Je lui écrivis un ordre de se rendre à la place de l'ancien marché Saint-Jean et de l'occuper.

« En ce moment la 9ᵉ légion était toute en mouvement. Un quart d'heure après ma lettre, le piquet arrivait et les bataillons se succédaient. Ils furent placés
en partie dans le jardin du préfet, en partie devant les
grilles de la place.

« Cependant je repris la plume et j'écrivis le même
ordre, dont j'ai déjà parlé, à toutes les autres mairies
de Paris, à toutes les autres légions, en commençant
par celles de la rive droite, en continuant par celles de
la rive gauche. Enfin, j'envoyai à la recherche de Marrast. — En ce moment, j'avais tout fait; je n'avais plus
qu'à attendre.

« Vers une heure et demie, plus ou moins, M. Lamartine arriva, ayant fait la route à pied; il me trouva
dans les appartements du préfet, où je m'étais toujours
tenu. Voici, sauf les termes, ce qu'il me dit : « Je met-
« tais mes bottes pour venir vers vous lorsque je reçus
« votre billet. Je me suis hâté. Ledru-Rollin est venu
« me voir ce matin; il est venu me demander conseil....
« Ledru-Rollin était très-ému, très-agité; il se jeta dans
« mes bras; il me demanda comment sortir d'un projet
« dont il ne voulait pas et qui était en ce moment en

« cours d'exécution. Je lui dis qu'il n'avait qu'un moyen;
« c'était de retourner à son ministère et d'y donner
« l'ordre de faire battre le rappel; que quant à moi,
« j'allais prendre toutes les mesures propres à faire
« manquer ce projet insensé. Ledru-Rollin me quitta en
« m'embrassant et en me disant qu'il allait exécuter
« mon conseil. Voilà ce qui m'a déterminé à m'habiller
« pour venir ici. Je vous amène quatre bataillons de
« mobile que j'ai fait demander à Duvivier; ils ne tar-
« deront pas à être ici et lui-même viendra bientôt avec
« le reste de ses forces. »

« Comme il ne faut rien cacher de ce qui honore un
homme, surtout lorsqu'il a été odieusement calomnié,
je dois dire que M. Lamartine, en quittant le ministère,
croyait venir à la boucherie, et que toutes les personnes
qui l'entouraient pensaient de même; il dit adieu à sa
femme, qui elle-même quitta le ministère; et cependant M. Lamartine se hâta. Je tiens ce fait d'amis
intimes qui en furent témoins.

« Cependant à mon tour je racontai à M. Lamartine
ce que j'avais fait, et j'ajoutai que, d'après les réponses
qui m'avaient été apportées par mes messagers, cette
journée serait une journée de triomphe. Puis je lui proposai de monter dans les appartements municipaux
dont les salles donnent sur la place et éclairent au loin
les quais, pour voir où en était le mouvement de la
garde nationale.

« Arrivé dans une de ces salles sur la place, où s'é-
taient tenues quelquefois les séances du gouvernement
provisoire, j'aperçus un homme d'un certain âge, en
habit de ville, la badine à la main, en costume de
visite. « Je vous présente, me dit M. Lamartine, M. le
« général Changarnier; il venait me rendre visite
« lorsque je sortais pour venir ici; je l'ai amené avec

« moi. » Je saluai le général, je lui parlai de la réputation acquise par lui en Afrique....; puis je m'avançai
vers la fenêtre, le général me suivit. Un spectacle magnifique frappa nos yeux. La place était déjà presque
remplie de gardes nationaux, et aussi loin que portaient les yeux, on voyait couler comme un flot de
baïonnettes. Je ne pus m'empêcher de dire : Tout à
l'heure j'étais sans émotion, mais en ce moment, ce
que je vois est si beau que les larmes m'en viennent aux
yeux. « Oh! me répondit le général, que ne pourrait-on
« pas faire avec des moyens pareils! » Voilà toute la
part que le général Changarnier a eue à cette journée.
Peu de temps après arriva Marrast.... »

On sait que la journée se termina pacifiquement et
que la foule réunie par les clubistes se dispersa d'elle-
même devant cette grande manifestation de la garde
nationale. Je me bornerai donc à ces extraits de la
lettre de Buchez. Ils prouvent que, si même M. Ledru-
Rollin n'eût pas changé d'avis au moment décisif, les
mesures prises par l'adjoint du maire de Paris auraient
suffi pour faire avorter le mouvement projeté.

Huit jours après eurent lieu les élections pour l'Assemblée constituante. Buchez fut le dix-septième des
représentants élus à Paris. Il avait obtenu cent trente-
cinq mille six cent soixante-dix-huit suffrages. Le 4 mai
l'Assemblée ouvrit ses séances, et le lendemain elle
choisit Buchez pour président. Il devait cette haute
distinction à la fermeté connue de son caractère et à sa
probité à toute épreuve, à la nature de ses idées qui
semblaient promettre la réconciliation entre les partis
révolutionnaires et les partis religieux, enfin aux services qu'il avait rendus à l'hôtel de ville. Il avait souvent dit avant février, que le plus grand honneur auquel
pût aspirer un homme, était de présider une

assemblée libre des représentants de la nation. Mais quand il exprimait ce sentiment, il ne pensait pas qu'il jouirait un jour de cet honneur.

L'événement le plus remarquable de sa présidence fut la journée du 15 mai. Les meneurs des clubs avaient organisé une nouvelle manifestation, dirigée cette fois contre l'Assemblée nationale. Buchez n'était plus à l'hôtel de ville, mais comme président de l'Assemblée il pouvait prendre toutes les mesures nécessaires pour la sûreté de la représentation nationale, et il était trop bien averti des projets des agitateurs pour manquer de le faire. Sa pensée était d'employer une seconde fois le moyen qui avait si bien réussi le 16 avril en réunissant autour de l'Assemblée des masses impénétrables de garde nationale. Le général Courtais, commandant en chef de la garde nationale, et le préfet de police Caussidière, reçurent à cet effet les ordres les plus précis. Mais Caussidière était d'accord avec les meneurs du mouvement, et le général Courtais, par des motifs inexpliqués jusqu'ici, négligea de prendre les mesures de sûreté qu'il avait indiquées lui-même, et qui auraient suffi pour garantir l'Assemblée [1].

---

1. M. Bureaux de Pusy, l'un des questeurs, donna connaissance à l'Assemblée dans la séance du 27 mai des lettres qui avaient été échangées à ce sujet. Buchez avait écrit entre autres au préfet de police : « Je vous prie de prendre toutes les mesures nécessaires pour que le mouvement avorte et n'approche pas même du voisinage de l'Assemblée. Agissez habilement et vigoureusement comme vous l'avez fait hier; mais que, comme hier, nul attroupement n'arrive seulement à la vue du palais de l'Assemblée. » Sa lettre du 14 mai au général Courtais se terminait ainsi : « Il faut que les agitateurs trouvent partout un pouvoir vigilant. Je vous invite à prendre les mesures nécessaires pour que l'Assemblée ne soit aucunement troublée dans

Les chefs des clubs, porteurs d'une pétition en faveur de la Pologne et suivis d'un cortége de quelques
milliers de personnes, arrivèrent par le boulevard.
Aucun des bataillons de la garde nationale annoncés
par le général Courtais ne se trouvait sur la place de la
Concorde, et le cortége arriva sans obstacle au pont.
Ne se fiant pas complétement aux dispositions prises
par le général, Buchez avait fait venir de son propre
chef des bataillons de la garde mobile. Mais l'un d'eux,
placé sur le pont de la Concorde, ouvrit ses rangs aux
agitateurs, qui se répandirent en foule autour du palais
de l'Assemblée et en escaladèrent de tous côtés les
grilles et les murs, sans que la garde mobile leur oppo-
sât aucune résistance. L'Assemblée était en séance depuis une heure environ. Buchez se porta au-devant des
individus qui arrivaient par la grille du quai. Mais déjà
ceux qui étaient entrés par la place de Bourgogne en-
vahissaient les tribunes, et se laissant glisser le long

ses travaux ni par des clameurs, ni par la foule, ni par des
tentatives pour pénétrer dans son sein. Prudence, modération et prévoyance, voilà ce que je vous demande. Vous vous
êtes plaint à moi de ce que j'avais envoyé des ordres directs.
Je renonce à ce moyen pour cette fois, en tant qu'il ne
deviendra pas indispensable ; mais aussi je vous rends responsable de ce qui pourrait arriver. » Le général Courtais répon-
dait le 15 mai : « J'ai l'honneur de vous prévenir que ce
matin il y aura 1000 hommes de la 10e légion à l'Assemblée nationale, 1000 hommes de la 1re à la tête du pont,
1000 hommes de la 2e aux Tuileries et sur le quai, 1000 hommes de la 3e sur la place du Carrousel occupant le pont National, 1000 hommes de la 4e au Louvre. Tous ces bataillons
se porteront sur l'Assemblée et seront remplacés par les 5e,
6e, 7e légions ; les 8e et 9e ont l'hôtel de ville à garder, les
11e et 12e le Luxembourg. Toutes les précautions sont prises
pour avoir au premier signal toutes les légions. »

des colonnes, se mêlaient aux représentants, dans la salle même de l'Assemblée. Je n'ai pas à raconter la scène d'indescriptible tumulte qui suivit et qui dura près de quatre heures. Enfin, vers cinq heures du soir, les meneurs, arrivés au comble de l'exaltation, se crurent assez forts pour proclamer la dissolution de l'Assemblée et allèrent instituer à l'hôtel de ville un nouveau gouvernement provisoire qui eut une demi-heure d'existence.

Buchez était remonté au fauteuil. Mais son bureau même était encombré par une foule d'individus appartenant à l'émeute ; ses communications avec l'Assemblée et le dehors étaient donc pour ainsi dire interrompues et ne pouvaient avoir lieu que sous le contrôle des clubistes mêlés aux membres du bureau. Heureusement Buchez avait pu déléguer, en rentrant, ses pouvoirs au questeur Degoussée et donner des ordres pour la réunion de la garde nationale. Ne voulant pas quitter l'Assemblée tant que les représentants resteraient sur leurs bancs, Buchez n'avait donc d'autre choix que de conserver une attitude passive et d'attendre que cette scène de désordre eût son dénoûment naturel. Ce dénoûment, il lui était facile de le prévoir : ce fut celui qui eut lieu en effet : la déchéance de l'Assemblée, proclamée par les envahisseurs, et la formation d'un nouveau gouvernement. Mais, loin de s'en effrayer, il le désirait, et aurait voulu en hâter le moment ; car il savait qu'aussitôt libre de ses mouvements, il lui serait facile de disperser l'émeute en peu d'instants.

Il souhaitait d'autant plus vivement une prompte solution, qu'il craignait que le désordre ne dégénérât en graves violences. Il avait écrit l'histoire de la Révolution, et se rappelait bien les scènes analogues qui avaient marqué cette terrible époque. Il savait que

plusieurs agitateurs étaient armés, qu'on voulait faire
voter les représentants sous la pression des menaces,
et, certain de la résistance de ceux-ci, il redoutait une
de ces catastrophes qui avaient ensanglanté la grande
Révolution, et dont la nouvelle République était restée
pure jusque-là. Il ne craignait rien pour lui-même,
car à l'exception d'un seul[1], les meneurs n'avaient
pas contre lui d'hostilité personnelle ; mais il craignait

1. Raspail, qui avait déjà à plusieurs reprises signalé Buchez aux haines de la foule dans son journal l'*Ami du peuple*.
La veille même du 15 mai, il avait publié un grand article
où, après avoir rappelé toutes les anciennes accusations contre
les jésuites, il racontait que ceux-ci avaient fini par se mettre
à la solde de l'Autriche, et que par Buchez et ses amis, leurs
principaux agents en France, ils s'étaient emparés de la direction du gouvernement provisoire et de l'Assemblée nationale.
Cet article se terminait ainsi : « Le pays est dupe, ce qui ne
durera pas longtemps ; qu'importe ! Il n'en restera pas moins
républicain, en dépit de l'Autriche. Mais vous, garde nationale bourgeoise, qu'un de ces jours l'émeute, cette grande
ressource d'un gouvernement qui trahit, va appeler à grand
renfort de rappel dans la rue, sachez bien que vous allez combattre sous l'étendard de la société de Jésus. Ne prétendez
plus cause d'ignorance, tenez-vous pour avertis ; on veut que
vous troquiez l'administration de Louis-Philippe contre celle
de Charles X. Est-ce pour cela que vous nourrissez votre
haine contre les travailleurs vos frères ? L'Autriche vous en
serait reconnaissante, et nous, nous aurions le droit de vous
maudire comme des ennemis du pays. » Dans trois autres articles du même numéro il était question de Buchez : on l'appelait le révérend père Buchez, on le désignait comme « le
généralissime irresponsable des armées de terre et de mer. »
Ce qui n'empêcha pas Raspail de dire hypocritement à Buchez le 26 mars 1849, au procès de Bourges, lorsqu'on lui
reprochait d'avoir lu la pétition des clubistes à la tribune de
l'Assemblée : « Nous étions d'anciens amis ! Vous auriez dû
me prévenir que cet acte pouvait me compromettre. »

d

pour quelques députés du parti réactionnaire contre
lesquels se manifestait une vive irritation. Buchez cher-
cha donc à éviter tout ce qui pouvait amener une ex-
plosion, tout en se gardant de compromettre en rien
la dignité de l'Assemblée.

L'inertie calculée qu'il montra à cette occasion a
donné lieu à des interprétations tout à fait erronées.
Ainsi, un officier de la garde nationale qui lui demandait des ordres prit son silence pour de la défaillance,
et s'imagina que Buchez était complétement démoralisé.
Mais le président avait donné les ordres nécessaires, et
il ne lui convenait pas d'entrer dans des explications en
présence des clubistes qui interposaient leur tête entre
sa bouche et l'oreille de ses interlocuteurs. Il a souvent
affirmé lui-même, au contraire, que, dans cette circonstance, il avait conservé tout son calme et son sang-
froid, et cela n'a jamais fait doute pour les vice-présidents, les questeurs, les représentants, les personnes
étrangères même à l'Assemblée qui se tenaient près de
lui sur le bureau. Il savait parfaitement ce qu'il faisait
et a souvent répété que, dans une circonstance semblable, il agirait encore de même.

Mais deux de ses actes de cette malheureuse journée lui ont valu surtout d'amères récriminations. Vers
la fin de la séance, on entendit le tambour qui battait
au dehors, et il devenait certain que la garde nationale
ne tarderait pas à arriver. Les clubistes demandèrent
alors avec passion que le président contremandât le
rappel ; Barbès alla jusqu'à proposer de mettre hors
la loi ceux qui ne s'opposeraient pas au rappel, et voulut faire mettre cette proposition aux voix. Buchez qui
savait qu'elle soulèverait l'indignation de l'Assemblée,
craignit qu'elle ne devînt le signal de la catastrophe
qu'il redoutait. Pour gagner du temps, il consentit

donc à écrire cinq ou six billets ainsi conçus : « Ne battez pas le rappel. BUCHEZ, » billets que les hommes de l'émeute transmirent rapidement au dehors. Buchez les écrivit avec la certitude que ces contre-ordres, tracés à la hâte sur du papier chiffonné, ne seraient acceptés par personne, et qu'en tout cas ils ne pourraient paralyser l'effet des mesures prises précédemment. Il eut d'autant moins d'hésitation à le faire, que les vice-présidents, les questeurs, les représentants présents au bureau n'y voyaient aucun inconvénient. Le fait est que la garde nationale arrivait en masse au moment où l'émeute quittait le palais de l'Assemblée pour envahir l'hôtel de ville, et que ces contre-ordres n'arrêtèrent sa marche d'aucune façon. Le seul effet qu'ils eurent fut d'empêcher qu'on mît aux voix les propositions des clubistes. On a comparé la conduite du président, dans cette circonstance, à celle de Boissy-d'Anglas au 1er prairial, en exaltant la fermeté de ce dernier aux dépens de celle de Buchez. On oubliait que Boissy-d'Anglas avait fait bien plus que de signer des contre-ordres de rappel, qu'il avait fait voter la Convention sur les motions de l'insurrection et proclamé les décrets qui changeaient le gouvernement.

Le second reproche concerne des paroles adressées par Buchez à l'un des clubistes, Huber. Ce meneur, qu'il connaissait personnellement, était monté sur le bureau trois quarts d'heure environ avant la fin de la séance. Buchez, qui attendait le dénoûment avec plus en plus d'impatience, lui dit ces mots : « Huber, vous n'êtes pas l'ennemi de la République ni de l'Assemblée nationale? non. Vous pouvez me rendre un grand service; faites vos efforts pour faire sortir les gens qui sont ici, afin que l'Assemblée puisse délibérer, et si vous

n'y réussissez pas, tachez de me faire mettre à la porte. »
C'était l'expression, inconsidérée peut-être, du vif désir
de voir la fin de cette scène de tumulte ; elle n'était
pas adressée par le président au perturbateur, mais par
l'homme à l'homme, et, aux yeux de Buchez, elle ne
pouvait pas plus porter atteinte à la dignité du président et de l'Assemblée que leur expulsion même qui
devait avoir lieu infailliblement et qui ne tarda pas à
suivre en effet. Ces mots ne furent entendus d'ailleurs
par personne, peut-être pas même par Huber, et ce fut
Buchez lui-même qui les fit connaître lors des procès
de Bourges et de Versailles, dans l'intérêt de la vérité
et dans celui de l'accusé.

Sitôt que Buchez se vit libre, il courut au Luxembourg et y signa, comme président de l'Assemblée,
l'ordre de la rentrée des troupes à Paris. Mais déjà
l'émeute était vaincue, et, le lendemain, l'Assemblée
reprit paisiblement ses travaux.

En somme, Buchez a fait dans cette journée ce qu'il
devait faire, et on a peine à comprendre les repro-
ches dont il a été l'objet à cette occasion. On ne peut
se les expliquer qu'en tenant compte d'un côté du
système de dénigrement que dès lors la réaction
mettait en œuvre contre tous les républicains, et,
de l'autre, de l'affliction que les patriotes ressenti-
rent de cet événement fatal et de la disposition,
naturelle aux hommes dans des circonstances de ce
genre, d'attribuer à quelqu'un la faute de ce qui
est arrivé. Dans la journée du 15 mai, ce fut Buchez
qui se trouva le plus en évidence, et beaucoup de
personnes, peu au courant des faits, se sont imaginé qu'il n'aurait dépendu que de lui d'empêcher
cette douloureuse violation de la représentation nationale.

Après l'expiration de ses fonctions présidentielles, qui ne lui avaient été confiées que pour un mois, Buchez prit une part active aux travaux de l'Assemblée, bien qu'il ne se sentît pas un talent oratoire suffisant pour paraître souvent à la tribune. Le 13 juin 1848, quand le citoyen Louis Bonaparte eut été élu représentant dans quatre départements, il proposa comme rapporteur du bureau chargé de vérifier les élections de la Seine, d'annuler la nomination du chef de la famille impériale, par la raison que cette nomination introduirait un prétendant dans l'Assemblée et serait une cause incessante de troubles. Cependant l'Assemblée confirma l'élection. Après les terribles journées de juin, il partagea l'avis de ceux qui voulaient remplacer la commission exécutive, composée de cinq membres, par un chef unique et contribua de toutes ses forces au décret qui confia au général Cavaignac le pouvoir exécutif. Comme il croyait que c'était un devoir en politique de sacrifier, quand aucun motif de conscience ne s'y opposait, ses opinions particulières à celles de son parti, il appuya énergiquement le gouvernement du général Cavaignac, quoiqu'il n'approuvât pas toujours sa politique, surtout dans les questions extérieures. Ainsi, quand à la fin de juillet les Autrichiens eurent repris l'offensive en Italie et battu les Piémontais à Custoza, il aurait voulu une intervention armée en Italie. En général il aurait désiré que le gouvernement adoptât un plan général et raisonné de politique extérieure et adressa une interpellation dans ce but au général Cavaignac, dans la séance du 21 août. Mais il n'obtint pas le résultat désiré.

Dans la discussion de la Constitution, il proposa, le 3 septembre, un préambule conforme aux idées qu'il avait toujours enseignées ; mais l'Assemblée refusa de l'admettre[1]. Un autre de ses amendements eut plus de succès. Ce fut celui qui statuait que le président de la République prêterait serment à la République en entrant en fonctions. Cet amendement forma l'article 48 de la Constitution. Buchez était d'ailleurs de l'avis de ceux qui voulaient conférer à l'Assemblée le droit de nommer le président de la République ; il fit de grands efforts pour faire prévaloir cette opinion. On sait que la majorité en décida autrement.

Je n'ai pas à relever ici tous les votes de Buchez, qui furent généralement ceux du parti républicain modéré. Il en est un qu'il regretta plus tard : celui par lequel il avait approuvé l'expédition de Rome. Il croyait cette expédition nécessaire pour empêcher l'Autriche de rétablir l'autorité absolue du pape et ne pensait pas que le gouvernement français manquerait à ses promesses les plus catégoriques en rendant lui-même au Saint-Père le pouvoir le plus illimité.

Buchez ne fut pas élu membre de l'Assemblée législative. Il faisait partie, depuis le 4 juillet 1848, de la

---

1. Voici ce préambule : « En présence de Dieu et au nom du peuple français, l'Assemblée nationale déclare :

« Le but de la nation française est de réaliser dans l'ordre politique et pratique, la liberté, l'égalité et la morale de la fraternité universelle. Ce but est pour elle un devoir rigoureux et imprescriptible venant de Dieu même ; il est le lien de son unité ; il est le principe de son initiative et de ses progrès futurs ; il est la loi de ses actions dans ses relations extérieures ; il est la source de la souveraineté qu'elle exerce dans son propre sein. Elle ne reconnaît à personne, homme ou peuple, un droit politique en dehors de ce grand devoir qui est l'origine et le fondement de sa nationalité ; car, dans l'ordre politique, elle a toujours pratiqué ce principe que pour tous, pour les nations comme pour les individus, les droits émanent des devoirs. »

commission départementale et municipale de Paris et
prit une part suivie aux travaux de ce conseil. Il y resta
jusqu'en octobre 1850, époque où la prédominance des
tendances réactionnaires ne lui laissait plus l'espoir d'y
remplir une fonction utile. Il donna sa démission peu
après que le conseil eut décidé, malgré sa vive opposition, le macadamisage d'une partie des rues de Paris.

Après le coup d'État du 2 décembre 1851, il fut arrêté
avec le docteur Cerise, chez lequel il se trouvait et
conduit à la Conciergerie. Mais grâce à l'intervention
d'un ancien ami, le maréchal Baraguay-d'Hilliers, tous
deux furent relâchés après deux jours de détention.
Depuis lors Buchez ne se mêla plus des affaires politiques que comme citoyen et électeur.

§ 5. LES DERNIÈRES ANNÉES DE BUCHEZ.

La grande tentative démocratique de 1848 avait tris-
tement échoué, mais cette malheureuse issue ne pouvait décourager ceux qui croyaient véritablement au
progrès. Buchez fut douloureusement affecté de la chute
de la République, mais il ne perdit pas l'espoir et sa
foi en l'avenir resta ferme et entière. Il ne désespéra pas
non plus de la propagation de ses propres idées, quoique
les derniers événements eussent été peu favorables à
leur expansion. Il savait que beaucoup de ces idées
avaient passé dans le domaine public sans qu'on en
connût l'auteur, et il était convaincu que les autres
aussi se feraient accepter peu à peu ; peut-être n'en re-
cueillerait-il pas l'honneur, mais c'était là pour lui une
considération secondaire. Dans les années qui suivirent
le coup d'État, les circonstances furent aussi contraires
que possible à cette propagation. L'idée par laquelle
Buchez était le plus connu du public, celle de la conci-

liation entre la religion et le progrès démocratique, avait
le moins de chance de prévaloir. L'ardeur avec laquelle
le clergé s'était jeté dans la réaction avait ravivé tous les
sentiments antireligieux du parti révolutionnaire et
provoqué contre les représentants officiels du christianisme une hostilité analogue à celle de la Restauration. D'ailleurs l'école avait été dispersée par la révolution; elle n'avait plus d'organe, la *Revue nationale*
ayant cessé de paraître en juillet 1848. Pour le moment
Buchez crut donc que le plus sage était d'attendre.
Comme je l'ai dit, il s'était proposé de terminer son
Traité de philosophie par un quatrième volume consacré à la science sociale et à la politique, qui est précisément le livre que nous publions aujourd'hui. Les
autres travaux dont j'ai parlé, puis la révolution l'avaient
empêché de mettre ce projet à exécution. Il entreprit
enfin cet ouvrage en 1852, mais sans grande énergie,
car il ne croyait pas les circonstances propices à une
publication de ce genre.

Peu à peu cependant il reprit son activité. La mort
d'un de ses amis intimes, Henri Feugueray, survenue
en 1854, lui donna l'occasion de rappeler le but poursuivi par son école dans une notice biographique placée
en tête d'un ouvrage posthume de cet ami[1]. En 1856,
il promit son concours à la *Bibliothèque utile*, et reprenant sa collection des Bénédictins qu'il avait tant de fois
lue et relue, il résuma dans deux petits volumes com-
pactes l'histoire de France sous les deux premières races,
dans le sens des idées déjà exposées dans l'histoire

---

1. *Essai sur les doctrines politiques de saint Thomas d'A-
quin*, par H. R. Feugueray, précédé d'une notice sur la vie
et les écrits de l'auteur, par M. Buchez; 1857, in-8, chez
Chamerot.

parlementaire, mais avec plus de développement[1].
En même temps, il revenait à ses anciennes études de
géologie, d'embryogénie, et faisait des recherches sur la
génération. Enfin il crut le moment venu d'achever
l'ouvrage qu'il projetait depuis si longtemps sur la politique. Il en termina en effet la première rédaction en
1862, mais il voulut le revoir avec soin et passa près de
trois ans à le refaire et à le corriger. Enfin il était décidé à le donner à l'impression en 1865, quand la mort
le surprit avant qu'il eût pu y mettre la dernière main.

Buchez avait vécu d'abord de l'exercice de la médecine ; il l'interrompit pendant la publication de l'histoire
parlementaire et y renonça tout à fait en 1847, à la
suite de la maladie qui l'obligea d'aller à Cauterets[2].
En 1849, un de ses amis, M. Th....., le chargea en
mourant de la tutelle de ses enfants et lui légua à cet
effet une pension temporaire qu'après la majorité des
enfants, une partie de ceux-ci et le beau-frère de
M. Th..., M. M.... continuèrent à lui servir. Les goûts
de Buchez avaient toujours été simples et modestes.

1. *Histoire de la formation de la nationalité française*, par
P. J. B. Buchez, 2 vol. in-32, réimprimés en 1859 séparément
sous les titres : *les Mérovingiens* et *les Carlovingiens*.

2. Il pratiqua une dernière fois avec activité la médecine
pendant le choléra de 1854. Déjà en 1832, il s'était distingué par
le zèle avec lequel il s'était appliqué à soigner les cholériques.
En automne 1854 il se trouvait chez un de ses amis, M. Deschamps, notaire près de Joigny, quand le choléra apparut
dans les villages voisins. Buchez était convaincu qu'on pouvait vaincre cette terrible épidémie en combattant énergiquement la diarrhée prémonitoire. Aidé de M. Deschamps, il
traita ce symptôme dans la commune où il se trouvait et dans
quelques autres villages. Ces localités furent presque entièrement préservées du choléra, tandis que les communes voisines furent décimées.

Cette pension annuelle de 2800 fr. lui suffisait non-
seulement pour vivre, mais pour donner plus que ne le
font quelquefois des riches. Il jouissait d'une vieillesse
vigoureuse et son esprit était toujours jeune et ardent.
Tous les ans il faisait un petit voyage; il avait visité la
Bretagne en 1864, et venait de parcourir l'Auvergne en
1865, quand il fut pris, à Rodez, d'une rétention d'u-
rine suivie d'accidents graves dont il mourut au bout
de huit jours, dans la nuit du 11 au 12 août.

La série des travaux énumérés dans cette esquisse
biographique a pu donner une idée de la prodigieuse
activité de Buchez. Encore n'ai-je pas mentionné les
nombreux articles et mémoires qu'il publia dans divers recueils[1]. L'activité, la puissance et l'étendue
formaient en effet les caractères distinctifs de son
intelligence; il embrassait d'un seul coup d'œil un
vaste ensemble de rapports multiples et compliqués et
en faisait jaillir une conception lumineuse; mais il était
moins propre au travail d'analyse; les distinctions dé-
licates et minutieuses lui échappaient facilement et il
s'embarrassait dans les questions de détail. Une fois
qu'il avait conçu une idée, il en suivait les conséquences
avec une logique inflexible et avait tendance plutôt à
les exagérer qu'à les amoindrir. Cette exagération
d'ailleurs portait sur la forme et non sur la pensée;
Buchez la reconnut quelquefois et mitigea ses expressions sans modifier ses idées, et l'on peut dire que peu
d'hommes ont été aussi fidèles que lui aux doctrines
qu'ils avaient formulées dans leur jeunesse. Cette force

---

1. Il a notamment collaboré très-activement à l'*Encyclopédie du dix-neuvième siècle*. Parmi les articles qu'il a donnés,
à ce recueil, je citerai en première ligne : *Art, Charlemagne,
Clovis, Souveraineté*.

créatrice d'idées et cette vigueur logique, jointes à une mémoire excellente, lui donnaient une grande puissance intellectuelle et il avait parfaitement conscience de sa supériorité sous ce rapport.

Buchez avait profondément le sentiment de la nature et non moins celui de l'art; il aimait avec passion surtout la musique des grands maîtres. Son imagination active se plaisait dans des combinaisons incessantes sur les sujets les plus divers. Causeur souvent agréable et toujours plein de verve, il s'élevait quelquefois, quand il exposait ses idées et que son sentiment était excité, aux accents de la véritable éloquence et tous ceux qui ont assisté aux conférences qu'il faisait chez lui, rue Chabannais, se rappellent ces leçons où quelquefois les plus nobles idées se produisaient sous le plus beau langage. Malheureusement il était très-inégal sous ce rapport et trop souvent il se laissait aller à la parole négligée et incorrecte dont il avait pris la mauvaise habitude dans sa jeunesse. De même ses écrits offrent quelquefois des pages magnifiques, mais son style ne se soutient pas toujours à la même hauteur.

Si dans Buchez quelque chose dépassait les dons de l'intelligence, c'étaient les dons du cœur. Doué d'une nature très-sympathique, il avait toutes les qualités aimables des hommes de sentiment, mais aussi quelques-uns de leurs défauts. Si d'une part ces facultés sympathiques étaient la source de cette bonhomie naïve, de cette facilité à s'arranger de tout qui lui était propre, c'est d'elles aussi que provenait cette disposition à s'irriter, cette tendance à s'abandonner dans la discussion à des accès de colère dans lesquels il ne gardait pas toujours pour ses adversaires les ménagements voulus; il était le premier du reste à regretter ces emportements que de sang-froid il considérait comme absurdes et qui

n'altéraient en rien son amitié pour ceux qui en avaient
été l'objet. C'est que chez lui les émotions sympathiques
ne jouèrent jamais qu'un rôle passager; elles étaient do-
minées dans l'ensemble de ses actes par la bonté de
l'âme, par la volonté du dévouement. Peu d'hommes
ont eu une foi aussi profonde et aussi active aux principes de la morale chrétienne et l'ont pratiquée avec
autant d'abnégation dans les relations individuelles et
sociales. Toute la vie de Buchez a été un grand acte
de dévouement, car convaincu qu'il accomplissait une
œuvre utile à l'humanité, il sacrifia à cette œuvre tous
les intérêts individuels qui pouvaient l'entraver; il
renonça au mariage et aux jouissances de la famille,
à l'aisance que lui promettait l'exercice de la médecine,
aux positions politiques auxquelles il aurait pu aspirer
dès 1830. Cette volonté dévouée, il l'a portée jusque
dans ses relations individuelles; il ne conserva jamais
de haine contre ceux qui l'avaient le plus grièvement
offensé, et quant à ceux qu'il a aimés, ils savent tous
qu'il n'existait pas d'ami plus désintéressé, plus prompt
à tous les sacrifices, d'un conseil plus sûr, d'une fidélité
plus éprouvée.

DEUXIÈME PARTIE.

LE SYSTÈME PHILOSOPHIQUE DE BUCHEZ.

Je diviserai l'exposé des idées de Buchez en deux sections. Dans la première je ferai connaître l'ensemble de sa doctrine, sa grande théorie du progrès et des lois de l'histoire. Dans la seconde j'indiquerai les plus importantes des questions particulières sur lesquelles il a jeté des lumières nouvelles.

PREMIÈRE SECTION.
DOCTRINE GÉNÉRALE[1].

—

§ 1. LE PROGRÈS.

Comme je l'ai dit dans la notice biographique qui précède, toute la doctrine de Buchez repose sur l'idée du progrès. Cette conception en forme la base et le

---

1. Toute cette partie des idées de Buchez est exposée dans l'*Introduction à la science de l'histoire*.

centre. Elle lui venait en droite ligne de Turgot, de
Condorcet et de Saint-Simon, et il en a retracé lui-même
l'histoire très-exacte[1]. Il est le premier qui en ait compris toute la grandeur.

Ses prédécesseurs n'avaient vu dans le progrès que le
côté purement humain. Ils avaient constaté la perfectibilité de l'individu et de la société, perfectibilité que
Saint-Simon ne croyait pas même indéfinie. Buchez a
compris que le progrès est la loi générale du monde.

Le premier en effet il a rapproché les faits progressifs constatés par les sciences historiques des résultats
analogues fournis par l'anatomie comparée, la géologie
et l'embryogénie et établi un rapport général entre les
lois de la nature inorganique, organique et spirituelle.

L'anatomie comparée lui montrait que les diverses
classes d'être vivants forment une échelle, une série qui
s'élève de degrés en degrés depuis les espèces les plus
rudimentaires jusqu'à l'homme le plus parfait des êtres
organisés.

La géologie lui prouvait que cette série d'êtres a été
créée successivement, que les organismes inférieurs ont
paru les premiers et qu'ils n'ont été suivis qu'à de longs
intervalles de créations de plus en plus parfaites. Elle
lui prouvait aussi que les premières espèces végétales et
animales avaient contribué elles-mêmes à la formation
de la croûte solide du globe, indispensable au développement des espèces postérieures, et que l'homme n'est
apparu sur la terre qu'après que celle-ci eut accompli
tous ses progrès géologiques.

Enfin l'embryogénie lui apprenait que la progression
qui marque la série animale et qui a présidé aux trans-

1. *Introduction à la science de l'histoire*, 2ᵉ éd., t. I, p. 82
et suiv.

formations du globe se manifeste également dans les
transformations que subit le germe humain dans la vie
utérine, et qu'avant d'arriver à l'état d'individu humain
le fœtus passe par toute la série des formes organiques
que présentent les animaux inférieurs. Il tirait de là
la conclusion que la loi qui apparaît dans la série animale et dans la formation du globe est la même aussi
qui règle la formation de l'organisme humain et que
cette loi n'est autre que celle du progrès.

Au point de vue physique donc une même loi progressive embrasse le globe terrestre, la nature vivante
et l'organisme de l'homme. Mais d'autre part l'histoire
démontre que cette loi s'applique également au monde
moral et intellectuel. Le progrès historique de l'humanité semble, sous une autre forme, la continua-
tion des transformations progressives que le globe
a subies antérieurement à la naissance de l'homme. Il
n'est par conséquent aucun être de la création qui ne
soit compris sous cette loi.

La comparaison des résultats de l'anatomie comparée,
de la géologie et de l'embryogénie avec la conclusion
générale des sciences historiques avait donc conduit Buchez à la constatation d'un fait immense : l'universalité
de la loi du progrès. Le progrès n'était plus seulement
cet accroissement de lumières et de bien-être, cette amélioration constante de la vie sociale et individuelle,
que les uns affirmaient, que d'autres niaient et dont on
ne se rendait compte que d'une manière confuse, c'était
une loi de l'ordre universel, la loi la plus générale de
toutes celles qu'il ait été donné jusqu'ici à l'homme
de connaître. Dans ces termes, elle acquérait une portée
scientifique toute différente.

Mais la même comparaison permettait aussi de mieux
préciser les caractères de cette loi.

Jusque-là on avait souvent confondu l'idée du progrès avec celle de la perfectibilité ; pour beaucoup de savants le progrès ne consistait que dans le perfectionnement incessant des facultés individuelles et des institutions sociales. Mais vis-à-vis de l'anatomie comparée et de la géologie, cette idée de la perfectibilité devient tout à fait secondaire. La progression que nous montrent ces sciences est celle d'une série mathématique, d'une suite de termes dont chacun contient le précédent et quelque chose de plus. Ainsi chaque classe d'êtres vivants possède tous les organes des êtres inférieurs, mais plus développés et plus complets ; chaque période géologique suppose toutes celles qui l'ont prédée et qui seules l'ont rendue possible, mais elle s'en distingue par des créations animales et végétales plus parfaites. Le développement de l'embryon humain présente une série analogue.

Le caractère progressif ne réside donc pas en général dans chaque terme isolé de la série, mais dans l'ensemble de la série même, dans le rapport des termes entre eux. Ainsi, considérée à part, une classe d'animaux n'offre rien de progressif en elle-même : autant qu'on a pu le constater jusqu'ici, chaque espèce est restée la même depuis le jour où elle a été créée ; mais cette classe est supérieure ou inférieure à une autre, et le progrès résulte du rapport des classes entre elles. De même chaque période géologique présente un certain nombre de phénomènes physiques et chimiques, un certain développement de la vie végétale et animale qui restent identiquement les mêmes pendant toute la durée de la période. Ce n'est qu'en comparant les périodes entre elles qu'on aperçoit le progrès. Comme nous le verrons, il n'y a en réalité qu'un seul des grands termes du progrès universel qui soit progressif lui-même : c'est l'humanité.

La géologie nous permet de saisir plus particulièrement quelques-unes des conditions du progrès, et de voir jusqu'à un certain point comment il s'opère.

Le commencement de chaque grande période géologique, de chaque terme nouveau de la série des transformations du globe, est marqué par la création d'un certain nombre de nouvelles espèces végétales et animales. Ces animaux et ces végétaux ont dû trouver nécessairement pour vivre un sol approprié à leurs besoins, et la science prouve qu'ils l'ont toujours trouvé en effet, et que ce sol avait été préparé pour eux par les espèces qui les avaient précédés. A l'origine, c'est-à-dire à l'époque la plus reculée où nous puissions remonter, la surface de la terre n'offrait que des roches nues et des mers chargées de substances minérales que n'auraient pu habiter ni les mammifères ni les poissons des dernières périodes. Ces terrains primitifs n'ont donc reçu que les espèces les plus rudimentaires, organisées pour vivre dans un milieu purement minéral. Mais ces espèces modifièrent elles-mêmes le sol qu'elles habitaient et le rendirent apte à recevoir des organisations supérieures. Les créations animales et végétales se sont succédé ainsi sur la surface de la terre pendant une suite innombrable de siècles, chaque création préparant le sol de celle qui devait venir après elle. D'immenses terrains ont été créés de cette façon de toutes pièces, les mers ont été transformées, l'atmosphère a été purifiée par le travail des êtres vivants, dont chaque génération ne recevait un terrain modifié par les générations antérieures qu'à la charge de le transformer elle-même pour les générations suivantes.

Or, pour opérer cette transformation, les animaux

et les végétaux de chaque création n'avaient besoin que
de suivre leurs instincts et de satisfaire leurs besoins,
que de vivre et de mourir. Leur seule présence sur la
surface du globe, jointe à l'action constante des forces
physiques et chimiques, suffisait pour changer peu à
peu l'aspect du monde qu'ils habitaient. D'immenses
périodes étaient données à chaque création pour accomplir son œuvre, et les créations ne se suivaient qu'à des
intervalles de milliers de siècles. Mais quand la transformation était opérée, quand le sol était préparé pour
des générations nouvelles, un grand cataclysme détrui-
sait celles des espèces animales et végétales dont la
fonction était terminée. Les êtres de chaque création
étaient ainsi les agents aveugles du progrès sans participer à ce progrès eux-mêmes; car pendant la longue
période géologique qui leur était accordée, leur organisme, leurs besoins et leurs instincts ne subissaient aucun changement; le milieu seulement où ils se trouvaient était modifié peu à peu.

Sous ce rapport, il y a une grande différence entre
le progrès géologique et le progrès humain. L'homme,
être libre et intelligent, non-seulement a conscience de
l'œuvre progressive qu'il accomplit, mais il y prend
part lui-même en changeant ses propres conditions
d'existence. Mais sous d'autres points de vue, ces phénomènes géologiques nous font connaître quelques-uns
des caractères généraux du progrès, caractères qui,
par conséquent, s'appliquent aussi à l'humanité. Ils
nous apprennent d'abord que le progrès s'accomplit
par grandes périodes successives, dont chacune est
dominée par un seul but, une seule transformation à
accomplir. A cette série des grands âges géologiques
répond dans l'humanité la série des grandes civilisations. Ils nous apprennent en second lieu que les êtres

qui sont les agents du progrès ont chacun un but, une destination, mais que ce but ou cette destination n'est pas en eux-mêmes. Chacun n'est créé, en effet, que pour préparer le terrain des progrès futurs, pour fournir sa part à une transformation opérée en commun, pour contribuer à l'exécution d'un plan dont le secret est dans la pensée de Dieu.

De ce dernier fait, Buchez a déduit une grande conclusion morale.

Si le progrès est la loi générale du monde, s'il régit à la fois la nature inorganique, organique et spirituelle, il en résulte que nul être ici-bas n'a été créé pour lui-même, que tous au contraire ont pour destination de remplir une fonction dans l'ordre universel, d'être les ouvriers d'une œuvre dont les proportions dépassent infiniment celles de leur propre existence. Si le progrès existe, le but de chaque être est d'y contribuer, et aucun d'eux ne possède en lui-même sa fin. Cette vérité s'applique à l'homme aussi bien qu'à tous les êtres créés, et renverse toutes les théories anciennes qui, plaçant le but de l'homme en lui-même, ne lui assignent d'autre destination que d'aspirer au bonheur. L'homme ne diffère à cet égard des êtres qui lui sont inférieurs qu'en ce qu'il ne lui suffit pas, pour remplir sa fonction, de suivre aveuglément les impulsions fatales de son organisme, mais que l'œuvre qu'il doit accomplir est contenue dans une loi proposée à son intelligence, la loi morale, et qu'en obéissant à cette loi, il remplit librement et en connaissance de cause sa fonction dans l'ordre universel. Le progrès, considéré comme loi universelle, conclut donc aux principes qui forment le fondement de tous les enseignements religieux et moraux. Il nous apprend que nul de nous n'est destiné à vivre pour lui-même, mais que cha-

cun doit se dévouer et au besoin se sacrifier à une
œuvre placée en dehors de lui.

§ 2. LES PÉRIODES ORGANIQUES ET LES PÉRIODES CRITIQUES.

L'universalité de la loi du progrès se trouvant con-
statée, il s'agissait pour Buchez de reconnaître la marche du progrès humain. Ce problème, tel qu'il le comprenait, avait à ses yeux une importance capitale. Le
résoudre, c'était déterminer les lois de l'histoire, et, par
suite, élever celle-ci au rang d'une science capable de
fournir des prévisions aussi bien que les sciences physiques.

Il trouva son point de départ dans les ouvrages de
Saint-Simon. L'idée par laquelle ce philosophe diffère principalement de ses prédécesseurs, c'est la distinction, très-rudimentaire encore, entre les deux méthodes qui prévalent alternativement dans le mouvement
général de la science : la méthode *à priori* et la méthode *à posteriori*. Saint-Simon avait remarqué que le
mouvement scientifique présente, suivant les époques,
deux caractères différents : tantôt, tous les savants sont
sous l'influence d'un grand système posé par un homme
de génie et en déduisent les conséquences *à priori*, d'en
haut, en allant du général au particulier ; tantôt, ils
sont absorbés complétement par l'analyse des faits de
détail et ne remontent aux idées générales qu'*à posteriori*, en partant des faits particuliers. Il avait remarqué, en outre, que la direction *à priori* ou *synthétique*
et la direction *à posteriori* ou *analytique* prévalaient
chacune à son tour, que chacune dominait la science
pendant une période assez longue, et que le changement de direction provenait toujours d'une impulsion

nouvelle donnée par un homme de génie. Le mouvement social participait, d'après Saint-Simon, à cet état de la science. Depuis plus d'un siècle, on se trouvait dans une période purement analytique ou critique; il était temps de revenir à la méthode *à priori* et de fonder une époque de réorganisation.

Ces idées très-peu arrêtées chez Saint-Simon furent élaborées par ses disciples. Il en sortit la division générale de l'histoire en périodes organiques et périodes critiques. Cette division fut adoptée aussi par Bazard et Enfantin, mais Buchez contribua certainement pour beaucoup à l'établir[1]. En tout cas il fut le seul qui étudia avec soin les caractères de cette grande loi historique et qui en donna la théorie complète. Voici le résumé de cette théorie :

Il est facile de constater que chaque civilisation particulière est caractérisée par un enseignement religieux et moral qui lui est propre. Pour celles de ces phases sociales dont nous connaissons l'origine, comme la civilisation chrétienne ou la civilisation musulmane, nous voyons que chacune d'elles a eu pour cause l'enseigne-

---

1. Dans la discussion qu'il eut avec MM. Enfantin et Bazard en 1829, Buchez adressa à ces messieurs une note dans laquelle se trouve le passage suivant : « Nous avions pris dans Saint-Simon l'idée du mouvement alternatif de synthèse et d'analyse, de *à priori* et de *à posteriori*, qu'il présentait comme la condition de tous les travaux intellectuels de l'individu et de l'espèce, et nous avons commencé l'œuvre qui devait se terminer par la division, que je vous proposai, de l'histoire en âges organiques et en âges inorganiques. » Cette note a été imprimée à la suite d'une brochure intitulée : *Lettre d'un disciple de la science nouvelle aux religionnaires prétendus saint-simoniens*, par P. C. R..x (Roux-Lavergne), 1834, in-8, p. 79.

ment même qui l'a caractérisée plus tard. Celles dont
les débuts nous échappent, présentent du moins chacune une doctrine religieuse et morale dont les caractères fondamentaux restent les mêmes pendant toute la
durée de cette civilisation, quoique cette doctrine ait
pu subir maintes variations et prendre des apparences
très-diverses. La Chine, l'Inde, l'Égypte ancienne, le
monde gréco-romain nous offrent des exemples évidents de ce fait.

Buchez tirait de là une conclusion incontestable :
c'est que ces enseignements mêmes forment la source
des diverses civilisations, et que celles-ci n'en reçoivent pas seulement leurs formes extérieures et caractéristiques, mais les principes mêmes des progrès
et des améliorations propres à chacune d'elles. Cependant à cet égard il distinguait entre la religion et la
morale, et c'est cette dernière surtout qu'il considérait comme le principe du progrès.

En effet Buchez, comme je l'ai déjà dit, attribuait à
la morale une portée plus étendue qu'on ne le fait habituellement. Il n'y voyait pas seulement la loi des
actions individuelles, mais l'ensemble des principes qui
président aux relations politiques et sociales. Par cela
même qu'elle règle les rapports de l'individu avec
ses semblables, la morale comprend dans ses prescriptions tout l'organisme social. Presque toujours d'ailleurs elle contient des préceptes qui concluent directement à des institutions ou des formes sociales
particulières, comme lorsque la morale chrétienne dit :
« Tous les hommes sont frères, » ou que la morale des
Brahmanes détermine les devoirs des quatre castes, ou
que la morale chinoise assimile l'obéissance due par les
sujets au prince, à celle que l'enfant doit à son père.
Enfin la morale étend même son action sur les progrès

matériels et l'amélioration générale de la condition
humaine, directement par ses prescriptions relatives à
la conduite individuelle et aux satisfactions auxquelles
l'individu peut aspirer légitimement, indirectement
par l'effet des institutions politiques et sociales, qui
exercent toujours une influence prépondérante sur la
situation matérielle des sociétés.

Or, s'il en est ainsi, si la morale embrasse toutes les
branches de l'activité humaine, il en résulte qu'elle est
la source de tous les progrès de l'humanité. Cela apparaît avec évidence lorsqu'on se place à l'origine d'un
nouvel enseignement moral, au moment où de nouvelles croyances morales sont proposées à une société
qui en avait d'autres, comme lorsque la morale chrétienne vint se substituer aux croyances antiques. On
voit alors que la loi nouvelle ne peut s'appliquer que
successivement et que le progrès ne consiste que dans
cette application successive même. En effet, si les commandements de la morale s'adressaient uniquement à
l'individu, on concevrait qu'au besoin ils pussent être
mis en pratique sitôt qu'ils seraient connus, que les
individus pussent y conformer immédiatement leur vie,
quoique sous ce rapport même l'expérience constate
que les difficultés et les obstacles créés par les habitudes antérieures ne disparaissent que lorsqu'une suite
de générations a vécu sous la même loi morale. Mais
il en est tout autrement lorsqu'il s'agit d'appliquer les
principes nouveaux aux institutions sociales et d'en
faire sortir les améliorations matérielles qu'ils contiennent. Alors il faut compter avec les mœurs et les
institutions existantes; le temps devient un élément
indispensable de l'application, et au lieu de rencontrer
une obéissance immédiate, on se trouve en face d'une
lente transformation historique. Ainsi, lors de l'appa-

rition du christianisme, le principe de l'état social était l'inégalité et l'esclavage à l'intérieur, l'hostilité entre les races et les nations au dehors ; le progrès commandé par la morale chrétienne consistait à changer cet état social et à fonder une société nouvelle, basée sur les principes de liberté et d'égalité. Or, on sait le temps qu'il a fallu pour cette œuvre, qui aujourd'hui encore est loin d'être achevée. Une période historique plus ou moins longue est donc toujours exigée pour que, suivant l'expression de Buchez, la morale soit *réalisée*, c'est-à-dire pour qu'elle entre dans les habitudes, les lois et les institutions, et chaque fois qu'une fraction de l'humanité accepte une croyance morale nouvelle, elle est au début d'un grand mouvement de transformation qui doit se prolonger pendant des siècles.

En réalité la morale pose donc à l'humanité un but à atteindre, et le progrès, dans une période donnée, consiste dans l'accomplissement de ce but. Lorsqu'un nouvel enseignement moral contient le germe de transformations bienfaisantes pour un long avenir, il est la source d'une grande civilisation, il domine tout un *âge* de l'humanité. Le christianisme a été dans ce cas. Lorsqu'au contraire, il ne constitue pas une amélioration sur les enseignements précédents, lorsqu'il ne fait qu'adapter des principes déjà reçus ailleurs à l'intelligence de populations arriérées, il n'engendre, comme l'a fait le mahométisme, qu'une civilisation bâtarde, destinée à périr après une courte durée.

Suivant Buchez, le progrès total de l'humanité a consisté à atteindre successivement une série de buts émanant d'enseignements moraux réellement bienfaisants et féconds, dont le dernier a toujours été supérieur au précédent. Chacun de ces enseignements a ainsi engendré une civilisation corrélative, un âge par-

ticulier de l'humanité. Le dernier de ces âges est celui
qui est né du christianisme et le but que celui-ci a posé
à l'humanité, c'est la réalisation de la fraternité et de
l'unité universelles.

Mais Buchez, tout en considérant la morale comme
la source essentielle du progrès, ne méconnaissait pas
l'importance du rôle de la religion. En effet, la loi
morale n'aurait aucun caractère obligatoire pour l'individu et encore moins pour la société, si elle se présentait comme l'expression d'une volonté purement
humaine. Buchez avait compris que pour que la
morale fût acceptée par l'humanité comme une loi
absolue et incontestable, pour qu'elle inspirât la conviction et l'énergie nécessaires à l'accomplissement des
progrès qu'elle contenait en germe, il fallait qu'elle fût
revêtue d'une sanction religieuse, qu'elle apparût
comme un commandement direct de Dieu. Il avait remarqué que les systèmes philosophiques de morale
n'avaient jamais exercé sur la société une influence
considérable et que c'étaient toujours des religions qui
avaient dirigé la marche de l'humanité. Il en conclut
que la religion est le complément indispensable de la
morale, qu'elle seule donne aux masses la raison des
peines et des sacrifices qu'exige l'accomplissement du
progrès, et que si la morale peut en être séparée dans
certaines périodes de l'histoire, ce n'est jamais au
début d'un nouvel âge progressif.

Quelle est donc la marche de la civilisation pendant
chacun de ces âges?

L'enseignement moral et religieux, qui doit lan-
cer l'humanité dans une nouvelle direction, part toujours d'une initiative individuelle. Pour qu'un enseignement pareil soit accepté dans une société, il
faut que celle-ci soit livrée elle-même au doute et à

l'incrédulité, que les croyances antérieures y soient
effacées, que les principes moraux qu'elle reconnaissait
comme vrais aient été appliqués à toutes les relations
sociales et individuelles sans donner satisfaction aux
aspirations progressives des populations. Si ces conditions n'existent pas, si on a encore foi aux croyances
anciennes, le nouvel enseignement sera repoussé. Mais
dans le cas contraire il sera accepté avec d'autant plus
d'avidité qu'il contiendra plus de vérités nouvelles et
qu'il différera plus de l'enseignement antérieur. Alors
à l'incrédulité ancienne succède une foi vive et profonde. Les hommes s'attachent avec passion aux principes plus élevés qui ouvrent une carrière nouvelle à
leur activité, et la mise en pratique de ces principes
devient un but social dont s'alimente pendant des
siècles la vie des peuples qui l'ont accepté. C'est ainsi
que la foi des martyrs a succédé au scepticisme du
monde gréco-romain et que sur les débris de l'empire
défaillant des Césars se sont fondées des nations nouvelles, pleines d'activité et d'ardeur progressive.

Lorsque l'enseignement nouveau s'est emparé des
masses, qu'il a constitué de nouvelles sociétés religieuses et politiques complétement pénétrées de son esprit,
il arrive tout naturellement que la direction de la société échoit aux hommes le plus fortement imbus du
sentiment commun; il s'écoule ainsi un temps plus ou
moins long, mais qui comprend toujours plusieurs
siècles, pendant lequel gouvernants et gouvernés
marchent ensemble dans la voie progressive. Le progrès se fait alors d'en haut, *à priori*, et les pouvoirs
sont en tête. C'est la période *organique*. Ainsi s'opère
une première transformation des idées, des mœurs et des
institutions anciennes, et les principes moraux de la nouvelle religion arrivent à un premier degré de réalisation.

Mais il est arrivé toujours qu'à un certain moment
les pouvoirs sont devenus infidèles à leur mission progressive. Enivrés par la grandeur et la puissance qui
formaient les moyens et la rémunération de leurs services antérieurs, ils ont voulu s'immobiliser dans la
position qu'ils s'étaient faite et ont refusé de marcher
dans la voie suivie jusque-là. Voilà comment les chefs
de l'Église catholique se sont placés, au quatorzième
siècle, au seul point de vue du maintien de leur domination en partie temporelle, et sont devenus, par suite
de plus en plus hostiles aux tendances progressives de
la société chrétienne. Voilà comment les rois de France
après avoir contribué à l'affranchissement des classes
inférieures n'ont plus songé qu'à établir et consolider
leur autorité despotique.

Un tel changement dans les tendances du pouvoir
ne peut s'opérer sans provoquer un trouble profond
dans la société. Tous ceux qui ont intérêt à ce que
le progrès s'accomplisse, à ce que les principes
de la morale enseignée continuent à recevoir des applications successives, — à la fin du moyen âge par
exemple, tous les serfs et tous les bourgeois qui récla-
maient la liberté et l'égalité vis-à-vis de la noblesse, —
tous ceux qui sont lésés par la résistance qu'éprouve le
progrès, et ils forment toujours la majorité, se trouvent en opposition avec le pouvoir dont part cette
résistance. Si c'est le pouvoir religieux, il provoque
par cela même le doute et l'incrédulité; car on ne se
contente pas de combattre les hommes qui faillissent à
leur fonction, on met en suspicion les principes mêmes
qu'ils enseignent, parce que c'est le moyen le plus assuré
de ruiner leur autorité. Alors la période organique finit et
la période *critique* commence. La société se trouve sur la
voie qui conduit à la négation absolue de ses croyances.

Mais elle n'y arrive pas d'un coup. Le doute s'attaque d'abord à l'enseignement religieux, tandis que
l'enseignement moral reste intact. A la doctrine ancienne, on commence par opposer de nouvelles formules religieuses qui l'altèrent plus ou moins. Buchez a
appelé *protestantismes*, d'après l'analogie offerte par
l'histoire de l'Église chrétienne, ces révolutions religieuses qui ont toujours pour point de départ des abus
existants. Mais les premières doctrines protestantes
finissent elles-mêmes par soulever des protestations
nouvelles, et les croyances qui jusque-là avaient dirigé
la société s'altèrent et s'effacent de plus en plus.

Cet affaiblissement finit aussi par atteindre la morale, mais à un moindre degré. Il résulte en effet de
la nature de toute loi morale que les devoirs des uns
constituent des droits pour d'autres et qu'en général
le plus grand nombre a intérêt à ce que les principes de la loi morale soient réalisés socialement. Ainsi
la masse de la population a encore aujourd'hui le
même intérêt qu'au moyen âge à ce que. la liberté et
l'égalité servent de fondement à l'organisation sociale,
et non-seulement elle y a intérêt, mais au nom de
la morale chrétienne, elle y a droit. Lors donc que les
croyances religieuses s'effacent, les croyances morales
subsistent pour la plupart et ne cessent de diriger les
progrès de la société. Seulement la philosophie les
détache alors de la religion et cherche à leur donner
une autorité purement scientifique. Mais en somme,
c'est toujours à l'ancienne morale religieuse qu'elle
emprunte ses principes pratiques.

Il arrive cependant un moment où non-seulement
cette morale cesse d'être respectée dans les rapports
individuels, mais où elle perd toute fécondité progressive. C'est quand toutes les institutions sociales, toutes

les réformes, toutes les améliorations qu'elle contenait
en principe ont été réalisées. Elle peut continuer alors
à conserver la société, mais n'est plus capable de lui
faire accomplir de progrès nouveaux. Telle était l'ancienne morale au temps de Cicéron. Quand la société
est parvenue à ce point, le moment est venu pour l'enseignement d'une morale et d'une religion supérieure,
et alors aussi ne tarde pas à apparaître l'initiateur d'une
ère nouvelle.

Buchez a appelé *âge logique* (on verra bientôt pourquoi il a choisi ce terme), chacune de ces périodes
pendant lesquelles un même principe religieux et moral
domine la société.

Chaque âge logique comprend donc, en vertu du
développement historique que je viens d'exposer, deux
périodes secondaires, l'une organique où le progrès se
fait d'en haut, *à priori*, au nom des commandements
directs de la morale, l'autre critique où il s'opère au
nom des droits et des intérêts individuels. Buchez
constatait que cette seconde période avait toujours été
marquée du caractère de l'incrédulité et du scepticisme,
mais il ne pensait pas que cela dût nécessairement être
ainsi. Seulement il croyait que même au cas où les
croyances religieuses se conserveraient jusqu'à la fin
d'un âge logique, cet âge ne serait pas moins divisé en
deux périodes distinctes, la première toujours synthétique et *à priori*, la seconde où prévaudrait la méthode
analytique ou *à posteriori*. Comme nous le dirons dans
le paragraphe suivant, Buchez considérait cette succession de l'état analytique à l'état synthétique comme un
effet nécessaire des lois de la logique humaine.

Mettant de côté les initiatives morales et religieuses
qui n'avaient conclu qu'à des mouvements sociaux
passagers ou accidentels, telles que celles de Bouddha

et de Mahomet, Buchez regardait chacune des grandes
civilisations qui se sont succédé sur la terre comme
formant un âge logique particulier. Pour lui l'histoire
de l'humanité se composait donc d'une série ascendante d'âges logiques, formant entre eux une véritable
progression mathématique, semblable à la série des
créations végétales et animales qui ont précédé
l'homme sur la terre. Ses recherches historiques le
conduisirent à admettre que l'âge logique dans lequel
nous vivons, l'âge chrétien, avait été précédé de trois
grands âges inférieurs. Je ferai connaître plus bas les
motifs sur lesquels il fondait cette opinion.

Buchez a commencé par croire que les initiateurs
des grandes civilisations, les révélateurs qui dotaient
l'humanité d'une pensée religieuse et morale capable
de la faire vivre et progresser pendant tout un âge logique, étaient des hommes doués d'un génie tout à
fait exceptionnel, mais des hommes. Plus tard il lui
sembla impossible qu'un homme se distinguât à un tel
degré de tous les autres, et se fondant sur l'analogie du
progrès géologique où chaque âge nouveau est marqué
par une création, c'est-à-dire un acte de Dieu, il
pensa que ces grandes initiatives qui donnent l'impulsion du progrès pour une longue suite de siècles
devaient émaner également d'une intervention divine. La géologie l'avait guéri du préjugé déiste qui
veut que Dieu reste étranger au monde une fois qu'il
l'a créé, et l'histoire lui avait appris à ne pas rendre la
religion responsable des défaillances de ses ministres.
Il admit donc sans peine l'existence de révélations,
dans le sens religieux du mot.

Cependant les révélations proprement dites se rédui-
saient, suivant lui, à deux, la révélation primitive et la
révélation chrétienne. Il pensait qu'aux débuts de l'hu-

munité une intervention directe de Dieu avait été indispensable, puisque l'homme, abandonné à lui seul, n'aurait jamais pu inventer le langage ni la morale. La
révélation chrétienne ne lui parut pas moins certaine.
Il voyait en effet que l'affirmation dogmatique essentielle du christianisme était celle de la divinité de son
fondateur, et il comprenait qu'en dehors de cette affirmation, la morale chrétienne, dont il considérait l'accomplissement comme la condition de tous les progrès
futurs de l'humanité, perdait toute sa force obligatoire
et manquait de base et de sanction. Il crut donc à la
révélation de la parole et à celle de la morale de la
fraternité et admit des inspirations divines d'un ordre
inférieur pour d'autres grandes doctrines sociales. Il
trouva ainsi qu'une série ascendante d'actes divins pré-
sidait aux développements de l'humanité comme à ceux
du globe terrestre et que la loi universelle du progrès
vérifiait les affirmations dogmatiques de la plus grande
des religions.

On comprend que dans notre siècle d'incrédulité et
de passions antireligieuses, ces dernières idées de Buchez aient rencontré beaucoup d'adversaires. Mais on
comprend moins que sa théorie des âges logiques et des
périodes organiques et critiques n'ait pas plus attiré
l'attention des historiens. Il n'a pas été énoncé jusqu'ici de loi historique plus conforme aux faits. Non-
seulement l'histoire de la société chrétienne en offre la
démonstration complète, mais l'âge logique antérieur
qui comprend les Grecs et les Romains avec l'Égypte
et l'Asie occidentale, nous offre non-seulement une
période critique parfaitement connue, mais les traces
certaines d'une période organique antérieure. D'autre
part il est incontestable que tous les grands systèmes
religieux dont nous connaissons l'histoire sont émanés

d'une initiative individuelle. Il en a été ainsi de l'isla-
misme et du bouddhisme, et de même de la religion
de Zoroastre. Les seules religions qui ne se rattachent
pas au nom d'un homme sont celles dont l'origine se
perd dans la nuit des temps. On est donc en droit de
s'étonner que les savants aient tenu si peu de compte
de cette théorie, qui d'ailleurs n'était pas propre seulement à Buchez, puisque l'école saint-simonienne la
reconnaissait jusqu'à un certain point; on ne peut expliquer cet oubli que par la prédominance du naturalisme
et de la doctrine des races dans les sciences historiques contemporaines.

§ 3. LA PHYSIOLOGIE INDIVIDUELLE.

La loi de la succession des grands âges historiques
et de leur division en périodes organiques et critiques
paraissait insuffisante à Buchez pour rendre compte de
tous les phénomènes de l'histoire. La physiologie sociale
devait compléter cette première donnée.

Là se présentait assez naturellement un principe,
déjà énoncé d'ailleurs par Saint-Simon et ses prédécesseurs : c'est que les lois de la vie sociale doivent être
les mêmes, sur une plus grande échelle, que celles de
la vie de l'individu. Mais quelles sont les lois de la vie
individuelle?

A l'époque où Buchez se posa cette question, il y
avait en présence deux écoles qui résolvaient d'une manière absolument contradictoire le grand problème de
la nature humaine. L'une qui était spiritualiste, l'école
éclectique, plaçait dans l'esprit seul tous les phénomènes intellectuels et affectifs, l'autre, matérialiste, et
principalement composée de médecins, prétendait les
expliquer tous par des propriétés de l'organisme. Entre

ces deux écoles nulle conciliation ne semblait possible,
et chacune d'elles ignorait même les raisons sur lesquelles se fondait l'école opposée.

Buchez était médecin, et ce fut un bonheur pour lui.
Car autrement il n'eût pas connu les arguments sans
réplique par lesquels les matérialistes prouvaient le
concours de l'organisme aux phénomènes intellectuels
et affectifs. Ces arguments, il ne put les oublier quand
il fut devenu spiritualiste, et il sut en tenir le compte
voulu dans ses propres recherches sur les lois de la vie
humaine. Il arriva ainsi le premier à formuler une
théorie anthropologique qui reliait dans un même système, parfaitement original, toutes les vérités constatées par les psychologues et les physiologistes.

J'entrerai, dans la seconde section de cet exposé,
dans quelques détails sur ce système anthropologique.
Ici je n'en ferai connaître que les parties dont Buchez a
tiré des conclusions relatives aux lois de l'histoire.

Pour Buchez, l'âme est une substance absolument une
et active. L'activité spontanée en forme la propriété
essentielle, la qualité constitutive. Tout ce qui dans la
pensée et l'action humaine est entaché de pluralité, de
passivité, de nécessité, tout ce qui s'y présente avec un
caractère successif ne provient donc pas de l'âme, mais
de l'organisme auquel elle est liée indissolublement pendant cette vie. Comme les caractères de la successivité
et de la pluralité se retrouvent dans toutes les manifestations humaines, il faut admettre que toutes ont besoin du concours de l'organisme. Les parties de l'organisme étant multiples et diverses, l'action de l'âme
se présente sous des apparences différentes suivant
qu'elle se produit par tel ou tel organe, ce qui a fait
croire que l'âme était composée d'une foule de facultés
particulières. Mais l'unité spirituelle exclut cette com-

f

position, et la diversité des facultés ne provient que de la diversité des organes sur lesquels l'âme est appelée à agir.

Les organes avec lesquels l'âme se trouve en rapport sont ceux du système nerveux. C'est du système nerveux que provient, suivant Buchez, tout ce qui, dans l'activité humaine, offre le caractère de la successivité, en d'autres termes tout ce qui se présente sous la forme d'une succession régulière et constante. Cet ordre successif, imposé à nos manifestations spirituelles, constitue ce que Buchez appelle la *logique* humaine. Il donne ainsi à ce mot une acception beaucoup plus étendue que celle qu'on lui attribue ordinairement, puisqu'il y voit la série des états par lesquels tout acte humain est obligé de passer pour se produire complètement, série établie d'avance et qui résulte de l'instrumentalité nerveuse sans laquelle l'esprit ne saurait agir.

La logique humaine est donc l'expression rigoureuse des opérations du système nerveux. Or quelle est l'organisation de cet appareil physiologique?

Le système nerveux présente des organes centraux, le cerveau, le cervelet et la moelle épinière, et des filets nerveux qui partent de ces centres et se divisent en branches et en rameaux de plus en plus déliés. Ceux-ci vont se rendre à tous les organes du corps. En outre, ces branches et ces rameaux sont liés entre eux par des trajets transversaux, qui eux-mêmes se centralisent quelquefois dans des masses plus petites, les ganglions. En d'autres termes le système nerveux se compose d'un centre et d'une circonférence reliés entre eux par une foule de trajets intermédiaires. Le mouvement peut procéder du centre pour aller à la circonférence ou de la circonférence pour aller au centre, et il a lieu en effet tantôt dans un sens, tantôt dans l'autre.

Par cette organisation du système nerveux, Buchez
explique le fait le plus général de la logique humaine :
la nécessité pour l'homme de procéder toujours, soit du
général au particulier, soit du particulier au général.
C'est la subordination des idées particulières aux idées
générales qui forme en effet la base de presque tous les
raisonnements humains. Dans le travail scientifique, le
mouvement du centre à la circonférence ou de la circonférence au centre se traduit par les deux grandes
méthodes logiques de la synthèse et de l'analyse, dont
la première va des faits généraux aux détails, des principes aux conséquences, et dont la seconde remonte des
observations particulières aux lois générales. Dans
l'histoire de l'humanité, ce double mouvement est représenté par l'esprit tantôt organique, tantôt analytique
qui domine la société pendant des périodes plus ou
moins longues. Ces états alternatifs que présente l'humanité ne proviennent donc pas de causes accidentelles; ils ont leur raison d'être et leur justification dans
la logique même de l'homme. De même qu'une vérité
scientifique n'est assurée que quand elle a été vérifiée
par les deux méthodes, qu'elle a passé par l'épreuve de
l'analyse et de la synthèse, de même une doctrine morale et religieuse ne peut être appliquée dans ses dernières conséquences que lorsque le mouvement du
centre à la circonférence et de la circonférence au
centre a établi une conformité parfaite entre ses plus
hautes généralités et ses moindres détails. Seulement
dans les grands âges historiques c'est la méthode synthétique qui prévaut toujours la première, puisque c'est
le principe le plus général qui est posé d'abord et que
ce n'est qu'après un long espace de temps qu'on arrive
aux conséquences spéciales.

Mais cet ordre successif n'est pas le seul qui résulte

de l'influence du système nerveux. Indépendamment de
la disposition générale dont je viens de parler, ce système offre un certain nombre d'organes particuliers
qui jouent également un grand rôle dans la logique
humaine.

L'esprit est une activité intelligente. Pour qu'il
agisse il faut qu'il ait d'abord l'idée de l'acte à accomplir. Or toute idée d'un acte à accomplir est un
but. La vie de l'homme se compose de buts que l'esprit se propose d'atteindre et qu'il atteint en effet. Ces
buts tendent à la satisfaction de besoins égoïstes ou à
l'accomplissement de devoirs moraux ; mais en tout cas
pour qu'ils soient atteints, l'esprit a besoin de l'organisme, et là se présente une successivité nouvelle,
aussi constante et aussi régulière que la précédente et
par laquelle l'esprit est obligé de passer pour réaliser
son but.

Tout acte humain en effet présente les trois phases
successives du désir, du raisonnement et de l'exécution
ou de la réalisation proprement dite. En d'autres
termes, pour qu'un acte quelconque s'accomplisse, il
faut qu'on en ait le désir, qu'un raisonnement indique les
moyens de le réaliser et qu'enfin il soit réalisé effecti-
vement par une opération pratique. Or à chacune de
ces phases répond un appareil spécial de l'organisme
nerveux.

Le premier de ces appareils est celui du sentiment :
Dans sa forme la plus simple le sentiment est l'émotion
vague et non définie. Sitôt qu'il s'y associe une idée,
il devient le désir, l'affection, la passion sous toutes
leurs formes, l'amour comme la haine, la peur comme
le courage. Je n'ai pas besoin de décrire le sentiment : il n'est personne qui n'en ait senti jusqu'à
un certain point la puissance, qui n'ait éprouvé l'ex-

citation qu'il produit, l'ardeur qu'il inspire, l'impulsion qu'il donne. À l'opposé de la plupart des psychologues, Buchez ne considère pas l'état sentimental comme l'expression d'une faculté de l'âme, mais comme le résultat de l'activité d'une partie spéciale du système nerveux. De plus, il n'admet pas un organe nerveux particulier pour chaque affection, chaque passion, chaque désir : l'émotion sentimentale a toujours suivant lui son siége dans le même appareil, mais elle peut s'associer à une idée ou à un objet quelconque, et tout but que se propose l'homme, peut, lorsque le sentiment s'y joint, engendrer une passion violente. Se fondant sur des faits physiologiques indubitables, Buchez place l'appareil du sentiment, non dans le cerveau, mais dans le système nerveux de la vie végétative, c'est-à-dire dans les nerfs et les ganglions qui président à la nutrition, et à la circulation. Ces organes nerveux sont situés dans la poitrine et l'abdomen et chacun connaît le rôle que joue le cœur dans l'émotion sentimentale.

Ce sont les besoins de la vie végétative, la faim, l'amour sexuel, tous les sentiments qui tendent à la conservation de l'individu qui excitent les premiers l'appareil sentimental et qui l'excitent seuls chez les animaux. Si l'homme n'était rien qu'un organisme matériel, l'impulsion sentimentale ne le dirigerait donc qu'à des satisfactions égoïstes. Mais à cause de l'union étroite qui existe entre l'âme et le corps, l'esprit met en jeu la puissance émotive pour la faire servir à l'accomplissement de ses idées, de ses buts; cette puissance se joint alors à la volonté et lui prête toute l'intensité d'une force matérielle. Devenu le serviteur de l'esprit, le sentiment s'attache à toutes les idées, à tous les principes que l'homme puise dans l'éducation, et ainsi nais-

sent les passions nobles et généreuses, l'amour enthousiaste du bien.

L'appareil sentimental est muni d'organes expressifs.
Tout individu qui éprouve une émotion sentimentale est
porté à manifester par ses gestes, par l'expression de
ses traits, par l'intonation de sa voix, par toute son apparence extérieure, le sentiment qui l'agite. Il existe
même dans l'organisation des appareils spéciaux destinés
à reproduire au dehors les émotions sentimentales.
C'est par leur moyen que sont créées les œuvres d'art
de toute nature, les œuvres de l'architecture, de la
peinture, de la musique, de la poésie. Ainsi, pour Buchez, l'objet et la puissance propre de l'art consiste à
exprimer des sentiments. Pour lui, le beau, c'est l'idée
morale revêtue de la puissance sentimentale, et le type
du beau, c'est l'homme lui-même exprimant, par l'ensemble de son apparence extérieure, le sentiment le
plus grand et le plus élevé porté au plus haut degré de
puissance.

L'expression extérieure du sentiment produit la sympathie, c'est-à-dire l'imitation. Notre organisation est
telle que quand nous voyons un sentiment se manifester
dans les gestes, les traits, la voix d'un autre, nous
sommes portés à éprouver le même sentiment , à
pleurer avec ceux qui pleurent, à nous réjouir avec ceux
qui sont heureux. C'est le phénomène qu'on appelle
sympathie dans le langage ordinaire, mais qui n'est
que le résultat d'un mécanisme nerveux, un fait auto-
matique d'imitation, ainsi que cela est bien prouvé en
physiologie. Plus l'expression sentimentale est énergique, plus elle impose l'imitation à ceux qui en sont
témoins. C'est à des faits d'imitation de ce genre que
tiennent les accès de rire, de terreur, d'enthousiasme,
de courage, qui souvent passent d'un homme à une

multitude. C'est de cette faculté que dépend l'action physiologique des beaux-arts. Lorsque la sympathie est arrêtée dans son expansion, lorsqu'elle est contrariée, froissée, elle se convertit en son opposé, l'antipathie et engendre des sentiments de répulsion et de colère. En général, comme l'a démontré le docteur Cerise en développant cette idée de Buchez, l'appareil sentimental peut se trouver à deux états différents : celui d'expansion, d'animation, et celui de répulsion et de dépression. M. Cerise a appelé ces deux dispositions de l'appareil sentimental état *expansif* et état *oppressif*[1].

L'objet nécessaire pour réaliser un but conçu par l'esprit étant presque toujours placé hors de nous, ce but ne peut être atteint et le sentiment qui y tend ne peut être satisfait qu'à la condition qu'il intervienne un raisonnement qui nous fasse connaître les moyens de nous procurer cet objet. Le raisonnement forme donc le second terme de la succession logique imposée à tous nos actes extérieurs.

Raisonner c'est combiner des idées en vue d'un but qu'on veut atteindre. A cette opération aussi correspond une instrumentalité nerveuse qui est en rapport avec le monde extérieur par les sens, mais dont l'action proprement dite est tout entière renfermée dans le cerveau. Buchez admet que toute idée est représentée dans le cerveau soit par les filets nerveux dans lesquels résident les impressions sensibles, soit par les combinaisons nerveuses qui répondent aux mots de la langue ou aux signes quelconques des idées, soit par les unes et les au-

1. L. Cerise, *Des fonctions et des maladies nerveuses dans leurs rapports avec l'éducation sociale et privée, morale et physique*.

tres à la fois. Comme une idée n'existe réellement dans l'esprit et ne peut être conservée dans la mémoire qu'à la condition d'être représentée par un signe, on peut dire que toute idée a son organe matériel dans le cerveau et que les combinaisons d'idées qui constituent le raisonnement sont soumises jusqu'à un certain point aux lois qui régissent les rapports de ces organes matériels. La principale de ces lois est celle dont j'ai déjà parlé, le rapport du général au particulier, qui résulte directement de l'organisation générale du système nerveux. D'autres sont relatives à l'accomplissement d'un but. A cet égard l'opération la plus importante consiste ordinairement à reconnaître au moyen des sens et des méthodes logiques les circonstances extérieures qui permettent ou empêchent la réalisation de ce but. Comme j'aurai à revenir sur la théorie psychologique de Buchez et à faire connaître le résultat de ses travaux sur les méthodes, je me bornerai pour le moment à ces indications sommaires; elles suffisent pour faire comprendre sa théorie du progrès, dont il s'agit principalement ici.

Lorsque le sentiment a donné l'impulsion vers un but et que le raisonnement a fait connaître les moyens de l'atteindre, nous voyons intervenir la troisième instrumentalité corporelle, celle qui est destinée à réaliser ce but au dehors, le système des organes moteurs. C'est par le mouvement en définitive que se manifeste l'activité humaine, c'est par lui que la pensée est matérialisée et reçoit un corps. Les appareils moteurs correspondent au grand fait de la pratique, où doit aboutir nécessairement toute détermination de la volonté humaine.

La plupart des actions pratiques, et par conséquent des sentiments et des raisonnements qui les précèdent sont imposés à l'homme par les besoins de son or-

ganisme même, par la nécessité où il est de se nourrir,
de se vêtir, de se loger. Les autres tendent à la réalisation des buts que s'est proposés l'esprit. L'action pratique elle-même lorsqu'elle s'accomplit dans un but,
constitue le travail, qui apparaît ainsi comme la conclusion dernière de la succession logique que l'esprit
est obligé de subir en vertu de son union avec l'organisme.

Un but posé d'abord, puis le sentiment, le raisonnement et l'action pratique, tels sont donc les éléments
de tout acte individuel. Or, *ce que nous observons dans
l'individu nous devons le retrouver dans la société,
mais dans d'autres proportions.*

§ 4. LA PHYSIOLOGIE SOCIALE.

La société aussi se propose d'atteindre un but ; mais ce
but n'est pas comme pour l'individu une satisfaction
égoïste ou l'accomplissement d'un devoir personnel,
c'est l'un de ces grands buts progressifs dont j'ai parlé
dans un paragraphe précédent, de ces buts qui sont posés comme une loi morale et religieuse et qui comprennent à côté des réalisations progressives que doit opérer
la société, la conservation des individus et l'améliora-
ration de leur sort. Nous avons déjà vu comment en
vertu d'une des lois de la logique humaine, la durée
historique nécessaire à l'accomplissement de chacun de
ces buts se subdivise en deux périodes, l'une organique et
l'autre critique. Il me reste à faire connaître l'influence
qu'exerce sur la société la seconde des lois logiques
que nous avons constatées, celle qui veut que toute action passe par les phases successives du sentiment, du
raisonnement et de la pratique.

Cette influence se manifeste par trois grands faits

sociaux : la division du travail et des fonctions, le progrès spécial à chacune des trois phases, une nouvelle division de chaque âge logique en périodes bien marquées.

I. Dans la société toutes les formes de l'activité humaine se manifestent simultanément, en se répartissant entre les individus. Les fonctions qui dans l'organisme individuel sont remplies par des appareils nerveux deviennent dans la société l'apanage de classes d'hommes dont les rapports sont réglés par les mœurs, les coutumes et les lois.

A l'appareil du sentiment répondent dans la société toutes les institutions et les travaux destinés à développer chez les individus la volonté et l'amour du bien, le dévouement au but social. C'est principalement par le culte, par l'enseignement et par les beaux-arts que cette œuvre est accomplie ou du moins doit être accomplie. Il arrive quelquefois, il est vrai, et c'est le fait général dans les périodes critiques, que le but social est oublié et que les beaux-arts surtout ne se proposent que de flatter les passions individuelles. Mais alors ils méconnaissent leur mission. En tout cas, ils ne peuvent exercer d'influence qu'en s'adressant au sentiment et leur influence n'est légitime que s'ils exaltent les sentiments conformes à la morale et aux principes constitutifs de la société.

Le raisonnement considéré comme œuvre sociale, c'est la science. La société ne raisonne pas seulement comme l'individu en vue d'un acte ou d'une opération isolée, mais elle étend ses recherches à tout ce qui lui est nécessaire pour accomplir son but. Or, pour accomplir ce but, elle a besoin de connaître, jusqu'à un certain degré, Dieu, l'homme et la nature entière. L'activité scientifique s'empare donc de tous de ces objets et les étudie, souvent sans tendre à une pratique directe.

Mais le résultat de ce travail ne méritera le nom de science que s'il conclut à des applications utiles à la société. Des individus peuvent apprendre uniquement pour savoir. Pour la société la science n'est rien si elle n'aboutit à une prévision.

C'est aux organes de l'action pratique que répondent les fonctions sociales les plus nombreuses et celles qui exigent le plus de travaux. Ce sont toutes celles qui ont pour objet les opérations pratiques, et Buchez y comprend non-seulement les travaux matériels proprement dits, ceux qui tendent à la production et à la distribution des richesses, mais toutes les fonctions politiques, administratives, judiciaires, militaires, en un mot tout ce qui tend à une action sociale immédiate.

Le but essentiel de ces fonctions est suivant lui la conservation de la société et des individus, celle de la société par la réalisation progressive des principes moraux sur lesquels elle est fondée et par le maintien de de l'ordre social, celle des individus par la famille et le travail industriel.

II. Chez l'individu le sentiment, le raisonnement et l'exécution sont naturellement en rapport avec le but qu'il se propose d'atteindre. Il est clair que le raisonnement pour trouver les moyens d'atteindre un but et l'acte par lequel on l'accomplit dépendent directement de la nature de ce but. Le sentiment de même subit l'influence de l'idée à laquelle il est associé et son expression sera bien différente suivant qu'il ne tendra qu'à une satisfaction égoïste ou qu'il poursuivra la réalisation d'un principe plus ou moins élevé de la morale.

Ce qui est vrai pour les buts individuels, l'est aussi pour le but social. Suivant que dans une société l'enseignement religieux ou moral est plus ou moins élevé, plus ou moins vrai, plus ou moins fécond, le culte et

les beaux-arts, la science et les institutions pratiques
y arriveront à une plus ou moins grande perfection. Le
sentiment, le raisonnement et la pratique de la société
ne peuvent pas plus que chez l'individu s'écarter des
principes qui les ont inspirés. Aussi l'histoire montre-
t-elle que, même dans les périodes critiques, l'art, la
science et les institutions présentent toujours l'empreinte des croyances qui ont présidé à la naissance de
la civilisation dont ce sont les produits.

Mais s'il en est ainsi, il doit exister une série progressive des formes de l'art, de la science et de l'organisation sociale, comme il existe une série progressive
des enseignements religieux et moraux et des civilisations mêmes. Si les buts posés successivement à l'humanité sont en progression, les formes du sentiment, du
raisonnement et de l'action pratique doivent être en
progression également, et par exemple l'art, la science
et l'organisation sociale de l'âge chrétien doivent être
aussi supérieurs à l'art, à la science et à l'enseignement
social de l'antiquité, que la morale chrétienne est supérieure à celle des Grecs et des Romains. C'est en effet
ce que confirme l'histoire.

A côté de la grande série des buts, nous trouvons
donc des séries secondaires, relatives à chacune de ces
formes logiques, de ces *constantes*, qui en vertu de la
nature de l'homme ne manquent dans aucune société.
Ces séries, progressives comme les premières, constituent une confirmation nouvelle de la grande loi du
progrès et fournissent, comme nous le verrons, un
moyen précieux d'investigation historique.

III. Les trois grandes formes de l'activité individuelle ne se manifestent pas seulement dans la société
par la division simultanée des fonctions, elles s'y
montrent aussi dans un ordre successif, semblable à

celui qui apparaît dans la logique individuelle. Cet ordre successif donne lieu à une nouvelle division en périodes, très-importante au point de vue des lois de l'histoire.

Quand une société vient d'accepter une nouvelle loi religieuse et morale, c'est le sentiment qui domine chez elle. Elle est tout entière à la croyance dont s'inspirent toutes ses convictions et ses espérances. Une foi ardente et sincère s'empare de toutes les âmes; tous les intérêts disparaissent devant celui de la propagation du nouvel enseignement, tout le travail intellectuel consiste à le défendre contre les croyances opposées et les altérations qui pourraient s'y mêler. Le culte et la prédication sous toutes ses formes, constituent l'œuvre sociale par excellence; car il s'agit de faire pénétrer la croyance nouvelle dans toutes les consciences, il s'agit de changer le cœur des hommes et de les faire aspirer à des destinées nouvelles. Un temps assez long s'écoule nécessairement jusqu'à ce que cette modification se soit produite dans le sentiment général. De là dans chaque grand âge historique une première période pendant laquelle le sentiment est prédominant. C'est dans ces périodes que l'art exerce sa plus haute puissance; les formes diverses de l'expression sentimentale se groupent autour de l'idée religieuse et il se produit ainsi dans chaque civilisation une *synthèse d'art* particulière, qui dans son ensemble et presque toujours dans ses détails constitue un progrès marqué sur les formes de l'art de l'âge précédent. C'est ainsi que la cathédrale gothique, avec son peuple de statues, ses vitraux, son plain-chant, sa liturgie a formé la synthèse d'art de l'âge chrétien.

A la période du sentiment succède celle de la science. C'est l'époque des théories, des hypothèses, des discus-

sions, des investigations de toute espèce. On scrute à
fond tous les problèmes que pose la croyance admise
par la société; on recherche les formes de l'organisation sociale qui y répondent le mieux ; enfin on étudie
la nature et on tire des applications utiles des lois du
monde physique. Cette période est occupée ordinairement par de grands mouvements politiques, des tentatives diverses d'amélioration, des essais d'organisation
et de législation que Buchez considère comme autant
d'expériences scientifiques destinées à faire connaître
la forme sociale qui devra être réalisée définitivement.

C'est ordinairement pendant la durée de la période
scientifique que se produisent les dissentiments et les
révolutions qui jettent la société dans la voie critique,
où elle a toujours persisté jusqu'ici jusqu'à ce que tous
les principes moraux qui résultaient des anciennes
croyances eussent reçu leur complète application sociale.

Cette réalisation définive du but posé à l'origine de
chaque âge, caractérise elle-même une période dis-
tincte. Ce sont alors les préoccupations pratiques qui
dominent la société, tous les esprits sont dirigés vers
les buts d'application. Dans cette troisième et dernière
période de chaque civilisation, les conséquences de la
morale enseignée à l'origine se traduisent définitivement en institutions politiques et économiques. Suivant Buchez, c'est dans cette période qu'est entrée la
civilisation chrétienne au commencement de la Révolution française.

Ainsi à la succession du sentiment, du raisonnement
et de l'exécution préétablie dans l'organisme humain,
répond une succession analogue dans la marche de la
société. L'histoire manifeste les lois de la logique humaine dans ces phases successives, aussi bien que dans

celles que marquent les époques organiques et critiques.
On voit maintenant pourquoi Buchez appelait « âge
logique » chacune de ces grandes périodes caractéri-
sées par une même civilisation. Chacune d'elles, en effet,
n'était à ses yeux qu'un acte immense de l'humanité
offrant les phases logiques imposées à tout acte
humain en vertu de l'organisation du système nerveux,
d'une part le mouvement du centre à la circonférence
et de la circonférence au centre, d'autre part, le passage par les trois états de sentiment, de raisonnement
et d'action pratique.

La prédominance d'un de ces états dans une période
donnée, n'exclut pas la présence simultanée des deux
autres, puisque chaque acte humain les présente tous
trois. Aussi les périodes qu'ils caractérisent, ne sont-
elles pas rigoureusement déterminées et empiètent-
elles l'une sur l'autre. Buchez a poussé assez loin
l'analyse de ces faits historiques; il a subdivisé chacune de ces périodes en périodes secondaires, carac-
térisées de même par la prépondérance de l'élément
sentimental, rationnel et pratique, et divisé ainsi chaque
âge logique en neuf périodes assez nettement marquées.
Je ne puis que renvoyer à ses ouvrages pour les détails
dans lesquels il est entré à ce sujet. Les généralités qui
précèdent suffisent pour faire comprendre l'application
de sa théorie à la prévision historique et ses vues
générales sur l'histoire positive qu'il me reste à exposer.

§ 5. LA PRÉVISION HISTORIQUE ET L'HISTOIRE UNIVERSELLE.

Buchez n'avait pas entrepris son grand travail sur le
progrès et la physiologie sociale dans un vain but de

spéculation intellectuelle. Son intention était de déterminer rigoureusement les lois qui règlent la marche
de l'humanité, afin de faire de l'histoire une science
positive qui permît de prévoir l'avenir des sociétés.
Déjà Condorcet avait posé la prévision des progrès
futurs de l'humanité comme l'objet principal de
l'histoire. Saint-Simon avait beaucoup insisté sur cette
idée et montré l'urgence d'une prévision pareille vis-à-
vis de la situation générale de la société européenne,
où les doctrines les plus contradictoires se disputaient
les esprits et où régnait l'anarchie morale, intellectuelle
et économique. On se rappelle combien après lui
l'école saint-simonienne déploya de verve et de talent
dans la critique de notre état social. C'est elle qui a
mis à nu toutes les plaies du régime industriel moderne
et qui la première a signalé comme une exploitation
de l'homme par l'homme les abus de la distribution
actuelle des richesses. C'est l'œuvre la plus méritoire
qu'elle ait accomplie et Buchez y a contribué pour une
grande part. Aussi c'est par une critique pleine de
vigueur de l'état moral, intellectuel et économique de
la société moderne que débute son ouvrage sur la
science de l'histoire. C'est, dit-il, pour se rassurer
contre les prévisions sinistres qu'inspire cette situation
qu'il a entrepris son travail ; c'est pour trouver le
moyen d'en sortir qu'il a cherché s'il existait une
science de l'histoire à laquelle on pût demander le
secret des misères qui tourmentent notre temps et l'espoir de les voir finir.

Les résultats scientifiques auxquels il arriva, le conduisirent en effet à de nombreuses conclusions pratiques.

Ils lui permirent d'abord d'établir sur des bases plus
certaines et plus rigoureusement déterminées qu'on ne

l'avait fait jusque-là les méthodes de la prévision historique.

Ces méthodes se fondent d'une part sur les séries progressives qu'offrent diverses institutions ou constantes sociales, de l'autre sur les lois logiques de l'activité individuelle et sociale que j'ai indiquées dans les paragraphes précédents.

La méthode des séries consiste à mettre en regard les solutions diverses qu'un même problème social a reçues successivement pendant la durée des siècles et de conclure des progrès qu'offrent ces solutions du passé à la solution de l'avenir. Voici par exemple une série relative à la condition du travailleur : esclavage, servage, salariat. Cette série est évidemment progressive ; elle conclut à l'égalité entre le travailleur et son maître et par suite à l'association des travailleurs. On peut constater par des séries analogues la décroissance de coutumes et d'institutions injustes ou nuisibles, telles que l'emploi de la force, la guerre, l'infériorité de la femme, les priviléges de la naissance. Saint-Simon déjà avait établi des séries de ce genre et Auguste Comte avait décrit cette méthode. Buchez la compléta par des considérations sur les tendances qu'offre chaque institution sociale. Ces institutions peuvent être étudiées, par la méthode que je viens d'exposer, au point de vue des formes diverses qu'elles ont revêtues dans la suite des âges logiques et alors elles indiquent une tendance générale de l'humanité. Mais on peut les étudier aussi au point de vue des transformations qu'elles subissent pendant la durée d'un même âge logique ; on peut suivre, par exemple, la marche des réformes accomplies successivement dans le gouvernement des cités antiques. Dans ce cas cette étude indique la tendance particulière et le but de la société pendant l'âge qu'on

examine; et quand il s'agit d'un âge qui n'est pas terminé, les transformations ultérieures que ces institutions doivent éprouver pour que la société atteigne son
but. Cette dernière recherche, lorsqu'elle est appliquée
à l'ensemble des tendances d'une société, est le moyen
le plus certain de reconnaître les causes des grandes révolutions politiques et sociales.

Les lois logiques qui découlent de la physiologie
individuelle et sociale, fournissent un autre moyen de
prévoyance, en ce qu'elles permettent de déterminer à
quel point de sa carrière se trouve une société dans un
moment donné et quelles sont les phases logiques qui
lui restent à parcourir. Je ne m'arrêterai pas sur le
détail de ces méthodes ni sur la manière dont on peut
les combiner entre elles, quoique Buchez ait beaucoup
approfondi cette matière. Mais je dois faire connaître
l'application qu'il en a faite lui-même à l'histoire universelle et à la situation actuelle de la société.

Parmi les conclusions pratiques auxquelles le conduisit sa théorie générale, ses vues sur l'histoire positive
et sur le but posé à la société moderne ne sont en effet
ni les moins originales, ni les moins intéressantes.

Il s'agissait avant tout pour Buchez de déterminer la
succession des âges logiques et les caractères propres
à chacun d'eux.

Là se présentait en premier lieu, lorsqu'on remontait
du présent au passé, l'âge chrétien sur lequel il ne
pouvait y avoir aucun doute.

Mais les sociétés auxquelles s'adressaient les premières
prédications chrétiennes et dont une grande partie
subissaient la domination romaine, pouvaient-elles
être considérées comme les membres d'une seule et
grande civilisation? Buchez n'eut pas de peine à reconnaître que malgré les nombreuses différences qu'ils

offrent entre eux, les peuples de l'Inde, de l'Asie occidentale, de l'Égypte, de la Grèce et de l'Italie avaient
au fond les mêmes croyances morales et religieuses, les
mêmes idées artistiques et scientifiques, la même organisation sociale. Chez tous régnait le polythéisme anthropomorphique; les deux plus anciens d'entre eux, l'Inde
et l'Égypte, admettaient pleinement la métempsycose ou
la transmigration des âmes, et cette croyance avait jeté
des racines chez tous. Tous étaient organisés en nations
et en cités. Chez tous les institutions sociales reposaient
sur l'inégalité des hommes : chez les Indous et les
Égyptiens existait la hiérarchie des castes; chez les
autres la différence des patriciens et des plébéiens;
chez tous l'esclavage. Buchez n'hésita donc pas à considérer l'histoire de ces peuples comme formant dans
son ensemble un grand âge logique dont la période
organique s'était écoulée dans l'Inde et dans l'Égypte.
Les révolutions qui au sein de cette dernière signalèrent
l'arrivée de l'âge critique eurent pour résultat de répandre les germes de cette civilisation dans l'Asie occidentale, dans la Grèce et dans l'Italie; dans ces pays ils
se développèrent sous une forme nouvelle, et c'est là
qu'ils portèrent leurs derniers fruits artistiques, scientifiques et pratiques.

Mais antérieurement apparaissait une autre civilisation encore, celle de ces peuples organisés en simples
tribus ou réunis sous un gouvernement patriarcal,
qui entouraient de tous côtés les nations de l'antiquité
classique et dont on rencontre aujourd'hui encore les
frères et les descendants dans toutes les parties du
monde. Dans les temps modernes, les premiers Européens qui se sont trouvés en contact avec ces sociétés
les ont appelées *sauvages*. Mais une étude tant soit
peu approfondie fait voir que ces prétendus sauvages ne

sont pas de simples enfants de la nature, et Buchez avait
lu trop de récits de voyages pour ne pas savoir que les
croyances religieuses et morales de ces peuples, leurs
mœurs et leurs coutumes offraient sur les points les plus
importants une conformité qui ne pouvait provenir du
seul hasard. Il jugea donc que ces populations étaient
les débris d'une grande société primitive dont les rameaux s'étaient répandus sur toute la surface du globe
et qui avait préparé le terrain à la civilisation plus
parfaite de l'Inde et de l'Égypte.

Il reconnaissait ainsi l'existence d'un troisième âge
logique, aussi inférieur à l'âge indo-égyptien que
celui-ci l'était à l'âge chrétien. Voulant se rendre
compte du principe moral et religieux le plus élevé de
cette civilisation primitive, il eut recours à la méthode
des séries. Le christianisme enseigne que tous les
hommes sont rachetés, que par conséquent tous sont
libres et égaux. Suivant la doctrine indo-égyptienne tous
les hommes expiaient une faute antérieure à leur vie sur
terre; leurs positions n'étaient donc pas les mêmes ici-
bas et différaient suivant le degré d'expiation où
chacun était arrivé. Les deux derniers termes de cette
série étant donc l'égalité et l'inégalité hiérarchique,
le terme antérieur devait être l'inégalité absolue ou
l'opposition de nature entre les hommes. Le dogme
religieux et moral de la société primitive était donc
formulé à peu près ainsi : Parmi les hommes, les uns
sont fils des dieux et dieux eux-mêmes, les autres
proviennent des ténèbres et de la matière. Aux premiers appartient l'empire; les autres doivent être sub-
alternisés par la force.

Il est certain que cette formule répond à une
croyance répandue chez les tribus primitives de toutes
les parties du monde et qui a même subsisté jusqu'à un

certain temps chez les peuples qui ont participé à la civilisation postérieure. Les preuves de cette croyance sont
innombrables[1] et il est peu de faits historiques des
premiers âges dont la démonstration offre la même
certitude.

Buchez avait pensé d'abord que cet âge avait été le
premier. Il supposait, en vertu d'une hypothèse géologique dont je n'ai pas à m'occuper ici, que l'homme
avait été créé en deux fois ; que simple bimane d'abord,
il avait commencé par vivre de la vie purement animale et que plus tard seulement une inspiration d'en
haut équivalente à une seconde création lui avait
donné la vie morale et intellectuelle. Dans ce cas le
dogme qui considérait comme des dieux les hommes
initiés aux croyances morales et religieuses, et les
autres comme des êtres inférieurs différant à peine
des animaux, aurait répondu à la réalité des faits.
Tel était encore le point de vue de Buchez dans
la première édition de l'*Introduction à la science
de l'histoire*. Mais diverses considérations, parmi lesquelles ne figure pas seulement le respect dû à la tradition chrétienne, le déterminèrent à abandonner
cette hypothèse. Dans la seconde édition du même
ouvrage, il ne considère plus la formule en question
que comme une grande hérésie propre à l'âge critique
de la civilisation qu'elle caractérise, et admet que cette
civilisation a été précédée elle-même d'un âge logique
antérieur, l'âge antédiluvien.

Cette dernière hypothèse lui fut suggérée par une
autre série progressive : par celle de l'organisation
générale de la société dans la suite des âges logiques.

1. J'en ai indiqué quelques-unes dans mon *Manuel d'histoire universelle*, t. I, p. 110 et suiv.

Le but du christianisme est de créer l'humanité, c'est-à-
dire la fédération universelle de tous les peuples, reliés
par une même loi morale. La forme sociale la plus parfaite dans l'âge antérieur était la nation, c'est-à-dire
l'union de classes et de races diverses dans un but
commun. Dans l'âge qui précéda ce dernier, c'est-à-
dire dans l'âge que Buchez a appelé *noachique*, le lien
social par excellence était le lien du sang, et la forme
sociale la tribu ; mais les tribus comptaient beaucoup
de membres et représentaient quelquefois toute une
race. Cet état social a dû être précédé d'un état inférieur encore, celui de la famille, et c'est cet état que
Buchez considérait comme propre à l'âge antédiluvien.

Il reconnaissait d'ailleurs que la marche progressive
de l'humanité avait été violemment troublée dans ces
périodes primitives par de grandes révoltes contre la
loi morale que les générations postérieures ont désigné
sous le nom de *péché originel.* Selon Buchez, le dogme
du péché originel était trop répandu dans l'antiquité,
et avait joué un trop grand rôle dans l'histoire universelle pour qu'on pût méconnaître l'importance de cette
croyance, et d'autre part la physiologie et l'observation
médicale prouvaient trop bien la transmission héréditaire des maladies et des vices des parents aux enfants,
pour qu'il fût possible de la rejeter comme une doctrine mensongère. Pour lui, le terme de péché originel
résumait toutes les fautes sociales, toutes les violences,
tous les crimes, toutes les erreurs qui dans l'origine
avaient fait dévier l'humanité de sa voie progressive.
Ces infractions successives à la loi morale ne furent pas
assez graves, il est vrai, pour empêcher la société de
faire aucun progrès, car autrement elle n'aurait pas
continué de vivre ; mais elles suffirent pour créer une
situation morale et matérielle, des croyances, des cou-

tumes et des institutions qui entravaient la marche de
la civilisation et qui auraient fini par immobiliser les
peuples occidentaux, aussi bien que l'Inde, la Chine et
les tribus primitives qui subsistent encore, si le salut
ne leur était venu par le christianisme.

Buchez s'en tint à la tradition biblique pour l'âge
antédiluvien, mais il essaya de retracer hypothéti-
quement les révolutions sociales et religieuses des deux
âges suivants. Les pages qu'il a consacrées à ce sujet
sont certainement les plus belles et les plus poétiques
qu'il ait écrites. Toute la richesse de son imagination et
en même temps son érudition considérable se montrent
dans ce tableau concis et rempli d'idées. Je n'analyse-
rai pas ces hypothèses qui ne peuvent guère être véri-
fiées, du moins dans l'état actuel de la science. Mais
je dirai encore quelques mots des faits positifs qu'il a
constatés, à cause de leur importance pour l'histoire.

Le premier de ces faits, c'est l'identité de la civilisation de tous les peuples, dits sauvages ou barbares.
Pour expliquer les analogies incontestables qu'offrent
les croyances, les mœurs et les coutumes de ces peuples, on se contente ordinairement de l'argument banal
que les mêmes facultés humaines doivent toujours
donner les mêmes produits. Or, il n'est pas d'argument
plus faux, car la même faculté humaine donne, suivant
les peuples et les individus, les produits les plus variés,
et le même problème étant posé à une multitude
d'hommes, il y a toute chance pour que chacun le
résolve d'une manière différente. Il suffit de rappeler la
variété infinie des formes par lesquelles les hommes
ont répondu au problème de la coiffure, de la chaus-
sure, du vêtement, du logement. De grandes analogies
entre les croyances et les coutumes de peuples séparés
prouvent donc toujours une communauté primitive. Or,

chez tous les peuples sauvages et barbares, nous trouvons ce besoin de se déplacer et de s'étendre qui
semble un souvenir de la parole dite à Noé : Allez et
répandez-vous sur la terre ; chez tous nous trouvons,
outre la croyance à des hommes dieux, cette religion
qui peuple d'esprits toute la nature, sans être encore
anthropomorphique ; tous nous présentent la même
forme d'art : la colline taillée, la pyramide, la pierre
levée ; tous les mêmes rudiments scientifiques : la magie,
les incantations, les auspices et signes de toute nature ; tous la même organisation sociale : la tribu et
les fédérations de tribus ; tous un régime économique
caractérisé par l'absence de la propriété foncière. Je
passe sur les ressemblances de détail. N'est-il pas
étonnant que les historiens n'aient pas aperçu les
rapports frappants que je viens de signaler et qui touchent à tout ce qui constitue essentiellement une civilisation ?

    L'unité de la civilisation de l'âge postérieur ne sau-
rait pas davantage être contestée sérieusement. Les
hypothèses particulières de Buchez sur les révolutions de cet âge devront subir sans doute de nombreuses modifications, à mesure que l'étude des monuments historiques fera mieux connaître l'histoire
réelle des peuples de cette période, mais il est certain

---

    1. J'ai indiqué quelques autres de ces rapports dans mon
Manuel d'histoire universelle, t. I, et dans *l'Asie occidentale et
l'Égypte* (Bibliothèque utile), liv. I, ch. III. Ces peuples ont
été l'objet dans les derniers temps de deux ouvrages allemands,
l'un de M. Klemm, l'autre de Th. Waitz. On trouve dans ces
ouvrages un grand nombre de faits qui prouvent les analogies
que j'ai indiquées. Malheureusement les auteurs, placés à un
point de vue tout différent, n'y ont prêté aucune attention et
en ont laissé échapper une foule d'autres.

déjà que ses affirmations générales resteront vraies. Les rapports entre l'Inde et l'Égypte, auxquels on croyait généralement il y a une trentaine d'années, peuvent n'avoir pas existé. Mais il est hors de doute que les principes de la civilisation étaient les mêmes dans les deux pays. L'Inde a eu certainement son époque organique et son époque critique [1]. Quant à l'Égypte, son influence sur l'Asie occidentale dès une haute antiquité, et sur la Grèce au moins depuis le septième siècle avant notre ère, époque où commença le mouvement artistique et littéraire de ce pays, ne saurait être contestée. Du reste, l'identité fondamentale des croyan-

---

1. M. Cerise a fait voir dans l'*Européen* (1836, t. I) qu'il y a eu dans l'Inde un protestantisme bien marqué par le triomphe de la doctrine du Védanta et qui offre une grande analogie avec le protestantisme chrétien, en ce qu'il a eu pour but comme celui-ci de placer la foi au-dessus des œuvres. Depuis 1836, il est vrai, les Védas ont été édités et traduits en partie; mais, s'il faut en croire M. Max Müller (*Leçons sur la science du langage*, 2ᵉ série, p. 383 de l'édit. allemande), ces traductions n'ont pas beaucoup avancé la connaissance de ces livres sacrés et en tout cas ce qu'elles nous apprennent, loin d'éclaircir l'histoire morale de l'Inde, ne fait que l'obscurcir davantage. Il est impossible, en effet, de rattacher les principes fondamentaux de la civilisation indoue, la doctrine de la transmigration des âmes et le régime des castes, à ce recueil de chants sacrés qui rendent témoignage d'une civilisation toute primitive, de cette civilisation de l'âge des tribus qui ne pouvait aboutir logiquement à des idées religieuses et à un système social pareil, et qui n'y ont abouti nulle part ailleurs. Des savants Allemands, tels que MM. Lassen et Duncker, ont essayé de combler par des hypothèses l'immense lacune qui sépare les Védas des lois de Manou. Mais ces hypothèses sont peu convaincantes. J'ai indiqué les principales difficultés que présente cette question dans mon petit livre *l'Inde et la Chine* (Bibliothèque utile).

ces morales et religieuses de tous ces peuples est évidente. J'ai déjà indiqué les points de similitude les plus saillants. Je ne rappellerai ici que ce dogme de la chute qui apparaît partout sous des formes si diverses, ce progrès de la conception artistique qui substitue chez tous ces peuples au tumulus et à la pyramide ancienne le temple porté sur des colonnes et entouré de diverses enceintes, les analogies considérables qu'offrent les idées scientifiques et philosophiques de l'Inde et de la Grèce, enfin cette série de révolutions sociales qui ont partout pour but et souvent pour résultat d'abolir la hiérarchie des castes et de ne laisser subsister qu'une seule distinction entre les hommes, celle des maîtres et des esclaves.

Buchez pensait que si les doctrines morales qui présidaient à la civilisation de l'Inde et de l'Égypte avaient été réalisées complétement, si les classes supérieures n'étaient pas devenues infidèles à leur mission et n'avaient provoqué ainsi les désordres de l'âge critique, ces doctrines auraient abouti à l'égalité pratique entre les hommes, puisqu'on devait supposer qu'à mesure que l'expiation s'accomplissait, la condition des classes inférieures devait s'améliorer et la distinction des classes elle-même s'effacer peu à peu. Mais ce résultat ne fut pas atteint. Avec le christianisme commença donc un nouvel âge dont le but fut d'achever l'œuvre de liberté et d'égalité commencée dans l'âge précédent, de l'étendre à tous les peuples de la terre et d'unir l'humanité tout entière dans une même loi morale, d'en faire un seul corps et « comme une fonction associée par Dieu à l'œuvre de sa création. »

Buchez tout en reconnaissant que maintes fautes et maintes erreurs avaient été commises dans les treize premiers siècles de l'Église, croyait néanmoins que les pouvoirs ecclésiastiques avaient dirigé la société vers ce grand but pendant toute cette période. Il plaçait sous le pontificat de Boniface VIII, la crise qui lança définitivement le clergé dans la voie rétrograde. Il ne crut pas que le protestantisme qui fut la conséquence de cette crise eût ramené la société dans la voie véritable, car l'œuvre du protestantisme fut purement critique et son principe essentiel était contraire au but même qu'avait posé le christianisme, l'union de l'humanité entière dans une même foi et une même morale.

Mais ce qu'on ne pouvait plus espérer des pouvoirs religieux ni des pouvoirs politiques, qui à partir de cette époque ne poursuivirent plus que des tendances despotiques, on pouvait l'attendre des populations chrétiennes elles-mêmes, car l'enseignement de la morale évangélique avait tellement pénétré dans les cœurs qu'elle y était reçue comme une émanation de la conscience naturelle. La Révolution française a enfin rompu la digue que les pouvoirs religieux et politiques opposaient au progrès. Par elle, la morale évangélique est entrée dans la voie de sa réalisation définitive.

Les prévisions historiques que Buchez tirait de l'ensemble de ces faits sont faciles à comprendre. Il en est deux d'une haute importance.

La première, c'est que l'œuvre de la révolution, légitime dans ses principes et dans ses tendances, sera poursuivie jusqu'à son entier accomplissement et que les progrès les plus prochains de la société moderne consisteront dans l'achèvement de cette œuvre.

La seconde, c'est qu'il n'y a pas lieu, sous prétexte d'une prétendue analogie qui existerait entre notre état social et celui de l'empire romain au temps d'Auguste, d'attendre l'apparition d'une religion nouvelle; car à

l'époque des Césars la fécondité des principes sociaux
de l'antiquité était épuisée, tandis qu'aujourd'hui c'est
à peine si quelques-unes des conséquences de la morale chrétienne ont pénétré dans l'organisation sociale ;
il est visible au contraire qu'il faudra des siècles encore
à l'humanité pour réaliser l'idéal posé par l'Évangile.

Buchez ne doutait en aucun point de la réalisation
de cet idéal. Mais il pensait que pour y arriver l'humanité pouvait choisir entre deux voies, l'une qu'il
appelait la voie *à priori*, la voie de la prévoyance et du
bien, l'autre la voie *à posteriori*, la voie fatale, la voie
du mal. L'humanité pourra en effet marcher à la réalisation de son but en connaissance de cause, les peuples
et les pouvoirs en ayant conscience et se proposant de
l'atteindre, chaque progrès étant prévu et voulu d'abord
et s'accomplissant pacifiquement au moment opportun.
Ou bien elle n'avancera, comme elle l'a fait depuis
quelques siècles, qu'à travers les résistances des pouvoirs et des classes hostiles au progrès, sous la pression
des intérêts en souffrance, par la violence et les révolutions. Malheur à la société, quand par suite des anté-
cédents historiques, cette seconde voie est la seule pra-
ticable ; car une fois qu'un peuple y est engagé, les
événements poussent les hommes, la passion domine,
la liberté du choix disparaît, le progrès ne s'opère qu'au
prix de ruines et de désastres ! C'est dans cette voie
fatale qu'a été lancée la Révolution française ; de là
les excès qui l'ont souillée, les calamités qui ont marqué son passage. Les sociétés jouissant du libre arbitre
comme l'individu, on ne peut prévoir d'avance quelle
est celle de ces deux voies que l'humanité choisira dans
l'avenir ; tout dépendra à cet égard des pouvoirs et des
classes dominantes qui peuvent pousser la société dans
l'une ou l'autre en se prêtant au progrès ou en y résis-

tant. Buchez pensait que les deux voies conduisaient
au but, mais que l'une y conduisait directement et rapidement et aboutissait à l'application entière de la loi
morale, tandis que l'autre ne menait qu'à la réalisation
incomplète de l'idéal social, par de longs détours et au
prix de convulsions et de catastrophes sans nombre.

Tel est l'ensemble du système de Buchez. Je n'ai
pas à l'apprécier ici, et à peine si j'ai pu indiquer les
preuves sur lesquelles il l'a appuyé. Mais quelque opinion qu'on ait sur la vérité de cette conception qui
embrasse tout l'univers créé, on ne pourra en méconnaître le caractère puissant et grandiose.

DEUXIÈME SECTION.

RECHERCHES DE BUCHEZ SUR DIVERS POINTS SPÉCIAUX.

§ 1. LOGIQUE. THÉORIE DE L'HYPOTHÈSE ET DU CRITÉRIUM.

Buchez s'est occupé de beaucoup de questions particulières et a émis sur la plupart des vues originales.
J'en indiquerai aussi brièvement que possible les principales, en me conformant jusqu'à un certain point à
l'ordre qu'il a suivi lui-même dans son *Traité de philosophie*.

En logique, Buchez a innové sur divers points. Laissant de côté pour le moment sa théorie de l'idée, je ne
ferai connaître que les résultats de ses recherches sur
la proposition, sur les méthodes générales de la science
et sur le critérium.

Buchez a vivement critiqué la définition ordinaire de
la proposition qui ne voit dans cette expression de la
pensée qu'un sujet, un attribut et le verbe substantif
être. Il a montré avec évidence que la proposition qui
contient un verbe actif n'est pas réductible à ces termes
et qu'il est indispensable d'admettre deux espèces de
propositions : les unes narratives, qui expriment l'activité, le rapport de cause à effet; les autres purement
dialectiques, qui n'affirment que le rapport du sujet à
l'attribut. Vis-à-vis de l'autorité universelle dont jouit
l'ancienne définition, il a mis quelque insistance à rétablir la vérité sur ce point, si important pour l'analyse
de la pensée [1].

Le travail de Buchez sur les méthodes scientifiques
est remarquable surtout par la réhabilitation de l'hypothèse. Déjà Turgot et Saint-Simon avaient revendi-
qué les droits de l'hypothèse vis-à-vis de l'observation.
Buchez, s'appuyant sur sa connaissance approfondie
des sciences médicales et naturelles, discuta complètement la question et arriva à des résultats qui paraissent
incontestables. Il fit voir que la méthode scientifique se
compose de deux procédés, le procédé d'*invention* et
le procédé de probation ou de *vérification*, et que
l'observation et l'expérience auxquelles les savants modernes ont souvent attribué leurs découvertes sans se
rendre compte exactement eux-mêmes de la manière
dont ils les avaient faites, ne forment en réalité que la
seconde moitié de la méthode complète, que ce ne sont
que les procédés de vérification plus particulièrement
employés dans les sciences physiques et naturelles. Il
fit voir que l'observation seule ne conduit à aucune
découverte, qu'elle n'est fructueuse qu'à la condition

1. *Essai d'un traité de philosophie*, t. 1er.

d'être guidée par la connaissance préliminaire des points sur lesquels doit se porter l'attention, qu'elle ne consiste donc réellement qu'à vérifier des principes scientifiques déjà acceptés ou des hypothèses nouvelles, et que sans un point de départ de cette espèce, elle ne fournit que des faits contradictoires dépourvus de toute valeur scientifique. La véritable méthode d'invention c'est l'hypothèse, par laquelle on aperçoit ou établit un rapport général entre un certain nombre de phénomènes. Buchez ne s'est pas contenté d'ailleurs de prouver la nécessité des hypothèses dans la science; il a donné des règles précises sur l'application de cette méthode, et a traité avec détail aussi des méthodes de vérification qui forment la contre-partie indispensable du procédé d'invention, et qui seules peuvent faire entrer une conception nouvelle dans le domaine des faits définitivement acquis[1].

D'ailleurs, aux yeux de Buchez, la science tout entière n'est qu'une méthode, c'est-à-dire un moyen général de prévision. Chaque science, suivant lui, doit donc être définie par son but, c'est-à-dire par la prévision spéciale où elle tend. Il y a deux degrés de prévision scientifique. Le premier résulte de la connaissance de la succession des phénomènes : lorsqu'on sait que les phénomènes se succèdent constamment dans un ordre déterminé, on peut conclure d'un des phénomènes de la série aux phénomènes suivants. Telle est aujourd'hui la prévision en physiologie et en pathologie. Le second degré, bien supérieur au premier, résulte de la connaissance de la loi de génération des phénomènes, en d'autres termes de la possession d'une formule qui indique les causes des phénomènes, qui montre com-

---

1. *Essai d'un traité de philosophie*, t. I et II.

ment ils naissent l'un de l'autre et quelle est leur dépendance mutuelle. La loi de la gravitation universelle
est une formule de cette espèce, et grâce à elle l'astronomie se trouve à ce degré supérieur de prévision.
Ces formules d'ailleurs n'ont de valeur qu'à l'égard des
phénomènes qu'elles expliquent. Leur attribuer une
valeur absolue, et en général vouloir connaître la nature intime et absolue des choses, serait dépasser les
limites de la science humaine qui ne peut atteindre que
des relations. De telles recherches ne conduiraient en
outre à aucun résultat, comme le prouvent les tentatives stériles de tous ceux qui ont prétendu dévoiler
l'essence des êtres [1].

Enfin Buchez admet qu'il existe un critérium assuré
pour toutes les questions à l'égard desquelles il est important pour la science et la société de posséder une
certitude, et suivant lui ce critérium est la morale.
Comme on saisit difficilement au premier coup d'œil
les rapports que diverses sciences, notamment celles
qui ont trait au monde physique, peuvent avoir avec la
morale, cette idée a paru étrange et a soulevé de nombreuses objections. Mais en général elle n'a été repoussée que parce qu'on comprenait mal la pensée de Buchez. Pour lui toute connaissance spéciale trouve son
critérium, sa vérification, dans la pratique; pour savoir
par exemple si un médicament a les vertus qu'on lui
suppose, il s'agit de voir s'il opère la guérison désirée.
De même chaque science a son critérium pratique dans
les prévisions qu'elle fournit, lorsque ces prévisions sont
confirmées par les faits. En général la pratique forme,
en toutes choses, la vérification des idées et des théories

1. *Essai d'un traité de philosophie*, t. II. — *Introduction
à l'étude des sciences médicales.*

humaines.' Or pour l'homme social, pour l'humanité
quelle est la grande loi pratique? C'est la morale. Cette
loi se vérifie elle-même par la pratique; car si pour
l'individu l'accomplissement du devoir constitue souvent un sacrifice, pour la société la pratique générale
des prescriptions morales est toujours une source de
prospérité et de grandeur. La loi morale est donc ce
qu'il y a de plus certain pour l'homme. Si la majorité
des hommes n'y croyait pas d'une manière absolue,
c'en serait fait de toute vie sociale, de tout progrès.
Mais cette vérité première ne peut se trouver en contradiction avec aucune autre vérité. A ce point de vue la
morale peut donc être considérée comme un moyen de
vérification, un critérium, non pour les faits particuliers,
mais pour les hypothèses générales, pour les idées qui dominent tel ou tel ordre de recherches. Ce critérium est applicable directement à toutes les sciences qui ont pour objet l'homme moral et la société, puisque la réalisation de
la loi morale forme le but même de ces sciences. Il ne
s'applique qu'indirectement, ou, si l'on veut, négative-
ment aux sciences physiques et naturelles; mais là encore
il peut-être employé utilement puisqu'il permet de dé-
clarer fausses toutes les idées, toutes les conceptions générales qui concluent à la négation de la morale; or, il
ne manque jamais de ces conceptions dans les sciences
de tout ordre, témoins toutes celles que le matérialisme
a introduites dans la physiologie et la médecine. Dans
ces limites et en tant qu'il ne s'agit que d'idées sur lesquelles l'humanité a besoin d'une certitude absolue, la
loi morale forme donc bien un critérium universel [1].

1. *Essai d'un traité de philosophie*, t. II.

h

§ 2. ONTOLOGIE. LES LOIS GÉNÉRALES DU MONDE PHYSIQUE.
FORCES SÉRIELLES ET CIRCULAIRES.

Dans son *Traité de Philosophie*, Buchez a discuté au
point de vue de sa doctrine générale toutes les grandes
questions d'ontologie et réfuté avec beaucoup de vigueur
les systèmes opposés au spiritualisme chrétien. Il a dirigé notamment contre le matérialisme une critique
accablante et définitive, car il connaissait à fond cette
doctrine dont il avait formulé lui-même dans le temps
les conclusions inévitables. Ses preuves de l'existence de
Dieu sont en parties nouvelles et il en est de même
de sa théorie de la Trinité, dans laquelle il considère
le Père comme l'activité et l'intelligence absolue, le
Fils comme l'action créatrice, représentative de l'activité divine, et le Saint-Esprit comme la mémoire
absolue de Dieu. Je ne m'arrêterai pas sur ces divers
points, qui m'entraîneraient dans trop de détails. Par
la même raison je ne parlerai pas des vues de Buchez
sur le système encyclopédique des sciences, quoiqu'il
se soit beaucoup occupé de cette question[1]. Mais je dois
faire connaître ses idées sur les grandes forces de la nature et le mécanisme universel.

Buchez admet l'existence, dans le monde créé, de la
matière inerte, absolument passive, mais réceptacle de
tous les mouvements, et de trois espèces de forces : les
forces circulaires, les forces sérielles et les forces spirituelles. Ces dernières se distinguent par le libre arbitre
et l'intelligence ; nous ne connaissons scientifiquement

1. Voir sur ces divers points l'*Essai d'un traité de philosophie*, t. II et III, et pour le système encyclopédique, l'*Introduction à l'étude des sciences médicales* et la 2ᵉ édition de
l'*Introduction à la science de l'histoire*, t. II.

parmi elles que l'âme humaine. Les forces circulaires
et sérielles que Buchez considère comme des puissances
motrices aveugles et fatales, nous sont révélées par l'é-
tude du mouvement universel.

Ce mouvement se présente en effet sous deux aspects
bien tranchés : il est à la fois circulaire et progressif.
Le mouvement circulaire est le plus visible ; c'est celui
qu'on a remarqué le premier. La nature nous offre en
effet une foule de phénomènes qui se reproduisent en
cercle, de telle façon que le premier paraît être la cause
des suivants et du dernier, et que celui-ci engendre de
nouveau le premier avec lequel le cercle recommence.
Ce mouvement apparaît avec évidence dans les ellipses
que les planètes décrivent autour du soleil. Mais il
n'est pas moins manifeste dans une foule d'autres phénomènes naturels. Ainsi les vapeurs des eaux de l'Océan
qui condensées en nuages vont alimenter les fleu-
ves et le retour de ces eaux à la mer par la pente naturelle des terres présentent un mouvement circulaire bien
marqué. Des mouvements du même genre se montrent
dans la vie des plantes et des animaux et dans les relations de ces êtres avec la nature inorganique. Buchez
reconnaissait que dans l'état actuel de la science ces
sortes de mouvements ne pouvaient s'expliquer que par
l'action combinée de forces diverses, produisant chacune
un effet constamment identique, semblables à la force
centrifuge et à la force d'attraction dont l'action combinée engendre le mouvement planétaire. Mais il pensait qu'on arriverait à comprendre tous les phénomènes
de cet ordre sous une même formule générale : la *loi
circulaire*, et croyait que le mouvement même ou la
vitesse fournirait les éléments de cette loi. Il n'admet
pas que ce mouvement puisse se perpétuer par lui-même.
Si l'ordre circulaire existait seul, il aboutirait à l'immo-

bilité, puisqu'il y a constamment des mouvements et des vitesses qui se perdent; dans les êtres organisés, il a pour conséquence l'épaississement des tissus qui entraîne infailliblement la mort. Il faut donc d'autres forces pour donner sans cesse de nouvelles impulsions au mouvement circulaire. Ces forces existent, ce sont celles de l'ordre sériel.

Le type de la force sérielle pour Buchez, c'est la force qui se manifeste dans le développement du germe de l'être vivant, c'est la force dont l'embryogénie décrit les effets. L'œuf fécondé du mammifère subit une série de transformations en vertu desquelles il présente successivement les formes propres à la série des animaux inférieurs, pour s'arrêter enfin au degré de l'échelle où se trouve l'espèce dont il fait partie. Un phénomène analogue se produit chez les animaux de toutes les classes; l'embryon passe toujours par la série des classes inférieures. Buchez voit dans ces faits la preuve de l'existence d'une force ou d'un système de forces qui préside à la formation de toute la série animale et végétale et qui en général détermine la forme spécifique de tous les êtres créés. A ce titre la force sérielle devrait aussi imprimer aux minéraux le caractère de leur espèce. Buchez admet en effet qu'il en est ainsi et qu'il existe même dans les atomes chimiques une série analogue à l'échelle animale et végétale. Mais il reconnaît que la science n'est pas assez avancée pour qu'on puisse rien affirmer sur ce point, et que de même il est impossible jusqu'ici de savoir si les combinaisons de la chimie organique et la nutrition des végétaux et des animaux appartiennent à l'ordre circulaire, ou comme c'est plus probable à l'ordre sériel.

C'est donc la force sérielle qui engendre constamment de nouveaux êtres et qui maintient la vie dans l'univers.

C'est elle qui est l'agent de la progression que manifeste la série des êtres. Pour que la force sérielle puisse agir, il faut en général que la force circulaire ait préparé les circonstances dans lesquelles cette action doit se produire. Pour que le germe végétal se développe, par exemple, il faut que la circularité astronomique et météorologique ait amené les conditions favorables à la végétation. L'équilibre de la nature paraît donc reposer sur l'action combinée de ces deux forces opposées, la force sérielle engendrant sans cesse de nouveaux et innombrables germes de mouvement, tandis que la force circulaire entraîne les êtres existants dans un mouvement qui conclut invariablement à l'immobilité et à la mort [1].

Buchez est entré sur ces questions dans des détails qui sont de nature à intéresser les savants spéciaux, mais que je ne puis exposer ici. Dans les dernières années de sa vie il avait repris, comme je l'ai dit, l'étude de la force sérielle par excellence, de la force vitale et embryogénique, et fait d'assez nombreuses recherches sur ce sujet. Mais ce travail est resté inachevé. En dehors de la médecine et de la physiologie, il n'a étudié spécialement qu'une seule science naturelle, la géologie. Ayant voulu vérifier par lui-même les phases du progrès géologique, il trouva que la formation du globe avait eu lieu en six périodes, subdivisées chacune en deux périodes secondaires. Il fut ainsi probablement le premier qui rapprocha les résultats de la science géologique de la tradition conservée par Moïse. Buchez ne croyait pas au feu central et pensait que chacune des périodes géologiques avait été suivie d'un grand bouleversement produit par un changement dans la position de l'axe de la

1. *Essai d'un traité de philosophie*, t. III.

terre. Son travail figure dans les deux éditions de l'*Introduction à la science de l'histoire* et a été l'objet en 1833 d'un rapport de Geoffroy Saint-Hilaire à l'Académie des sciences.

§ 3. ANTHROPOLOGIE [1].

J'ai déjà fait connaître, en exposant le système général de Buchez, une partie importante de ses idées sur l'homme et les conditions de l'activité humaine. Il me reste à compléter, surtout pour ce qui concerne l'activité spirituelle, les indications que j'ai données sur ce point de sa doctrine.

Buchez admet avec tous les spiritualistes que ce qui constitue réellement l'homme c'est l'âme, force libre et intelligente, et que l'organisme par lequel elle se manifeste n'est qu'un instrument que Dieu lui a confié pour coopérer librement à l'œuvre de la création. Mais bien que Buchez ne confonde pas l'âme avec la force vitale, qu'il considère comme une force fatale et aveugle, il croit à une union tellement intime entre l'âme et le corps, que pendant cette vie du moins l'esprit ne saurait faire acte de volonté ou d'intelligence d'une manière quelconque, sans la coopération de l'organisme matériel auquel il est attaché.

Comme je l'ai déjà dit, tout ce qui dans l'activité humaine est empreint de successivité, de pluralité, de passivité provient, à ses yeux, de l'organisme. Pour Buchez la propriété essentielle, constitutive de l'âme, c'est l'activité même, l'activité une et spontanée. Il définit

1. Voir sur les questions traitées dans ce §, outre l'*Introduction à la science de l'histoire*, le t. III du *Traité de philosophie*.

l'âme : *La substance de la spontanéité et de la person-nalité humaine.* Par son action spontanée, l'esprit pro-duit soit des phénomènes intellectuels, soit des mouve-ments corporels, suivant la partie du système nerveux sur laquelle porte librement cette action. De l'action accomplie naît une idée, que l'âme conserve dans sa mémoire. L'activité libre, l'action et la mémoire spiri-tuelle : voilà donc les trois propriétés que fournit l'ana-lyse de l'âme et par lesquelles elle est l'image de la Trinité divine. Buchez n'admet pas d'autres facultés propres à l'âme, et ainsi que je l'ai indiqué plus haut, il considère toutes celles que les psychologues ont cru y voir, comme provenant des rapports de l'âme avec les organes divers du cerveau.

Buchez a invoqué diverses raisons physiologiques pour prouver l'existence de l'âme, notamment le défaut de tout centre intracrânien capable de représenter l'unité de l'âme et le renouvellement constant de toutes les parties de l'organisme. Mais l'argument sur lequel il a insisté le plus et qui lui est tout à fait personnel, est tiré de la nature progressive de l'homme, de sa faculté d'agir *à priori*, de produire du nouveau, de faire des inventions. S'il n'y avait dans l'homme que l'organisme, il n'accomplirait que des actes toujours pareils, car les aptitudes organiques restent toujours les mêmes et se manifestent dans un ordre constant. Du moment où l'homme serait réduit à ces seules aptitudes, ses actions tourneraient dans un cercle invariable comme celles des animaux qui, ne se mouvant qu'*à posteriori*, n'obéis-sant qu'à l'impulsion de leurs besoins ou des impres-sions extérieures, ont conservé les mêmes habitudes de-puis le commencement du monde. Si donc l'homme crée des idées et des choses nouvelles, s'il invente, s'il progresse, c'est la preuve qu'il y a chez lui une force spontanée, *à priori*, qui ne saurait être confondue avec les aptitudes organiques.

La partie de l'organisme avec laquelle l'esprit se trouve en rapport étant le système nerveux et plus particulièrement l'encéphale, c'est sur ce système physiologique que se sont portées surtout les recherches de Buchez. Son premier travail scientifique a été un mémoire sur la loi générale du système nerveux et les faits qu'il a constatés dans ce mémoire ont servi de base à tous ses travaux ultérieurs sur le même sujet. Il y prouve que les phénomènes nerveux de toute espèce, notamment les impressions que reçoivent les sens et l'action que nous exerçons au moyen des nerfs sur les muscles, sont dus à une substance particulière qu'il appelle *névrosité* et qui est déposée dans l'intérieur des tubes nerveux. Chaque fois que le nerf agit, c'est-à-dire chaque fois qu'il reçoit une sensation ou transmet un mouvement, il y a déperdition d'une partie de cette substance. Mais elle est renouvelée constamment par la circulation du sang, la névrosité étant sécrétée par les tubes nerveux, tapissés par un grand nombre de vaisseaux sanguins. Il résulte de là que les phénomènes nerveux sont intermittents, puisque chacun de ces phénomènes amène une déperdition de la névrosité et en nécessite le renouvellement ; que la capacité de produire des phénomènes nerveux est pour chaque partie du système nerveux en proportion de l'activité de la circulation dans cette partie ; que cette capacité est locale, puisque l'épuisement et le renouvellement ont lieu sur des points déterminés. Plus la déperdition est grande dans un instant et un lieu donnés, plus le besoin du renouvellement ou de la réparation se fait sentir. La fatigue est le sentiment du besoin de réparation partielle ou générale. Le sommeil est l'expression de ce be-

soin et en même temps l'époque de la réparation
générale.

La faculté de l'homme de prendre des habitudes résulte directement de cette loi du système nerveux.
L'habitude consiste dans la faculté que nous avons de
faire une action ou une opération quelconque, physique
ou intellectuelle, avec d'autant plus de facilité que nous
la répétons plus souvent; elle consiste en outre dans
le besoin de faire de nouveau ce que nous avons souvent fait précédemment. Or c'est une loi de l'économie
vivante que l'exercice d'un organe appelle la circulation dans cet organe; cette loi s'applique également au
système nerveux. À mesure donc que nous exerçons
davantage une partie de ce système, le sang y afflue
avec plus d'abondance et la névrosité s'y accumule en
plus grande quantité. Par suite l'action nerveuse y devient plus prompte et plus facile et manifeste une disposition naturelle à entrer en mouvement : de là les
phénomènes de l'habitude.

J'ai déjà dit comment Buchez avait trouvé dans l'organisation du système nerveux les conditions de la successivité imposée à tous les actes humains, en d'autres
termes les lois de la logique humaine. J'ai fait voir
comment il ramenait à ces lois la nécessité pour l'homme
de procéder du général au particulier ou *vice versa*, et
l'état de sentiment, de raisonnement et de pratique
par où est obligé de passer tout acte humain. Suivant
Buchez, toutes ces aptitudes nerveuses sont représentées
dans l'encéphale, lors même que leur siège principal,
comme celui des appareils du sentiment et du mouvement, est placé dans d'autres organes. Chacune d'elles
constitue une sorte de sens intracrânien; mais ces sens
ne doivent pas être confondus avec les facultés que les
phrénologistes ont empruntées à la philosophie écos-

saise, car ils sont infiniment plus nombreux et répondent à toutes les impressions que l'homme peut recevoir, à toutes les actions dont il est capable. Buchez reconnaissait d'ailleurs qu'il est impossible à la science de déterminer le nombre et la nature de ces sens; mais il admettait que le cerveau est double comme la plupart des organes des sens et que chacun des deux hémisphères cérébraux contient tous les sens intracrâniens. Il tirait même de ce fait, comme nous le verrons, des conséquences psychologiques importantes.

L'esprit se trouvant intimement lié avec l'organisme, ils doivent concourir tous deux à la production des phénomènes psychologiques. Quel est le mode de ce concours et quelle est la part qu'y prend chacune des forces intégrantes?

Tout acte de l'esprit devient un fait intellectuel, un fait de conscience. Voyons donc avant tout comment se produisent les idées.

Buchez n'admet pas l'existence d'idées innées. Il reconnaît que certaines idées générales et abstraites sont toujours présentes à l'esprit et que celui-ci ne saurait s'en dépouiller sans renoncer à sa raison même. Telles sont les notions de cause et d'effet, de substance et de qualité, d'unité et de pluralité, etc.; mais il considère ces idées comme l'expression de la nature même de notre esprit et de notre organisme et croit qu'elles se produisent naturellement par le contact de ces éléments constitutifs de notre être. Il ramène l'origine de toutes les autres idées à la sensation et à l'enseignement.

Sa théorie de la sensation diffère essentiellement de celles des sensualistes du dix-huitième siècle. Il est loin d'admettre avec eux que les sens transmettent au cerveau l'image des objets extérieurs toute formée et que ces objets sont vus chacun dans son ensemble sitôt qu'ils se présentent devant les yeux. Buchez prouve qu'il ne saurait en être ainsi. Lorsque nos yeux s'ouvrent devant un champ de vision quelconque, ce sont à la fois d'innombrables impressions lumineuses qui se peignent sur notre rétine. Nous ne voyons aucun objet particulier, mais une foule de couleurs diverses qui offrent les formes planes les plus variées et n'ont aucune unité entre elles. Le même fait se reproduit pour tous les autres sens. Les impressions sensibles ne donneraient donc toujours que des perceptions fausses et confuses, si les diverses impressions appartenant à un même objet n'étaient *unifiées* entre elles par l'esprit et séparées des autres. Ce n'est que par cette unification qu'elles deviennent des idées claires, des sensations réelles. Or à quelles conditions cette unification peut-elle s'accomplir? Buchez pense qu'elle ne s'opère en général que grâce à une idée préexistante. L'esprit n'aperçoit une idée nouvelle que par le rapport qu'elle a avec une idée qu'il possède déjà. Ainsi quand nous avons l'idée d'un genre, d'une espèce, nous percevons et distinguons tous les individus qui appartiennent à ce genre ou à cette espèce; quand nous avons l'idée d'un but à atteindre, nous percevons les objets qui répondent à ce but. Chaque idée n'est donc qu'un terme de rapport établi soit vis-à-vis d'un système de classification, soit vis-à-vis d'un but, d'un usage; chacune n'exprime qu'une relation avec une idée antérieure [1].

Buchez n'admet qu'une seule exception à ce principe; elle concerne les premières idées qu'acquiert le petit enfant et par lesquelles il entre en relation avec ceux qui l'enseignent. Buchez admet que sous l'impression de ses premiers besoins, de ses premières souf-

1. Ouvrage cité, t. I.

frances et de ses premiers rapports avec sa nourrice,
l'enfant parvient à concevoir par lui-même l'opposition
fondamentale de *oui* et de *non*, sous la triple forme de
commander et *obéir*, *agir* et *pâtir*, *user* et *s'abstenir*.
Ces idées qui comprennent déjà des notions morales,
deviennent autant de termes généraux auxquels l'enfant
rapporte l'enseignement qu'on lui donne et qui lui permettent de le comprendre. Les objets nouveaux qu'on
lui apprend à connaître se classent sous ces notions premières et il acquiert ainsi peu à peu toutes les idées qui
ont cours dans la société.

C'est donc à l'enseignement que chacun de nous doit
la presque totalité de ses idées générales et toutes ses
idées morales. Cet enseignement, dont le premier
homme a reçu les éléments de Dieu même, forme la
base indispensable du travail intellectuel par lequel
nous accroissons à notre tour la somme des idées existantes et ajoutons des connaissances nouvelles à celles
que la société doit transmettre à nos descendants.

Mais l'enseignement, et en général toutes les communications intellectuelles ne sont possibles que lorsque les idées sont revêtues de signes, et d'autre part
sans signes les idées ne pourraient même être conservées dans la mémoire. Le langage constitue donc la
condition fondamentale de la pensée même et de la
transmission de la pensée. Or le signe est nécessairement une forme matérielle, capable de faire impression
sur les sens et qui, par conséquent, est représenté dans
le cerveau par un mouvement nerveux quelconque.
Toute *idée qui ne repose pas sur une impression directe*,
étant représentée dans le cerveau par un signe, c'est-à-
dire un mot ou une combinaison de mots, il s'en suit
donc, comme je l'ai déjà dit, qu'à toute idée correspond
dans l'encéphale un élément matériel, et que tout acte

intellectuel est produit par le concours de l'esprit et du cerveau.

Cette dualité que nous offre le fait intellectuel par excellence, la formation de l'idée, nous la retrouvons dans tous les autres phénomènes psychologiques. Reprenons en effet les trois grandes formes de l'activité humaine, le sentiment, le raisonnement et l'action pratique; la dualité nous paraîtra évidente dans chacune d'elles.

Le sentiment d'abord suppose nécessairement l'intervention de l'esprit. Quoique l'état émotif consiste dans une disposition du système nerveux, il a besoin pour devenir un désir déterminé, de s'attacher à une idée positive, c'est-à-dire il faut que l'âme lui ait donné un nom et un but. L'esprit a en outre la faculté d'exciter à *priori* l'appareil sentimental, de le mettre en jeu spontanément, ou bien de résister à ses impulsions, de les modérer, de les détruire. C'est quand le sentiment nous pousse avec violence à satisfaire des penchants égoïstes de l'organisme et que la morale nous commande de sacrifier ces désirs personnels à un but supérieur, que l'antagonisme et en même temps l'union intime de ces forces constitutives de notre être apparaissent avec évidence. Là est le terrain du libre arbitre et de la lutte morale, là se présente pour l'âme le choix de mettre sa volonté au service des impulsions organiques en devenant l'esclave des sens, ou bien de dominer et de régler les émotions de sa nature charnelle en les faisant servir elles-mêmes à l'accomplissement du but posé par la morale.

Cette opposition entre les deux natures se manifeste surtout dans la différence entre l'amour matériel ou charnel et l'amour spirituel ou la charité. Le premier n'est qu'un effet de la sympathie que j'ai décrite plus haut. La sympathie produit une concordance parfaite entre deux individus, une assimilation parfaite de plusieurs personnalités entre elles, mais rien de plus. L'amour spirituel dont saint Paul a donné une si magnifique description sous le nom de charité, est tout différent; il se manifeste chaque fois qu'on sacrifie quelque chose de soi-même à son semblable, à sa femme, à son enfant, ou même à un être abstrait comme la patrie, le devoir. Dans les actes de ce genre nous sacrifions non-seulement nos désirs égoïstes, mais souvent nos sympathies mêmes, comme lorsqu'un père corrige son enfant malgré la peine qu'il en éprouve. Ce n'est que de l'âme que peuvent émaner des actes pareils. Ils sont le produit d'une conviction profonde de l'esprit, c'est-à-dire de la croyance ou de la foi. L'amour sympathique au contraire ne repose que sur des habitudes de l'organisme.

Le concours de l'élément spirituel et de l'élément organique ne se montre pas moins positivement dans les opérations du raisonnement. Le jugement, l'affirmation d'un rapport quelconque sont des opérations analogues à celle par laquelle nous percevons des sensations, nous formons des idées. Ce sont des actes de l'esprit par lesquels nous établissons une unité entre des éléments multiples. Comme nous l'avons dit, ces éléments sont représentés dans le cerveau par des impressions sensibles ou des signes; à chaque impression et à chaque signe correspond un filet nerveux ou une combinaison de filets de ce genre et ces éléments, sont eux-mêmes reliés entre eux par une foule de filets intermédiaires. A l'ensemble de nos idées acquises répond donc un réseau nerveux sur lequel agit l'esprit pour créer des idées nouvelles, pour former les mille combinaisons que nécessite tout raisonnement. Sans

actes spirituels d'une part, sans éléments nerveux de
l'autre, aucune opération logique ne serait donc possible. Du reste, le rôle du réseau nerveux apparaît clairement dans l'association des idées. Chacun sait que
lorsque deux ou plusieurs impressions nous ont frappés
simultanément avec une certaine force, il suffit que
l'une de ces impressions se reproduise pour que les
autres apparaissent en même temps. Ce phénomène est
dû évidemment aux trajets nerveux qui lient entre eux
les nerfs où siégent ces impressions diverses. L'association des idées se trouve parfaitement expliquée de cette
façon.

La même observation s'applique à la mémoire matérielle. Buchez admet deux espèces de mémoire, la
mémoire matérielle qui réside dans le cerveau, la mémoire spirituelle qui constitue une faculté fondamentale de l'esprit. La première est une sorte d'association
des idées combinée avec l'habitude. C'est la faculté en
vertu de laquelle nous apprenons par cœur un morceau
de littérature ou une suite de mots quelconques, ou
nous nous représentons exactement les détails d'une
figure, d'un paysage que nous avons vu plusieurs fois.
Quand en effet une série d'impressions nous frappe
à plusieurs reprises dans le même ordre, le système
nerveux s'habitue à cette reproduction et nous pouvons
rappeler à volonté toute la série des impressions ainsi
associées.

Mais en dehors de cette mémoire matérielle,
il existe une mémoire spirituelle dont les caractères ne
sont plus les mêmes. C'est par elle que nous conservons dans l'esprit le souvenir des connaissances que
nous avons acquises, des idées que nous avons eues,
des actions que nous avons faites, non le souvenir
actuel et présent, mais ce souvenir latent de tout ce

que nous avons appris, de tout ce que nous savons,
que l'esprit porte toujours avec lui et qui, sans se manifester dans la pensée actuelle, concourt à tous nos
jugements, à toutes nos actions. Pour que ce souvenir
apparaisse dans la pensée actuelle, il faut la présence du
signe ou de l'impression sensible, c'est-à-dire de l'élément matériel; nous trouvons donc là encore la coopération de l'âme et de l'organisme, indispensable à
tous les actes intellectuels. La mémoire spirituelle
forme aux yeux de Buchez une des trois facultés fondamentales de l'âme. Elle est pour chaque homme le
gardien incorruptible, non-seulement des idées générales qu'il a acquises, mais des actions bonnes ou
mauvaises qu'il a accomplies; elle constitue pour ainsi
dire sa conscience et sa raison, et il est impossible de
ne pas y voir une modification substantielle de l'âme
même. Elle est donc impérissable, et nous l'emportons
avec nous dans la vie future où elle est le signe inniable
et infaillible d'après lequel nous sommes jugés.

Enfin, Buchez croyait que l'idée du *moi* et la réflexion par laquelle nous nous rendons compte de nos
propres actes tenait à certains rapports de l'esprit avec
l'organisme. C'est là qu'il faisait intervenir son hypothèse de la dualité du cerveau humain. Il supposait
que l'esprit agit dans l'un des hémisphères du cerveau,
que cette action se trouve répétée dans l'autre par
l'effet des liens nerveux qui font communiquer les deux
hémisphères entre eux, et que dans ce dernier l'esprit
aperçoit sa propre action qui se présente à lui sous la
forme d'une impression objective. C'est en se voyant
ainsi agir lui-même comme dans un miroir que l'esprit acquiert l'idée du *moi*, qui suivant Buchez n'est
nullement une idée première et qui n'apparaît qu'assez
tard chez le petit enfant. Cette hypothèse est fondée

sur diverses observations d'où il résulte que le sentiment du *moi* et la réflexion disparaissent, quand l'un
des deux hémisphères du cerveau est paralysé. Buchez
a basé sur les mêmes considérations une théorie de la
monomanie ou folie raisonnante, tandis qu'il expliquait
la manie ou folie générale par des irrégularités dans
la nutrition du cerveau.

Dans l'action pratique c'est le rôle du corps qui
paraît prédominant et l'esprit ne semble manifester sa
présence que par l'impulsion qu'il donne aux organes du mouvement et par la direction générale qu'il
imprime à l'ensemble de l'action. Il en est ainsi en
effet quand on ne considère qu'une action isolée. Mais
quand on prend toute la vie pratique d'un individu,
quand on envisage surtout la succession des individus
dans la société, on voit que même dans cette phase de
l'activité humaine, l'esprit exerce l'influence prépondérante. La force spirituelle, en effet, ne se borne
pas à imprimer des mouvements à l'organisme, elle
approprie les organes mêmes à la fonction qu'ils
doivent accomplir et les transforme jusque dans leurs
parties les plus dures et les plus résistantes.

C'est par un phénomène analogue à l'habitude que
s'opère cette transformation. J'ai déjà dit que l'exercice
d'un organe y développe la circulation ; par suite,
cet organe agit non-seulement avec plus de facilité,
mais il se nourrit mieux et s'accroît en volume. Il dépend donc de l'homme de changer les proportions qui
existent entre les diverses parties de son organisme
en général et de son système nerveux en particulier,
d'augmenter le volume et la puissance des unes en y
appelant la circulation par l'exercice, d'amoindrir les
autres en les laissant dans l'inaction. Cet effet résultera
surtout des habitudes qu'il prendra. Ces habitudes

pourront être bonnes ou mauvaises, c'est-à-dire avoir
eu vue l'accomplissement de devoirs moraux ou tendre
uniquement à des satisfactions égoïstes. Il dépend de
la volonté de chaque individu de développer ses organes dans un de ces sens ou dans l'autre. Suivant
le choix qu'il fera, ce seront les sentiments sympathiques,
les facultés intellectuelles, les tendances vers le bien,
ou les appétits grossiers et brutaux de notre nature
animale qui prévaudront dans son système nerveux.
Les modifications qui s'opèrent dans ce système en vertu
d'influences pareilles sont tellement réelles qu'elles
réagissent même sur les organes extérieurs et apparaissent à chacun au premier coup d'œil.

Or, c'est un fait constaté par la science que les dispositions du système nerveux, naturelles ou acquises,
de même que celles de tous les organes physiologiques, se transmettent héréditairement des parents aux
enfants. Les habitudes acquises par le père se tradui-
ront donc chez l'enfant par une disposition, une
aptitude à acquérir des habitudes analogues, et lorsque
cette transmission aura continué pendant une série de
générations, les derniers arrivés pratiqueront sans
peine et avec facilité ce que leurs ancêtres ne pouvaient accomplir qu'au prix d'une volonté énergique
et de vigoureux efforts.

Cette facilité plus grande provient avant tout du développement même des organes qui sont le siége des aptitudes acquises. Ce développement commence par le
système nerveux; mais c'est un fait d'expérience que
le système nerveux transforme à son tour le système
musculaire et le système osseux. A mesure que le cerveau s'élargit par suite du développement des habitudes intellectuelles, le crâne s'accroît pour contenir
cette plus grande masse nerveuse, tandis que les os de

la face diminuent en proportion. Ceux-ci augmentent au contraire et se rapprochent des formes animales lorsqu'une suite des générations se livre uniquement aux impulsions des instincts égoïstes. Toutes les autres parties du corps subissent des transformations analogues, et c'est ainsi que dans une société donnée, la conformation physique de la majorité des individus dépend des habitudes morales et intellectuelles qui y dominent ou y ont dominé.

De là, la formation de races diverses dans l'espèce humaine. De ces races, les unes sont progressives, quand les croyances morales qu'elles professent sont de nature à perfectionner de plus en plus leur organisme, les autres sont en dégénérescence, quand chez elles les habitudes purement instinctives ont pris le dessus.

§ 4. POLITIQUE ET SCIENCE SOCIALE[1].

Je pourrai être bref sur les doctrines politiques et sociales de Buchez, puisqu'elles sont exposées pour la plupart dans l'ouvrage auquel est joint cette notice.

L'idée qui les domine est celle du progrès, et comme je l'ai déjà dit, Buchez en élevant le progrès au rang d'une loi universelle, s'est trouvé placé à un point de vue qui diffère absolument de celui qui sert de fondement au plus grand nombre des théories morales et sociales.

Dans la plupart de ces théories, c'est le bonheur qui forme le but dernier de l'homme. Le bonheur leur sert de point de départ à toutes, et elles ne diffèrent qu'en ce que suivant les unes l'individu doit chercher la satis-

---

1. Voir notamment sur les questions traitées dans ce §, les deux séries de l'*Européen* et la *Revue nationale*.

faction de ses désirs sur la terre, tandis que les autres placent la félicité dans la vie future et reconnaissent qu'ici-bas nous ne pouvons que la mériter. Beaucoup d'entre elles ne proposent à l'homme que d'aspirer à son bonheur individuel, quelques-unes seulement demandent qu'il se préoccupe avant tout du bonheur général ou de l'utilité collective. Mais toujours c'est pour lui-même que l'homme est sur cette terre, et ceux mêmes qui admettent qu'il doit coopérer à l'utilité générale ne le font que parce qu'ils y voient le moyen du bonheur ou du mérite d'un plus grand nombre d'hommes.

Au point de vue du progrès, il n'en est plus ainsi : l'humanité n'est plus qu'un rouage de l'organisme universel, une fonction de l'œuvre progressive à laquelle concourent sous l'œil de Dieu, toutes les créatures. Cette fonction elle la remplit librement et volontairement il est vrai; tous les individus qui concourent à l'accomplir acquièrent par cela même un mérite et ont droit à une récompense. Mais ce mérite ne constitue pas plus que les satisfactions légitimes qu'ils peuvent éprouver sur terre, le but même de leur existence. Si le progrès est en effet une loi universelle, ce but n'est pas dans les individus, il n'est pas même dans les sociétés, ni dans l'humanité entière. Il est dans le plan divin qui régit le mouvement universel.

Et évidemment dans le progrès qui embrasse tout le monde créé, c'est l'humanité entière qui remplit la fonction humaine, ce ne sont pas les sociétés particulières, encore moins les individus humains. L'humanité est fonction du progrès universel, les nations sont fonctions de l'humanité, l'individu est fonction de la nation dont il fait partie. Ainsi se trouve renversée l'hypothèse ordinaire qui ne voit dans la société que le moyen du

bonheur individuel et dans l'humanité que la collection
des sociétés, c'est-à-dire une sorte d'entité abstraite
dépourvue de vie et d'unité.

Est-il besoin de dire que le point de vue de Buchez
est le seul qui s'accorde sinon avec les théories des philosophes, du moins avec la morale religieuse et sociale
de tous les lieux et tous les temps; le seul qui explique
pourquoi l'individu est obligé de réprimer ses penchants
égoïstes et de se faire ouvrier d'une œuvre commune,
pourquoi la société peut lui demander jusqu'au sacrifice de sa vie, pourquoi l'abnégation, l'amour des autres, le dévouement à la patrie, le sacrifice au devoir
ont toujours passé pour les plus hautes vertus? Ces
principes suprêmes de la morale, Buchez les avait toujours reconnus et proclamés hautement, même quand
il était matérialiste. Mais il ne lui avait pas été difficile
de comprendre qu'ils étaient en contradiction directe
avec le matérialisme. En réalité, il n'y a que la loi du
progrès universel qui puisse en rendre compte rigoureusement.

Le sacrifice et le dévouement, imposés à l'homme
par la morale, ne sont à ce point de vue que la conséquence de la loi générale qui se résume par ce mot :
Nul être n'est créé pour lui-même. Cette loi s'applique à
toutes les créatures que nous connaissons. Le monde
physique ne se conserve qu'au prix de destructions incessantes. Les végétaux ne vivent qu'à la condition de
décomposer le sol qui les nourrit, les animaux ne semblent destinés qu'à en dévorer d'autres et à être dévorés
par d'autres à leur tour. Chez l'homme le sacrifice n'a
pas ce caractère fatal, irrésistible ; il est libre et volontaire et renfermé dans des limites restreintes.
L'homme est rarement obligé de donner sa vie pour ses
semblables. Mais son sacrifice de tous les jours consiste

dans la domination qu'il exerce sur les penchants et les instincts égoïstes de sa chair, dans sa ferme volonté de toujours préférer le devoir et l'intérêt général à son intérêt particulier, dans les privations et les peines qu'il s'impose pour le bien de ses semblables. Ce sacrifice aussi a ses mérites et il est peu d'hommes qui s'y soustraient complétement.

Mais de ce que l'homme, pas plus que les autres êtres n'est créé pour lui-même, il ne suit pas qu'il ne puisse aspirer à aucune satisfaction personnelle. En d'autres termes si le bonheur n'est pas son but, on ne saurait en conclure que sa destination soit d'être malheureux. On a remarqué que les prescriptions de la morale coïncident avec l'utilité bien entendue, non pas toujours de chaque individu en particulier, mais du plus grand nombre des individus et de la société. Les buts moraux qui ont été jusqu'ici proposés à l'homme tendaient tous en effet à constituer le corps de l'humanité elle-même, c'est-à-dire à peupler le globe d'hommes offrant toutes les perfections spirituelles et organiques propres à leur espèce et à les unir dans la croyance à un devoir commun. La réalisation progressive de la morale a donc toujours eu pour résultat l'augmentation du bien-être social. C'est la confirmation de la parole : Cherchez avant tout le royaume de Dieu et sa justice, et le reste vous sera donné par surcroît. Aussi n'est-il pas pour la société de moyen plus assuré de favoriser l'utilité générale que d'obéir à la loi morale et de réaliser des progrès qu'elle commande. L'amélioration du sort matériel de la majorité des individus, l'élévation du niveau intellectuel et moral, la prospérité sous toutes ses formes, la sécurité, la grandeur, la puissance, tels sont les fruits que recueille toute nation qui marche énergiquement dans la voie du progrès. L'individu aussi, quoique son

but ne soit pas le bonheur et qu'il lui soit impossible
d'attendre la félicité parfaite ici-bas, trouve dans sa nature la source de maintes satisfactions qui ne sont pas
contraires au devoir. En vertu du caractère général d'u-
tilité que présentent les prescriptions morales, elles lui
commandent plutôt qu'elles ne lui défendent d'aspirer
au bien-être et de développer ses facultés intellectuelles,
pourvu que ce ne soit pas aux dépens de ses semblables, et elles n'exigent de lui ni sacrifice ni mor-
tification qui n'ait pas en vue le bien général. D'ailleurs
grâce à l'organisation nerveuse de l'homme, les sacrifices qu'il fait tous les jours deviennent pour lui une habitude et cessent d'être pénibles, et pour celui qui croit
profondément à la morale, l'accomplissement du devoir et même l'abnégation poussée au plus haut degré
constitue une satisfaction.

Les considérations qui précèdent donnent la clef de
la théorie politique de Buchez.

Évidemment sa conception générale ne lui permettait
pas d'accepter le principe que la société n'a d'autre but
que la garantie des droits et des intérêts individuels. Il
posa donc un principe nouveau en établissant qu'une
société ne peut se former que lorsqu'un but commun
d'activité réunit tous ceux qui doivent en faire partie
dans une pensée et dans une œuvre commune. Un but
pareil, capable de servir de lien à des populations nombreuses pendant une longue suite de générations, ne
peut émaner suivant lui que d'une morale religieuse.
J'ai fait voir en exposant son système historique, comment il explique l'apparition de ces buts dans les époques organiques de l'humanité et comment leur réalisation constitue à ses yeux le progrès général de notre
espèce.

C'est parce qu'il existe des buts communs d'activité

qu'il se forme des nationalités. Quand une population a été unie pendant un certain nombre de générations dans une même pensée religieuse et morale, dans la marche progressive vers un même but, il s'établit entre les diverses parties dont elle se compose, cette unité de sentiments, de traditions, de croyances, d'habitudes qui constitue la nationalité. Buchez a le premier appelé l'attention, en 1831 sur le principe de la nationalité qui joue un si grand rôle dans la politique contemporaine, et il l'a posé immédiatement dans son vrai jour, en en éliminant l'idée de race et en faisant voir qu'il a sa source principale dans une croyance morale.

Les nations sont les membres de l'humanité ; elles se divisent entre elles le travail de la réalisation du but gènéral. Mais les nations elles-mêmes sont des organismes dont la forme générale dépend des conditions imposées par le créateur à l'activité individuelle et sociale et des relations de l'homme avec le monde physique. Buchez appelle *constantes sociales* les organes ou fonctions permanentes qu'offre tout corps social et les institutions qui représentent ces fonctions, et il les divise en deux classes, les constantes de conservation et les constantes de progression. Parmi les premières figurent l'enseignement, la famille, la propriété, la liberté individuelle, l'administration, l'organisation judiciaire et militaire, etc. La principale des constantes de progression est le gouvernement. Buchez ne reconnaît à ce dernier, qu'il sépare complétement de l'administration, d'autre fonction réelle que d'être l'agent du progrès. C'est quand ils comprennent cette fonction et l'exécutent, que les pouvoirs acquièrent la force et l'autorité; quand ils la méconnaissent, ils périssent à un terme plus ou moins éloigné, mais certain.

Buchez, ayant traité longuement du but d'activité, de la nationalité et des constantes sociales dans l'ouvrage auquel est joint cette notice, je n'entrerai pas dans de plus grands détails sur ces questions. Mais je dois faire connaître ses vues sur l'économie sociale et l'ensemble des transformations de l'avenir qu'il n'a fait qu'y indiquer.

J'ai dit que la question sociale, posée par Saint-Simon, avait vivement préoccupé Buchez depuis le moment où il avait connu les travaux de ce philosophe, et qu'il avait contribué pour beaucoup à la critique de l'état social moderne, faite par l'école saint-simonienne.

Les résultats généraux de ses travaux sur le progrès ne firent que le confirmer dans ces idées. Il lui fut facile, en effet, de constater que si l'on excepte l'esclavage, l'organisation économique de la société moderne est encore la même que celle du monde antique au temps de l'empire romain. Les principes relatifs à la propriété sont restés les mêmes; quelques particularités seulement qui provenaient du droit romain primitif et qui s'effaçaient dès lors, ont complétement disparu depuis. Comme alors la terre et le capital, c'est-à-dire les instruments du travail, se transmettent héréditairement, et la possession de ces instruments donne à celui qui l'a acquise le moyen de prélever une rente, un intérêt, un bénéfice sur le travailleur, en vivant oisivement lui-même. Par suite les positions sociales sont elles-mêmes restées héréditaires jusqu'à un certain point, car ce n'est que rarement et par exception que ceux qui naissent dans les familles dépourvues de capital parviennent à s'élever aux positions supérieures, aux travaux du gouvernement, de l'administration, des lettres, des sciences, des beaux-arts, mieux rétribués par cela même qu'ils forment l'apanage d'une classe privilégiée. Enfin si la société n'est plus divisée en maîtres et en esclaves, elle l'est en possesseurs de l'instrument de travail et en salariés, et par l'effet du jeu de nos institutions économiques, le sort de ces derniers est quelquefois moralement et matériellement si misérable que des publicistes ont pu prétendre que celui des esclaves antiques lui était préférable sous certains rapports.

Une telle situation répond-elle aux principes de l'Évangile? L'Évangile dit : « A chacun selon ses œuvres » et si ce principe est applicable sur terre, c'est surtout en matière de rétribution du travail. Il dit encore : « Celui qui ne veut pas travailler ne doit pas manger[1]. » De tels préceptes sont-ils compatibles avec l'oisiveté que la possession héréditaire des instruments du travail assure à une partie des membres de la société, avec les inégalités extrêmes qu'offre la rémunération du travail, avec l'opulence d'une minorité qui vit sans rien faire et la misère de la plupart de ceux qui se livrent aux plus rudes labeurs? Évidemment non.

Buchez trouvait dans cette profonde contradiction entre les principes posés par l'Évangile et l'état social des peuples modernes la vérification d'un des points de sa théorie historique. Elle lui prouvait de nouveau que l'œuvre du christianisme est loin d'être terminée; que si l'art et la science ont été transformés, l'économie sociale repose presque en entier encore sur ses bases antiques. Il pensait donc que l'avenir réservait à l'humanité une forme sociale nouvelle, par laquelle les principes de la morale chrétienne seraient complétement réalisés, où chacun trouverait à sa libre disposition l'instruction et le capital nécessaire pour toute espèce de travail utile, où tous les travaux seraient justement

---

1. IIe Épître aux Thessaloniciens, III, 10.

et proportionnellement rétribués, où tout travailleur aurait la propriété du fruit de son travail, où par conséquent il n'y aurait plus de priviléges de naissance, plus d'oisiveté, plus d'ignorance, plus de misère héréditaire.

Mais Buchez savait que de telles transformations ne s'opèrent pas en un jour, qu'elles ne peuvent être ni décrétées par un pouvoir, quelque absolu qu'il soit, ni votées par une assemblée nationale; qu'elles ne sont toujours que le fruit d'une lente progression historique. Aussi se sépara-t-il dès l'origine sur cette question des autres disciples de Saint-Simon. Tandis que ceux-ci prétendaient réorganiser la société d'en haut en établissant une vaste communauté hiérarchique, Buchez, qui avait toujours repoussé le communisme et considéré l'échange comme la seule forme de la distribution des richesses compatible avec la liberté, Buchez pensa que la réforme sociale pouvait s'opérer au sein de la société même d'une manière toute pacifique et sans léser les intérêts des possesseurs existants. Il crut que c'était aux classes déshéritées elles-mêmes à en prendre l'initiative et qu'il ne dépendait que d'elles de préparer aux générations à venir une existence meilleure. Comme moyen il proposa l'*association ouvrière*.

Buchez enseigna cette idée dès 1830, dans des cours publics; il la développa dans l'*Européen* de 1831-32, et bientôt après, plusieurs associations, dont une existe encore, furent fondées sous ses auspices. En 1848 cette idée acquit un grand éclat, et lorsqu'après la chute de la République les associations s'affaissèrent en France, le principe se propagea sous des formes diverses à l'étranger. Aujourd'hui ce mouvement prend un grand essor et excite dans toute l'Europe l'attention des peuples et des gouvernements.

Mais la plupart des associations qui s'organisent actuellement ne répondent qu'imparfaitement à la pensée
de Buchez. Un certain nombre d'entre elles réussiront
sans doute et amélioreront le sort de leurs membres ;
mais elles finiront nécessairement par se dissoudre et
celles qui viendront après, auront à lutter contre les
mêmes difficultés que leurs aînées. Ni les unes ni les
autres n'apporteront de changement essentiel dans
l'organisation économique de la société ; elles auront
pour résultat bienfaisant de répartir le capital entre
un plus grand nombre de possesseurs, mais elles ne
modifieront en rien les rapports mêmes du travail et
du capital, ni la répartition des fruits du travail. Pour
arriver à la transformation pacifique de l'état social
actuel, Buchez demandait que chaque association for-
mât un capital perpétuel et indivisible. En d'autres
termes, il voulait que chaque association prélevât tous
les ans une part sur ses bénéfices, mettons un dixième ;
que ce dixième capitalisé servît d'abord à rembourser
les sommes que la société pouvait devoir à ses membres ou à des étrangers et qu'il constituât ainsi le
fonds avec lequel travaillerait l'association, fonds qui
s'accroîtrait annuellement du dixième des bénéfices
nouveaux. Dans la pensée de Buchez, ce fonds ne
devait jamais être partagé et chaque membre de l'association devait renoncer pour lui et ses héritiers à la
propriété de la part qu'il pouvait y avoir. Ce fonds
serait ainsi soustrait à l'hérédité ; mais tous les membres de l'association auraient part aux revenus qu'il
produirait, et une fois qu'il serait suffisant pour les
affaires de la société, chaque membre jouirait réellement du fruit entier de son travail ; car il ne serait
plus astreint qu'à l'abandon, indispensable dans tous
les cas, de la portion nécessaire pour la conservation

et l'accroissement du capital commun. Il est vrai que
l'associé sortant ne participerait plus aux revenus de
ce fonds qu'il aurait contribué à économiser, et qu'il
en serait de même des héritiers de l'associé décédé.
Mais ce serait toute justice, puisque le capital ne produit pas de lui-même et que c'est le travail seul qui le
fait produire. D'autre part, tous les travailleurs qui
dans l'association remplaceraient les membres décédés
ou sortis jouiraient immédiatement des fruits du capital
indivisible, à charge de le conserver et de l'accroître à
leur tour. En réalité il n'y aurait que les fondateurs de
chaque société qui s'imposeraient un sacrifice; pour
leurs successeurs au contraire, pour les hommes de la
seconde génération, ce sacrifice peu considérable
d'ailleurs serait compensé par un avantage bien supérieur : ils seraient admis gratuitement à l'exploitation
d'un capital tout formé, sous la seule condition de le
transmettre entier et augmenté à la génération suivante. Il suffirait donc que l'association fût généralisée
et que, dans chaque profession, il y eût un certain nombre d'associations, pour qu'après un certain nombre de
générations, chaque travailleur trouvât toujours un
instrument de travail à sa disposition et jouît du fruit
entier de son travail [1].

Ce système sera-t-il appliqué, ou bien en trou-
vera-t-on un meilleur, ou bien encore la réforme sociale se fera-t-elle par la voie des révolutions violentes? C'est ce que l'avenir apprendra à nos descendants.
En tout cas Buchez pensait que la transformation que

---

1. Les idées de Buchez sur ces questions ont été développées dans l'*Association ouvrière, industrielle et agricole*, par
H. R. Feugueray, 1851, in-8, et dans mon *Traité d'économie
sociale*, 1851, in-8.

devra opérer l'association ne s'accomplirait que très-
lentement, surtout dans l'industrie agricole ; il calculait
qu'à partir même du moment où ce mouvement aurait
pris tout son essor, il faudrait plus de trois cents ans
pour mettre la plus grande partie de la propriété foncière aux mains des travailleurs.

On voit que l'idéal de Buchez était placé loin dans
l'avenir. Cette remarque ne s'applique pas seulement
à sa conception sur l'organisation future du travail,
mais à l'ensemble de ses espérances sur les destinées
futures de la société chrétienne. Mais bien qu'il eût
vivante devant les yeux l'image de l'idéal chrétien et
qu'il crût avec une foi profonde à la transformation
future de l'humanité, il consentait rarement à exprimer son opinion sur ces réalisations éloignées, car il
savait qu'en ces matières on tombe facilement dans
l'utopie et pensait qu'on ne pouvait affirmer avec certitude à l'égard de l'avenir que quelques hautes généralités.

Ces généralités étaient pour lui à peu près les suivantes :

Tous les peuples de la terre formeront une vaste
fédération, cimentée par la croyance de tous à la
même loi morale et religieuse du christianisme.

Chaque peuple se gouvernera lui-même par ses
représentants élus. Il sera établi que la fonction essentielle du gouvernement est de faire progresser la société et on ne tolérera que les pouvoirs qui rempliront
fidèlement ce devoir.

Il n'y aura plus de fonctions héréditaires d'aucune
sorte, ni dans l'organisation politique ni dans l'organisation sociale. Tous les hommes seront libres et
égaux. Chacun recevra l'éducation qui fait l'homme
et le citoyen et l'instruction nécessaire pour la profes-

sion qu'il aura choisie; chacun aussi trouvera à sa disposition gratuite l'instrument du travail qu'il est capable de faire. La rémunération du travailleur sera conforme à son œuvre et dans les travaux industriels il aura la propriété de son produit, directement ou par l'échange.

Buchez pensait que l'application de ce dernier principe, jointe à la diminution de la peine du travail matériel qui serait la suite de l'invention des machines et de tous les perfectionnements de l'industrie, aurait pour résultat de rendre la position des classes industrielles plus avantageuse que celle des autres, que celle notamment des agents du pouvoir et de l'administration. Ceux qui rempliront les fonctions politiques et administratives resteront en effet à l'état de salariés; leur rétribution probablement ne cessera de décroître, et leur responsabilité deviendra de plus en plus sérieuse. Buchez voyait là un bien, car par suite les hommes dévoués ou du moins ceux qui préfèrent l'honneur d'un devoir accompli aux profits pécuniaires, seraient les premiers, sinon les seuls à aspirer à ces fonctions. Buchez pensait que le principe du pouvoir avait été transformé par cette parole de Jésus-Christ : « Qu'il n'en soit pas parmi vous comme chez les nations où les chefs dominent avec empire, mais que celui qui voudra être le premier parmi vous soit le serviteur des autres. » Il considérait la relation sociale que je viens d'indiquer comme une réalisation possible de ce principe nouveau.

A. OTT.

LIVRE PREMIER

INTRODUCTION

CHAPITRE I.

DU CARACTÈRE DE LA SCIENCE POLITIQUE
ET SOCIALE.

1. La science politique ou sociale est certainement la partie la plus expérimentale de la philosophie. Il n'y a pas de science naturelle plus riche
en observations, qui possède des faits plus nombreux et surtout aussi bien connus jusque dans
leurs racines. Elle a tout ce qui constitue les
sciences positives; elle offre, comme celles-ci,
des lois rigoureusement formulées et qui sont une
conclusion de l'expérience et du raisonnement.
Depuis des milliers d'années il serait prouvé par
la pratique que la science sociale est toujours
l'une des plus avancées ou même la plus avancée,
si elle reposait, comme l'astronomie ou toute
autre science physique, sur un ordre de phéno-

mènes indépendants de la volonté humaine, ou si par suite de leurs erreurs ou de leurs passions les hommes n'avaient intérêt à en méconnaître les lois.

Dans ce qui évidemment ne dépend pas de lui, comme les phénomènes astronomiques ou physiques, l'homme veut une science vraie, exacte, et lorsqu'il croit la posséder, il la consulte, puis il se soumet et se résigne; mais dans les choses qui paraissent dépendre uniquement de sa volonté, comme la politique, il ne croit plus qu'à lui-même. Il dédaigne les conclusions de l'expérience; il s'imagine qu'il sera plus habile que ses devanciers; il altère la science ou plutôt il s'en construit une appropriée aux circonstances; il s'enivre de sophismes. Au fond de ces prétentions il n'y a que des passions personnelles, des intérêts particuliers, une grande ignorance et quelquefois de simples caprices. Il y a des fautes dans lesquelles l'espèce humaine retombe toujours depuis le commencement des temps historiques. Le résultat est inévitable : c'est toujours le mal pour tout le monde. Mais de ce que l'expérience est méconnue, faut-il conclure qu'elle n'existe pas? De ce que les prévisions scientifiques sont dédaignées, faut-il conclure qu'elles ne sont que de pures hypothèses ou de vaines spéculations? Non certainement ; de telles conclusions seraient absurdes. La science existe ;

seulement l'expérience d'une politique qui y soit conforme n'a jamais été faite que partiellement. Sans doute cette science n'est point achevée. Je n'aurais pas entrepris cet ouvrage si je n'avais cru possible d'y ajouter quelque chose ; mais ce défaut ne doit pas être pris pour une objection qui soit particulière à la politique ; car, parmi nos sciences, il n'y en a pas une seule qui ne soit pleine de lacunes, à laquelle on ne travaille encore et dont on voie la fin.

2. Un philosophe moderne [1] ayant cru reconnaître que l'avancement des sciences était proportionnel à leur degré de simplicité, ou, en d'autres termes, que leurs progrès étaient d'autant plus faciles qu'elles comprenaient un moindre nombre de phénomènes, a conclu et posé en principe que la science sociale devait être la dernière à se former et à parvenir à l'état positif parce qu'elle était la plus compliquée et que, sous certains rapports, elle était comme le résultat de toutes les autres. C'est là une grave erreur. Ce philosophe était plus mathématicien qu'historien. En effet il suffit de lire le traité de politique d'Aristote pour voir que la science sociale des Grecs était plus avancée que leur astronomie, leur physique, leur chimie, leur anatomie et leur physiologie. Ils ne

---

1. Auguste Comte, *Philosophie positive*, t. I.

manquaient pas d'observations politiques, puisque
ce même Aristote avait composé un livre conte-
nant les institutions sociales de cent cinquante
États, ouvrage malheureusement perdu. On avait
alors sur l'organisation sociale, sur les formes de
gouvernement, sur leur classification, sur la
marche et les causes des révolutions, des connaissances si positives et si pratiques que l'expérience des siècles n'y a à peu près rien changé.
Je ne veux pas dire qu'on ne puisse rien y ajouter
puisque dans cet ouvrage j'ai la prétention contraire ; mais je veux dire qu'on avait acquis dès
lors un fond solide qu'on ne changera pas et qui
est parfaitement établi.

En supposant même que nous ne possédions
ni Aristote, ni Hérodote, ni Polybe, que nous
n'ayons nulle connaissance des constitutions
d'Athènes et de Rome, ni des révolutions intérieures de ces deux cités, est-il possible d'admettre qu'elles aient pu jouer un si grand rôle
dans l'histoire, occuper une si grande place dans
la civilisation sans un art social achevé, sans une
grande expérience législative ou administrative,
et par conséquent sans une science politique très-
positive. Montesquieu a trouvé dans l'histoire des
Romains un modèle de politique pratique [1]. Nous

---

1. Montesquieu, *Grandeur et décadence des Romains*.

avons reçu des Romains la science du droit ;
il n'y a rien de plus expérimental que la juris-
prudence.

Mais les Grecs et les Romains sont les fils de
civilisations antérieures. Avant eux il y avait eu
de grandes sociétés politiques, les Égyptiens, par
exemple, dont l'histoire, d'après les travaux modernes, remonte à quelques milliers d'années
avant notre ère. C'était une civilisation puissante,
complète, très-perfectionnée. Elle était très-avan-
cée sous un des rapports que nous estimons
le plus aujourd'hui, sous le rapport de l'art industriel. Elle possédait une prévoyance sociale,
fortement organisée, dans l'ordre économique,
administratif et hygiénique. Les nations modernes
n'ont encore rien fait de pareil à ce qu'elle
avait réalisé au point de vue de l'hygiène. Les
Égyptiens avaient donc un art et une science
des choses sociales nullement hypothétique,
très-démontrée par l'expérience, dont la partie
pratique était certainement très-positive. Il est
vrai que la conservation et l'interprétation de
cette science paraissent avoir été attribuées en
grande partie au collége des prêtres : mais n'est-ce
pas là, sauf correction, l'institution que le philosophe, dont il s'agit, considère comme le dernier terme de la perfection dans l'organisation
sociale? Il la dépouille seulement de son caractère

sacerdotal ou religieux ; il en fait une simple académie.

Aujourd'hui il faut aller en Chine pour trouver toute une administration publique confiée à une corporation de savants ou de lettrés possédant ce qu'on appelle en ce pays la science. Je veux parler des mandarins. Ce corps où on entre et où on s'élève jusqu'aux rangs supérieurs, par une suite d'examens et de concours, cette sorte d'université qui tient toutes les fonctions publiques et dirige tout, excepté l'armée, forme une des institutions les plus stationnaires dont on ait connaissance. C'est le régime le plus pédantesque et le plus routinier. En général, l'idée qui vient la première à l'esprit, quand il s'agit de la direction d'une société, est de confier celle-ci aux plus capables. Alors les savants se prononcent pour une académie, les universitaires pour les examens et les concours, les propriétaires et les industriels pour les plus imposés, les militaires pour leurs généraux, chacun pour ses pairs. Mais ce n'est pas ici le lieu de discuter ce problème[1].

3. La vie sociale a existé sans doute avant la science dont elle a fourni les matériaux. Cepen-

---

1. Le philosophe auquel je viens de répondre est le seul dont le système suppose l'infériorité relative des sciences sociales. Il m'a paru d'autant plus nécessaire de combattre cette erreur qu'elle provient d'une école à laquelle l'opinion ac-

dant il est une connaissance sans laquelle cette vie paraît impossible et qui par conséquent est de même date, sinon antérieure : c'est le langage. On ne le compte point parmi les sciences ; il est en effet beaucoup plus qu'une science, il est comme la société ; il contient tout. Sans lui rien de possible. Il est le premier élément de la classification des faits. Il est l'instrument fondamental du travail et de la mémoire scientifique. Il impose partout ses principes. On a dit qu'il était l'image de la pensée humaine. Peut-être en est-il la loi ; mais, à coup sûr, il en est la représentation.

La constitution du langage est telle qu'il forme toujours un système logique complet, applicable à

corde en ce moment une certaine faveur, qui passionne un certain public, que les circonstances philosophiques et politiques favorisent, quoiqu'elle ne soit peut-être pas destinée à vivre longtemps. Il me paraît même qu'elle rend en ce moment un service important. Je la vois remplir une fonction que je ne puis m'empêcher d'appeler scientifique, qui n'est que transitoire sans doute, mais qui n'en est pas moins méritante. Elle semble en effet la force la plus propre à nous défendre contre l'invasion des idées allemandes, contre le nihilisme hégélien qui a conquis déjà plusieurs universités italiennes et qui menace la nôtre. On dirait qu'elle a été créée dans ce but. Malheureusement, sous le nom de philosophie positive, on renouvelle les systèmes un peu oubliés, un peu surannés, soutenus, vers la fin du dix-huitième siècle, par Helvétius, d'Holbach, de Lamettrie, Volney, etc. C'est là le danger. Cette école est tombée dans cette faute précisément parce qu'elle a adopté les erreurs que je combats.

toutes les relations, aussi bien à celles de l'homme
avec ses semblables, c'est-à-dire aux relations morales, qu'aux rapports de l'homme avec les choses
ou même des choses entre elles. Il est la formule
primitive et constante du raisonnement et peut-
être de la raison elle-même. Les idées de bien,
de beau, de juste, que les platoniciens appelaient
archétypes, les idées et les rapports d'idées que
Kant considérait comme les lois de la raison, les
notions pures de M. Cousin, enfin toute la série
des oppositions qu'on désigne sous le nom d'antinomies, sont des faits de langage aussi bien que
d'intelligence. Aussi discute-t-on encore pour
savoir s'ils sont le résultat d'un enseignement
traditionnel ou la manifestation d'une propriété
essentielle de notre nature spirituelle.

Le langage a varié dans ce que l'on peut appeler les signes extérieurs. Les syntaxes diffèrent
entre certaines limites ; elles sont susceptibles de
certains perfectionnements ; mais la virtualité fondamentale dont je viens de parler est toujours
restée la même. Les mots ou vocables devaient
surtout se multiplier. Par cette raison que nulle
connaissance ne peut se conserver ni se transmettre
parmi nous si elle n'est ainsi exprimée, leur nombre devait nécessairement croître autant que les
expériences et le savoir des hommes.

4. Il est cependant une connaissance implicite-

ment contenue, comme tant d'autres, dans le langage, et dont le développement complet a été certainement de même date' : c'est la morale. En effet il paraît aussi impossible qu'une société existe sans morale que sans langage. Si petite qu'elle soit, fût-elle composée d'une seule famille, elle ne pourrait ni durer, ni prospérer sans un règlement de cet ordre. Or, dans le langage, la partie morale n'existe qu'à l'état abstrait, à l'état de simples catégories. Le bien, le juste, le commandement, l'obéissance peuvent être entendus de diverses manières. Pour constituer des règles pratiques, il faut que ces notions deviennent des préceptes pratiques définis, des formules obligatoires. C'est d'une évidente nécessité. L'histoire même nous montre que certaines de ces définitions, certaines de ces formules ne se ressemblent pas toujours, et, bien plus, se succèdent et se remplacent.

Il y a en effet dans la morale deux espèces de préceptes : les uns susceptibles de variations, les autres qui restent constamment les mêmes. Les premiers se rapportent à la marche progressive de l'humanité ; ils sont relatifs à l'œuvre qu'elle accomplit dans une période donnée ; ils changent avec l'œuvre elle-même. Les autres sont constants, invariables, éternels en quelque sorte ; ils se retrouvent toujours identiques. Ces derniers sont de même date que le langage et la société elle-même. On devine sans peine par une simple induction du connu à l'inconnu quelle était cette doctrine primitive. En tête Dieu ou la loi ; comme corollaire, une formule positive des devoirs, puis la responsabilité de chacun, et enfin, comme vertu suprême, le dévouement ou le sacrifice de ses instincts, de ses passions, de ses appétits et même de sa vie au bien de tous. La Bible et tous les monuments des premiers âges nous apprennent en effet que ces principes étaient ceux des premières sociétés, comme ils ont été ceux des sociétés postérieures. La Bible nous apprend en outre quelle fut la morale particulière des sociétés primitives [1].

Je n'oublie pas que dans le dernier siècle on a mis en doute cette tradition ainsi que beaucoup d'autres. Aujourd'hui que l'on connaît mieux l'histoire primitive on est moins absolu ; la Bible est considérée par les savants comme le témoignage le plus complet que nous possédions sur cette époque. Néanmoins le préjugé reste chez beaucoup de personnes. On ne peut pas ici, comme en physique, préparer une expérience et la refaire autant de fois qu'on le demande; mais à défaut d'expérimentation, nous avons l'obser-

1. Voyez *Genèse*, chap. ix.

vation de tous les jours. Nous voyons, même dans nos sociétés politiques perfectionnées, que toute famille se dissout dès que certains devoirs n'y sont plus observés. Ce qui est nécessaire aujourd'hui l'était bien plus lorsque la famille contenait en elle tout l'avenir de l'humanité et n'avait cependant d'autre appui qu'elle-même. Nous verrons plus tard, quelque étrange que cela paraisse, que l'institution morale précède toujours la formation des sociétés politiques.

5. Les idées de loi, de devoir, de dévouement se sont-elles manifestées dans les hommes au contact de leurs semblables comme se manifestent les affinités d'un corps chimique au contact d'un autre? Je le veux bien, quoique cela paraisse difficile à admettre ; mais, quelle que soit l'explication adoptée, il n'en est pas moins vrai que la morale, le langage, l'état social sont des faits contemporains, de même date, si nécessaires les uns aux autres qu'on n'en conçoit pas isolément la possibilité. Peut-être même est-ce uniquement sous forme de morale que le langage a été donné à l'homme.

La loi des relations ou la morale n'est pas seulement la première de nos connaissances par la date, mais encore la première en importance, puisque, sans elle, la vie sociale serait impossible. Elle a les propriétés d'une science. Que l'on con-

sidère la science comme une méthode ou comme
un moyen de prévoir, la morale est aussi une méthode de prévoyance dans certaines limites, dans
toutes les questions qu'elle embrasse. Elle fut la
première science des hommes et pendant longtemps la seule. Elle leur servit de guide dans ce
monde inconnu, immense, redoutable qui les op-
primait de toutes parts. Elle fut alors leur appui,
leur sécurité, leur espérance. Par elle les sociétés
humaines ont été conduites au point de prospérité où elles sont parvenues : car toute société qui
l'a mise en oubli, a disparu. L'histoire fait foi à
cet égard. Enfin, par cela seul qu'elle a été la con-
servatrice de la société, elle est jusqu'à un certain
point la mère des sciences puisque les sciences
elles-mêmes sont un fruit de l'état social.

6. Quand on réfléchit que hors de l'état social
toute expérience et tout raisonnement resteraient
individuels et mourraient avec leur auteur, on
comprend tout de suite que sans la société il n'y
aurait jamais eu de sciences. En effet, c'est grâce
à cet état que l'expérience d'un individu et d'une
génération se communique aux autres, que la
puissance intellectuelle d'un homme profite à
tous, que chaque découverte devient une propriété commune, que la mémoire des choses enfin
peut se conserver indéfiniment. C'est, en un mot,
de la continuité et du mélange intime établi entre

les générations, que résulte cette unité intellectuelle, dont nous faisons partie, qui est assez forte
pour ne rien perdre, assez active pour suffire simultanément à toute espèce d'œuvres et dont le
travail ne s'arrête que par sa propre faute ou par
sa propre volonté. Nous pouvons donc affirmer avec
certitude que les sciences sont, comme œuvres
et comme richesses, des choses éminemment
sociales. C'est la société qui les engendre et c'est
pour elle qu'elle les produit ou les conserve. Elles
n'arrivent à l'individu qu'à travers la société.
Leur caractère répond d'ailleurs à la nature de
l'ouvrier. La science en effet n'est pas autre chose
que la mémoire de toutes les expériences faites,
résumée par des théories, et convertie en méthode d'investigation et de prévoyance.

Si maintenant nous tenons compte de la finalité, nous trouverons que la science sociale devait
précéder toutes les autres. Je sais qu'aujourd'hui,
bien qu'il soit reconnu que la finalité est démontrée dans une multitude de phénomènes naturels,
on ne l'admet cependant dans aucun cas comme
point de départ rationnel, non parce qu'on ne
saurait en tirer des conclusions légitimes, mais
parce qu'elle ouvre carrière à des inductions dont
il est trop facile d'abuser. Il n'en est plus ainsi
lorsqu'il s'agit des produits des activités humaines.
Il y a entre leurs divers éléments des rapports lo-

giques nécessaires qui constituent la finalité de
chacun d'eux. Ainsi la société, qui est la cause, a
dû précéder les sciences qui sont l'effet. De même
la société a dû être le premier objet de l'attention scientifique ; elle a été, pour l'homme, le
lieu obligé de ses expériences premières et les plus
positives, la matière constante de ses raisonnements, le sujet de ses premières théories. Il serait
absurde de supposer que la chose la plus nécessaire
à l'homme ait été celle dont il se soit occupé le
moins et après les autres. En outre, l'état social
commandait une prévoyance plus étendue que celle
qui est nécessaire à un individu isolé. Un individu peut vivre au jour le jour ; cela est impossible à une société. Il lui faut une prévoyance
égale à sa puissance. Or le besoin de prévoir a été
la source de toutes les coordinations où les
sciences ont pris naissance. En d'autres termes,
la prévoyance sociale a commandé tous les autres
genres de prévoyance.

Il existe même des faits qui prouvent que les
choses se passent ainsi; on a cru remarquer par
exemple que les grandes révolutions libérales des
temps modernes ont été, chaque fois, accompa-
gnées d'un mouvement scientifique considérable.
On cite particulièrement les révolutions anglaise
et française. On peut dire, il est vrai, que ces
phénomènes doivent être attribués à l'excitation

des esprits produite par le mouvement politique
plutôt qu'au mouvement politique lui-même. Je
ne crois pas bien utile de discuter cette question ;
mais il est d'autres exemples où l'influence dont
il s'agit est incontestable.

Il paraît difficile de nier que les tendances matérialistes qui ont si puissamment régné dans les
sciences physiques et qui s'effacent à peine aujourd'hui, n'y aient été introduites par l'esprit
critique et irréligieux du dix-huitième siècle qui
cependant n'était au fond et très-sciemment que
le préparateur d'une révolution. Mais il est une
preuve plus positive encore et toute récente de
l'influence directe que la science sociale exerce
sur les sciences même qui en paraissent les plus
éloignées. Elle est dans l'histoire de l'idée de
Progrès. Cette notion du progrès a été d'abord
uniquement relative à la destination de l'espèce
humaine. Elle est née du sentiment de cette destination, du sentiment des tendances sociales, enfin
de l'étude de l'histoire [1]. A peine produite, elle a
été appliquée aux sciences naturelles ; elle en a
changé les méthodes et les classifications ; elle
règne souverainement en embryogénie, en paléontologie, en anatomie comparée, et elle est

1. Voyez *Introduction à la science de l'histoire*, 2e édit.
t. I, p. 82, et suiv. t. II, p. 512.

loin encore d'avoir opéré toutes les transformations qu'elle semble destinée à produire. C'est
une mine d'idées nouvelles et de découvertes qui
n'est encore exploitée que partiellement.

7. Je dois, en terminant ce chapitre, exposer
une conclusion importante qui a constamment été
celle du bon sens public et qui probablement le
sera toujours.

Puisque la science est un produit social, puisqu'elle est faite par l'humanité et pour l'humanité,
il n'est pas admissible qu'elle puisse jamais tourner contre cette société dont elle est fille, ni se
perfectionner à son détriment. Il peut arriver
qu'un homme ou plusieurs hommes s'isolent, oublient le but utile de la science et s'enferment
dans une conception spéciale, au point de prendre, non pas la science, mais un côté de la science
pour l'ensemble. On a reconnu depuis longtemps,
au point de vue de la seule méthode, qu'il n'y a
pas de faute plus grande que d'élever un fait particulier au rang d'un principe général. C'est cette
faute cependant qui se reproduit à chaque instant
et que commettent les hommes dont je parle. Par
exemple, quand Laplace disait : « Dieu est une
hypothèse dont nous n'avons pas besoin pour
expliquer le monde; » il oubliait la partie de ce
monde la plus importante pour nous et pour lui-
même, c'est-à-dire la nature vivante, l'homme et

la société. En définitive, il s'est trouvé que son explication était incomplète même au point de vue astronomique et que la base de son hypothèse générale était une erreur. Combien d'hommes ont fait et font tous les jours des raisonnements analogues en partant d'un fait plus étroit et avec moins de savoir! D'autres, au lieu d'un fait de l'ordre physique, prennent une considération de psychologie pure. Pour eux, il n'y a de vrai et de réel que l'idée. Alors, oubliant que l'individu n'est pas seul dans le monde, que tout y est rapport, ils construisent un univers imaginaire et tombent, comme Hegel, dans un panthéisme idéaliste. Il n'y a pas longtemps que nous avons vu l'utopiste Fourier emprunter à la physique le nom de l'attraction, en faire une réalité de l'ordre universel, l'étendre à l'ordre moral et partir de là pour construire une genèse imaginaire, une philosophie de l'histoire qui ne l'est pas moins, et tout un monde social. Les exemples de ce genre sont innombrables. Il n'y a pas une spécialité de la science qui n'ait fourni son contingent de fausses généralisations; nous avons des hypothèses générales tirées de la mécanique, de la physique, de la chimie; nous en avons qui ont été produites par la métaphysique; mais les exagérations du physicisme ou du matérialisme sont infiniment plus communes que les exagérations idéalistes. Or, quelle que soit la spécialité dont il s'agisse, il y a un signe certain, un moyen assuré pour reconnaître l'erreur; il peut être ainsi formulé : « Toute doctrine ou toute théorie, dont les conséquences même ultimes sont contradictoires à l'un des principes fondamentaux de l'état social, est une doctrine ou une théorie fausse. »

Je le répète, le bon sens public a toujours en définitive prononcé de cette manière. Ce n'est pas d'aujourd'hui en effet qu'on a commencé des essais pareils. De tous temps, il y a eu des tentatives de l'espèce de celles dont nous sommes témoins. De tous temps, il y a eu des savants ou des philosophes qui ont voulu élever au rang d'une formule universelle quelque formule particulière qu'ils avaient trouvée dans leur genre d'études. Chose remarquable; les anciennes théories ne diffèrent pas même grandement des nôtres! Elles sont, comme celles-ci, mécaniques, chimiques, métaphysiques, matérialistes ou panthéistes. Il suffit d'ouvrir un manuel de la philosophie ancienne pour en avoir la preuve. On attribue même à la vieille Égypte une théorie de la formation des êtres vivants qui ne diffère guère de celle de notre Lamark. Il n'y a rien de progressif dans ces tentatives. Ce sont toujours les mêmes systèmes d'explication. Ils ne diffèrent d'une époque à une autre que par les détails et les arguments que leur fournit et leur impose en même temps la science que possède la société du temps. Ainsi, dans ces entreprises, l'esprit humain ne sort pas d'un cercle de conceptions toujours pareilles qui ont le même succès transitoire dans des circonstances déterminées et qui se reproduisent sans cesse pour mourir sans laisser de fruit. Quant aux auteurs de ces idées, leur nom meurt avec elles, à moins que quelque mérite particulier ou quelque scandale étrange ne le sauve de l'oubli

Tel en effet doit être constamment le destin des idées antisociales. Autrement, il faudrait admettre que le bien pourrait un jour sortir du mensonge, la vérité de l'erreur. S'il était recevable en effet que la société pût être fondée sur des principes contraires à ceux qui l'ont conservée, sur des principes contraires, par exemple, à ce que nous appelons la morale, il faudrait en conclure qu'il n'y a point de vérité dans ce monde et que le mensonge ou l'erreur sont aussi productifs du bien que leurs contraires.

L'humanité a une loi de vie ainsi que tous les êtres de ce monde; son existence dépend de tout ce qui l'entoure et d'elle-même. Cette existence n'est pas tellement nécessaire à ce monde que celui-ci ne puisse se passer d'elle. La géologie nous en offre la preuve. Si donc l'humanité subsiste, si, bien plus, sa puissance s'est accrue, c'est qu'en masse elle n'a pas dévié de sa loi de vie. Nous savons d'ailleurs que tous les peuples qui l'ont abandonnée ont péri. Or cette loi de vie nous est représentée par les conditions même de l'existence sociale dont la première et la plus fondamentale est la morale.

CHAPITRE II.

8. Encore aujourd'hui, après vingt-deux siècles écoulés, la terminologie, les définitions, les formules de Platon et d'Aristote, mais surtout d'Aristote, forment la base du langage et de la science politique. C'est d'Aristote que nous avons reçu cette définition que le but ou la fin de la société politique est le bonheur individuel. C'est encore de lui cet axiome que l'homme est un être sociable, Πολιτικὸν Ζῶον, comme l'abeille qui en se mettant en société satisfait un instinct et un besoin, axiome adopté par Grotius et Puffendorf, et qui fut le point de départ des doctrines sur le droit naturel. Sans doute, les doctrines anciennes ont subi quelques modifications partielles. Ainsi nous

entendons par citoyens tous les membres d'une
société, tandis que les anciens ne donnaient ce
nom qu'à un petit nombre, c'est-à-dire aux membres d'une caste qui ne comprenait que la moindre
partie des habitants du pays, le reste se compo-
sant d'étrangers et d'esclaves. Ainsi encore on
varie sur la définition du bonheur, les uns le plaçant dans la vertu ou la modération comme Aristote, les autres dans la justice comme Platon,
d'autres dans la sécurité, d'autres dans la richesse, d'autres dans la liberté, d'autres dans la
puissance. On n'est pas non plus d'accord sur
l'origine assignée à la société. Le christianisme
a, sur ce sujet, une solution qui diffère de celle
d'Aristote ; mais quelles que soient les modifications ou les variations, on retrouve partout chez
les Pères de l'Église comme chez les écrivains modernes, la domination de la science grecque et le
plus souvent cette science elle-même.

9. C'est encore de Platon et d'Aristote que nous
avons reçu la pensée et le modèle d'un idéal de
gouvernement, d'un type absolu d'organisation
sociale qui ne devrait plus changer dès qu'il serait
établi. Il est vrai que ces deux philosophes ont
proposé des modèles fort différents. Il est vrai
encore que les écrivains postérieurs n'ont pas
moins varié sur ce sujet. Cependant l'exemple
donné par les Grecs est toujours suivi. Il est peu

de publicistes qui ne croient pouvoir trouver ou avoir trouvé ce type immobile du bien. C'est là sans doute une opinion qui dans certaines circonstances peut être fort innocente, et quelquefois même utile. Mais il en est tout autrement lorsqu'elle est adoptée par un gouvernement établi, notamment lorsque celui-ci a la prétention de représenter le type absolu du bien possible, dans les choses humaines. La situation alors devient pleine de périls; car il en résulte une immobilité systématique nuisible tant qu'elle dure, et une fin toujours malheureuse. Telle fut l'histoire d'un de nos derniers gouvernements en France. Il tomba pour n'avoir pas voulu un médiocre accroissement du corps électoral. Tout le monde sait que le mot juste milieu, si usité à cette époque, est la traduction d'une définition aristotélicienne.

10. Selon la science grecque, telle qu'elle nous a été transmise par Platon et Aristote, la question sociale tout entière réside dans la forme des gouvernements. Or ces auteurs admettent, et il est nécessaire de le rappeler ici, trois formes de gouvernement types : celui d'un seul, la monarchie; celui de plusieurs, l'aristocratie; celui de tous, la démocratie; — et trois formes correspondantes qui représentent les dégénérations ou les altérations de celles-là : la tyrannie, l'oligarchie et la démagogie. Toute révolution consiste dans le passage d'une forme à

une autre, et cette révolution a toujours pour
cause la dégénération d'une des formes typiques.
Ce sont les souffrances et les colères produites par
cette corruption qui poussent les citoyens à la révolte et au changement. Ainsi tout le mouvement
social consiste dans cette transition d'un état devenu mauvais à un état dont on espère mieux,
mais qui à son tour devra se corrompre. Lorsque le
cercle des expériences est terminé, on le reprend
là même d'où on était parti, c'est-à-dire qu'après
avoir passé de la monarchie à l'aristocratie et de
celle-ci à la démocratie, en traversant la tyrannie
et l'oligarchie, on revient à la monarchie pour
échapper à la démagogie. Ce mouvement circulaire est décrit par Platon et par Polybe. Il n'est
qu'indiqué par Aristote.

Cette théorie du mouvement circulaire dans les
événements humains était en conformité parfaite
avec la philosophie générale des anciens. En effet,
Platon et Aristote enseignaient que le monde où
nous vivons était éternel, mais sujet à de perpé-
tuels changements et par suite à des retours périodiques en toutes choses. L'école de Pythagore
n'était pas moins positive sur ce sujet. Elle enseignait que les sociétés, comme les individus,
avaient une vie bornée, qu'elles naissaient et
croissaient, avaient leur virilité, leur vieillesse,
leur décrépitude, et qu'enfin elles disparaissaient

de la scène du monde laissant la place à d'autres
dont les destinées étaient pareilles. Cette doctrine,
qui nous a été transmise par Ocellus Lucanus, a
été appliquée à l'histoire de Rome par Velleius
Paterculus.

Ainsi, il y avait, chez les anciens, une théorie
générale historique, ou, pour nous servir d'une
expression moderne, une philosophie de l'histoire
qui était parfaitement en rapport avec la doctrine
politique. L'une semblait la démonstration de
l'autre. Et cette théorie, dans sa plus haute géné-
ralité, peut être résumée en cette brève formule :
l'espèce humaine se meut dans un cercle de révolutions toujours semblables qui consistent dans
le passage d'une forme gouvernementale à une
autre.

Ces opinions sur la marche de l'histoire
furent laissées dans l'ombre ou ignorées pendant
une longue suite de siècles. Elles furent reprises
dans des temps plus modernes et sans grande modification par Machiavel d'abord et ensuite par
Vico. Elles étaient tellement oubliées que celui-ci
crut pouvoir donner à son livre le titre de science
nouvelle.

11. Dans l'antiquité, quand la doctrine que je
viens de rappeler fut formulée, rien ne devait paraître mieux démontré. On devait la considérer,
notamment en ce qui concernait la politique,

comme une théorie abstraite déduite des faits observés. Mais le terrain de l'observation, quoique
très-varié et semé d'accidents de toutes sortes était
fort restreint. Ce terrain, en effet, est l'histoire; or
l'histoire était alors fort peu étendue. Aussi, lorsque,
dans la suite des temps, de nouveaux faits sur-
girent, la théorie se trouva incomplète et le cadre
trop étroit. Il fallut d'abord expliquer la constitution de la république romaine. On y parvint sans
trop de difficultés. Cicéron et Polybe la considé-
rèrent comme une quatrième forme de gouvernement résultant de la combinaison des trois types
primordiaux que nous avons précédemment
nommés. Plus tard, en s'approchant des temps
modernes, les dissemblances devinrent plus frappantes.

Le système féodal, par exemple, était tout
à fait en dehors des prévisions de la science antique. Ce qui l'était plus encore, c'était le gouvernement général de l'Europe dans le moyen
âge, c'est-à-dire le fait des deux pouvoirs, spirituel et temporel, indépendants l'un de l'autre,
chacun dans leur position, et agissant simultanément au sein des mêmes nations. On essaya
néanmoins encore d'appliquer à cet état de
choses la terminologie et les définitions aristotéli-
ciennes. Il était cependant facile de voir que dans
des états sociaux qui reposaient sur des principes

nouveaux ou sur des nécessités inconnues à la science grecque, les types gouvernementaux des anciens ne se prêtaient qu'à l'explication des phénomènes secondaires. On a également essayé d'appliquer les définitions et les formules d'Aristote au système de gouvernement le dernier trouvé de tous, à celui dont on ne rencontre d'exemple nulle part avant les temps modernes, au gouvernement représentatif. Il est très-vrai qu'on peut trouver des gouvernements représentatifs plus ou moins monarchiques, plus ou moins aristocratiques, plus ou moins démocratiques, ou même analogues au quatrième gouvernement de Cicéron et de Polybe : mais dans ces cas évidemment les types des anciens ne représentent plus que des formes secondaires. Les Grecs n'avaient aucune notion de ce que nous entendons par représentation. C'est l'église chrétienne qui donna, la première, par ses conciles généraux, l'idée d'un pareil système.

Certes il ne serait au pouvoir de personne, et il n'est pas dans ma pensée d'éliminer de la langue politique une terminologie et des définitions qui ne sont que l'expression abstraite d'observations très-exactes; mais nous devons reconnaître qu'elles ne représentent pas toute la science et qu'elles ne devraient pas constituer tout l'enseignement. Beaucoup de faits nouveaux se sont produits depuis deux mille ans. Les anciens ne comprenaient pas une société sans esclaves ; ils ignoraient les droits de la femme et de l'enfant ; ils admettaient difficilement le travail libre ; ils ne connaissaient point le crédit, c'est-à-dire une force qui met toute espèce de gouvernement sous la dépendance de l'opinion publique ; ils comprenaient la cité ; mais ils savaient à peine ce qu'était une nation. Enfin, comme nous venons de le voir, ils n'avaient point d'exemple de ce que nous appelons représentation nationale. Aristote ni Platon n'en avaient pas l'idée.

Il s'en faut de beaucoup que j'aie énuméré toutes les choses inconnues des anciens qui ont été produites par la civilisation moderne. Je n'en ai cité que quelques-unes ; mais il me reste à faire remarquer qu'un grand nombre de ces nouveautés ont apparu sous toute espèce de formes gouvernementales et comme indépendamment de celles-ci, ici sous un pouvoir plus ou moins populaire, là sous une aristocratie, ailleurs sous un gouvernement absolu. En effet, elles ont apparu comme les conséquences d'une tendance ou d'une opinion publique qui poussait toujours au changement et aux améliorations et qui avait fini par envahir même les hommes qui étaient à la tête de la société. Or cette tendance de l'opinion qui va constamment à modifier les choses anciennes et à en produire de

nouvelles était complétement ignorée aussi bien
au temps de Platon et d'Aristote qu'au temps de
Polybe ou même de Cicéron. Ces savants ne comprenaient pas d'autre tendance que le désir du
bonheur individuel ou le sentiment du *suum
cuique*, et d'autres révolutions que celles qui naissent du mécontentement des citoyens. De là,
comme nous l'avons vu, leur théorie et leur
explication du mouvement circulaire des faits
sociaux.

Les considérations qui précèdent suffisent pour
prouver que la science grecque, toute respectable
qu'elle est pour avoir fondé les premières assises
de l'enseignement politique, n'est cependant applicable avec exactitude qu'à un temps très-court
et très-limité de l'histoire ancienne, et qu'en définitive elle est complétement insuffisante pour représenter les destinées sociales de l'espèce humaine.

CHAPITRE III.

12. Il est une loi nouvellement découverte, rationnellement et historiquement démontrée, qui, sous le double point de vue de la pratique et de la science, doit opérer dans la politique une révolution analogue à celle qu'ont produite en astronomie les découvertes de Képler et de Newton; c'est la loi du progrès, qui doit en effet séparer complétement l'enseignement moderne de l'enseignement des anciens, tout en comprenant celui-ci et en l'expliquant.

La loi du progrès est la négation de quelques-uns des principaux axiomes de la science antique et l'affirmation de principes qui y sont directement opposés. Ainsi elle nie que l'espèce humaine

soit à tout jamais condamnée à se mouvoir dans
un cercle d'événements sociaux toujours semblables; elle affirme au contraire que les sociétés sont
destinées à marcher en avant, sur la ligne droite
du bien, produisant incessamment des choses
meilleures que celles qui les précédaient. Avec
le progrès, il n'y a plus de gouvernement qu'on
puisse considérer comme le type immobile du
bien et qui surtout puisse se dire tel; le gouvernement n'existe point pour son propre bonheur
ou pour celui des hommes qui l'ont créé; il n'est
qu'un agent de l'œuvre d'avancement et d'amélioration dévolue à la société. Enfin chaque société
politique ne forme pas, entre sa naissance et sa
mort, un tout isolé; elle fait partie d'une chaîne
où tout se tient, d'une série où chaque société
non-seulement reçoit de celle qui la précède
plus que celle-ci n'avait reçu des sociétés antérieures, mais encore lègue à celle qui la suit plus
qu'il ne lui avait été donné à elle-même. Il y a eu
sans doute des accidents terribles, des civilisations réduites en poussière, des rétrogradations,
des dégénérescences; mais ces malheurs jusqu'à
ce jour n'ont été que partiels; ils sont moins à
craindre à mesure que la civilisation s'avance, se
fortifie et s'étend. Souvent d'ailleurs ce ne furent
que des interruptions apparentes; la tradition, les
habitudes, les croyances restaient entières; elles ont

suffi pour tout reconstruire et pour produire un nouvel élan vers le mieux, plus puissant, plus énergique, plus fécond que jamais. Il est arrivé ordinairement que les historiens et les annalistes n'ont vu que ruines et désastres dans des événements qui étaient seulement les signes ou les effets d'une transformation profonde ou du passage d'une civilisation à une autre.

Je n'ai pas à donner ici la définition du progrès[1]. Il suffit d'en affirmer la réalité. Il n'est pas seulement la loi des choses humaines dans la tendance vers le mieux ou le bien; le progrès est une loi de l'ordre universel : il a présidé à la formation de notre globe, à celle des séries d'êtres vivants qui l'ont successivement habité ou qui l'habitent aujourd'hui; il préside encore à la formation de chaque individu dans ces espèces vivantes. Nos classifications, nos nomenclatures en géologie, en paléontologie, en botanique, en zoologie, en anatomie comparée, en embryogénie ne sont que des corollaires de cette grande doctrine. L'homme

---

1. Voyez pour la preuve et la théorie du progrès, Turgot, *Discours en Sorbonne*, œuvres complètes, t. II, Paris, 1808 ; Condorcet, *Esquisse d'un tableau historique des progrès de l'esprit humain*; Kant, *Conservateur*, Paris, an VIII, t. II, p. 57; Henri Saint-Simon, *Œuvres*; mon *Introduction à la science de l'histoire*, où j'ai résumé les travaux précédents en y ajoutant autant que j'ai pu ; enfin mon *Traité de philosophie*, t. III.

est le dernier créé des êtres bruts et vivants de ce globe pour en être l'administrateur, disent les livres saints. A lui seul il constitue un règne, disent les naturalistes. En effet, tandis que les autres êtres animés sont organisés pour une fonction unique qu'ils accomplissent en aveugles sous la seule impulsion de l'instinct, l'homme a été fait intelligent et libre. Il a aussi des appétits, des passions et des instincts ; par là, il touche à la nature animale ; mais il a reçu en outre l'enseignement d'une loi morale, d'une loi de ses actions. Il est destiné à choisir constamment entre les sollicitations de sa nature animale et son intelligence qui lui montre la loi ; entre le mal ou les faiblesses que lui conseille son égoïsme, et le bien qui n'est autre chose que cette loi morale elle-même, source à la fois du devoir et du progrès.

13. On a dit que la vie sociale était le résultat du développement de nos facultés. Cette proposition est vraie seulement en ce sens que les facultés, qui nous font véritablement hommes ne peuvent se manifester que dans l'état d'association ; mais on a dit encore que le progrès n'était pas autre chose que la perfection de ces mêmes facultés individuelles ; or il n'y a pas d'assertion plus fausse sous quelque rapport qu'on la considère. Les Grecs étaient nos égaux en tout ce qui ne dépend que de la perfection des facultés individuelles, si

même en général ils ne nous dépassaient pas ; mais ils sont nos inférieurs de beaucoup précisément en tout ce qui dépend du progrès social. Il est impossible à un individu, quel qu'il soit, d'atteindre, par son unique puissance intellectuelle, à certaines conceptions, à certaines découvertes, à certains résultats que nous comptons parmi les conquêtes qui honorent le plus l'esprit humain. Les solutions scientifiques, par exemple, que nous possédons, sont le résultat de travaux accumulés et d'une longue suite d'efforts, c'est-à-dire, en définitive, une œuvre sociale. Cette masse d'observations, de raisonnements, d'hypothèses, de vérifications, d'analogies, de calculs, réunie sur un même problème, font du théoricien qui vient le dernier, non pas seulement un individu plus savant ou plus instruit, mais encore une intelligence et une capacité inventive dont la puissance est en quelque sorte proportionnelle à la somme des intelligences qui l'ont précédé dans la question. Comment en effet admettre, à titre de simple développement de nos facultés naturelles ou individuelles, une théorie telle que celle de Copernic ou de Newton, c'est-à-dire une théorie directement contradictoire à ce que nous montrent nos sens? Il a fallu, pour préparer de pareilles théories, des milliers d'observations et de calculs, des tentatives de toutes espèces, des doutes multipliés, et enfin une puissante hypothèse. Jamais intelligence individuelle, quelque grande qu'elle fût, n'aurait pu à elle seule atteindre un tel résultat. L'individu est perfectible; mais la société seule est progressive.

Voyons en effet, au point de vue de notre espèce, en quoi consiste le progrès dans son expression réelle et par quoi nous le reconnaissons. Nous trouvons d'abord, à chaque moment donné, l'héritage de tout ce qui a été produit dans les temps antérieurs de beau, de bien et d'utile en toutes choses; puis la conservation et l'augmentation de toutes ces richesses véritables : croyances, sentiments moraux, connaissances scientifiques, arts, industries, lois, habitudes, institutions; enfin une amélioration évidente de la condition humaine, et de plus des espérances, des aptitudes et des volontés en vue d'un avenir qui devra être encore meilleur. L'individu ne participe à ces richesses comme à ces espérances que dans la proportion de ses forces qui sont bornées. Son éducation est longue, sa vie est courte, sa capacité limitée, et ce qu'il produit lui-même périrait peut-être complétement, si la société n'était là pour tout recueillir. Quant à elle, elle ne perd rien de ce qu'elle ne veut pas oublier; elle ne se fatigue, ni ne s'affaiblit. Elle a la vie, l'activité, la mémoire d'un être toujours jeune qui semble ne pas devoir finir.

L'histoire, il est vrai, nous apprend que la vie

sociale de notre espèce est semée de ruines. Il n'y a pas eu, jusqu'à ce jour, de cité, de nation, ni d'empire d'une durée indéfinie. Mais l'histoire nous apprend aussi, que les révolutions, sous lesquelles on les a vus succomber ont été presque toujours les signes d'une profonde transformation sociale. Elle nous montre en effet que si une société vient à se dissoudre, c'est parce qu'une autre l'absorbe, prend sa place ou, en un mot, lui succède. Il n'y a pas d'exemple d'une nation qui ait disparu sans l'intervention d'un autre peuple qui, en définitive, a recueilli son héritage et ses membres. Et cette société, héritière de celle qui l'a précédée, lui est ordinairement supérieure non par les individus dont en masse elle est composée, mais parce qu'elle porte en elle la possibilité d'un avenir nouveau, plus fécond et plus grand. Voyez comment les Grecs se sont substitués aux Persans dans la domination de l'Asie, comment les Romains ont succédé aux Grecs, et ensuite pourquoi et comment les Français ont succédé aux Romains. La progression ne s'arrête pas; les interruptions, les retards sont plutôt des apparences que des réalités; la force qui nous pousse est si grande et toujours si instante que tout lui sert, soit comme préparation, soit comme moyen immédiat.

14. Du moment où il est prouvé que le pro-

grès est la loi d'activité de l'espèce humaine, du
moment où il est admis que cette destination de
notre espèce ne peut être accomplie que sous
forme d'association, on est obligé d'accepter les
conséquences suivantes. L'espèce humaine a, dans
l'ordre de ce monde, une finalité, un but, c'est-
à-dire un devoir à accomplir. Au point de vue de
ce but, elle forme une société dont toutes les parties sont solidaires ; elle est, dans toute l'énergie
du mot, l'humanité. Les sociétés politiques diverses, qui se forment dans son sein, sont
des agents de sa destination générale ; elles
sont, pour nous servir d'une expression scientifique, fonctions de l'ensemble. Ces sociétés ont
un devoir à accomplir non-seulement vis-à-vis
d'elles-mêmes, mais vis-à-vis de l'humanité tout
entière.

Telles sont les conséquences principales qui
sortent de la considération de la loi du progrès
dans les affaires humaines.

On demandera pourquoi, d'où vient et où va
le progrès? S'il s'agit du progrès universel, il n'est
à cette question qu'une réponse : c'est que nous
ne savons ni le commencement ni la fin d'aucune
chose. Pour résoudre une pareille question il faudrait posséder la science absolue et savoir pourquoi Dieu a créé le monde. S'il s'agit du progrès
humain, nous n'en connaissons pas certainement

la destination dernière ; mais à chaque époque nous en savons assez du moment où nous con- naissons le but que doit poursuivre la société dont nous faisons partie. Quant à la question de ce but lui-même, elle sera traitée dans le livre suivant.

CHAPITRE IV.

15. Les considérations qui précèdent suffisent
pour montrer à quel point la science sociale moderne doit différer, dans les tendances générales,
de celle des anciens. Résumons ces différences.

D'abord nous n'admettons plus que l'espèce
humaine soit, à tout jamais, condamnée à tourner
dans un cercle d'événements sociaux toujours
semblables; nous croyons au contraire que sa
destination est de s'avancer constamment dans
une voie droite vers le mieux, et nous donnons le
nom de mal à ce qui, momentanément, l'arrête ou
la détourne de sa voie. Les anciens fractionnaient
l'espèce humaine en autant de corps séparés qu'il y

avait de sociétés politiques; ils faisaient de chaque
État un tout isolé entre sa naissance et sa destruction ou sa mort; il y avait pour eux des natures
libres, des natures barbares et des natures esclaves; ils posaient, en un mot, en principe toutes
ces distinctions, toutes ces individualisations que
leurs élèves d'aujourd'hui désignent sous les noms
de types naturels, de races, ou d'espèces dans le
genre humain. Nous, au contraire, nous ensei-
gnons que l'espèce humaine est une, qu'elle forme
une société dont toutes les parties sont solidaires;
nous donnons à ce tout le nom d'humanité et
nous considérons les sociétés politiques comme des
fonctions de ce grand corps. Quant aux différences
que l'on remarque entre elles, nous n'y voyons que
les signes d'une position plus ou moins avancée dans
une progression que chacune doit parcourir tout
entière ou bien les effets du climat, c'est-à-dire
d'une cause dont l'action doit être amoindrie par
l'accroissement de la civilisation. Aristote affirme
que la fin de la société politique est le bonheur
ou plutôt le bien des citoyens : nous au contraire
nous affirmons que ce but est le devoir pour elle-
même et pour tous ses membres. Aristote dit que
la forme du gouvernement est tout dans une société politique : nous au contraire, nous croyons
que le gouvernement n'est qu'un moyen pour arriver à ce but qui est le devoir et en définitive le

progrès. Aristote enfin s'applique à prouver que la forme du gouvernement est l'expression de la valeur ou de la qualité des citoyens, d'où cet axiome, triste, faux, abominable, qu'en fait de gouvernement les hommes n'ont jamais que celui qu'ils méritent : nous au contraire nous affirmons que la société est l'éducatrice de ses membres.

16. Il est facile de voir à quelle conclusion conduit cette longue suite de comparaisons critiques ; c'est à une réformation de l'enseignement politique ; c'est à la pensée même qui m'a fait entreprendre cet ouvrage. L'utilité et l'opportunité d'un pareil travail me paraissent certaines. En effet, lorsqu'on voit le rôle attribué dès ce moment, dans les aspirations de l'opinion publique et dans les déterminations de certains gouvernements, à cette idée de progrès qui ne représente cependant encore dans la plupart des esprits qu'une formule mal définie, on ne peut douter de l'immense bienfait qu'apporterait un enseignement où toutes choses seraient étudiées, autant que possible, à ce point de vue. La résistance qu'éprouvent les propositions nouvelles, même les mieux justifiées, vient des convictions produites par l'enseignement actuel plus encore que des intérêts. Par exemple, aujourd'hui, pendant que quelques-uns acceptent l'idée du progrès, d'autres et particulièrement les juristes, ou ne paraissent pas se douter

de son existence, ou, si ce mot a frappé leurs
oreilles, ils n'y voient qu'une expression vague,
dépourvue de sens sérieux, une erreur de têtes
chaudes, rien de plus. Il faut donc donner à l'idée
nouvelle toute sa force; il faut qu'on soit obligé
de la comprendre, obligé de compter avec elle,
ou de la combattre sérieusement, si on ne veut
pas l'accepter. Rien de mieux, dans ce but, que
de montrer que cette conception s'harmonise parfaitement avec la politique réalisée, c'est-à-dire
avec l'histoire, tout en l'expliquant; qu'elle ne
contredit aucune des expériences acquises, mais
au contraire en fournit de plus la démonstration
théorique; qu'elle comprend toutes les conditions
d'existence sociale et en donne la raison, double
résultat qui jusqu'à ce jour ne s'est rencontré dans
aucune doctrine politique; qu'en indiquant partout la voie du mieux, elle donne aussi en même
temps la mesure du nécessaire et du possible; et
qu'enfin, au contraire de la théorie ancienne qui
n'admet pour les sociétés la possibilité du mieux
qu'en passant par le pire, elle montre le perfectionnement ou même les réformes comme une
conséquence de ce qui existe déjà. Or, il n'y a
moyen de faire une telle démonstration qu'en parcourant le champ entier de la politique.

CHAPITRE V.

17. La doctrine du progrès nous fait connaître la destination générale des sociétés humaines; elle nous indique quelle est la meilleure direction à suivre dans l'ensemble et le détail des actes sociaux; elle nous fournit même, comme nous le verrons plus tard, le principe premier qui gouverne toute l'organisation sociale; mais elle ne nous donne pas cette organisation, elle ne la contient pas, en un mot elle n'est pas la science politique. Elle la domine, mais elle ne la constitue pas.

L'état social a en effet des conditions d'existence qui lui sont propres. Il y a un ensemble d'institutions et de fonctions nécessaires sans lesquelles il ne peut ni se former, ni se conserver, ni

agir. On a souvent comparé la société à un être
vivant. En effet elle n'existe que par l'accomplissement d'un nombre déterminé de fonctions. Elle
a besoin d'un organisme dont toutes les parties
sont indispensables les unes aux autres et dont
par conséquent on ne peut rien ôter. Comme
exemples de ces fonctions et organes qui constituent l'état social, je citerai la famille, l'éducation,
le travail, le système judiciaire, le gouvernement.
Je donne à ces conditions d'existence le nom de
constantes sociales.

On peut, on doit même étudier ces constantes
sociales au point de vue abstrait. En effet, quoique
toujours fondamentalement les mêmes en ce
qu'elles répondent aux mêmes nécessités, elles
sont représentées de manières diverses selon les
temps, selon les lieux, ou selon les circonstances.
Leurs formes varient, la fonction restant im-
muable. On se tromperait donc grandement si l'on
prenait une société existante quelconque, ou une
période historique quelconque comme type pour
les étudier ou les systématiser. Je donne le nom
de science sociale, de science politique à l'exposition et à la connaissance des constantes envisagées d'une manière abstraite.

18. Toute science, toute théorie conclut à une
pratique. Il y a en effet une politique pratique;
mais entre la science, dont je viens de parler, et

la politique pratique, il existe une théorie intermédiaire, sans laquelle la pratique serait impossible.

En effet, quoique la science sociale aboutisse toujours à une application, et que ce soit là son utilité pratique, il s'en faut de beaucoup qu'elle nous donne tout ce qui constitue la politique. Ainsi elle nous enseignera quelles sont les institutions nécessaires à la constitution complète d'une société, quelle forme paraît la meilleure au point de vue abstrait ou même relativement à certains principes; mais elle ne nous fera connaître rien de plus, pas même les principes dont je viens de parler. Elle nous dira qu'il faut un gouvernement et même quelle paraît être la meilleure forme de gouvernement; elle nous dira qu'il faut un système d'éducation et un système judiciaire, et même quels sont les meilleurs systèmes dans telle ou telle situation donnée; mais elle ne nous apprendra pas quels principes le gouvernement doit suivre, ni quelle direction il doit imprimer aux affaires, quelles croyances l'éducation doit inspirer, quels droits et quels devoirs la justice doit garantir. Cependant c'est là ce qu'il faut pour produire une société vivante.

La pratique en politique consiste précisément à faire certains actes et à se servir des institutions dans l'intérêt de ces actes; or, chez les hommes, c'est l'idée qui précède et dirige l'acte. Il existe donc

toujours une certaine idée, une certaine doctrine,
une certaine croyance, une vue finale en un mot,
qui est destinée à présider à l'activité de toutes
les constantes et à les diriger. Cette vue finale,
cette doctrine précède la pratique, comme l'idée
précède l'acte. Elle en est indépendante ; car elle
peut rester longtemps impuissante et exister à
l'état de *desideratum* avant d'être prise comme
but de la politique.

Je donne à la partie de la science qui s'occupe
de cette vue finale appelée à diriger l'action des
constantes, le nom de théorie pratique, ou encore
celui d'art social ou constitutionnel. Elle diffère
de la science sociale non-seulement parce qu'elle
a un autre rôle, mais encore parce qu'elle n'en
dépend pas. Elle varie selon les temps, les sociétés, les pays, les civilisations. A chaque époque
historique elle est la conclusion des progrès opérés et ordinairement le principe des progrès futurs.
Elle devrait être toujours un élément de progrès
comme nous le verrons dans le cours de cet ouvrage.

Entre la science et la pratique proprement dite,
il y a donc une théorie intermédiaire dont la fonction est d'établir le passage de l'abstrait au con-
cret, de la science à la pratique. C'est pour ce motif
que je l'ai appelée théorie pratique. On peut aussi
lui donner les noms d'art social et de théorie

constitutionnelle, parce que c'est elle qui détermine l'usage que l'on fait de la science, par
exemple la préférence qu'on donne à telle ou telle
forme d'organisation des constantes. Ce n'est point
au reste une connaissance transitoire dont on
puisse se passer. Sous quelque gouvernement que
ce soit, il existe toujours une théorie de ce genre
avouée ou non, hautement proclamée ou soigneu-
sement cachée, qui dirige la politique pratique;
la théorie vraie donne de plus la raison des institutions réalisées, elle montre le niveau qu'elles ne
doivent pas perdre, enfin elle indique les modifications et les améliorations dont elles sont susceptibles.

19. Ainsi, selon le plan que je propose, l'enseignement de la politique se diviserait en trois
parties : d'abord, la science sociale qui s'occuperait seulement des constantes envisagées au point
de vue général ou abstrait; ensuite l'art social qui
établirait le passage de la science à la pratique,
et qui ne représenterait rien de moins que ce qu'on
appelle ordinairement la théorie ou la doctrine
constitutionnelle. Viendrait enfin la politique pratique, c'est-à-dire ce qui s'apprend par l'étude
des lois, des règlements, des mœurs, des circonstances présentes et surtout par l'usage. Grâces
à la confusion établie entre toutes ces parties, il y
a, dans les livres de politique presque autant de

préceptes relatifs à la pratique qu'à la science ou
à l'art ; cependant on peut citer comme exemples
de traités de politique particulièrement pratique,
le livre du *Prince* de Machiavel, celui de Delolme
sur la constitution d'Angleterre, *la grandeur et la
décadence des Romains* par Montesquieu, et presque toutes les œuvres polémiques de Benjamin
Constant.

Je viens de proposer un plan que je ne suivrai
pas ou du moins que je n'exécuterai qu'en partie.
Je voulais en effet, après avoir décrit, sous une
forme purement abstraite, l'ensemble des constantes sociales, c'est-à-dire la science, exposer
ensuite la théorie des transformations successives qu'elles devaient subir selon les civilisations,
c'est-à-dire la théorie pratique, et enfin donner
un projet d'organisation pour chaque constante,
conforme à la civilisation moderne et applicable
à un pays quelconque de l'Europe, par exemple
à la France. Mais ce plan était trop vaste. Le
temps, les conditions de la publication, les circonstances m'ont imposé des limites que je ne
puis dépasser. J'ai dû me résoudre à traiter seulement les deux premières parties, en empiétant
même quelquefois de l'une sur l'autre et sans me
borner au côté purement abstrait des questions,
comme j'aurais dû le faire si j'avais réalisé le plan
tout entier. J'ai cité des exemples ; j'ai exposé les

progrès accomplis ; j'en ai montré les conséquences; en un mot, je crois être entré dans assez
de détails et avoir donné des indications suffi-
santes pour qu'avec une certaine attention, le lecteur puisse achever ce que l'auteur est obligé de
laisser imparfait. Des quatre livres qui vont suivre, les trois premiers sont consacrés à l'exposition des constantes ou à la science, le dernier à
la théorie pratique.

LIVRE DEUXIÈME

DU PRINCIPE PREMIER

DE LA SCIENCE SOCIALE

CHAPITRE I.

DU BUT COMMUN D'ACTIVITÉ OU DE LA CONSTANTE SOCIALE GÉNÉRALE.

20. Les hommes sont en société lorsqu'ils ont un but commun d'activité auquel ils dévouent leurs pensées et leurs forces; ils y sont tant qu'ils possèdent cette communauté de but; ils cessent d'y être aussitôt qu'ils l'ont perdue. Aussi la meilleure définition de l'état social est celle-ci: c'est un système de rapports qui existe entre les hommes toutes les fois qu'ils s'unissent pour atteindre un but commun.

Le lecteur est prié de fixer toute son attention sur cette affirmation première. Elle est le principe générateur de cet ouvrage. J'insiste particulièrement sur le terme d'*activité* dont l'adjonction aux mots *but commun* complète le sens de la formule.

Qu'on me permette de rappeler ce que j'ai écrit à ce sujet dans l'*Européen* :

« Tous les juristes, tous les publicistes, sont d'accord sur la nécessité d'un but commun comme base fondamentale de l'état de société ; mais aucun d'eux n'a aperçu qu'il fût nécessaire que ce but fût en même temps un principe d'activité commune. Spéculant et écrivant dans l'ignorance de la loi du progrès, ces savants ne comprenaien , sous ce nom de but, rien de plus qu'une doctrine ou une science morale qui unit les hommes dans un même système d'intérêts temporels, dans un même système de droits et d'obligations. Selon cette manière de voir, le but commun ne pourrait être autre chose que la garantie des intérêts individuels ou du bien-être pour chacun, et jamais un dévouement à l'avenir, jamais un travail entrepris pour le bien-être des générations futures. Il n'en est plus ainsi lorsqu'on ajoute à l'idée de but, l'idée d'activité commune. On admet alors que la société est un corps qui se meut, non particulièrement pour les personnalités qui le composent et que les naissances et la mort changent chaque jour, mais dans son intérêt de corps et comme un être qui ne meurt point.

« La formule d'un but de cet ordre doit toujours contenir l'indication d'une grande transformation que la société est appelée à opérer, soit sur elle-même, soit dans le monde humain, soit sur le monde brut. Si cette formule, en effet, ne proposait pas un effort à soutenir, une tâche à remplir, elle ne serait le germe d'aucun mouvement d'ensemble; or rien ne vit dans ce monde s'il ne se meut, et il est d'expérience, en effet, que toute nation n'a vécu qu'autant qu'elle a agi en vue de quelque résultat à atteindre, et qu'elle est morte du jour où le résultat a été conquis[1]. »

Les considérations suivantes éclairciront ma pensée et en offriront la démonstration.

24. Il n'y a point de société possible sans but commun d'activité; cela est vrai de la plus petite comme de la plus grande société; de celle qui s'établit, par le mariage, entre un homme et une femme, dans le but de fonder une famille, de celle qui se forme entre particuliers pour exploiter une industrie, comme de celle à laquelle on donne le nom de société politique.

Dans un état politique, ceux-là seuls sont en société qui participent à la connaissance et à l'amour du but commun d'activité. Ainsi, à Athènes, tous les habitants de la ville n'étaient pas citoyens; à Sparte, il n'y avait qu'une petite

---

1. *Européen*, 1836, t. I, p. 133.

partie de la population qui fût de la cité ; de même, en Italie, tous les peuples, qui combattaient avec Rome, ne faisaient point partie de la république. A cet égard, les sociétés particulières ne diffèrent point des grandes. Dans la famille les serviteurs, dans les associations industrielles les employés sont, en général, comme des étrangers qui se bornent à obéir et dont le concours n'est assuré qu'autant que leur intérêt personnel est satisfait.

22. Il est, je pense, complétement inutile d'insister sur la différence qui existe en politique entre le sentiment d'un but commun et le sentiment d'un but personnel. Le premier commande toujours un certain sacrifice de la personne et quelquefois le sacrifice tout entier ; le second, jamais ; il ne vit, au contraire, il ne se nourrit que de l'intérêt individuel. Il peut arriver quelquefois, souvent même, que les deux sentiments soient momentanément d'accord ; mais c'est un accident ou un effet d'habileté gouvernementale qui n'altère en rien la différence fondamentale et l'hostilité habituelle qui existe entre ces deux sentiments. En général, dans un pays, la classe dangereuse se compose des gens qui n'ont en vue et ne veulent atteindre qu'une fin personnelle.

23. De ce qu'une action de même nature est opérée par plusieurs individus en même temps,

il n'en résulte pas qu'il y ait société entre ceux qui l'opèrent. Ainsi, dans une armée en déroute, ainsi dans une troupe d'animaux qui courent à la même proie, il y a identité d'actions, il y a identité de motifs; mais les actions et les motifs sont également individuels. Il y a similitude, mais non communauté.

Il y a communauté dans le but seulement, lorsque ce but est tel qu'il ne peut être atteint que par le concours discipliné de plusieurs. Alors, la forme des actions importe peu; il n'est pas nécessaire qu'elles soient identiques de la part de tous les agents de l'œuvre commune, pourvu qu'elles concluent à une fin identique. Il arrive même ordinairement que ces actions sont très-diverses, qu'elles ne se ressemblent que dans la tendance et ne se touchent ou ne s'identifient que dans le résultat terminal. La communauté dans le but est encore caractérisée par la nature du résultat ou des espérances. Les réalisations, qu'on obtient ou que l'on attend, sont de telle nature qu'elles sont évidemment à tous; elles peuvent avoir quelquefois le caractère des richesses que les économistes appellent immatérielles; mais elles restent toujours, quelles qu'elles soient, indivisibles, inconsommables, soustraites à la possession et à l'usage exclusif de personne en particulier, tant que la communauté n'est pas dissoute. Ainsi,

le but de la société entre époux est la famille;
or la famille est une chose commune qui n'offre
point un bonheur, ni une peine où l'un puisse
avoir part sans l'autre; elle se maintient par des
actions de formes diverses et conclut à un produit inconsommable Ainsi, dans l'association industrielle, le résultat s'obtient par la coordination
et non par l'identité des actions; la fin est une
œuvre dont la nature est telle qu'on ne peut arriver à la consommation du produit qu'en alié-
nant l'œuvre elle-même. De même, dans la société
politique, c'est à la fois par la division et la coordination du travail qu'on marche vers le but; et
la réalisation est toujours quelque chose de commun, quelque chose de si peu inhérent aux personnes que l'on en perd la plus grande partie si
l'on sort de la société.

24. La raison pour laquelle l'acceptation d'un
but commun d'activité s'est imposée avant tout
autre principe, comme la condition première de
l'état de société, résulte d'un fait complexe qui
tient essentiellement à la nature métaphysique de
notre espèce. L'homme est tellement constitué
qu'il ne peut agir que dans un but. Il n'y a point
d'action véritablement humaine, c'est-à-dire d'action raisonnable, qui ne soit entreprise dans un
but. Aussi est-il vrai de dire que toute chose humaine a un but. La société, qui est une chose

humaine, ne pouvait échapper à cette condition.
D'autre part, comme l'homme est un être libre et
que par suite, il ne peut, en quoi que ce soit,
unir son activité à celle de ses semblables que par
un acte préalable de sa volonté, la communauté
de but est nécessaire aussi bien pour réunir les
volontés que pour rendre cette union obligatoire.
Ainsi lorsqu'on cherche pourquoi la société repose
sur le principe dont nous nous occupons, on
trouve qu'il est le seul propre à remplir une telle
fonction au sein d'une espèce d'êtres constitués
comme nous.

L'homme, considéré individuellement, n'a lui-
même de valeur que par le but qui l'anime. L'individu, supposé sans but, n'a guère au-dessus de
la bête que la possibilité d'en acquérir un. Celui
qui ne propose point une fin à sa vie, n'a ni ordre,
ni raison, ni suite dans ses actes. Il n'est capable
de rien d'utile soit aux autres, soit à lui-même.
On ne voit pas même pourquoi il agirait, sauf
quand la faim ou quelque autre appétit inférieur
le pousse. Cet homme, s'il pouvait jamais exister,
ne serait guère capable que de ce qu'on appelle le
mal dans l'état de société. C'est, je le répète, parce que l'acceptation d'un but est nécessaire à
l'homme à tous les instants et dans tous les modes
de sa vie, que le principe de la société a été basé
sur cette nécessité. Il était convenable que ce qui

est le plus utile et le plus indispensable à l'homme,
la société, prît origine dans ce qui est le plus essentiel à sa vie morale et libre, c'est-à-dire dans la
nécessité du but.

25. C'est la nécessité d'un but commun d'activité qui fait de la société une puissance obligatoirement progressive.

On ne peut pas séparer la notion de progrès de
celle de but. Il y a corrélation entre l'une et l'autre.
La possession d'un but est la condition première
et *sine qua non* du progrès. En effet pour faire
des actes de progression, il ne suffit pas de se mouvoir, de marcher, de faire effort ; il faut plus : il
faut se diriger vers un point fixe et déterminé.
Mais de quelque point que l'on parte, du moment
où l'on marche vers un point fixe de ce genre, on
fait quelque chose qui ressemble à une progression.
Si on ne voit le but, on ne sait ni le point où il faut
se diriger, ni l'espace à parcourir, ni les obstacles à
vaincre ; c'est cette vue qui nous montre la route à
suivre, qui mesure la progression et enfin en marque le terme. Le rapport entre les deux notions
est si évident que l'on peut s'étonner que l'une
étant connue, l'autre ne l'ait pas été tout de suite.

À moins de renoncer à notre qualité d'hommes,
à moins de renoncer à la vie sociale, nous ne
sommes point maîtres de nous soustraire à la nécessité d'un but.

Chacun de nous, homme ou nation, est placé entre un passé qui ne reviendra plus et un avenir auquel il faut concourir. Le passé a fait la place, préparé le terrain, et, en léguant une œuvre achevée, il présente une œuvre à faire. Fortune, gloire, bonheur, tout dépend de bien comprendre la destinée qui nous est offerte, de bien remplir la fonction qui est à notre choix. Il n'y a qu'une direction qui soit féconde ; c'est à nous à la reconnaître ! Si, par ignorance, nous nous trompons, si, par lâcheté ou par paresse, nous hésitons , quelque autre, plus hardi et mieux avisé, s'en emparera et accomplira l'œuvre.

Lorsqu'on regarde l'histoire de haut, on voit que nous sommes tous, hommes ou nations, ouvriers solidaires d'une grande tâche, travaillant à construire un édifice social dont le plan, donné dès les premiers jours, a été, de loin en loin, rappelé à notre mémoire par quelques architectes. On voit la construction s'élargir et s'élever, de siècle en siècle, au point que déjà, d'après ce qui est achevé, nous pouvons en deviner le sommet. Chaque génération est appelée à en poser une assise, laissant à celle qui lui succédera à en placer une autre par-dessus. Il ne sert de rien de remuer des matériaux ; on ne fait œuvre utile, on ne mérite, on ne reçoit un nom, que si on porte son activité sur la place même qui a été préparée par ceux qui ont travaillé avant nous et suivant le plan établi.

Or, cet édifice à construire, c'est la succession des efforts nécessaires pour atteindre le but final de l'humanité. Cet accroissement, de siècle en siècle, c'est le progrès ; ces assises que chaque génération est appelée à poser, c'est la portion de l'idée ou du but qu'il est en sa puissance de réaliser. Dans cette œuvre, une nation succède à une nation, comme par suite de la division du travail, un ouvrier succède à un ouvrier [1].

26. D'autres auteurs, avant moi, ont parlé du but ou de la finalité à propos de la société politique, mais aucun d'eux ne les a envisagés comme on le fait ici. Ils ne les ont considérés ni comme conditions nécessaires de l'état social, ni comme principes de l'unité de mouvement de la société, ni comme principes de progression ; mais plutôt comme des conséquences de la vie commune. Leur formule est telle qu'elle emporte une idée complétement opposée à celle qui est exprimée dans ce livre.

Aristote paraît être le premier qui ait dit que la société politique a une fin, τέλος ; mais il ajoute tout de suite que cette fin est le bien vivre, εὖζην, c'est-à-dire le bonheur individuel [2]. Cette formule

---

1. *Européen*, 1831-1832, p. 113 et 114.
2. Aristote (éd. Casaubon), *Politique*, l. III, c. IX. — Il faut remarquer que le mot grec τέλος et le mot latin *finis* ne

a été répetée par tout le monde. Aujourd'hui elle est vulgaire. Il est vrai que nous mettons habituellement le mot but à la place du mot fin.

Il est bien évident que cette formule n'a aucun rapport avec celle qui est inscrite au commencement de ce chapitre. En effet, dire que la société politique a une fin ou plutôt une perfection qui est le bonheur individuel, ce n'est nullement la même chose que dire qu'il n'y a point de société possible entre les hommes sans un but commun d'activité auquel ils dévouent leurs pensées et leurs forces. Il y a disparité complète. Les expressions diffèrent et le sens encore plus.

Dans un traité de philosophie écrit par Tournely vers le milieu du dix-huitième siècle, j'ai trouvé une définition qui, au premier coup d'œil, semble se rapprocher de celle que j'ai présentée. « La société, y est-il dit, est une réunion de plusieurs

sont pas de parfaits synonymes du mot *but*. En les traduisant ainsi que nous en avons l'habitude, nous faisons peut-être un contre-sens. Les mots σχοπός et *meta*, qui désignent le point à atteindre dans une carrière à parcourir, sont plus en rapport avec l'idée que nous exprimons par but. On peut se demander pourquoi Aristote ne s'en est pas servi. Le mot τέλος veut plutôt dire perfection que but; de même le mot *finis* signifie plutôt achèvement, conclusion. Nous avons donné à ce mot une grande extension en en tirant le mot finalité.

hommes dont les forces sont associées pour atteindre une même fin; » mais bientôt on ajoute
que « la société civile est la réunion d'une multitude sous un même régime pour assurer leur sécurité et leur bonheur. » Cette seconde phrase et
plus encore les longs commentaires qui la suivent et que j'épargne au lecteur, prouvent que
l'auteur n'avait point, dans sa première définition,
l'intention que nous serions disposé à y chercher.
Il redevient tout de suite aristotélicien. Il a voulu
seulement faire une description plus exacte de la
chose. Le but ou la fin n'est point à ses yeux le
fait principal, le principe originel ; il est une conséquence et non une cause.

La définition nouvelle, exposée au commencement de ce chapitre et qui doit former la base de
cet ouvrage, ne vient ni d'Aristote, ni de la Re-
naissance, ni même du dix-huitième siècle. Elle a
été trouvée dans la philosophie de l'histoire et
dans l'étude des lois de la progression humaine.
La première nous montre en effet que la Grèce,
Rome, la France, l'Espagne, l'Angleterre, etc.,
ont servi la civilisation et ont été grandes et puissantes parmi les nations en raison même de leur
fidélité à un but auquel chaque génération a donné
sa part de travail et de sacrifices. L'étude des lois
de la progression humaine nous apprend que
c'est le but qui produit les tendances et la mé-

thode de la progression, que c'est lui qui engendre le progrès et en détermine la nature[1].

Je n'ai pas besoin de dire, en terminant ce chapitre, que dans cette dernière et courte discussion, j'ai voulu non pas démontrer l'originalité d'une idée qui est au fond fort simple, mais, surtout, empêcher le lecteur de faire confusion entre une formule usuelle qui occupe certainement sa mémoire, et une formule très-peu connue dont la suite de cet ouvrage montrera la fécondité.

[1]. Voyez mon *Introduction à la science de l'histoire* et quelques préfaces de l'*Histoire parlementaire*.

CHAPITRE II.

27. C'est le but commun d'activité qui préside
à la génération logique des principales constantes
sociales dont nous aurons à nous occuper successivement.

Un but d'activité commun étant posé comme
principe et fondement de la société politique, il
en résulte immédiatement deux conséquences :
c'est que la conservation de la société tient à la
conservation du principe; c'est que la société est
instituée pour le réaliser. De là des institutions
de *conservation* et des institutions de *progression*.
Indiquons les principales de ces institutions.

Sous le rapport de la conservation, il est nécessaire que la formule du but, ou en termes plus précis, la doctrine où il est contenu soit transmise d'âge en âge, de génération en génération, toujours pure, toujours complète, sans altération aucune. De là la nécessité d'institutions de conservation par voie de tradition et d'enseignement, c'est-à-dire d'institutions d'éducation. En outre, il faut que ce principe, qui par lui-même peut être plus ou moins bon, mais qui pour la société qui l'adopte est toujours ce qu'il y a de meilleur, soit mis à l'abri des hostilités et des violences provenant des principes contraires. De là l'institution des moyens de conservation par la force, c'est-à-dire, contre l'extérieur, par la voie des armes, et à l'intérieur, par la voie pénale ou judiciaire. Il faut enfin, pour que ce principe ne périsse pas, pour qu'il acquière au contraire la base la plus solide et la plus large, que les hommes, dont il est le lien, croissent en nombre, et en vigueur physique. De là, la nécessité d'institutions destinées à assurer la propagation de l'espèce, la sécurité, le bien-être et la santé des individus; c'est-à-dire le mariage, la propriété, l'hygiène et une justice protectrice.

Mais tous ces moyens ne suffiraient pas à maintenir longtemps l'état social, si les hommes qui le composent ne sentaient qu'ils sont ensemble, qu'ils sont solidaires, qu'ils font réellement corps, qu'ils

sont en un mot une organisation active et vivante.
Or, c'est le mouvement vers le but qui donne
ces sentiments de vie. Lorsque le mouvement
manque, la société n'est plus qu'un squelette que
le moindre accident peut disloquer.

Tout mouvement vers un but est une progression. Si le but est très-éloigné ou s'il embrasse
beaucoup d'objets, la progression se composera
d'un nombre très-grand de termes successifs par
lesquels il faudra passer pour atteindre la réalisation finale. Chacun de ces termes est lui-même un
but secondaire, une difficulté qu'il faut résoudre
avant de passer à celle qui vient après. Le travail
nécessaire à chaque solution peut exiger et exige
ordinairement des efforts multipliés, de nature
diverse, successifs ou simultanés, qui doivent être
coordonnés pour atteindre la résultante commune. Il faut donc un système de prévoyance
pour déterminer quels buts secondaires sont à
poursuivre immédiatement, quels efforts sont nécessaires, quelle division du travail est applicable.
Il faut une coordination et une direction, c'est-à-
dire un gouvernement. La fonction du gouvernement est essentiellement une fonction de progression. Il doit être dans la société politique ce que
le chef d'industrie est dans un atelier d'ouvriers. Il détermine le but, dirige et coordonne
le travail.

Ce n'est pas encore assez : il faut à tous ces hommes un lien moral qui les oblige. Souvent, le plus souvent, la difficulté est grande. Le travail est rude. On opère pour obtenir un bien dont on ne jouira pas; car on y épuisera ses forces et peut-être on y perdra la vie. La satisfaction résultant du mouvement même, la passion qui l'accompagne peuvent suffire quand il s'agit d'une action de courte durée; mais ces sentiments sont du nombre de ceux qui se fatiguent et s'épuisent avec le temps ou au moindre échec. Il faut donc plus; il faut le sentiment du devoir que l'éducation a dû transmettre, le sentiment du devoir qui donne la fermeté, la patience, la ténacité et le courage du sacrifice.

L'institution d'une doctrine du devoir dans une société est nécessaire par-dessus toute autre; sans elle, il y a insuffisance, imperfection et danger partout. A la doctrine du devoir, doit correspondre la réalité des droits. Le droit en effet est le moyen d'accomplir le devoir; il en est en même temps la récompense. Mais le devoir doit régner aussi bien sur les gouvernants que sur les gouvernés, aussi bien sur le corps social tout entier que sur le plus chétif de ses membres. C'est le devoir qui protége le droit de l'individu contre les abus du droit gouvernemental ou social lui-même. Or, quelle est la puissance qu'une grande

société politique, victorieuse de toute résistance
terrestre, peut reconnaître comme supérieure,
comme souveraine au-dessus d'elle? Il n'en est
qu'une seule : la puissance divine! devant qui,
doit-elle s'incliner; devant qui est-elle responsable? devant Dieu seul. Ainsi la religion intervient
comme couronnement nécessaire du système
social. Il n'existe pas en effet un but commun
d'activité politique, un peu étendu, qui n'ait
été, au moins à son début, revêtu de la sanction religieuse. Malheureux sont les hommes politiques qui ignorent cette vérité ou n'en comprennent pas la nécessité !

Cette énumération des conséquences principales
qui découlent de la considération d'un but commun d'activité nous explique, ce qui serait autrement inexplicable, pourquoi dans tous les temps
historiques, dans toutes les cités, tous les empires,
toutes les nations, les mêmes nécessités sociales se
sont toujours reproduites et pourquoi, sous certains rapports, la société a dû toujours résoudre
les mêmes problèmes. Sans la connaissance du
principe de génération logique que je viens d'é-
noncer, on ne comprendrait pas comment les
hommes dont la liberté de conception est à peu
près indéfinie et les variations d'opinion presque
innombrables, se seraient tous accordés sur un
même ensemble, dans la chose même où les doc-

trines diffèrent le plus, où les intérêts sont les plus
opposés et les passions les plus vives. La logique
a été, ici, la nécessité qui a contraint la liberté
des esprits; sauf dans le degré de perfection, elle
a fait que tout s'y ressemble.

CHAPITRE III.

28. La nationalité est le résultat de la communauté de croyances, de traditions, d'espérances, de devoirs, d'intérêts, de préjugés, de passions, de langage, et enfin d'habitudes morales, intellectuelles et même physiques, dont un but commun d'activité a été le point de départ et le centre dans une fraction déterminée et stable de l'espèce humaine, lorsque ce but a été poursuivi pendant une certaine suite de générations[1]. Je m'explique.

1. Lorsque je prononçai pour la première fois, il y a plus de trente ans, le mot *nationalité*, je crus l'inventer ; je crus faire un barbarisme. Je ne le trouvais ni dans le dictionnaire de l'Académie, ni dans celui de Trévoux. Heureusement, j'ignorais alors ou j'avais oublié que c'était un terme de

Le but se pose d'abord comme une croyance et un devoir ; on s'y dévoue par conviction. A peine quelques actions ont-elles été produites que la tradition commence, que les intérêts se fondent et que naissent toutes les passions qui sortent de la tradition et des intérêts. A peine quelques générations sont-elles écoulées, qu'il existe un système complet de devoirs, de droits et d'intérêts, une doctrine composée de toutes ces idées que l'imitation, l'exemple, l'histoire des ancêtres entretiennent parmi les hommes et qui forment comme l'atmosphère spirituelle où respirent et se nourrissent les intelligences. Enfin il se forme une logique spéciale qui s'applique à toutes choses, un patois qui ne tardera pas à devenir une langue, et des habitudes morales caractéristiques. A mesure que les temps se multiplient, il se produit quelque chose de plus remarquable encore. On s'aperçoit que le caractère physique de la population est changé. Elle a acquis non pas seulement des habitudes, mais des aptitudes particulières,

droit ; car je n'aurais pas osé m'en servir dans le sens où je l'employais. En effet, je lui donnai la signification nouvelle que je lui conserve ici, mais aujourd'hui avec pleine autorité ; car ce mot, dans son nouveau sens, a fait fortune, sans qu'on eût su d'où il venait et peut-être à cause de cela. Il veut dire non-seulement la nation, mais encore le quelque chose en vertu de quoi une nation subsiste même lorsqu'elle a perdu son autonomie.

un génie spécial et même un facies propre, suffisant pour la faire distinguer de tout autre peuple ; c'est une race nouvelle qui s'est formée [1]. Il semble que son but se soit incarné en elle. Tous ces caractères individuels et sociaux sont tellement positifs et si accentués, que lors même que la doctrine du but est oubliée, effacée ou perdue, la nationalité subsiste encore et qu'elle conserve jusqu'à un certain point son cachet spécial, tant qu'elle n'est pas modifiée par un nouveau but commun d'activité.

Ainsi une nationalité est une fraction de l'espèce humaine dont les membres ont entre eux toutes les ressemblances et toutes les sympathies possibles, indépendamment même du but commun qui les tient unis. C'est un corps vivant qui offre à la mort d'autant plus de résistance qu'il a plus vécu. C'est enfin un corps qui est encore vivant même lorsqu'il n'agit plus, mais qui tend toujours à se remettre à l'action.

En général, dans la politique pratique, on a tenu grandement compte de l'esprit national. Les conquérants et les législateurs savent, par expé

---

1. Pourcomprendre cette conséquence, il faut se souvenir qu'en histoire naturelle, on entend par *race* une *variété dans l'espèce*, transmissible par génération et qui est le résultat de l'influence exercée par les habitudes et le milieu où l'être existe et se perpétue.

rience, que les plus solides appuis comme les plus
redoutables résistances émanent de cet esprit. Au
contraire, les publicistes et les jurisconsultes, qui
se sont occupés théoriquement de la politique
depuis Aristote jusqu'à nos jours, ont uniformément négligé cette question. Ils n'ont recherché
ni pourquoi, ni comment les choses sont ainsi. Il
semble que la question n'ait pas existé pour eux.
Cependant le mot de Patrie (Πατρίς, *Patria*), avec
tous ses dérivés, est depuis longtemps en usage ;
cette expression est aussi vieille que celle de nationalité l'est peu. Mais, chez les anciens, il n'y a
que les historiens et les poëtes qui aient compris sous ce nom ce qu'il exprime réellement,
c'est-à-dire un centre d'affections et d'intérêts,
que les hommes chérissent à l'égal de leur
propre vie. Quant aux philosophes et aux savants il n'y ont vu qu'un sentiment, un préjugé populaire, ou un fait. Voilà ce qui explique
pourquoi des phénomènes aussi évidents que
le but commun d'activité et la nationalité,
n'ont point été notés et n'ont point reçu leur
théorie.

En résumé, car je ne puis trop insister sur ce
sujet, ce qui constitue essentiellement la nationalité, c'est le but commun d'activité. C'est par lui
que s'engendre, dans une masse d'hommes, divers par l'intelligence, par l'origine, et quelquefois

par le langage et les habitudes, l'unité de volonté,
l'unité de désirs, l'unité de tendances, l'unité d'action qui caractérisent une société véritable ; c'est
par lui qué ces hommes finissent par former comme
un seul corps qui est doué d'une même âme pour
comprendre, d'un même esprit pour agir; un
corps que tout concourt à conserver aussi bien les
revers que les succès, où tous, individus ou générations, comme les membres d'un même être, se
sentent solidaires dans le passé, le présent et l'a-
venir; et d'où sort enfin une continuité résistante,
énergique, incessamment active, incessamment
progressive qui ne s'arrête et ne peut s'arrêter que
par l'épuisement du but par lequel elle a été fondée. Le nom de cette nation est un titre d'honneur; chacun de ceux, qui le portent en a la
fierté. C'est une sorte de noblesse dont chaque
citoyen s'enorgueillit et dont il se sent comptable
vis-à-vis des autres peuples et à l'égard de
sa postérité. De là, le sentiment d'une solidarité passionnée dans la gloire aussi bien que
dans les revers; de là une conscience nationale
qui est le plus précieux des moyens politiques
pour le pouvoir qui sait la satisfaire, et le
plus redoutable tribunal pour le pouvoir qui la
dédaigne.

Nier que les choses soient ainsi, ce serait nier
un fait aussi clair que le jour. Y a-t-il, parmi la

noblesse, un nom de famille qui ait obligé davantage et inspiré plus de fierté que le nom Romain
ou le nom Français? Quel homme n'est fier du
nom de son pays, ne se sent engagé par lui et n'est
prêt à le défendre, lorsque ce pays a fait de grandes choses, lorsqu'il a un passé glorieux? Quel
homme n'est honteux lorsque son pays s'est
déshonoré par une faute? Quel homme ne se
sent malheureux et souffrant lorsque sa patrie
est humiliée et misérable, et ne voudrait tout
tenter pour la relever! C'est là ce qu'ont éprouvé
les Polonais. La Pologne ne comptait plus parmi
les nations de l'Europe. Elle n'était plus qu'un
nom, mais un nom illustre. C'est ce nom qui
a conservé la patrie dans la pensée de ses enfants. C'est à ce nom qu'une génération tout
entière se sacrifie en ce moment dans l'espérance d'en faire une réalité vivante comme leur
souvenir[1] !

Malheureux ceux dont l'éducation a été man-
quée à cet égard ou chez lesquels le scepticisme a
éteint ces nobles sentiments! Quelque habiles qu'ils
soient il leur manque le sens civique, le sens national, le sens le plus précieux en politique. Ils
sont sous ce rapport au-dessous du dernier de nos

---

1. Ces pages ont été écrites pendant la dernière insurrection polonaise. (*Note des éditeurs.*)

paysans. Il y a des choses qu'ils ne peuvent plus comprendre. Ils ressemblent à ces esclaves antiques qui savaient tout, qui étaient pourvus de toutes les habiletés, mais qui n'avaient pas ce que possédait le dernier des citoyens, le sens national.

CHAPITRE IV.

RÉPONSE A QUELQUES OBJECTIONS.

29. Je vais m'occuper des principales opinions qui ont cours sur l'origine et la nature de la société politique. Je les prendrai et les considérerai comme des objections à la doctrine qui est soutenue ici.

Certains auteurs disent que l'état social étant naturel à l'homme, il est, en politique, aussi inutile de rechercher comment on est entré en société que de s'enquérir de l'origine de l'homme lui-même. Cette observation ne serait pas complétement sans valeur pour écarter la question, si l'on n'avait pas vu des sociétés politiques se dissoudre et d'autres s'établir. Il y a un grand intérêt à connaître comment les sociétés se forment et comment elles se détruisent; car on apprend par là com-

6

ment elles se conservent ou se perfectionnent; et c'est en quoi réside toute la science politique.

D'autres attribuent l'origine de tout état politique à la force ou à la conquête. Ils en concluent qu'au début toute société se compose de vainqueurs qui sont maîtres et de vaincus qui sont sujets ou esclaves. En fait, il s'en faut de beaucoup que les choses se passent toujours ainsi : témoin le peuple de Moïse; témoin Rome et la France comme le prouvent les recherches modernes. Mais dans les cas même où l'histoire offre l'apparence ou la réalité d'un pareil commencement, la question n'est pas de savoir s'il y a eu conquête ou même quels ont été les motifs de la conquête, mais ce qu'étaient les conquérants et quels principes les avaient fait peuple avant de les faire conquérants. Quelquefois il y a plus à chercher encore; c'est par exemple, comme à l'occasion du facile établissement des dynasties tartares en Chine et dans le nord des Indes, pourquoi un conquérant est accepté par une population sans plus de difficulté qu'un chef indigène. Voilà ce dont les théoriciens dont il s'agit ne se sont point enquis. Quant à admettre qu'un homme, comme le tyran de Hobbes, ou comme un autre Hercule, puisse à lui seul, par sa force, réunir, soumettre et discipliner une masse d'hommes pour en user à son plaisir, c'est chose impossible. Le premier travail de ce tyran, dans

une pareille entreprise, serait obligatoirement de
former et de grouper des complices. Or, dès ce
moment il existerait entre lui et ses aides un but
commun, le plus détestable de tous, sans doute,
mais enfin un but commun. Je suppose cependant
qu'il résulte de leur action commune une société
politique quelconque. Elle se composera de deux
classes, celle des exploitants et celle des exploités,
qui sera inévitablement la plus nombreuse. Qu'ar
rivera-t-il alors? Il s'établira dans cette dernière
une harmonie parfaite de sentiments hostiles
contre ses maîtres. Les plus intelligents parmi les
mécontents trouveront un jour le mot de la situation, c'est-à-dire l'idée du but à atteindre, et de la
bientôt une insurrection. C'est ainsi, comme nous
le verrons plus tard, qu'Aristote explique le passage
de la tyrannie à l'aristocratie ou de l'aristocratie
à la démocratie. Mais, dans toutes ces utopies, je
ne vois qu'une chose, c'est que, du moment où
on admet un semblant quelconque de société, on
trouve un but commun; en sorte que, soit utopie, soit réalité, la logique nous montre la même
nécessité.

30. J'arrive maintenant à une doctrine où cette
nécessité est plus évidente encore s'il est possible;
j'arrive à la doctrine du Contrat social. Ici on suppose que les hommes se sont réunis et se sont régulièrement engagés à s'assurer réciproquement la

sécurité et la liberté. Il y a là deux hypothèses :
celle du contrat social même, qu'on reconnaît
avoir été conclu dans un but commun, et celle de
ce but qu'on suppose purement individuel. En ce
qui concerne le contrat même, l'histoire nous offre l'exemple de plusieurs sociétés politiques qui
ont commencé par quelque chose d'analogue ;
mais il s'en faut de beaucoup qu'on y trouve la simplicité idéale imaginée par Rousseau. Ce sont des
hommes habitués à la vie sociale, débris d'un empire écroulé ou rompant les liens d'une nationalité
dont ils ne veulent plus, réunis déjà en familles
ou en tribus, quelquefois formant des cités ou des
provinces, possédant des croyances, des habitudes
morales, des intérêts, une langue, qui se réunissent
par une fédération ou une alliance dans un but
commun à poursuivre. Tel fut le commencement
de Rome. Ce fut une fédération entre des familles
patriciennes de diverses origines et de diverses langues. Leur but commun fut l'extension de leur territoire par la guerre et la conquête ; les augures
leur promettaient l'empire du monde. Un fait analogue s'est certainement produit dans le commencement de la nation française : elle débuta par une
alliance entre les Saliens de Clovis et les cités gauloises d'entre la Somme et la Loire ; leur but commun fut la défense du catholicisme contre l'arianisme. Enfin, il en fut de même il y a moins d'un

siècle, de la création de l'union américaine : ce fut une fédération de provinces dans le but de former un État indépendant. Quant au but purement individuel assigné par Rousseau à la société, nous avons déjà démontré dans ce qui précède qu'un but pareil serait incompatible avec l'idée du progrès et avec toutes les conditions d'existence des sociétés. Dans tout le cours de cet ouvrage la même démonstration résultera de l'examen de chaque question particulière[1]. Je ne m'arrêterai donc pas en ce moment sur ce point.

34. Occupons-nous maintenant des systèmes qui ont cours sur la nationalité.

Quoique le mot de nationalité soit plus nouveau que la chose, c'est seulement depuis que le mot existe, c'est-à-dire depuis fort peu de temps qu'on s'est occupé de rechercher l'origine de la chose. Personne n'a pensé à fonder la nationalité sur la force, ni sur la conquête, ni sur le contrat. Au contraire on a fait de la nationalité elle-même un principe et un commencement. On en a fait le fondement des sociétés politiques. Or, si l'on se souvient de ce qui a été dit dans le chapitre précédent, il est facile de voir que cette théorie renverse la réalité des faits. Elle transforme l'effet en cause

_____

1. Voir notamment liv. I, ch. III, liv. II, ch. I, liv. III, ch. IV, VIII, liv. IV, 1re partie.

et *vice versa*. La nationalité, qui n'est que l'effet
d'une activité historique prolongée, devient la
cause même de cette activité, et la société politique qui est le point de départ de la nationalité en
devient l'effet. Je n'insisterai point sur la gravité
de cette erreur; mais comme elle vient uniquement des fausses définitions de la nationalité, je
me bornerai à faire voir que ces définitions ne sont
pas acceptables.

On a placé la nationalité dans la communauté
de langage; mais on ne s'est point enquis de l'o-
rigine de cette communauté de langage. Si on l'eût
fait, on eût vu que ce sont les nations qui font
leurs langues et non les langues qui font les nations. Comment autrement y aurait-il tant d'idiomes
et de patois différents tous sortis d'une même
souche? Rien n'est plus altérable qu'une langue,
tant qu'elle n'a pas produit des œuvres écrites
qui deviennent la base de l'éducation et qui la
fixent. Chez les Romains, la langue que parlaient
Cicéron et Virgile n'était pas certainement la
même que celle des décemvirs et encore bien
moins celle de Numa[1], des Tarquins et du premier
Brutus. Les *Gentes*, dont l'alliance fonda la ville
éternelle, étaient certainement d'origine diverse,

---

1. Voyez le chant des Frères arvales, cité dans l'histoire
romaine de Mommsen.

latine, sabine, étrusque. Elles devaient donc avoir
chacune leur patois et ne s'entendre qu'à l'aide de
quelque idiome intermédiaire. Chez nous lorsque
l'alliance gallo-franque s'est fondée à la fin du
quatrième siècle, combien de parlers différents ?
Ici le gaulois barbare ; là le celte ; ailleurs le franc ;
ailleurs le grec ; et enfin, sur le tout, la langue de
l'administration écroulée et de l'Église, le latin.
De tout cela, la nation française a fait la langue
qu'elle parle aujourd'hui. Il n'y a pas une langue
moderne qui ne soit pleine de mots et de locu-
tions empruntés à plusieurs sources. Non-seulement la communauté de langage ne forme pas la
nationalité ; elle ne constitue pas davantage la société politique, quoiqu'elle y aide grandement et
en soit l'inévitable résultat. A cet égard, les preuves
abondent. Dans la Grèce ancienne, il y avait plusieurs sociétés politiques différant de but, de passions, d'intérêts, s'attaquant les unes les autres
pour s'anéantir et cependant elles parlaient également grec. Dans le Latium, on a vu la même chose,
et cela à une époque où les idiomes étaient à peu
près les mêmes. Les Russes et les Polonais parlent
chacun un idiome slave ; mais, malgré le pansla-
visme, forment-ils une même nationalité ? Les
Anglais et les Américains sont-ils un même peuple ?
Laissez le temps aux Américains et ils se feront
aussi une langue nationale.

32. Les écrivains qui déjà expliquaient la diversité des civilisations ou des états sociaux par la diversité des races, ont naturellement conclu, en acceptant le mot nouveau de nationalité, que la nationalité et la race étaient une seule et même chose. Le fait existe en effet et il est des plus généraux; nous avons dit précédemment qu'une nationalité, qui a une certaine durée, engendre presque toujours une race, et nous ajoutons ici que, dans les cas où cela n'est pas arrivé, on doit et on peut trouver la raison de cette exception. Mais, expliquer, comme le font ces écrivains, la nationalité par la race, donner celle-ci pour principe à la première, c'est renverser la réalité; c'est, comme tout à l'heure, prendre l'effet pour la cause.

Cependant l'opinion que je combats se trouve partout, dans les livres, dans les journaux, dans l'enseignement officiel; ceux qui ne la partagent pas ne se donnent pas la peine de la combattre; ceux qui l'ont abandonnée n'ont point corrigé les livres où ils l'avaient mise en évidence. D'un autre côté, cette opinion contient une explication facile à comprendre; elle a un caractère de naturalisme qui en impose et une apparence d'indifférence philosophique qui plaît aujourd'hui. Toutes ces circonstances la rendent importante. Aussi, je me crois obligé de m'y arrêter plus longuement que sur les objections précédentes. Je vais exposer la

question complétement, quoique aussi brièvement
que possible.

Il y a eu, au commencement de ce siècle, une
école qui a voulu introduire le naturalisme dans
l'histoire, école qui prit tout d'un coup un certain
développement. Elle croyait, elle affirmait que la
race constituait parmi les hommes un type invariable et incommunicable. Elle attribuait à la race
tous les caractères que les naturalistes réunissent
sous le nom d'espèce. Il y avait suivant elle des
races supérieures destinées à commander ; il y
avait des races inférieures propres seulement à
obéir et enfin des races intermédiaires pourvues
d'aptitudes spéciales, dont les facultés ne dépassaient pas certaines limites. De cette doctrine qui
semblait faite en faveur de l'aristocratie, quoiqu'elle fût imaginée et propagée par des philosophes de la nature, de cette doctrine, dis-je, on
devait conclure que l'esclavage, le servage et toutes
les autres formes de l'exploitation de l'homme par
l'homme étaient choses parfaitement naturelles,
parfaitement justifiées, et, comme corollaire, que
les idées de liberté, d'égalité, de fraternité, que
l'égale répartition des droits et des devoirs publics,
en un mot toutes les aspirations de l'Europe moderne étaient fausses et absurdes. Cette conclusion,
à laquelle nos docteurs n'avaient pas pensé, fit
reculer tous les gens de cœur ; mais quelques-uns

persistèrent, et quelques autres n'osèrent ni se
dédire, ni revenir sur les doctrines qui leur avaient
fait une réputation. Ils furent d'ailleurs soutenus
par quelques naturalistes d'un rang, il est vrai, et
d'une science médiocre. Il faut ajouter, pour la
justification des uns et des autres, que beaucoup
d'hommes, quoique d'un grand talent, ne voient
que leur idée, et s'y aveuglent à tel point, qu'ils
n'aperçoivent plus rien hors d'elle, ni contradictions, ni négations, ni objections. Autrement,
sans doute, il ne se fût trouvé personne pour nier
d'un seul coup en faveur d'une simple hypothèse,
la loi morale et la société. Quoi qu'il en soit, il
s'établit des dissidences dans l'école. Quelques
uns soutenaient que les races se mêlaient entre
elles et que leur mélange produisait les modifications progressives de la civilisation ; d'autres prétendaient que ce mélange des races concluait à
l'abâtardissement de l'humanité. C'était déjà reconnaître que la race ne forme point comme l'espèce un type stable et incommunicable. Mais je
n'ai pas à m'occuper de ces dissentiments. Il me
suffira de démontrer l'erreur du point de départ
primitif pour renverser toutes les conséquences.
Cette école n'est aujourd'hui pure, intégrale, complète qu'en Amérique, où le besoin de justifier l'esclavage des noirs lui a donné autorité et faveur.
La doctrine des races y a même acquis des per-

fectionnements. On y soutient entre autres que les mariages entre mulâtres sont stériles. Je n'ai pas besoin de dire que cette assertion est fausse. Il y a des populations considérables toutes composées de sang-mêlés et qui subsistent depuis longtemps, au Mexique, à Saint-Domingue, au Brésil.

L'emploi du mot race dont je viens de parler, pour signifier un type invariable et incommunicable, prouve que ses fondateurs n'étaient point naturalistes. Dans le dix-huitième siècle, il y a eu chez nous une école qui concluait à peu près de même ; mais elle parlait mieux la langue de l'histoire naturelle. Elle disait qu'il y avait un genre humain composé de plusieurs espèces, la blanche, la noire, la jaune.

On sait, en effet, que dans les classifications d'histoire naturelle, c'est sous le nom de genre que l'on range les espèces qui se ressemblent. Plusieurs naturalistes, Buffon entre autres, considèrent le genre comme une pure création de notre esprit, comme un moyen de classification tout à fait artificiel, et n'admettent de réalité que dans l'espèce. Cette considération sur la valeur du genre n'est peut-être pas tout à fait exacte, mais ce qui l'est complétement et ce qui est aujourd'hui généralement admis, c'est la doctrine sur l'espèce.

Personne n'ignore que le genre est fondé sur une certaine ressemblance approximative, comme,

par exemple, celle qui existe entre le cheval et
l'âne, entre le chien et l'hyène. L'espèce est fondée sur une plus grande ressemblance encore.
Mais ici la ressemblance ne fournit plus de caractères suffisants. Une même espèce offre quelquefois des variétés ou des différences en apparence
presque égales à celles qui séparent certaines espèces d'un même genre. Par exemple, le cheval
baskir, le cheval flamand et le poney des îles Schet-
land paraissent différer presqu'autant entre eux
que l'âne du cheval ou plutôt que l'âne de l'hé-
mione. Ni l'étude des formes extérieures, ni l'anatomie même ne suffiraient, dans des cas pareils,
pour donner une certitude complète. Mais la nature
nous fournit elle-même un criterium infaillible,
c'est la génération; en d'autres termes, les individus
appartenant à la même espèce peuvent seuls
produire ensemble des petits susceptibles eux-
mêmes de reproduire leurs semblables indéfiniment. Ce fait qui est constaté par l'expérience a
été adopté par les naturalistes comme criterium et
forme aujourd'hui la loi reconnue pour la détermination des espèces.

L'espèce étant ainsi assurée et fixée, comme
type stable et incommunicable, on a pu en clas-
ser les variétés. On a reconnu des variétés individuelles et accidentelles tellement nombreuses,
comme on le sait, qu'il n'y a pas un individu qui

ressemble absolument à un autre. Mais ces variétés sont fugitives. On a reconnu en outre une autre
variété plus fondamentale, plus accentuée, qui se
transmet par génération d'une manière presque
stable et se continue de manière à caractériser une
fraction de l'espèce; cette variété s'appelle une race[1].

Les races sont produites par les différences des
milieux, des mœurs, des habitudes et enfin par les
mélanges des races entre elles. En général, elles
durent plus que les causes qui les ont produites.
Il y a des espèces où les races sont innombrables
et se multiplient chaque jour. Il en est d'autres où
des races se perdent pendant que d'autres se produisent. Ces phénomènes sont particulièrement
évidents dans les animaux pour lesquels la domesticité multiplie les milieux et les habitudes.

Je n'insisterai pas davantage. Ces observations
fixent d'une manière positive le sens du mot race
quand on l'applique aux hommes et montrent où
est l'erreur et en quoi elle consiste. Elles suffiront
pour faire comprendre comment un but commun
d'activité, en créant le milieu moral et agissant où
vit l'homme, engendre la nationalité et la race.

33. L'homme a le pouvoir de modifier son organisme dans certaines limites. Il le modifie par

---

1. Voyez Quatrefages, *De l'unité de l'espèce humaine;*
Hollard, *De l'homme et des races humaines,* etc.

ses pensées et par ses actions. Ces modifications
se transmettent aux enfants par voie de génération, également dans certaines limites. Par suite
il produit des enfants plus aptes que lui à faire
ce qu'il faisait. Mais, ce pouvoir, il le possède
pour le bien et pour le mal; il peut perfectionner
son organisme et il peut aussi le dégrader[1]. Et
quoi qu'il fasse, bien ou mal, la transmission par
génération a lieu. De là des variétés dont les unes
sont bonnes ou excellentes, les autres mauvaises,
dangereuses ou maladives. Quand la voie du mal,
ouverte par le père, est suivie par les enfants avec
une certaine continuité et un certain excès, la dégradation ou plutôt la dégénérescence devient de
plus en plus marquée et il arrive, après plusieurs générations, que cette race ne peut plus se reproduire,
soit parce qu'elle est devenue stérile, soit parce
qu'elle ne donne le jour qu'à des êtres chétifs qui
meurent en quelque sorte en naissant. Mais il arrive aussi quelquefois que cette variété mauvaise
s'arrête dans la voie de la dégradation, soit par
volonté, soit plutôt parce que les moyens d'aller
au delà lui manquent; alors elle se fixe et peut
se perpétuer. C'est ainsi qu'on peut expliquer la
formation de quelques races dégradées que les

---

1. Voyez le traité du docteur Morel sur les *dégénérescences
dans l'espèce humaine.*

voyageurs ont rencontrées sur divers points du globe.

Malheureusement la misère, qui est un mal social, agit sur nous à l'égal du vice; elle engendre parmi les hommes des variétés du même genre. Rien n'est plus démontré que ce phénomène. Il est très-probable que parmi ces races dégénérées signalées par les voyageurs, plusieurs se sont dégradées par cette cause.

La vie abondante et les bonnes mœurs produisent des effets inverses. Elles relèvent les familles qui commençaient à dégénérer. Rien de plus commun que de voir, sous cette bienfaisante influence, des parents chétifs élever des enfants mieux constitués qu'eux-mêmes, et ceux-ci avoir des successeurs plus vigoureux encore.

Le perfectionnement de l'organisme et son appropriation à certains habitudes ou plutôt à certaines tendances par une pratique suivie pendant plusieurs générations est un fait général. On voit des peuples, sortis certainement d'une même souche, différer par les aptitudes et les physionomies; mais ce fait n'a encore été le sujet d'aucun travail spécial. On a étudié seulement l'influence de la civilisation sur le développement du cerveau, cet organe central de l'activité humaine. L'abbé Frère a remarqué, le premier, que le crâne prenait un développement en rapport avec le degré de civi-

lisation, développement qui annonçait un accroissement de volume des hémisphères cérébraux.
M. Serres, dans une étude anatomique sur les
os du crâne, a donné à cette remarque la valeur
d'un fait démontré[1]. Cela ne veut pas dire que le
crâne d'un Français de nos jours diffère de celui
d'un Grec du temps de Périclès ou d'un Romain
du siècle d'Auguste; mais cela veut dire qu'il est
plus développé que celui d'un Gaulois, d'un Celte,
d'un Franc, d'un Grec ou d'un Romain primitif;
en un mot cela signifie que la vie sociale développe le cerveau. Mais, sur ce sujet, il reste
beaucoup d'autres études à faire. Ainsi certaines
circonstances de climat et d'alimentation préci-
pitent l'ossification de la boîte cranienne, dans
certaines races noires, par exemple; des circonstances inverses retardent, au contraire, cette
ossification. Dans le premier cas, le développement de l'encéphale est arrêté ou plutôt gêné;
dans le second, il est rendu facile; mais c'est là
un effet qui ne dépend point de la nature du but
d'activité. La science est loin d'être faite dans cet
ordre de questions. L'attention des anthropolo-
gistes jusqu'à présent s'est attachée plutôt à constater les différences qu'à reconnaître les causes.

---

1. Serres, *Bulletin de l'Académie des sciences*; Frère, *Philosophie de l'histoire*.

Il y a encore beaucoup à chercher et beaucoup à trouver.

34. En considérant l'influence de la vie politique sur l'organisme humain, on ne peut manquer de conclure que tous les hommes ne sont pas indifféremment propres à comprendre et à pratiquer, avec une intelligence égale, un but d'activité déterminé. En effet, il semble qu'il y ait une préparation sociale obligée et qu'il faille avoir passé par une civilisation inférieure pour devenir agent énergique d'une civilisation plus avancée. Quand les hommes sont arrivés à un certain état, ils consentent plus difficilement à s'élever qu'à descendre. C'est avec peine qu'un sauvage devient un homme civilisé; il y a même chez lui plus que de la répugnance, il y a inaptitude. Les missionnaires ont remarqué, qu'en général, un Annamite n'acquiert que vers l'âge de quarante ans et à la suite d'efforts persévérants, les connaissances que les Européens atteignent sans peine vers l'âge de vingt-cinq ans. On a vu des Nouveaux-Zélandais, élevés à Londres ou à la Nouvelle-Galles du Sud, qui à peine rentrés dans leur pays retournaient à la barbarie dont on avait essayé de les tirer.

Ce n'est pas à dire qu'un homme, pris dans une civilisation très-inférieure, ne pourra point accepter le principe ou la croyance d'une civili-

7

sation très-supérieure. L'âme est la même chez
tous les hommes; il n'y a que les facultés organiques qui soient inégalement développées. L'individu en question aura donc à vaincre, dans l'ordre
de l'intelligence aussi bien que dans celui de la
pratique, des difficultés que l'homme de race supérieure ne perçoit même pas. Il aura besoin d'être
conduit et discipliné là où l'autre sait se conduire
lui-même et ne s'aperçoit même pas qu'il y ait
place pour une discipline quelconque. Il lui faudra un effort là où l'autre agit de premier mouvement. C'est ce que les missionnaires jésuites ont
remarqué dans leurs réductions. Leurs disciples
étaient des enfants obéissants, incapables de se
diriger eux-mêmes dans la vie nouvelle qu'ils
avaient acceptée. Ils sont en effet presque tous
retombés dans la vie sauvage aussitôt que leurs
maîtres eurent été séparés d'eux.

CHAPITRE V.

35. La question posée dans ce chapitre doit se résoudre à la manière des problèmes historiques. Elle n'est pas en effet autre chose. La solution offre les difficultés et les certitudes des recherches de ce genre. Elle doit s'obtenir par l'étude et par l'interprétation raisonnée des faits.

En remontant, de l'époque où nous sommes, dans la suite des temps, il n'est pas difficile de reconnaître, quelle que soit la nation que l'on considère, que son histoire se divise en périodes, et que chaque période est principalement caractérisée par un système d'actions qui tendent vers un certain but. Aujourd'hui même il n'y a pas une nation qui ne manifeste, soit par ses aspira-

tions soit par ses actes, une certaine tendance
spéciale, c'est-à-dire un certain but idéal qui est
l'aliment de l'opinion et la préoccupation des
gouvernements. Ce qui existe aujourd'hui existait hier, et ce qui existait hier existait avant-
hier, et ainsi de suite en remontant. Mais si nous
plaçons sous ces mots, hier, avant-hier, une période un peu longue, nous trouvons que les buts
n'étaient pas les mêmes. Si, par exemple, aujourd'hui le but est l'établissement d'institutions
libérales, hier c'était l'établissement du protestantisme ou la conservation du catholicisme, avant-
hier la formation du tiers-état, et avant encore la
révolution des communes. Telle est la succession des
buts que présente l'histoire de l'Europe moderne.

Je donne le nom de buts partiels à ces buts
communs qui président ainsi à l'activité d'une
seule époque. Or la réalité de buts de ce genre
étant évidente et je pense incontestable, la question est de savoir d'où ils viennent? Naissent-ils
à posteriori les uns des autres, ou prennent-ils origine *à priori* dans la conscience d'un but plus général qui les contient tous?

On comprend en effet qu'il peut exister des
buts plus ou moins généraux, c'est-à-dire dont la
réalisation exige une suite plus ou moins étendue
d'efforts, de travaux et de temps. Un but très-
grand et très-vaste sera naturellement d'une fé-

condité extrême. Il ne pourra être atteint en effet
que par une série de réalisations multiples qui
seront chacune l'objet de buts partiels ou secondaires dont la vue ou l'espérance feront vivre la
société pendant de longues suites d'années. En un
mot la réalisation d'un but très-général, comme
la solution de tout problème complexe, ne s'obtient que par la solution d'une multitude de questions partielles ou de problèmes secondaires.
Quand il existe un but général, les buts partiels
en peuvent donc naître *à priori*, par voie de déduction logique. D'autre part, les phénomènes
pourront se passer aussi de la manière observée
par Aristote et Platon lorsqu'ils décrivent le cercle
des révolutions qui partant de la démocratie revient par la démagogie, le despotisme, la tyrannie, l'aristocratie, l'oligarchie, à cette même démocratie et ainsi de suite,— la société allant *a posteriori* d'une forme de gouvernement à la forme
contraire, pour échapper au mal présent et dans
l'espérance du mieux.

Ainsi la question que je posais dans l'alinéa
précédent est justifiée. Les buts peuvent naître
à posteriori les uns des autres, ou être déduits
à priori d'une formule ou d'un but très-général.
Maintenant faut-il admettre les deux origines, c'est-
à-dire des buts des deux sortes, ou n'en admettre qu'une seule? Voilà ce qui nous reste à chercher.

Si tous les buts s'engendraient *à posteriori* les uns des autres, la société courrait grand risque de tourner dans ce cercle de révolutions si bien décrit par Aristote. Mais il y a encore une autre position possible pour les sociétés dans l'hypothèse dont nous nous occupons en ce moment; c'est celle de certains empires d'Orient, de la Chine, par exemple, immobile dans le même système depuis des milliers d'années, où toutes les souffrances et toutes les révolutions n'aboutissent qu'à des changements de dynastie.

Certes, il est vrai qu'il y a des sociétés où les buts naissent ainsi les uns des autres et où tous les phénomènes sociaux tournent dans un cercle dont ils ne sortent pas. L'exemple que je viens de citer le prouve. La description d'Aristote n'est pas imaginaire. Malheureux sont ces peuples ; car le mouvement en avant ne peut leur venir que de l'extérieur. Mais il faut dire que ce sont là des accidents locaux qui n'affectent que des fractions de l'espèce humaine, et plus souvent encore des accidents passagers dont la durée n'est pas illimitée. Et ces buts *à posteriori*, quoique produisant de si minimes résultats, ont encore cette utilité très-grande qu'ils conservent la vie et l'espérance sociale.

Si, je le répète, tous les buts sociaux naissaient ainsi, les uns des autres, par négation de ce qui

est et par affirmation de la contradiction corres-
pondante, jamais le progrès n'eût été possible dans
le sein d'aucune société et à plus forte raison dans
l'humanité. L'histoire de tous les temps présenterait un spectacle parfaitement uniforme. Nous ne
différerions pas grandement des abeilles, des ter-
mites et des fourmis qui, depuis le commencement du monde, font et refont toujours la même
chose. Pour éclaircir complé ement cette question
je suis obligé de préciser davantage la nature du
progrès qui, ainsi que je l'ai constaté, forme la
loi générale de l'humanité.

36. Qu'est-ce que la progression humaine ?
c'est un mouvement actif et volontaire ou une
marche en ligne droite qui parcourt une série de
termes dont chacun sert de but à une période de
la vie sociale. Chacun de ces buts ou de ces
termes, exactement comme dans une progression
géométrique, contient ou suppose tous les termes
précédents, plus quelque chose. Seulement la
progression humaine diffère de la progression
mathématique en ce point, que dans la première,
la raison de la progression n'est pas pareille ni de
même valeur pour chaque terme; mais elle lui
ressemble en ce que la réalisation de chaque
terme ou de chaque but, est la préparation nécessaire à la formation du but ou du terme qui doit
suivre. En outre, la série mathématique peut être

considérée comme infinie; mais il n'en est pas
ainsi de la série des buts sociaux. Enfin, en mathématique, on peut prolonger une série ou en
déterminer les termes à venir, du moment où on
en connaît la raison. Dans la progression sociale, au contraire, comme la raison n'est pas la
même d'un terme à l'autre, quoiqu'on voie très-
bien le but immédiat, le but actuel, on ne peut
deviner le terme qui doit suivre que si l'on connaît, au moins à peu près, la raison de la
série totale[1].

Je n'ai pas besoin de dire qu'en me servant de
la comparaison précédente afin de faire comprendre, à l'aide d'une formule que tout le monde
connaît, une loi que peu de personnes ont étu-
diée, je n'ai point voulu établir une similitude,
mais une simple analogie. En effet entre autres
différences la raison des mathématiciens n'exprime jamais qu'une quantité toujours pareille,
tandis que dans la progression sociale elle doit
s'entendre d'une chose morale, qui offre du plus
et du moins, en difficulté et en étendue. Nous
verrons bientôt quelle est cette chose morale.
Nous en trouverons la claire énonciation dans les
faits historiques que je serai amené à citer; mais

1. Voyez mon *Introduction à la science de l'histoire*, t. I,
ou mon *Traité de philosophie*, t. III.

auparavant je dois montrer en quoi le mouvement progressif diffère du mouvement circulaire, et à tirer les conséquences qui résultent de cette différence.

Nous avons vu que le but *à posteriori* est toujours la négation de ce qui est, puis, en même temps, l'affirmation du système directement opposé, et par suite, le plus souvent la proposition d'une chose qui a été déjà. Le caractère du but progressif est exactement le contraire. En effet, de la définition de la progression il résulte que ce but n'est point nécessairement la négation de ce qui existe, ni surtout des buts antérieurs; loin de là, il conserve du passé tout ce qui a rapport avec la progression générale à laquelle lui-même appartient. Il est constitué enfin par l'affirmation de quelque chose de nouveau qui n'a pas encore existé et qui est entièrement à produire. Si le but *à posteriori* résulte de l'état social actuel, le but *à priori* au contraire, dérive de quelque idée générale qui est bien au delà de l'actualité. En définitive, la conclusion générale de ces différences, c'est que, tandis que le premier émane constamment d'une situation sociale existante, le second au contraire préexiste toujours, soit à la société, soit à la révolution sociale qui s'organise pour lui et par lui.

37. Quelque extraordinaire que puisse paraître

cette conclusion, il se trouve qu'elle est complétement conforme aux faits et facile à vérifier.

Je pourrais peut-être me borner à citer quelques faits généraux, puisés dans notre propre histoire, qui témoignent avec évidence de la vérité des principes que je viens d'établir. Je pourrais faire remarquer que l'idée de la révolution française existait comme but avant que la nation s'organisât pour l'accomplir; que l'idée de l'égalité devant Dieu existait avant que l'égalité devant les hommes fût établie, c'est-à-dire avant que le servage eût été aboli, la distinction des classes effacées, la parité des droits reconnus à tous les citoyens; que l'unité française était fondée moralement longtemps avant qu'elle eût reçu une organisation administrative, enfin, que tous les progrès accomplis par la France émanaient d'un même but et d'une même pensée : mais cette démonstration pourrait paraître insuffisante. Il faut donc aller plus loin et remonter jusqu'à l'origine de quelques sociétés politiques.

Lorsqu'on étudie le début politique des peuples de l'Europe actuelle, qui jouissent de leur autonomie et même de quelques-uns de ceux qui l'ont perdue, et que l'on cherche quand et comment ils sont devenus des nations nouvelles, on reconnaît que ce fut lorsqu'ils commencèrent à participer à l'œuvre de la civilisation moderne et qu'ils prirent leur motif et leur but dans le christianisme. La première entre toutes ces nations fut la France[1]. Après elle vinrent la nation espagnole et la nation portugaise, qui sont en quelque sorte ses enfants; l'empire germanique, qui lui succéda dans une certaine direction et pendant un temps; l'Angleterre, qui ne commença à manifester un but à l'extérieur, c'est-à-dire à participer à la vie européenne qu'à partir de Guillaume le Conquérant; la Pologne, Venise, etc. Partout est évident le fait de l'antériorité du motif ou de la raison d'où émane le but commun et par conséquent la préexistence de ce but lui-même. La plupart des historiens ont grandement négligé ces commencements. Leurs narrations sont toujours incomplètes et fort souvent inexactes; mais quelque nombreuses que soient les omissions ou, ce qui est pire, les infidélités, le fait est si considérable qu'il est resté visible. D'ailleurs les documents existent pour qui veut les consulter.

Si, quittant l'Europe, nous jetons les yeux sur l'Asie et même sur l'Afrique musulmane, nous trouverons que toutes les séparations, qui se sont

---

1. Voyez l'introduction à l'*Histoire parlementaire de la révolution française*, et, dans la *Bibliothèque utile* mon *Histoire de la formation de la nationalité française*, 2 vol. in-8°. — Voyez aussi l'abbé Dubos, *Établissement de la monarchie française*.

établies dans le vaste empire des Califes, émanent de scissions religieuses préexistantes ou les ont eues pour prétextes. Mais, ici, attendu la nature du gouvernement, attendu la réunion du pouvoir temporel et du pouvoir spirituel dans une même main, la division n'accuse. plus, comme en Europe, une spécialité de fonctions dans l'œuvre de civilisation, mais une simple différence de doctrine.

Dans l'histoire des sociétés antiques, je prendrai pour exemple le peuple juif et le peuple romain. Le motif qui soumit les Juifs à l'autorité et à la direction de Moïse, parait avoir été le ressentiment des souffrances qu'ils subissaient en Égypte. Y avait-il aussi les liens du sang, le souvenir d'un ancien état de liberté et la tradition religieuse de leur pères? Il importe peu; car il n'y avait là que les motifs d'un but *à posteriori*. Le seul *à priori* qu'ils possédassent était leur espérance et leur confiance dans Moïse et dans ses enseignements. Aussi ce n'est pas dans le peuple qu'il faut chercher le but qui présida à l'institution de la société politique; mais dans la pensée même de Moïse qui nous est révélée par ses lois. Sa législation réalise, comparativement à l'Égypte, une réforme radicale. Il proscrit l'adoration des divinités multiples et secondaires; il établit l'unité de Dieu, de temple et de loi; la parole vivante de Dieu, c'est-à-dire les tables de la loi, remplace, dans la Cella, l'ancienne idole. Il suit toutes les conséquences de l'unité religieuse; il supprime les castes; il établit l'égalité parmi les Israélites et leur promet un Messie, issu de leur sang, qui dominera le monde tout entier. Tel est le but dont la défense et la conservation ont formé la nationalité la plus résistante dont on ait l'exemple.

Chez les Romains, au début de leur société, la préexistence d'un but commun n'est pas moins sensible. Les familles, ou les tribus, les *gentes*, qui en forment le premier noyau, apportent chacune leurs coutumes et leur dieux, *dii majorum gentium, dii minorum gentium*[1]. Cependant c'est une pensée commune qui les réunit; c'est dans un projet d'action qu'elles s'associent. Or, quel était ce projet d'action? D'où venaient-elles; quelles langues parlaient-elles? on ne le sait. Ce fut Numa, un Étrusque, qui mit entre toutes ces différences une certaine harmonie. Rome avait un nom secret et sacré; Ρώμη est un mot grec qui veut dire force. Quoi qu'il en soit, le but de Rome fut la guerre et la conquête. Ce but était sanctionné par la religion, qui avait promis à la cité nouvelle que ses frontières ne reculeraient jamais, que son Capitole serait la tête du monde. La ville devait être éternelle. Dans la Cella du grand temple, là

---

1. Niebuhr, *Histoire romaine.*

où Moïse avait placé les tables de la loi, là où ailleurs ou plaçait la statue du dieu national, ou ses
mystères, c'est-à-dire dans le temple de Jupiter
capitolin, le sénat tenait ses séances. Rome, du
reste, était un camp ; pendant longtemps ses institutions civiles furent le calque de son organisation militaire. Sans doute, ce but guerrier était
celui de presque toutes les cités de cette époque ;
mais Rome se distingue des autres par sa foi en la
domination universelle qui lui était promise, par
l'habitude de s'assimiler les dieux des peuples
conquis, et enfin par une coutume qui en était la
conséquence, celle de recruter des citoyens parmi
les vaincus et les esclaves ! Ainsi elle eut constamment une population capable de suffire à toutes
ses entreprises et elle ne recula jamais[1].

En définitive et c'est le fait important à retenir,
quelle que soit la société politique dont on étudie
le commencement, son but apparaît comme posé
d'avance et revêtu de la sanction religieuse et
morale. D'un autre côté, quand des populations
sont entrées en société, elles y ont apporté toujours, jusqu'à ce jour au moins, des convictions
religieuses et morales, en sorte qu'il est impossible
d'admettre qu'elles aient jamais accepté un but
qui ne fût pas revêtu de ce double caractère.

---

1. Voir Ott, *Manuel d'histoire universelle.*

Ajoutons que l'on ne connaît pas une société qui ait vécu sans religion et dont la pratique ne fût, à un degré plus ou moins grand, le reflet de sa religion. De là une très-grande probabilité, la presque certitude que là même où on ne peut saisir les commencements, les choses se sont passées comme dans les sociétés où nous les apercevons, c'est-a-dire que le but commun d'activité a été la conséquence de quelque précepte religieux. Beaucoup d'historiens, parmi les plus érudits et les plus graves, ont remarqué que la rupture, l'affaiblissement et enfin l'oubli des croyances religieuses et morales étaient, chez les nations, des signes de décadence et en présageaient la fin. Jusqu'à ce jour, il en a été ainsi; en sera-t-il autrement dans l'avenir? Il y a des gens qui nous le promettent; mais l'expérience est encore à faire, et jusqu'à ce moment elle a toujours prononcé dans le sens contraire. Or, jamais un homme d'État, un homme politique véritablement sérieux ne consentira, dans une matière aussi grave, à des essais contre lesquels proteste l'observation du passé et dont la conséquence peut être la mort.

38. Quant à moi, je crois qu'un but d'activité, que l'on prive de la sanction religieuse, perd, pour tout le monde, une partie de sa force, et la perd tout entière pour tous ceux dont l'esprit ou les passions ont assez de puissance pour qu'ils

jugent le but lui-même du point de vue de leur intérêt personnel, et par suite se demandent en quoi et comment ils y sont obligés. Cette dangereuse question est naturellement posée aux gouvernants, ne fût-ce que par les résistances qu'ils éprouvent. S'ils la résolvent dans le sens du doute, comment maintiendront-ils le sentiment du but?

Le mieux donc, lorsqu'il s'agit d'un but secondaire ou *à priori*, est qu'il reste revêtu du caractère propre à la doctrine générale dont il émane, c'est-à-dire de la sanction religieuse. Il n'en est point ainsi lorsqu'il s'agit de buts *à posteriori*. Ils n'offrent pas les mêmes dangers. Il n'est pas nécessaire et il n'arrive jamais qu'ils dépassent, en quoi que ce soit, les circonstances qui les ont produits. Par exemple, la formule politique dont notre révolution française poursuit la réalisation et que résument si complétement les mots liberté, égalité, fraternité, est incontestablement déduite de l'enseignement chrétien. Le mieux serait qu'elle eût conservé l'autorité d'un commandement religieux. Au contraire, il n'y a rien à désirer de semblable à l'égard d'un grand nombre de particularités du mouvement révolutionnaire, telles, par exemple, que l'établissement des divers gouvernements transitoires fondés depuis la Révolution. Ces particularités, en effet, répondent à des buts *à posteriori*, circonstantiels et passagers, auxquels les principes généraux ne sont intéressés qu'indirectement.

Abandonner la doctrine générale dont on a, pendant une longue suite de siècles, déduit les principes *à priori* qui ont dirigé la société politique, c'est, jusqu'à un certain point, renoncer à dépasser le terme de progression dont on est, au moment même, occupé à chercher la réalisation ; c'est fixer d'avance le jour où l'on s'arrêtera dans le cercle des buts circonstanciels, et cela sans savoir, sans avoir expérimenté si cette doctrine générale est réellement épuisée. Qui pourrait affirmer, par exemple, que la formule de notre Révolution est le dernier mot du christianisme, en fait de réalisation politique ?

Il faut remarquer que de pareils mouvements de répulsion contre la doctrine religieuse d'où émane le but, chez nous comme ailleurs, aujourd'hui comme hier, ne sont jamais absolument volontaires. Ils répondent à quelques-uns des buts circonstanciels qui naissent de la lutte que provoquent constamment les grandes rénovations politiques. Les modifications de ce genre dérangent toujours beaucoup de gens et les ont pour adversaires. Aussi, chez nous, amis et ennemis se sont trouvés d'accord pour ne pas reconnaître le caractère religieux du but posé par la Révolution. Si on sort des cas particuliers, si on s'élève à

la question générale, on rencontre peu de personnes qui contestent l'utilité qu'apporte à une
formule politique la sanction religieuse. On en
trouve, au contraire, beaucoup qui mettent en
doute ou nient absolument la vérité de la partie
religieuse des doctrines générales. Or, au point de
vue où nous sommes placés, nous devons répondre
à la négation aussi bien qu'au scepticisme. Je vais
donc indiquer les caractères de la vérité dans
l'ordre des principes dont nous nous sommes occupés jusqu'à présent, c'est-à-dire relativement au
but social et aux croyances religieuses qui en forment la sanction.

39. La preuve de la vérité d'un but commun
d'activité est la parfaite conformité de ce but avec la
raison générale de la progression sociale. Cette définition, en termes abstraits, est la plus exacte et la
plus complète qu'il me semble possible de donner.
Pour que cette conformité existe, la formule du
sentiment social et de l'activité politique ne doit
rien présenter qui puisse être attribué à l'imagination ou au caprice. Elle doit offrir un rapport évident de croissance avec le progrès précédemment
accompli, une promesse d'amélioration certaine,
une complète concordance avec la tendance générale de la nation ; enfin, elle doit être en conformité
parfaite avec les meilleures conditions d'existence
propres à l'espèce humaine et au peuple qui l'adopte.

Quel est maintenant le critérium de cette vérité ? A cet égard, les choses se passent comme en toute autre espèce de question complexe. C'est le sentiment qui prononce d'abord ; puis vient la démonstration par le raisonnement, et c'est enfin l'expérience qui juge.

Il est possible que l'erreur ne conclue qu'à l'immobilité ; mais c'est le moindre mal. La société subsiste en effet ; elle vit, et, par le besoin qu'elle éprouve de se sentir vivante en se mouvant, elle ne tarde pas à avoir conscience de ce qui lui manque. La France, en particulier, a plusieurs fois éprouvé ces accès d'impatience et entraîné ses gouvernements. Il y a des erreurs plus graves qui conduisent les gouvernements à leur ruine, et où des peuples même perdent leur autonomie. L'histoire de l'Europe, dans les cent dernières années, nous en offre plusieurs exemples. Enfin, il y a une erreur plus funeste encore : c'est celle qui produit une progression en arrière, c'est-à-dire une rétrogradation dont la fin est la dissolution de la société, la dépopulation, l'abatardissement de l'espèce. Les pays musulmans nous présentent aujourd'hui l'exemple d'une décadence de ce genre, mais qui n'est pas encore arrivée à son terme dernier. Il y a eu certainement des sociétés qui ont été complétement anéanties ; mais l'histoire n'en a conservé aucun souvenir certain. Les seules traces probables qui restent aujourd'hui de ces cataclysmes politiques sont ces bandes de bimanes errants qu'on a rencontrées en Australie, au cap de Bonne-Espérance et dans la Terre de Feu.

J'ai déjà dit, et nous pouvons conclure de tout ce qui précède, que la durée progressive d'une société politique est proportionnelle à la fécondité de son but ou à la fécondité de la doctrine générale dont celui-ci émane et qui en est la sanction. Je puis ajouter maintenant que cette fécondité est proportionnelle à la somme de vérités que comprend ce but ou la doctrine générale elle-même.

Ce que nous avons affirmé à l'égard de la vérité et de la fécondité progressive du but, on doit l'affirmer également à l'égard de la sanction ou de la religion. En effet, toute vérité religieuse devient un but pour les hommes, toute erreur également. Par exemple, le mahométisme, qui est une hérésie judaïco-arienne, et par suite, à un certain degré, une hérésie chrétienne, le mahométisme contient, comparativement au christianisme, peu de vérités et beaucoup d'erreurs, telles que le fatalisme, l'unité des deux pouvoirs spirituel et temporel, la polygamie. Les erreurs ont produit leurs conséquences ; les vérités ont eu une force progressive, momentanée, mais qui est depuis longtemps épuisée. Aujourd'hui les pays musulmans tombent en dissolution, tandis que les nations chrétiennes sont dans toute la vigueur d'une progression ascendante, dont on ne peut prévoir la fin.

Jusqu'à ce jour, les nations ont déduit leurs buts communs d'activité de leur loi morale et religieuse ; et ce qui est merveilleux, c'est qu'en masse elles ne soient point trompées. Le progrès constant de l'humanité et sa conservation même en sont la preuve.

En effet, comme je l'ai déjà dit, cet univers où nous sommes est un tout dont les parties, sans en excepter une seule, sont fonctions de l'ensemble. Cela est mathématiquement vrai et ne l'est pas moins, quelque raisonnement que l'on invoque, quelque science que l'on consulte. Par suite, il n'est pas un être, si petit qu'il soit, qui n'ait sa loi de création, sa loi ou ses conditions d'existence, et qui ne dût périr s'il agissait contrairement à cette loi. L'espèce humaine est un de ces êtres. La vie sociale, avec toutes ses conséquences et toutes ses conditions, forme sa loi. Nul doute qu'elle ne dût périr si son activité était en opposition avec sa destinée vis-à-vis de l'ordre universel.

Or, de ce que l'espèce humaine s'est constamment accrue en nombre et en puissance, nous devons conclure que non-seulement elle n'a point failli à sa loi d'existence, mais au contraire qu'elle y a été généralement fidèle. Les manquements et les erreurs ont été la faute de quelques individus ou de quelques fractions; la masse n'en a point été affectée[1].

---

1. Il y a eu sans doute des points d'arrêt et d'ailleurs la liberté humaine a des limites. J'ai traité cette question dans mon *Introduction à la science de l'histoire*, 2ᵉ édit., t. I, p. 179 et suivantes.

CHAPITRE VI.

DE L'ACTIVITÉ VERS LE BUT OU DE LA DIVISION DU TRAVAIL.

40. L'idée d'action est si parfaitement corrélative à celle de but, la filiation de l'une à l'autre est si immédiate, elles se tiennent et se suivent si nécessairement qu'il est impossible de ne pas dire quelques mots de l'une, quand on a parlé assez longuement de l'autre.

La société ne peut vivre qu'à condition de produire, dans le même temps et d'une manière continue, tout ce qui est nécessaire à son existence politique et à l'existence morale et matérielle des individus qui la composent. C'est un grand corps qui ne se repose jamais, qui doit accomplir simultanément toutes ses fonctions, et au quel il faut, pour cela, des milliers de membres, des mil-

liers d'organes, travaillant en même temps à des
œuvres différentes, aussi variées que ses besoins,
aussi multiples que ses fonctions. C'est, en d'autres termes, une puissance d'incessante consommation et de consommations multiples; et il faut
par suite que ce soit en même temps un vaste
atelier où toutes choses se fassent ensemble et sans
désemparer jamais. En un mot, la simultanéité et
la continuité sont les lois de son activité et de ses
besoins.

De là, comme conséquence nécessaire, la division du travail. Chaque membre de la société se
charge d'une tâche et d'une œuvre particulière afin
que toutes choses soient faites simultanément. Les
uns s'occupent de l'agriculture, les autres de la
fabrication; les uns d'éducation, les autres d'hygiène, d'autres de la sécurité publique, etc. La
division du travail, au point de vue social, n'est
pas autre chose que la séparation et la spécialisa-
tion des fonctions qui doivent s'exercer simultanément. Elle a pour résultat de faire non-seulement que les choses s'achèvent ensemble, mais
qu'elles se fassent mieux. Je n'insiste pas sur ces
faits qui ont été décrits par les économistes, à un
autre point de vue, il est vrai.

Les considérations précédentes nous donnent
la véritable définition de ce qu'il faut entendre
par le mot travail. Il ne suffit pas, en effet, de faire

un effort pour travailler ; il faut que cet effort soit utile. Il n'y a réellement travail que lorsque le produit est de nature à profiter à la communauté. Tout travail est une action dans le but commun. Cette définition me paraît la meilleure et la plus exacte au point de vue où nous sommes. Elle comprend toutes les espèces de travaux, aussi bien ceux par lesquels un élève ou un apprenti se prépare à une fonction, aussi bien ceux qui concernent la vie, la conservation et le bien être de l'individu, que ceux qui concernent la vie et la conservation de la société. Tout travailleur est en réalité ouvrier de la chose publique, le laboureur, l'artisan, aussi bien que le magistrat. Tout produit échangeable est incontestablement chose sociale. L'homme qui produit du blé, du vin, des maisons, des habits, agit dans le but commun aussi positivement que celui qui produit des idées, de la science, de l'éducation, de la sécurité. Les travaux, sans doute, ne sont pas pareils ; ils ne sont pas également difficiles, également méritants ; mais si quelques-uns vont moins directement à la chose sociale, tous néanmoins y concourent ; tous sont donc des actions sociales.

L'effort, la fatigue et la peine sont les attaches ordinaires du travail. L'habitude en diminue l'intensité dans certaines espèces de travaux ; mais nullement dans d'autres.

41. La division du travail a pour conséquence première de convertir en intérêt individuel ce qui en définitive conclut à l'intérêt de tous ; mais elle peut avoir une conséquence ultérieure fâcheuse, qui consiste à occuper tellement les hommes de leur intérêt professionnel que celui-ci finisse par prédominer dans leur pensée jusqu'à faire oublier ou jusqu'à subalterniser le but politique. C'est une des tendances mauvaises observées dans tous les temps. Mais il y a heureusement plusieurs correctifs puissants à cette tendance ; voici le plus important.

Le travail professionnel n'est pas la seule des formes d'activité temporelle et sociale dévolues aux particuliers. A côté de celui-là, simultanément, quoique avec moins de constance, il y a nécessité d'une autre forme d'activité : l'activité civique ou politique. Autant les citoyens diffèrent par le travail professionnel, autant ils se ressemblent par leur activité civique.

J'appelle activité civique la coopération directe des citoyens à la chose politique, par exemple, dans nos constitutions modernes, leur participation au gouvernement, à l'administration ou au maintien de la sûreté publique en qualité d'électeurs, d'éligibles, de jurés, de soldats, de gardes nationaux. Plus le citoyen est véritablement citoyen, plus grande est sa part dans cette espèce de travaux. Dans les États despotiques, toutes ces fonctions deviennent des professions soldées. Dans les États représentatifs, elles sont l'apanage des citoyens en même temps que les garanties de leur liberté. Aussi dans les États despotiques les hommes finissent par devenir indifférents à la société où ils vivent, tandis que, dans les autres, ils s'y attachent chaque jour davantage.

L'activité civique produit les grandes choses sociales et toujours des choses qui regardent directement la communauté. Elle est presque toujours occupée à réformer le présent en vue de l'avenir. Elle travaille plus souvent en faveur des générations futures que des générations actuelles. Son caractère, dans les grandes choses, est toujours le dévouement ; et dans les petites, c'est toujours aussi, à un degré ou à un autre, le sacrifice personnel.

42. Les produits de l'activité professionnelle sont très-différents. Les uns s'adressent directement à certaines utilités générales de la société, telles que l'éducation, l'administration, la justice. Les autres, et les plus nombreuses, ont pour but la conservation, le bien être et quelquefois la jouissance des individus qui composent le corps social. Ils ont donc pour destination principale le moment présent et la génération même qui produit. Le caractère de cette activité est qu'on s'y livre princi-

palement en vue d'une rétribution, c'est-à-dire dans l'espérance de recevoir dans les fruits du travail des autres une part afférente à la valeur qu'on aura soi-même produite. Sans doute, avec cette pensée ou malgré cette pensée et par senti-ment du devoir on s'applique à son œuvre de manière à donner à ses concitoyens le mieux dans l'ordre de l'utile, du bien, ou du beau ; mais ce n'en est pas moins principalement pour soi-même que l'on travaille ; c'est à travers son intérêt que l'on voit celui des autres.

Heureusement l'effet de la division du travail est double. Si d'une part, en multipliant les pro-fessions, elle diversifie les intérêts et sépare les hommes ; d'un autre côté, en attribuant à chaque homme la production d'une seule utilité, elle rend l'échange nécessaire, elle fait sentir à chacun le besoin qu'il a des autres et ramène ainsi au sentiment de la sociabilité.

43. Selon l'équité, il semblerait que chaque producteur devrait recevoir, de tous, une valeur égale à celle qu'il donne lui-même à tous. Il sem-blerait que la valeur dans l'échange devrait être mesurée sur la quantité de travail, de temps et d'efforts nécessaires pour la produire. Jusqu'à présent il n'en a pas encore été ainsi.

Le critérium de la valeur d'utilité est donné par le système social. Il dépend ordinairement du but politique présent, et rarement du but définitif de la société.

En effet, du point de vue de chacun des buts secondaires dont il faut traverser la série pour atteindre la réalisation finale, il s'établit une hiérarchie particulière du travail, une classification des professions dans laquelle le premier rang, c'est-à-dire la plus grande valeur est attribuée à celle qui actuellement apparaît comme la plus utile et ainsi successivement pour les autres. Aussitôt que le but politique change, le point de vue change aussi et en même temps la classification et le critérium de la valeur. C'est ce qui explique pourquoi, dans toute révolution sociale intérieure, l'histoire nous montre l'injustice dans la distribution du travail et des richesses comme une des causes du mouvement lui-même.

Jusqu'à ce jour, il n'a pas encore existé d'organisation politique qui ait tenu tout ce que les hommes semblent en droit d'attendre de la société. Le meilleur système social aussi est un but encore éloigné, quoique depuis des milliers d'années l'humanité s'efforce d'y atteindre; mais outre les inégalités et les injustices que le progrès doit effacer, il y a toujours eu des abus qui ont réagi sur le travail professionnel et les échanges. Chaque abus est servi par une ou plusieurs professions dont il est l'origine. Ainsi, dans notre société actuelle, où l'oisivité est si richement dotée, on doit voir prospérer les spécialités destinées à délecter ou à distraire ses loisirs. Ainsi, sous le despotisme qui partout et toujours a été un des plus effroyables abus dont aient souffert les peuples, il y a des professions qui s'engendrent de lui. La guerre, jusqu'à ce siècle, a été l'objet d'une profession. C'est de cette façon que chaque circonstance politique, même la plus transitoire, vient apporter une modification dans la valeur des professions et dans la distribution de richesses.

44. La division du travail a, comme tout fait humain, sa loi de génération logique. Il serait certainement curieux d'étudier comment et dans quel ordre elle atteint jusqu'au dernier détail; mais nous ne devons pas entrer ici dans un genre d'études qui touche de fort loin à la politique. J'ai dit, à ce sujet, dans un chapitre précédent[1], à peu près tout qui est nécessaire dans un ouvrage tel que celui-ci, en traitant de l'origine et de la filiation des constantes sociales. Il me reste seulement à compléter ce chapitre sous le rapport spécial qui nous occupe en ce moment.

Quel que soit le sujet dont on s'occupe, il y a lieu à une théorie et à une pratique; l'activité humaine, quel que soit son objet, prend successivement ces

1. L. II, ch. II.

deux formes, l'une spirituelle, morale ou rationnelle, l'autre matérielle ou circonstancielle. C'est là le point de départ de la première division du travail en toutes choses. C'est en même temps la division la plus générale du travail. Elle représente la double nature et la double préoccupation de l'homme qui est en même temps esprit et corps, pensée et action, appartenant à l'avenir par la pensée et au présent par l'action• Il peut arriver que les deux espèces de travaux, c'est-à-dire la théorie et la pratique, soient confondues dans la même personne ou la même institution; mais le mieux, ou plutôt la perfection, est qu'elles soient séparées.

Il y a lieu à cette première et principale division du travail dans toutes les constantes sociales. Elle est instituée toutes les fois que celles-ci sont complétement organisées; mais lors même qu'elle n'est pas régulièrement représentée par des institutions, elle se manifeste toujours soit par des initiatives individuelles, soit par des spécialités d'études. Les exemples à cet égard sont innombrables et quotidiens. Il suffira d'en citer un seul pris dans la constante dont paraissent dépendre toutes les autres, dans la constante gouvernementale.

Voyons d'abord comment s'y engendre la division du travail. D'un côté se trouve le but commun, l'idéal posé par la morale, les croyances, les sentiments moraux, les espérances, les raisonnements qui s'y rapportent, la théorie en un mot. De l'autre côté est l'action qui est la conséquence de la théorie, action par laquelle la société vit matériellement et pratiquement, action par laquelle elle se conserve, elle grandit et enfin se sent vivante. De là deux tendances, l'une qui prépare l'avenir, l'autre qui agit dans le présent. De là deux espèces de travaux et la possibilité de deux institutions gouvernementales : l'une qui représente l'idéal ou préside à la théorie de l'avenir ; l'autre qui préside à la pratique et à la réalisation de la théorie. Cette division du travail a été représentée, chez les nations catholiques, par la division du pouvoir en spirituel et en temporel. Une sorte de pouvoir spirituel existait chez les Égyptiens, chez les Perses, chez les Juifs et même chez les Grecs. Quant au pouvoir temporel on le trouve partout et souvent avec les attributs de l'autre fonction. Mais organisé ou non, représenté par des institutions ou par le zèle dévoué de quelques hommes, le côté théorique ou spirituel de l'activité sociale ne disparaît que dans la décadence des peuples.

45. Si nous quittons le rapport de l'action au but, en nous bornant à examiner isolément le côté de l'action, nous y trouverons le point de départ de nouvelles divisions du travail presque aussi générales que la précédente. En effet, le but étant

le même, il suffit d'une simple différence dans la
forme de l'activité pour produire les dissemblances
qui distinguent et séparent les nations. Ainsi, par
exemple, Sparte, Athènes, la Macédoine avaient
la même religion et le même but guerrier; mais
leurs constitutions différaient. Partout où elles
portaient leurs armes, chacune d'elles établissait
son propre système intérieur. Cependant, le résultat de leur action commune fut en définitive d'im-
planter la civilisation grecque dans une partie de
l'Asie et en Égypte. On peut donc considérer ces
nations comme fonctions d'un même but, et les diversités de leurs actions comme le résultat d'une
sorte de division du travail civilisateur. Autre exemple : aujourd'hui la France, l'Espagne, l'Angleterre, poursuivent simultanément le même but,
l'achèvement et l'extension d'une civilisation de
même origine, c'est-à-dire d'origine chrétienne ;
mais la forme de leur activité diffère; c'est le côté
aristocratique, individualiste et industriel qui domine dans la pratique anglaise, le côté égalitaire
et unitaire chez les Français, le côté religieux chez
les Espagnols. De leurs efforts séparés il résultera
une œuvre qui aura la même finalité. On peut dire
encore de ces nations qu'elles se sont en quelque
sorte divisé le travail. En effet, cette œuvre de civilisation marche plus vite et atteint plus de résultats par la diversité des tendances et des facultés

qu'il ne serait peut-être possible si la tâche entière était à la charge d'un seul ouvrier.

Je n'ai pas à rechercher comment s'établissent ces diversités dans les formes de l'action vers le but. Il suffit de circonstances minimes pour produire des modifications profondes. Quelquefois c'est la position géographique; d'autres fois, l'époque plus ou moins ancienne où le but a été adopté, le système social préexistant, des révolutions intérieures, une heureuse initiative. Les exemples de ces variations abondent dans l'histoire et les causes en sont toujours visibles.

Après avoir traité de la constante sociale générale, c'est-à-dire du but commun d'activité et de la nationalité qui en découle, nous nous occuperons successivement des constantes particulières qui, comme nous l'avons dit, se divisent en deux classes, les constantes de conservation et les constantes de progression. Parmi ces dernières la plus importante est le gouvernement.

LIVRE TROISIÈME

INSTITUTIONS
OU CONSTANTES DE CONSERVATION

CHAPITRE I.

CONSIDÉRATIONS GÉNÉRALES.

46. Les institutions, dont nous allons nous occuper, peuvent être considérées indifféremment sous deux points de vue ; soit comme tendant surtout à conserver le but commun d'activité, à le fortifier, à l'étendre et à le développer ; soit comme destinées à conserver et à améliorer la condition morale, intellectuelle et physique des hommes et des générations qui vivent sous sa loi. La société et les hommes qui la composent sont si intimement unis, que nul bien ne peut arriver à l'une sans profiter en même temps aux autres ; nul mal ne peut atteindre la première sans en même temps frapper les seconds. La société et les individus sont donc également intéressés à ce que ces institutions soient parfaites.

Les constantes de conservation peuvent être rangées dans cinq catégories différentes. La première se compose des moyens de transmettre, d'une génération à une autre, la connaissance, la conviction et l'amour du but commun d'activité, en le tenant constamment présent à l'esprit de tous. C'est l'enseignement, c'est-à-dire l'éducation et l'art dans toutes leurs variétés. La seconde se compose de toutes les institutions par lesquelles on se propose la conservation de l'individu, le perfectionnement et la multiplication numérique de la race. C'est le travail, la famille et tout ce qui constitue la sécurité et le bien être individuel, la propriété et les droits corrélatifs aux devoirs. La troisième catégorie comprend les institutions qui procèdent par la voie de la force pour maintenir et étendre le but, pour assurer la sécurité de tous et de chacun. Ce sont l'institution judiciaire et l'institution militaire qui, l'une et l'autre, doivent avoir pour règle commune la justice. Dans la quatrième catégorie se rangent les institutions dont la destination est d'harmoniser et de faire concorder les mouvements de ce vaste ensemble et de toutes ses parties. Ce sont les institutions administratives ou l'administration. Enfin, la religion ou la sanction religieuse de la morale et du but commun d'activité forme la cinquième catégorie.

Les formes des institutions dont il vient d'être question, sont moins nécessaires que les institutions mêmes. Elles sont susceptibles de variations considérables. A cet égard, on peut dire seulement que les constantes sont représentées d'une manière d'autant plus positive que la société est plus avancée ou plus parfaite.

On a emprunté à la physiologie les mots d'organisation et d'organisme pour les transporter dans le langage politique. Lorsqu'on entend par là que le corps social, comme le corps humain, ne se maintient qu'à l'aide d'un certain nombre d'organes en harmonie entre eux, lorsqu'on veut dire encore que la privation de certains de ces organes le met en souffrance et que la privation de quelques autres l'anéantit, on a complétement raison. La vie sociale a des organes comme la vie individuelle, ce sont ses constantes.

CHAPITRE II.

47. La transmission du but commun d'activité
de générations en générations, par voie d'enseignement, est la condition première de la durée
pour une société politique. Ce but, avec le corollaire des croyances et des sentiments qui le complètent, est l'héritage le plus précieux que les pères
puissent léguer à leurs enfants. Il est plus précieux
que celui du sol même ; car on a vu des nations
périr sur le sol qu'elles habitaient par l'oubli des
croyances qui les avaient formées ; tandis que d'autres, chassées de la terre natale, errantes et disper-
sées, conservaient, par le fait de ce seul héritage,
leur unité, leur esprit, leurs espérances et jusqu'aux
caractères physiques auxquels on reconnaît une

race. Tels furent autrefois, si nous en croyons l'histoire, les exilés de la Messénie et de Thèbes. Tels sont aujourd'hui les Juifs, et quant à ces derniers, ils présentent ceci de remarquable en France, où les lois leur ont donné les droits de citoyen, que ceux d'entre eux qui sont entrés dans nos mœurs et dans nos croyances, ont tellement changé en moins d'un demi-siècle qu'on ne retrouve déjà plus chez leurs enfants, que sous une forme très-effacée, les caractères physiques de leur race.

Il y a des savants qui considèrent l'éducation comme l'unique fondement de la société. Il est certain qu'elle est indispensable, et ici je ne fais autre chose que montrer pourquoi elle l'est. On a répété maintes fois que l'homme était un être créé pour vivre en société et que la société était son état naturel; rien ne le prouve davantage que la nécessité de tout apprendre imposée à chaque individu dans notre espèce. Nous ne sommes pas, comme les animaux pourvus en naissant de l'instinct qui doit nous servir de guide dans la vie. Nous n'apportons qu'un seul instinct, celui qui nous attache au sein de notre nourrice, qu'un seul savoir, celui des mouvements, d'ailleurs très-compliqués, nécessaires à notre première alimentation. Hors de là, il nous faut tout apprendre, à toucher, à voir, à sentir, même à marcher et à plus forte raison à parler et à penser, ce qui est tout l'homme.

Les animaux sont engendrés en une seule fois à
la vie indépendante ; mais nous, nous naissons
d'abord à la vie organique pour subir la dépendance forcée d'une longue enfance pendant laquelle nous devons recevoir notre seconde vie, la
vie morale et intellectuelle qui doit faire de nous
des personnes libres et nous rendre aptes à une
fonction. Il est impossible d'imaginer une disposition meilleure pour donner à l'enseignement
toute la facilité possible, toute l'autorité d'une
loi nécessaire et enfin l'énorme pouvoir d'unir de
longues successions d'hommes dans une même
volonté et un même système d'actions.

Quelques philosophes affirment que l'homme,
sans aide et sans secours, pourrait s'apprendre à
sentir, à penser, à parler, et qu'en cela il ne ferait
que développer des virtualités inhérentes à sa
constitution spirituelle. Je n'ai pas à discuter ici
cette assertion que j'ai combattue ailleurs ; mais la
vérité est qu'il n'y a pas d'exemple que les choses se
soient jamais passées ainsi. L'histoire nous montre
constamment et partout l'homme enseigné par
l'homme, chaque génération enseignée par la
génération qui la précède. Voyez ce qui arrive
pour le langage qui est le moyen de toute transmission intellectuelle et sans lequel le raisonnement et la pensée même seraient impossibles :
le rapport de filiation ou plutôt de génération

spirituelle entre les parents et les enfants est là aussi strict, aussi étroit, aussi nécessaire qu'il l'est dans l'ordre physique pour la génération charnelle. Il semble que Dieu ait voulu faire à l'homme une telle nécessité de la vie sociale qu'il l'ait mis dans l'impossibilité d'être quelque chose à moins d'entrer en communication avec ses semblables.

Les hommes, pris en masse, diffèrent entre eux comme les enseignements qu'ils ont reçus. Si l'enseignement fait défaut, quel qu'en soit le motif, l'homme est réduit à l'état d'une véritable brute. C'est un idiot incapable de pourvoir même aux besoins grossiers que les bêtes satisfont par l'effet du pur instinct. Tout prouve que l'enseignement est le principe de la vie morale et intellectuelle. Il y a sans doute et heureusement des hommes qui ajoutent aux connaissances qu'ils ont reçues, de nouvelles connaissances fruits de leurs découvertes ; mais, si l'on y regarde de près, on aperçoit d'abord que leurs œuvres ne sont qu'une conséquence logique de ce qui leur a été donné ; et en outre si l'on compare ce qu'ils produisent à ce qu'ils ont reçu, on trouve que les plus grands génies ajoutent bien peu à ce qui formait, avant eux, le domaine commun de l'intelligence humaine. En définitive, l'enseignement est aussi nécessaire à l'enfant que le lait de sa nourrice.

C'est l'aliment de son âme comme l'autre est la nourriture de son corps.

48. L'enseignement se divise en éducation et instruction. Par éducation on entend l'enseignement par lequel on se propose de former l'homme et le citoyen; par instruction on entend l'enseignement qui est destiné à former l'homme professionnel. Parlons d'abord de l'éducation.

49. Chez les anciens, l'éducation était une. L'enseignement qui fait l'homme était compris dans celui qui fait le citoyen. On ne distinguait pas l'un de l'autre. Hors de la cité, en effet, on ne voyait alors que des ennemis, des barbares ou des esclaves. Il en était ainsi dans toutes les cités antiques, à Athènes, à Rome aussi bien qu'en Judée.

Le point de vue a changé dans notre civilisation moderne. L'extension du christianisme à une immense masse d'hommes divisés en nations diverses, sa doctrine d'unité de l'espèce et de fraternité universelle, ont amené ou plutôt rendu évidente la distinction entre l'éducation qui fait l'homme et celle qui fait le citoyen. En effet, si on jette les yeux sur l'Europe, en même temps qu'on la voit divisée en plusieurs nations séparées par leurs buts, par leurs intérêts, leurs gouvernements, leurs langues et leurs traditions, on reconnaît aussi que les hommes de ces nations ont une morale commune, des croyances religieuses semblables qui reposent sur le même fond traditionnel, un même droit des gens, une même tendance générale. Puis, si l'on cherche la cause de ces divisions et de ces similitudes, on trouve qu'en réalité les Européens reçoivent simultanément deux éducations, l'une religieuse qui les fait hommes ou membres de l'humanité, et l'autre civique qui les fait les hommes d'une nation, c'est-à-dire les agents d'une fonction spéciale relative à un but qui est le même pour tous.

Je ne crois pas que ces deux espèces d'éducation doivent jamais disparaître, ni la confusion recommencer. Je considère cette division comme une acquisition utile, comme un progrès.

Remarquons d'abord que cette division continuera à être aussi utile et aussi bienfaisante qu'aujourd'hui, tant que les nations ne seront pas arrivées toutes au même terme de progression, tant qu'il y aura un peuple à conquérir à la civilisation. Que de siècles avant que l'humanité se ressemble partout sous le rapport social ! mais, cela fût-il réalisé, il n'y aurait encore rien de changé.

En effet, supposons l'avancement des choses humaines parvenu au plus haut degré du bien : supposons que l'humanité tout entière se reconnaisse une, supposons que tout le globe soit comme une seule cité dont tous les membres,

unis par une fraternelle solidarité, possèdent les
mêmes lois et plus encore la même langue, puis demandons-nous quelle est, parmi toutes les forces
qui ont dû concourir à produire cette magnifique unité, la force principale, indispensable,
déterminante à laquelle il faut attribuer la plus
grande part de l'œuvre, ou bien encore demandons-nous quelle est la force capable, à elle seule,
de produire un tel bienfait! Alors, il deviendra
évident pour nous que cette force indispensable,
suffisante à elle seule, c'est l'éducation qui fait
l'homme, et nous comprendrons également que
c'est à elle principalement qu'il appartiendrait
de conserver l'association grandiose qu'elle aurait
formée.

Reste la question de savoir s'il serait encore
besoin de l'espèce d'éducation qui fait les hommes
nationaux? C'est la raison d'utilité ou plutôt de
nécessité qui alors devra en décider : s'il y a encore des nations, il y aura encore des éducations
nationales. Reprenons l'hypothèse. Sur une si
vaste surface, dans une pareille étendue de population, il est impossible d'admettre qu'il n'y
ait pas lieu à des fonctions diverses, à des devoirs
spéciaux, qu'il n'y ait pas enfin pluralité de gouvernements. Il est difficile de croire qu'il se forme
plus qu'une grande fédération dont les parties
pourront se ressembler sous les rapports généraux,

mais devront différer quant aux fonctions, quant
aux traditions, aux habitudes, aux facultés intellectuelles et industrielles. Il y aurait donc encore
des nations qui constitueraient sans doute des individualités moins tranchées qu'aujourd'hui, mais
qui enfin constitueraient des individualités, et par
conséquent il y aurait encore place pour les éducations nationales. Au reste, je reviendrai sur ce
sujet.

50. Outre les deux espèces d'éducation dont il
vient d'être parlé, il faut en admettre une troisième que j'appellerai l'éducation continuée, qui
a pour but de maintenir présentes dans la mémoire les choses que l'enseignement lui a confiées.
L'art est le moyen principal de l'éducation continuée, s'il n'est pas le seul que la majorité des
hommes recherchent lorsqu'ils sont arrivés à
l'âge adulte. C'est comme instrument d'éducation que l'art appartient à la politique. De tous
temps on lui a reconnu cette fonction et on l'a
employé dans ce rôle. Il suffit de rappeler les
fêtes et les cérémonies publiques en usage chez
les anciens, les monuments élevés en souvenir
des grandes choses nationales, les tableaux, les
statues, les arcs de triomphe, les jeux, les poëmes,
les représentations théâtrales qui rappelaient les
traditions héroïques. On sait quelle importance
les Grecs et Aristote lui-même accordaient à la

musique. Ils la considéraient comme la modé-
ratrice des mœurs, comme le meilleur moyen de
polir et d'harmoniser les manières un peu rudes
d'une population de guerriers. D'un autre côté, on
habituait les Romains à la guerre et au sang en leur
montrant les combats du cirque.

On avait reconnu la puissance de l'art et on
s'en est servi longtemps avant de pouvoir l'expliquer. Nous l'expliquons aujourd'hui à l'aide de la
physiologie.

L'homme est doué de facultés physiques d'imitation par lesquelles il entre en sympathie complète avec ses semblables. Parmi elles, il faut
compter la faculté d'émotion qui tient à un appareil organique à peu près indépendant de la
volonté. Les personnes les plus énergiques et les
mieux averties ne lui résistent pas toujours; mais
la plupart lui obéissent plus qu'ils ne lui commandent. C'est sur ces dispositions qu'est fondée
la puissance de l'art. Il nous attaque par les sens
comme toute influence extérieure; mais ce qui le
caractérise c'est qu'il les charme d'abord et les
séduit; par là il pénètre plus sûrement en nous;
son activité est presque irrésistible; il s'empare
de nos sympathies et nous inspire les sentiments
qui l'animent lui-même.

Que fait en effet l'artiste? Il donne à une idée
le développement, le caractère et l'accent d'une

passion. Il suffit souvent de la parole rhythmée, d'un chant, d'un tableau, d'une statue, d'un exemple bien présenté pour provoquer l'imitation. Mais lorsque toutes ces formes de l'art sont réunies, comme dans une représentation théâtrale, l'effet est certain. L'émotion s'empare du spectateur; il aime, il hait, il se dévoue avec le héros. Il ne réfléchit plus, il est entraîné. Et lorsqu'on a été soumis un certain nombre de fois à des émotions de même espèce, nous avons tous éprouvé cela, on acquiert une habitude qui devient, comme on dit, une seconde nature. La croyance sociale et même une simple idée prennent ainsi l'instantanéité d'un instinct et la force d'une passion.

L'art malheureusement n'a pas moins de puissance pour le mal que pour le bien. Lorsqu'il s'inspire du désir de satisfaire aux délectations individuelles, lorsqu'il s'attache à l'expression des sentiments égoïstes, inférieurs et grossiers, il devient corrupteur; mais en même temps il se corrompt et s'abaisse lui-même[1].

1. Voyez sur la théorie de l'art : Cerise, *Considérations sur les éléments et les moyens de l'art*; Européen, 1836, p. 171; Cerise, *Des fonctions et des maladies nerveuses dans leurs rapports avec l'éducation sociale et privée, morale et physique*, ouvrage couronné par l'Académie de médecine; enfin *Encyclopédie du dix-neuvième siècle*, art. *Art*, et *Introduction à la science de l'histoire*, 2ᵉ édition, t. I, p. 355 et suiv.

51. Il est une éducation qui prime toutes les autres, c'est l'éducation de la première enfance ou l'éducation maternelle. Je n'ai pu en parler plus tôt parce qu'elle ne donne lieu à aucune institution spéciale autre que celles qui protégent la mère et l'enfant.

La nourrice est la seconde mère de l'enfant et plus encore, elle est sa première institutrice. Elle lui inspire les premiers principes moraux, les premières habitudes, les premières sympathies, les premières antipathies; elle lui donne enfin la notion du langage. Par cette seule notion, elle fait autant, si ce n'est plus, pour son avenir, que tous les maîtres qui se succéderont ; car elle l'a mis en communication avec ses semblables, avec tous les enseignements qu'il recevra plus tard ; elle l'a rendu apte à devenir un homme et un citoyen.

Nous sommes constitués de telle sorte que nous n'apprenons quelque chose, nous ne le conservons dans la mémoire d'une manière complète, nous ne raisonnons qu'à l'aide du langage. Le langage est le compagnon nécessaire de tout enseignement. Outre sa valeur représentative, il constitue une vraie méthode logique, la seule que possèdent la plupart des hommes. Il a, sous ce dernier rapport, les qualités qui distinguent plus particulièrement la nation qui l'a créé. Ici, il est clair et net ; il conduit toujours à une conclusion et à une pratique ; il procède rigoureusement par oui et par non ; c'est la qualité particulière que tout le monde attribue à la langue française. Ailleurs, il est embarrassé, obscur ; il peint, il expose plutôt qu'il ne conclut ; c'est le reproche qu'on fait à la langue allemande. Ainsi le but d'activité ou le génie d'une nation se réfléchit dans son langage, et c'est la mère ou plutôt la nourrice qui est le premier interprète de la société auprès de celui qui sera un jour un homme. L'empreinte, que l'enfant reçoit alors, est si forte qu'elle ne s'efface jamais complétement ; elle résiste à tous les enseignements qui suivent et revient toujours. Il n'est peut-être pas un de nous qui ayant fait attention à ce retour constant en lui de certaines habitudes morales, de certains préceptes, de certaines tendances remarquables par leur excellence, et n'en trouvant pas la source dans les enseignements réguliers, ne se soit souvenu un jour qu'il les avait reçus au giron de sa mère.

Il y a une conclusion à tirer de ce qui précède : c'est que la société politique doit se préoccuper grandement de l'éducation de la femme et que l'enseignement, à son égard, doit toujours être dirigé par cette pensée qu'elle est le premier instituteur de l'espèce humaine et de la nation.

52. Le lecteur sait déjà, par ce qui précède, quelle est la matière de l'enseignement que l'on

désigne ici sous le nom d'éducation. C'est la religion, la morale et la formule du but commun d'activité. A une autre époque personne ne doutait de la nécessité de l'enseignement religieux. On y voyait la base et le couronnement de l'ensemble. Il n'en est plus tout à fait ainsi. Il y a d'étranges préjugés à cet égard. De là pour nous l'obligation de montrer le lieu et le rôle dans lequel rien ne peut remplacer la religion.

Reprenons l'hypothèse exposée dans un paragraphe précédent. Supposons le globe devenu comme une seule cité, l'humanité formant une grande confédération, et demandons-nous quelle force pourrait maintenir l'union et le devoir dans ce grand corps; quelle serait l'autorité qui pourrait lui imposer des obligations? L'utilité, l'intérêt, dira-t-on! Mais chacune des parties de ce corps aurait des intérêts différents, assez puissants, comme nous l'avons vu, pour conserver les nationalités, et ces intérêts même pourraient conseiller à quelques-unes de se faire les reines de la fédération. Qu'importerait, en effet, à de purs ambitieux que l'humanité fût une dans l'égalité et la fraternité, ou une dans l'obéissance? Voilà donc, du point de vue de l'intérêt, la guerre qui recommencerait. Devra-t-on compter sur le devoir pour dominer l'intérêt et l'arrêter dans ses aspirations? Mais au devoir il faut une sanction! Ici ce ne seraient point les sociétés qui apporteraient la sanction, puisque ce seraient le sociétés mêmes qui seraient les coupables. On dira peut-être que ce sera la conscience qui, à défaut de la société, donnera cette sanction, la conscience dans laquelle sont profondément imprimées les notions du vrai, du bien et du juste. Mais il faut une définition, une formule du vrai, du bien et du juste. La conscience ne nous la donne pas. Autrement pourquoi les hommes ont-ils pratiqué tant de définitions différentes ? Avec la conscience non définie dont il s'agit, il faut raisonner, s'expliquer, et ordinairement pour conclure au doute, en face d'un intérêt qui est là plein de clarté, d'évidence et d'instance. Je le répète il faut aux hommes, non pas seulement l'idée, mais la formule du vrai, du bien et du juste, et il leur faut de plus la sanction des prescriptions contenues dans cette formule. Or qui donnera simultanément l'une et l'autre? qui peut les donner immuables, absolues, strictement obligatoires ? L'institution seule qni a rempli cette fonction partout et toujours, dont l'expérience nous a appris la puissance sur les hommes, dont on redoute la force plutôt qu'on n'en craint la faiblesse, la religion, en un mot, avec son cortége de doctrines et de convictions morales. Il nous faut, en effet, la certitude d'une loi établie par le créateur lui-même, loi qui en nous faisant fonc-

tions ou agents de la création, a réglé en même
temps nos destinées pour le présent et pour l'avenir. Dieu, le père des hommes, le créateur de la
société et de ses lois, l'instituteur du progrès, Dieu
est le seul maître auquel les hommes comme l'humanité, la souveraine de ce monde, puissent reconnaître le droit de leur imposer des devoirs
absolus, obligatoires pour les actes intérieurs
et extérieurs et pour la conscience elle-même.
Sa volonté fait notre certitude. — Voilà la place
et le rôle de la religion. Diminuez autant que vous
voudrez la masse des hommes, réduisez-la à une
seule société et même à un seul individu, la même
nécessité subsiste.

Il y a des philosophes qui songent à remplacer
la religion par la philosophie dans l'éducation.
Tel est leur but; ils ne nient pas et ils démontrent
très-bien qu'il n'y aurait pas de société possible
entre des hommes qui n'auraient pas d'idées communes, de doctrines similaires. Ils se proposent
d'atteindre ce résultat en donnant à tous, garçons
et filles, l'enseignement de la philosophie. Voilà
le projet; maintenant arrivons à l'exécution. Tant
qu'il ne s'agit que de démolir l'édifice actuel,
c'est-à-dire le christianisme, les philosophes sont
d'accord; mais lorsqu'il s'agira de reconstruire,
quelle philosophie choisira-t-on? Il y en a un
grand nombre et qui concluent à des morales et

même à des logiques fort différentes. Il y a le matérialisme, le positivisme, le scepticisme, l'éclectisme, le spinozisme, l'hégélianisme et bien d'autres qui ne jouent pas un rôle aussi important aujourd'hui, mais qui, à l'occasion, pourraient se présenter au concours. Passons. On choisira une de ces philosophies ; mais qui choisira ? Une assemblée nationale, sans doute ! On aura peut-être quelque peine à se mettre d'accord. Supposons néanmoins le choix fait et voyons les conséquences. Il faudra que cette philosophie choisie règne seule et que toutes les autres fassent silence. Autrement à quoi bon un choix et comment obtenir cette unité de croyances et de pensées qu'on veut établir par l'éducation ! On protégera donc l'enseignement par des lois ; on le confiera à une corporation rigoureusement disciplinée ; on défendra la contradiction et la critique ; on lui donnera l'autorité et les droits d'une vérité incontestable. On sera, en un mot, intolérant, et il le faudra bien, si l'on veut atteindre le but proposé. Ainsi le terrain des libres penseurs, comme on appelle la philosophie, deviendra le domaine de l'absolutisme. Or qu'est-ce qu'une philosophie enseignée avec autorité et unité ? N'est-ce pas quelque chose qui ressemble beaucoup à une religion ? avec cette différence cependant que l'on saura d'où elle vient, comment elle a été choisie, dans quel concours ; qu'on saura qu'elle émane d'une autorité humaine et que de plus les maîtres qui l'enseigneront n'y croiront pas d'une manière très-complète.

Il faut ajouter que de cette façon on arriverait à ne constituer que des religions nationales comme dans l'antiquité ; on reculerait au delà du christianisme qui, en établissant une société purement spirituelle, permet aux nations la tolérance. Ce résultat serait inévitable ; car on ne voit pas pourquoi, par exemple, l'Allemagne, l'Angleterre, l'Espagne, la Russie accepteraient la décision d'une assemblée française et réciproquement ; mais on voit mille raisons pour que chaque peuple veuille au contraire conserver son autonomie dans cette importante question.

Un État politique ne crée point la religion. Il peut la réformer ; mais il ne la fait pas. Nous avons vu, au contraire, que le plus souvent son but d'activité émane d'une doctrine religieuse préexistante. C'est ainsi qu'ont commencé tous les États modernes. Un État politique accepte une religion parce qu'elle est, parce que ses citoyens y croient ; mais il repoussera toujours toute proposition contraire à son but d'activité, c'est-à-dire à sa doctrine des devoirs.

53. Au point de vue politique, il y a une grande différence entre l'éducation et l'instruction. Cette

dernière ne fait rigoureusement que l'homme professionnel.

Chez les anciens, l'exercice d'un métier était
considéré comme contraire à la dignité de l'homme
libre et du citoyen. Toute œuvre manuelle était
œuvre servile selon Platon et Aristote. Dans leurs
cités modèles, ils interdisaient même le commerce,
même le travail agricole, les réservant aux esclaves
et aux étrangers. Ces deux philosophes avaient,
pour le compte de leurs citoyens, tous les préjugés de la noblesse féodale du moyen âge. En fait de
libéralisme, il y a de meilleurs maîtres à consulter.
Mais, en pratique, on n'était pas généralement
aussi rigoureux. A Athènes, la ville libérale par
excellence, les citoyens se livraient sans déroger
au commerce et à l'agriculture, et même à l'exercice de quelques métiers. A Rome, au moins dans
Rome républicaine, on honorait l'agriculture et
on tolérait certains métiers utiles à la guerre. Il
est vrai que presque toujours la partie manuelle
des opérations était réservée aux esclaves. On ne
trouvait au reste aucune incompatibilité entre
l'état d'esclave et des professions libérales telles
que celles de médecin, de scribe, de maître de
langue et de philosophe. Ésope et Épictète furent
esclaves.

On fit à cette époque une longue et large expérience de la portée de l'instruction. Si on eût re

connu que l'instruction suffisait généralement
pour inspirer l'impatience de la servitude, le caractère et le courage du citoyen, on eût dû renoncer à donner aux esclaves des emplois qui exi-
geaient plus que des forces musculaires. Au reste
cette expérience se répète tous les jours sur une
moindre échelle. Il n'est pas rare de rencontrer,
aujourd'hui, des savants remarquables et des ouvriers habiles qui s'intéressent fort peu à la chose
sociale et ne comprennent rien à la nationalité.
La culture intellectuelle, je le répète, ne suffit pas
pour faire le citoyen, quoique d'ailleurs elle lui
soit très-utile.

Je n'ai pas besoin de faire remarquer que ce
que nous appelons l'instruction primaire, en
France, rentre dans ce que je nomme éducation.
Le langage et ses lois, l'écriture qui n'est qu'une
extension du langage, l'art du calcul qui avec tout
ce qui s'y rattache n'est lui-même qu'un langage
expliqué ou un raisonnement préparé, tous ces
enseignements sont les moyens primordiaux des
relations entre les hommes, les moyens primordiaux de la pensée, de la mémoire, du raisonnement et de toute instruction future. Ils sont une
préparation à la vie sociale, aussi nécessaire pour
la plupart des hommes que la morale elle-même.
Qu'y a-t-il, par exemple, de plus puissant que le
langage pour fixer dans l'esprit cette longue suite

d'antilogies ou d'antinomies, telles que oui et non, bien ou mal, juste et injuste, beau et laid, vrai et faux, cause et effet, permis et défendu, utile et nuisible, etc., antilogies qui doivent être la base de nos raisonnements et de notre conduite future, et sur lesquelles s'exercera habituellement notre faculté de choisir, c'est-à-dire notre libre arbitre! L'éducation est un total où se confondent, dans une association intime, le moyen de transmission et la chose transmise, où l'enseignement des moyens et celui du but marchent simultanément et ne peuvent être séparés. Si, à notre instruction primaire on joignait une exposition de quelques-unes des grandes choses que la nation a faites et où elle a tracé elle-même son devoir, quelques exemples de nobles dévouements individuels et enfin un petit catéchisme politique, on réaliserait à peu près ce que j'entends par éducation civique ou nationale.

Il y a cependant une espèce d'instruction qu'on doit appeler civique; c'est celle qui se rapporte à l'exercice de certains droits politiques, de certaines fonctions publiques auxquelles tout le monde est appelé et à l'usage des armes; mais celle-là se fait par la pratique et y appartient complétement.

Le nom d'instruction est justement attribué à l'enseignement que nous appelons secondaire en France, quoiqu'il ne soit encore qu'une préparation; mais c'est déjà une préparation très-spéciale à des professions qui le seront davantage. Il en est de même des écoles supérieures, des écoles d'application et à plus forte raison de tous les enseignements, de tous les apprentissages qui conduisent à des pratiques moins larges ou plus manuelles. Je n'ai point à m'occuper ici de ces questions qui concernent surtout la pratique; il n'y a qu'un seul principe à émettre à ce sujet : c'est que le mieux sera toujours que l'enseignement professionnel soit le plus complet, le plus large, le plus rapide possible et qu'on y joigne en même temps la doctrine des devoirs sociaux qui concernent plus particulièrement la profession.

54. Puisque c'est l'éducation qui fait l'homme et le citoyen, il faut qu'elle soit donnée à tous ceux dont on veut faire des hommes et des citoyens. Elle doit être obligatoire. Par la même raison qu'aux États-Unis du sud on refusait l'éducation aux noirs de peur qu'ils n'aspirassent à la liberté et ne se sentissent capables de vivre sans maîtres, il faut l'imposer à tous ceux qui sont destinés à vivre indépendants et libres. On ne peut à cet égard complétement compter sur la prévoyance paternelle. Par négligence, par faiblesse ou par ignorance, le père oublie ou dédaigne trop souvent ce devoir. La loi qui protège la vie matérielle de l'enfant, doit aussi lui garantir la vie de

l'esprit. Il serait peut-être juste, à titre de sanction, de priver du droit de cité les hommes qui n'ont pas reçu cet enseignement; mais il est mieux, lorsque l'éducation est déclarée obligatoire, de la mettre partout à la portée de tous par une institution de l'État. Nul ainsi ne pourrait prétexter de l'impossibilité, et les parents pourraient être rendus responsables.

On a, dans ces derniers temps, beaucoup discuté sur la liberté d'enseignement, sans trop s'entendre. S'agissait-il en effet de savoir si chacun serait libre de donner l'enseignement qui lui conviendrait, fût-il le plus contraire à la doctrine sociale reçue, le plus contraire à la morale générale et aux principes de la nation; ou bien fallait-il entendre seulement que tout citoyen aurait le droit d'enseigner, et que tout individu serait libre d'aller chercher l'enseignement où il voudrait?

Il est évident qu'une société politique, à moins de se nier elle-même, à moins de consentir à son anéantissement, ne peut permettre qu'on donne à ses enfants, à ceux qui sont l'espoir de son avenir, un enseignement contraire à son but d'activité, à sa nationalité, à ses devoirs sociaux. Il y a plus : comme membre de l'humanité, une société politique a le devoir de soustraire la confiance crédule du jeune âge à tout enseignement capable d'ébranler la morale générale sur laquelle repo-

sent, dans notre monde civilisé, les rapports entre
individus et les rapports entre nations.

La loi des rapports moraux ou, si l'on aime
mieux, la morale sociale est, en définitive, au point
de vue des sciences et de la philosophie aussi
bien qu'au point de vue de l'éducation, la pierre
de touche, le *criterium* de cette connaissance relative au delà de laquelle nous ne pouvons nous
élever. Comme nous sommes des êtres destinés à
agir sans cesse, que nous ne vivons que par l'action, que toute la science n'a de valeur que parce
qu'elle conclut à une pratique, notre *criterium*
est conforme à cette destination. C'est la loi de
nos actions. S'il y a pour nous une connaissance
que nous puissions dire absolue, c'est celle-là! La
vérité nous en est démontrée par une expérience
que nulle autre n'égale, par la conservation et le
perfectionnement de notre espèce, par sa progression constante vers le mieux, par sa puissance
toujours croissante sur le monde des choses brutes.
La société est notre premier bien, notre premier
moyen pour parvenir à tout. C'est pour elle et par
elle que la science a été faite, c'est pour elle et par
elle qu'elle se conserve et s'accroît; et nous
irions mettre en péril la transmission d'un tel
bien, renoncer à ce qui nous a conduits à ce degré
de puissance et de grandeur, pour favoriser un
caprice passager, une vanité, une hypothèse qui

demain sera prouvée fausse et même ridicule ! ce serait du dernier absurde.

Lorsqu'il s'agit d'enseigner le grec, le latin, les mathématiques, ou une science quelconque, personne ne demande la liberté de ne suivre que son caprice, sa passion ou son ignorance ; tout au plus réclame-t-on la liberté des méthodes. Il faut qu'il en soit de même en matière d'éducation.

Du moment où le programme de l'éducation est rigoureusement déterminé et rigoureusement suivi, il importe peu à l'État par qui elle est donnée, pourvu toutefois que la personne soit honorable et joigne au précepte l'exemple d'une vie bonne et dévouée. Lors même que l'éducation aurait été déclarée obligatoire et que partout elle serait assurée par des établissements publics, il n'y aurait nulle raison pour interdire à qui que se soit d'ouvrir école à côté de l'école de l'État. La société trouverait même à cela l'immense avantage d'exciter l'émulation de ses propres instituteurs.

A plus forte raison, lorsqu'il s'agit de latin, de mathématiques, de sciences, de professions industrielles ou de métiers, l'État est-il complétement désintéressé dans le choix des maîtres. Il n'a nul motif pour ne par croire à la prévoyance des parents.

Mais il y a, comme compléments de l'instruction secondaire et supérieure, deux intérêts que la société est seule capable de garantir, avec sûreté et indépendance, pour l'utilité du présent et de l'avenir. L'un est de constater la capacité professionnelle qui est la finalité de toute espèce d'instruction ; c'est l'intérêt présent ; l'autre est relatif à la conservation de la matière même de l'enseignement ou de la science ; c'est l'intérêt de l'avenir.

En ce qui concerne la finalité de l'instruction, il paraît difficile de trouver un système supérieur en principe à ce qui existe aujourd'hui, c'est-à-dire à un tribunal chargé de juger à quel point un élève a profité de ses études, de prononcer sur son aptitude professionnelle, et de lui délivrer, s'il y a lieu, le diplôme qui lui ouvre la carrière de la pratique. Il y a dans une telle magistrature bien organisée toutes les garanties de savoir et d'indépendance que l'on peut demander pour l'utilité de tous.

Pour la conservation de la matière même de l'instruction ou de la science, le moyen premier et indispensable, quoiqu'il ne soit pas l'unique, est de maintenir le niveau des études aussi élevé et aussi progressif que possible. A cet effet l'émulation des examens est certainement très-utile ; mais ce qui paraît supérieur, c'est la concurrence des maîtres et des écoles, chose que nous ne connaissons plus en France. Elle résulterait nécessairement de la liberté laissée à qui le voudrait, d'ouvrir un enseignement. C'est un fait démontré que la liberté multiplie les maîtres, les écoles et les élèves. De là en quelque sorte une population de lettrés; mais de là aussi plus d'émulation, plus d'auditeurs pour les choses sérieuses, plus de juges, l'impossibilité de se distinguer à moins d'études approfondies et enfin, ce qui est le but final, plus de chances pour trouver ou manifester les intelligences supérieures.

On se plaint aujourd'hui, dans notre pays, de l'abaissement du niveau des études et cependant l'on persiste dans le système qui a produit ce fâcheux résultat. Il y a une chose dont on devrait se plaindre davantage, c'est du petit nombre de ceux qui font ce que l'on appelle, en langage scolaire, leurs humanités. C'est un véritable malheur. La connaissance des lettres n'est nuisible dans aucune profession; elle est utile partout. Elle ouvre aux sentiments et à l'intelligence une carrière qui semble aujourd'hui fermée pour le plus grand nombre de nos concitoyens. Les œuvres littéraires sérieuses n'ont presque plus de lecteurs; mais les ouvrages mauvais et malsains, qui ne sont pas supportables pour une personne instruite, sont assurés du succès. Il n'y a plus assez de contradicteurs pour arrêter la marche des idées mauvaises et des idées fausses. Plus une proposition est

étrange, plus elle réussit. La renommée récompense ce que le dégoût public devrait condamner.
Il y a en politique des convictions, des vérités,
des vertus que notre monde ne semble plus comprendre, ni sentir avec l'énergie du xviiie siècle ou
du commencement de celui-ci. Nous ne sommes
plus à la même hauteur. C'est qu'il faut se souvenir qu'en France avant la Révolution, sous le régime d'une liberté relative quant à l'enseignement,
il y avait, d'après l'aveu de deux ministres de
l'instruction publique, MM. Villemain et Salvandy,
dans le seul ressort du parlement de Paris, plus
de jeunes gens faisant leurs classes que dans toute
la France actuelle. D'après ce seul fait on est en
droit de supposer que le nombre des lettrés était
à cette époque, au moins le double et peut-être le
triple de ce qu'il est aujourd'hui. Or, alors la population était de 26 millions d'âmes tandis qu'elle
est de 36 aujourd'hui. Cette seule observation
explique la différence dont on se plaint. Elle
prouve aussi que le meilleur moyen de relever les
études, c'est de laisser se rétablir la concurrence
entre les écoles.

Il n'est pas douteux qu'il soit utile d'établir des
écoles modèles; mais ce qui serait plus utile ce
serait de multiplier les écoles gratuites. Il y a d'ailleurs des espèces d'enseignements qui sont au-dessus des forces des particuliers et qui intéressent la

société au plus haut point. Tel est par exemple l'enseignement du droit, de la médecine, des mathématiques, de la physique. Si l'État n'y pourvoyait, ces enseignements pourraient manquer. Nous sommes passablement riches sous ce rapport ; mais il y a une précaution que l'on a oubliée dans presque toutes les institutions publiques de ce genre, c'est de donner place, dans chacune de ces écoles, à l'enseignement libre, c'est de permettre à un professeur indépendant de parler à côté du maître officiel ; c'est, en un mot, de mettre en action le principe de l'émulation. On peut prévoir sans peine combien serait féconde une telle concurrence dans les écoles supérieures.

Le centre administratif et régulateur de pareilles institutions doit être sans doute une université ; mais pourquoi n'y aurait-il pas plusieurs universités? Ce que nous voyons aujourd'hui en Allemagne, nous montre à quel point, même en matière d'enseignement, la concurrence et l'émulation sont utiles.

55. Le mérite littéraire, le mérite scientifique, le génie de l'art suffisent pour illustrer une nation. Ils révèlent toujours à un certain degré son caractère et son but. Les lettres, les arts et même certaines parties de la science portent constamment l'empreinte de l'un et de l'autre. Ce triple mérite prouve en faveur du pays qui le possède.

C'est une gloire aussi grande et plus durable que celle acquise par les armes. Le nom d'Athènes dans l'histoire est égal à celui de Rome. C'est aussi un élément de puissance politique. Nul doute que la grande influence de la France en Europe ne soit due en grande partie à son génie littéraire et scientifique et à son goût dans les arts. C'est d'ailleurs la plus juste et la meilleure des supériorités entre les peuples; car elle n'est point exclusive. Elle appartient à celui qui la reconnaît presque autant qu'à celui qui l'a produite; elle profite à l'humanité entière.

Il n'y a pas d'État, lorsqu'il cesse d'être barbare, qui ne s'efforce de s'assurer les puissances dont il s'agit; il n'en est pas qui, les possédant, veuille les perdre. Le premier moyen pour les acquérir, comme pour les conserver est l'enseignement. Mais il en est d'autres non moins efficaces par les contacts et l'émulation qu'ils établissent entre les personnes instruites, ce sont les sociétés littéraires ou savantes. L'Europe est riche sous ce rapport. Cependant nulle part il n'existe une organisation répondant à tous les besoins. Dans un système complet, il y aurait place pour trois espèces des sociétés savantes : les sociétés de conservation, les sociétés de perfectionnement et les sociétés d'application.

Il serait facile de ramener à ce système les in-

stitutions scientifiques ou littéraires que nous possédons aujourd'hui en France. Dans leur état actuel, elles expriment déjà quelque chose d'analogue. Par exemple, l'Académie française et l'Académie des inscriptions et belles-lettres sont en réalité
des sociétés de conservation. Notre Académie des
sciences et notre Académie des sciences morales
et politiques, devraient être des sociétés de perfectionnement. Elles le sont quelquefois, surtout la
première. Notre Académie des beaux arts et notre
Académie de médecine sont des sociétés d'application; mais sous ce dernier rapport il y aurait un
vide considérable à combler. Nous n'avons en effet ni Académie agricole, ni Académie du génie
industriel ou polytechnique.

La conservation des richesses intellectuelles acquises est intéressée à cette extension des sociétés
littéraires et savantes; car elle-même n'est assurée
que par le travail de perfectionnement. Dans les
lettres, dans les sciences, dans les arts, comme
dans toutes les choses humaines, quand on n'a-
vance pas, on recule et on oublie. Quant à l'application, elle est un stimulant pour la conservation aussi bien que pour le perfectionnement.
Elle rend précieuses les acquisitions faites, par
les biens qu'elle en tire, et elle sollicite incessamment des découvertes par les besoins qu'elle
exprime.

Sous tous ces rapports, il s'en faut de beaucoup que les institutions actuelles soient complètes et aussi rationnellement constituées qu'elles devraient l'être. Elles l'étaient sans doute à leur début ; elles étaient en rapport avec la destination qu'on pouvait alors assigner à des sociétés de ce genre ; mais le fussent-elles encore aujourd'hui, un jour arriverait où elles se trouveraient insuffisantes. Nulle organisation académique ne peut être considérée comme destinée à une durée illimitée. La science et la pratique changent en quelque sorte incessamment ; les sociétés qui en représentent le mouvement doivent se modifier avec elles et se perfectionner avec elles. Notre Académie des sciences, par exemple, excellente au moment où elle fut créée, est loin de répondre rigoureusement aujourd'hui aux besoins de la science. Il n'y a que les Académies de conservation qui puissent être à un certain degré stationnaires.

Ces puissants moyens de conservation et de perfectionnement ne sont pas les seuls qui aient été réalisés. Il y a en Angleterre une institution, celle des Fellows, que nous devons lui envier et que nous pourrions nous approprier en la corrigeant. Nous avons fait quelque chose d'analogue pour encourager la culture des beaux arts, mais avec des restrictions qui en annullent l'effet.

Il y aurait beaucoup à dire encore sur ces divers sujets; mais déjà j'ai franchi les limites de la théorie et je suis même sorti de la question de l'éducation et de l'instruction qui est celle de ce chapitre : je dois m'arrêter.

CHAPITRE III.

DE LA FAMILLE OU DE LA CONSERVATION DE LA
SOCIÉTÉ PAR LA CONSERVATION DE L'ESPÈCE
HUMAINE.

56. Il n'y a point de société où il n'existe un
système spécial de prévoyance pour la conservation de l'espèce humaine. De là l'institution du
mariage et l'institution de la famille. Le mariage
est considérée comme le moyen et la famille
comme le but. C'est par ces institutions que la société assure sa perpétuité.

Les hommes ont toujours eu parfaitement conscience de la nécessité ainsi que du résultat de ces
institutions au double point de vue de la conservation et de l'accroissement de la population. Cela
est si vrai que, dans la plupart des sociétés antiques, le mariage et la famille constituaient un pri-

vilége politique ; c'était un droit réservé aux castes
supérieures ou gouvernantes et à la noblesse. Elles
seules également avaient l'obligation et l'honneur
de revêtir leurs mariages de la sanction religieuse.
Quant au reste de la population, elle était, à cet
égard, abandonnée à son libre arbitre ; il y avait
quelquefois des usages, mais jamais d'obligation
ni de droit ; jamais surtout de sanction religieuse.
Ainsi dans ces petits groupes politiques recontrés
par les voyageurs dans les îles de l'Océan pacifique,
et qui nous rappellent un état primitif par lequel
ont passé tous les peuples civilisés de notre antiquité historique, le mariage et la famille sont,
comme les droits politiques et la propriété, les priviléges de la caste nobiliaire ou souveraine (la
caste des *Eris*), tandis que la promiscuité est le
partage de la caste inférieure (celle des *Teous*).
A Rome, le mariage légal et la famille furent, pendant longtemps un privilége réservé aux seuls patriciens, et le mariage religieux, *per confarreatio-
nem*, le fut toujours. Il fallut une révolution pour
donner le droit de famille aux plébéiens. Quant
aux esclaves, jamais on ne s'occupa d'eux sous ce
rapport ; ils restèrent toujours abandonnés aux
impulsions de leurs instincts ou aux caprices de
leurs maîtres.

Le mariage et la famille ont le cachet de toutes
les choses sociales. L'un et l'autre ont le caractère

d'un devoir et le mérite d'un sacrifice, quoique le plus souvent ils soient la source des jouissances les plus douces, et de ce tranquille bonheur qui s'attache à la satisfaction paisible de nos instincts naturels.

57. C'est par la loi de famille que les hommes ont débuté dans la vie sociale. L'état de famille a été, pendant une longue suite de siècles la seule forme de société connue. Les traditions bibliques et chaldaïques sont positives à cet égard, et partout où l'on peut saisir le commencement des temps historiques on trouve sur ce point des indications précises. Ainsi l'état patriarcal ou de tribu, c'est-à-dire celui où le chef est supposé le père ou l'aîné d'une agglomération de familles se vantant toutes d'être sorties d'un même père et d'appartenir au même sang, cet état que l'histoire nous montre comme le régime précurseur de la civilisation, présente rarement plus qu'une extension de l'état de famille. Les différences qu'on rencontre entre ces divers groupes de populations, presque toujours nomades, s'expliquent soit par les résultats de la guerre qui tantôt a subalternisé certaines familles à d'autres, tantôt a établi l'esclavage, soit par l'accroissement de la population qui a exigé ou permis la division du travail ou celle des fonctions.

Dans les institutions primitives de quelques

cités antiques on rencontre des indications pareilles. On aperçoit, très-obscurément chez les Grecs, dans l'institution des *gennètes*, mais très-clairement chez les Romains, dans le système des *gentes*, que la cité, au début, ne fut qu'une association de familles. La république romaine, n'était qu'une confédération de *gentes* et le sénat l'assemblée de leurs chefs. La discipline des *gentes* formait une partie de la discipline publique. Ce caractère primitif, ce souvenir des premiers temps ne s'effaça que sous les empereurs et il ne disparut tout à fait que sous l'influence du christianisme.

Il existe encore aujourd'hui des populations à l'état de tribu : mais, ce qui est plus étonnant il en existe encore à l'état de famille. Dans des contrées que la rigueur du climat plutôt que la distance a jusqu'à ces derniers temps soustraites à la civilisation, au Groenland, il n'y avait pas, il y a moins de deux siècles, d'autres sociétés que des familles. Les missionnaires qui leur ont apporté l'idée de l'association religieuse et par conséquent de l'association spirituelle ont inspiré à ces malheureux la volonté d'une association plus pratique. Quelques groupes de population se sont formés. La transformation s'opère lentement, mais enfin elle s'opère, digne récompense d'efforts véritablement admirables !

58. La famille a donc été historiquement le point

de départ de la société civile et politique. C'est par
elle, en quelque sorte, que les hommes ont fait
l'apprentissage des habitudes et des devoirs sociaux. Elle est restée l'assise première et constante
sur laquelle tous les législateurs ont fondé la société politique. Elle en est toujours la base nécessaire. Otez en effet la famille et il n'y a plus de
garantie, ni pour la conservation de la population,
ni pour l'éducation des enfants. Ainsi quand Aristote
disait qu'elle était la société élémentaire et l'élément de la cité, il ne généralisait pas seulement le
fait qu'il avait sous les yeux ; il faisait plus , il posait une vérité fondamentale et constante.

59. De ce que l'homme par sa constitution matérielle se rapproche de l'animal, de ce que surtout il ressemble à celui-ci par la manière dont il
se reproduit, quelques philosophes ont conclu qu'il
suffirait de l'abandonner à son instinct pour assurer la conservation de l'espèce et qu'il n'y avait pas
besoin d'autres lois à cet égard que de celles qui
régissent les bêtes. C'est une erreur ! Il faut plus
chez les hommes que le hasard des rencontres, des
caprices et de l'instinct. Là où, par le fait de circonstances exceptionnelles, ce hasard règne en
maître, là en un mot où la promiscuité existe,
non-seulement l'espèce ne prospère pas et n'aug-
mente pas en nombre, mais encore elle se dété-
riore au physique et le plus souvent elle diminue.

Voyez ce qui arrivait aux esclaves chez les Romains. Ils étaient livrés à tous les abus de la promiscuité ; mais loin que leur nombre s'accrût sous ce régime, il allait toujours diminuant. Pendant une longue suite de siècles ce fut la guerre qui se chargea de remplir les vides ; mais lorsqu'il n'y eut plus de cités, ni de provinces à dépeupler, le nombre des esclaves devint rapidement insuffisant ; les terres qu'ils cultivaient devinrent stériles ; la nature sauvage en reprit possession.

L'expérience apprit bien vite aux administrateurs de ce temps qu'on suivait un mauvais système. On y renonça en effet et des édits impériaux créèrent le colonat et assurèrent au serf colon la famille en même temps que le pécule. Mais l'empire romain ne vécut pas assez pour voir ce nouveau régime repeupler les terres que l'ancien système avait rendues incultes.

Dans les îles de l'Océanie, la classe inférieure, celle des *téous*, est abandonnée à la promiscuité. Elle se distingue de la classe supérieure par une puberté précoce, par la petitesse de la taille, par l'infériorité musculaire et intellectuelle. Elle se conservait cependant ; mais c'est parce qu'un grand nombre d'individus renonçant volontairement à la promiscuité contractaient, à l'exemple des *Eris*, des espèces de mariages.

Il y a aujourd'hui, dans l'Amérique septentrionale, une singulière société qui a renouvellé le régime de la promiscuité, mais au profit des hommes seulement; c'est celle des Mormons. Or, quoique ces Mormons soient en quelque sorte d'hier, on y remarque que le nombre des naissances est de beaucoup inférieur à celui des morts, en sorte qu'ils seraient déjà presque tous disparus s'ils ne recrutaient, chaque année, de nouveaux adeptes.

Ce n'est pas la fréquence des rapports entre les sexes qui produit beaucoup d'enfants. Il faut, au contraire, une certaine chasteté dans le mariage pour qu'il soit fécond. Tout le monde a remarqué que les femmes qui se livrent à la prostitution sont généralement stériles. Je pourrais dire pourquoi; mais je n'oublie pas que je m'adresse à d'autres qu'à des médecins et que je ne dois entrer dans le détail des explications physiologiques qu'autant qu'il sera absolument nécessaire.

60. Sous le point de vue de la reproduction, il y a des ressemblances entre l'espèce humaine et certaines espèces purement animales; mais il n'y a pas parité. L'espèce humaine constitue un règne isolé dans l'animalité. Elle participe de l'animalité; mais on peut dire qu'elle y participe le moins possible. Quoique le côté de la génération soit celui où elle s'en éloigne le moins,

elle ne s'en rapproche pas plus sous ce rapport, moins peut-être, que le règne animal lui-même ne se rapproche du règne végétal. Quelques mots d'explication éclairciront ma pensée.

Sous le point de vue dont il s'agit ici, les animaux du dernier rang ressemblent aux végétaux des classes supérieures. Ils se multiplient comme ceux-ci par bourgeons, par scissiparité et par œufs ou graines. Dans des classes un peu plus élevées, et jusque chez les poissons et les reptiles, la reproduction a lieu généralement par des œufs; mais ceux-ci sont, le plus souvent, abandonnés, comme la graine des végétaux, aux hasards des circonstances favorables. Les petits, qui en sortent, apportent tous les instincts et toutes les facultés nécessaires à leur conservation. Ils savent tout ce qu'ils ont besoin de savoir; ils sont en naissant aussi instruits que leurs parents. Dans une classe plus élevée, chez les oiseaux, les soins de la mère sont nécessaires. Les petits ont déjà, sans doute, en sortant de l'œuf, la plupart des instincts propres à leur conservation; mais ils ont besoin de la nourriture des premiers jours et peut-être d'une sorte d'instruction. Aussi déjà, chez ces animaux, les rapports des sexes offrent un caractère particulier et le rôle de la mère s'agrandit. Chez les mammifères, la durée de l'alimentation maternelle et le besoin de protection croissent en

quelque sorte avec la taille. Cependant le petit
animal sait, avant d'avoir les yeux ouverts, chercher sa première nourriture dans la mamelle de
sa mère; peu de jours après, il marche, et ne
tarde pas à acquérir son indépendance. Ici les
rapports des sexes offrent encore des caractères
plus remarquables que chez les oiseaux. Sauf dans
quelques espèces carnassières que leur férocité
condamne à un isolement individuel et dont cet
isolement borne la fécondité, sauf quelques autres
espèces dont la présence de l'homme ou la domesticité ont changé les mœurs, les mammifères
vivent en troupes ; et dans chaque bande on remarque qu'un ou plusieurs mâles se chargent de la
défense et de la direction du reste qui est composé
des femelles, des petits et des jeunes. Mais quelle
différence avec l'espèce humaine !

Tout le monde a lu quelque part que la femme
du sauvage s'accouche et se délivre elle-même,
sans aucun secours, puisqu'elle va laver son enfant au fleuve voisin et qu'aussitôt elle se remet
au travail vive et allègre comme si de rien n'était.
Ceci n'est rien de plus qu'un conte. C'est une très-
rare exception que la femme puisse se suffire à elle-
même pendant la grossesse et surtout pendant la
parturition, et quand cela arrive il en résulte toujours un grand mal pour elle et pour son enfant.
Il est plus rare encore que la mère puisse suffire

en même temps à elle-même et à son enfant. Il lui
faut la vie de famille pour le parfait accomplissement de ces graves et difficiles fonctions sur lesquelles reposent la durée et la meilleure conservation de notre espèce; il lui faut au moins des
circonstances et une protection qui la remplacent.
Voyez en effet. L'enfant de l'homme naît complétement dépourvu de ces instincts qui caractérisent
les animaux. Il ne sait que crier et se plaindre. Il
faut placer la nourriture dans sa bouche. Il faut
qu'il apprenne tout, à voir, à entendre, à toucher,
à marcher. Les soins qu'il exige sont si constants
qu'ils prennent tout le temps de la mère. Elle l'a
mis au monde; mais il faut conquérir une seconde fois sa vie contre sa propre ignorance et
contre les atteintes du milieu nouveau où il est
placé. L'enfant est sujet à une multitude de maladies dont l'animal est exempt. Aussi, de la part
de sa nourrice, c'est un combat perpétuel contre
tous les genres d'accidents. Il faut enfin l'engendrer à la vie spirituelle, à la vie qui constitue spécialement l'homme; il faut lui apprendre à parler
et à penser. C'est encore la mère qui lui donne
cette seconde vie. On a dit souvent, et rien n'est
plus vrai, que l'enfant dans ses premières années
apprend plus qu'il n'apprendra dans le cours entier
de son existence. J'ai déjà fait remarquer que les
impressions de ces premières années ne s'effacent

12

jamais, que c'est de là que viennent ces dispositions dites natives, qui jouent un si grand rôle
dans notre vie. Or, c'est à nos mères que
nous devons cette science et ces premières dispositions. Elles nous donnent tout ce qu'elles possèdent, tout ce qu'on leur a donné à elles-mêmes ;
et quelle patience, quel art, quel amour il leur
faut pour faire pénétrer chez ce petit être indocile
et capricieux, toute cette lumière qui doit l'éclairer
plus tard, un art, une patience, un amour dont
personne n'est capable qu'elle-même. C'est véritablement un second engendrement plus pénible,
plus difficile et plus méritant que le premier.
C'est là la vraie tâche de la femme; c'est là son
devoir et son rôle social ; car, suivant qu'elle l'accomplira bien ou mal, son fils sera un homme
utile ou un méchant. Qui que nous soyons, si nous
avons quelque mérite devant nos semblables, ren-
dons-en grâce à nos mères.

64 Je viens d'argumenter du point de vue de
l'histoire naturelle contre les prétentions du naturalisme et je crois avoir suffisamment prouvé
que cette école se trompait dans les assimilations
qu'elle tentait d'établir comme dans les conséquences qu'elle voulait en tirer. Elle a cependant
toujours des représentants sous une forme ou sous
une autre. Nous avons vu, dans ces dernières années une nouvelle secte qui arrivait aux mêmes

conclusions, mais par une autre route, au nom d'un autre principe, au nom d'un autre sentiment. Elle réclamait la liberté dans l'union des sexes au nom de la vérité dans l'amour, ce qui est encore du naturalisme, mais du naturalisme très-peu philosophique et par trop pratique. On repoussait comme une contrainte odieuse et un tyrannique abus, la stabilité que la loi sociale veut faire régner dans l'union sexuelle. Là où l'amour doit être le seul lien, l'unique loi, il ne doit y avoir, disait-on, ni obligation, ni contrainte, ni règlement Pourquoi le mariage serait-il perpétuel, si l'amour ne l'est pas? Le mariage ne doit avoir d'autre durée que celle de l'amour, comme il ne doit pas avoir d'autre sanction, etc. Chose singulière; les plus ardents maîtres de cette dernière école ont été des femmes!

A quoi conduirait en définitive ce naturalisme? à laisser la femme sans protection et l'enfant à sa charge ou à l'abandon! Quant à l'homme, elle lui ôterait la certitude et la jouissance de la paternité.

Ces révoltés ont oublié que l'union des sexes avait pour conclusion la maternité et la paternité; ils n'ont pas vu que là était le but, et là la raison qui rendait l'amour sexuel plus respectable, plus saint, plus social que d'autres appétits ou d'autres satisfactions qu'on ne s'est jamais occupé de régle-

menter. Ce seul oubli suffit pour accuser leur jeunesse et leur irréflexion. Ils ne se sont pas rappelé non plus que dans le rapport sexuel, le rôle
de la femme et celui de l'homme ne sont point
égaux. L'homme n'y perd rien ; mais la femme y
perd tout. La maternité pour la femme est un véritable sacrifice de sa personne. Si elle lui donne,
aux yeux de la société et devant Dieu, un mérite
que rien ne surpasse, si elle lui donne un droit de
plus à l'affection de son époux, par contre elle lui
ôte ces attraits qui brillent dans la jeune fille et
qui charment les yeux et l'imagination des
hommes. Le mariage et la famille sont les seules
places où la femme mère soit supérieure à la
vierge et l'égale de l'homme; ce sont les seules où
elle trouve la dignité, la sécurité et la justice à
laquelle elle a droit.

La plupart des personnes qui ont émis les propositions passablement paradoxales que je viens
de combattre, n'ont ainsi raisonné que parce
qu'elles se sont placées à un point de vue purement individuel, quelques-unes au point de vue
des sentiments, des plaisirs et des délicatesses qui
président à l'union des sexes, et quelques autres,
je dois le dire, au point de vue grossier des appétits, des caprices et de la variété qui excite
les sens. Les unes et les autres ont suivi la logique de l'égoïsme ; elles n'ont vu qu'elles-mêmes

et leurs propres sentiments et non point la fonction ni la finalité du mariage. Or s'il y a un sujet
où l'on doive chercher la finalité et où celle-ci soit
évidente, c'est certainement le sujet dont nous
nous occupons. La passion et le plaisir ont été
mis dans l'union des sexes comme un attrait irrésistible pour assurer la perpétuité de l'espèce. Il
suffit de jeter les regards sur l'ensemble de la
création terrestre pour reconnaître que dans cette
union le but est constamment l'espèce et jamais
l'individu. Il y a des êtres, et en grand nombre,
dont la vie finit aussitôt que l'œuvre de reproduction est terminée. Sans doute, dans les animaux
supérieurs, l'individu a d'autres fonctions que de
propager son espèce; mais remarquons-le bien,
la preuve principale, la preuve naturelle, indiscu-
table que nous en avons, c'est que leur vie dure
au delà du moment où leur reproduction est opérée. Chez l'homme, la fonction de la reproduction, toute importante qu'elle est, n'est
évidemment qu'accessoire, ou seulement com-
plémentaire; mais sa destination n'en est pas
moins la même que dans le reste de l'animalité : le but est toujours l'espèce. Le législateur
peut-il faire mieux que de respecter la finalité établie avec une telle évidence dans ces choses, que
d'imiter le Créateur ou plutôt d'obéir à sa volonté
si clairement manifestée?

La nécessité de la famille pour la conservation de l'espèce humaine me paraît suffisamment démontrée par ce qui précède. Nous avons maintenant à chercher quelles en sont les lois constitutives. Ce travail ne sera ni long, ni difficile. Ici, comme dans toute autre société, l'organisation de l'ensemble, les devoirs et les droits généraux et particuliers découlent du but. Il y a des constantes organiques nécessaires, dont on ne peut s'éloigner que dans certaines limites. Nous verrons en effet, que, selon que l'on se rapproche ou que l'on s'éloigne de ces constantes, la famille conclut au bien ou au mal et donne de bons, de médiocres ou de mauvais citoyens [1].

62. L'origine de la famille est le mariage. Le but du mariage est la procréation des enfants. La famille n'est en effet réalisée ou complète que lorsque les enfants existent. Le but de la famille est leur conservation et leur développement sous tous les rapports qui peuvent en faire des citoyens, c'est-à-dire des hommes bons et utiles, selon l'énergique expression de nos ancêtres.

Ce n'est pas sans motif que je distingue entre le but du mariage et le but de la famille, quoique ces deux institutions soient tellement unies

1. Voyez Courcelle-Seneuil, *Études sur la science sociale*, p. 256 et suivantes.

qu'elles semblent se confondre. En effet, il y a une fin à laquelle les époux seuls prennent part ; c'est la procréation des enfants ; il y a une autre fin à laquelle les enfants eux-mêmes doivent concourir ; c'est la conservation, l'avancement, et l'instruction de la famille. Les parents donnent leur travail, leur vigilance, leur prévoyance ; les enfants doivent donner d'abord leur obéissance et ensuite leur aide selon leurs forces. La famille est la communauté définitive où chacun des membres doit apporter et prendre sa part de soins, de travail et de sécurité. Il y a plus, ce n'est point en vue de l'union de l'homme et de la femme qu'est fait le règlement du mariage ; c'est en vue des enfants, c'est en vue de la famille. En effet, si on le déduisait seulement de la considération de l'union de l'homme et de la femme, la logique et la justice n'exigeraient rien de plus que la garantie des droits et des intérêts de chacun des conjoints, en telle sorte qu'il y eut entre eux une réciprocité parfaite et que ni l'un ni l'autre ne put être lésé. C'est parce que la femme perd quelque chose dans le mariage, que la législation lui assure ordinairement un dédommagement en cas de répudiation, de divorce ou de veuvage. Si, au contraire, on déduit le règlement du mariage de la considération des enfants, c'est-à-dire de l'idée de famille, on trouve que la législation a besoin

d'établir en outre tout un important système de
devoirs et de droits et qu'elle le fait le plus souvent.

On peut dire que la plupart de ceux qui se sont
trompés sur les questions dont nous nous occupons l'ont fait uniquement parce qu'ils ont pris
pour point de départ logique le mariage seul, au
lieu du mariage fécond, c'est-à-dire de la famille.

63. Disons, avant de passer outre, que le mariage, en tant que principe de la famille, est, au
point de vue de la société politique, un des premiers devoirs pour chacun de ses membres. Aussi
ne saurait-on trop l'entourer de respects et d'hon-
neurs. Il faut qu'il apparaisse comme une dignité
nouvelle ajoutée à celle de citoyen. La religion n'a
pas trop fait en l'élevant au rang d'un sacrement ;
car il est bon, il est juste, il est utile que la religion et l'opinion le protégent à ce point, que
personne n'ose s'y soustraire à moins d'un devoir
égal incompatible, et que ceux qui en sont éloignés
par la force des choses, regrettent, jusqu'à l'envie,
que d'autres aient sur eux cette supériorité d'accomplir un devoir dont le mérite leur a été refusé.

64. Nous venons de voir que la considération
du but donne la loi des devoirs et des droits dans
la famille. Nous devons déterminer maintenant
quels sont ces devoirs et ces droits au moins dans
les choses principales.

La première et la plus grave conséquence c'est

que, dès que le mariage est fécond, dès que la famille existe, le père et la mère sont unis d'une manière indissoluble. Les époux peuvent être rassasiés et fatigués l'un de l'autre; il peut être dans la convenance de leurs appétits ou de leur caprice de se séparer; mais l'existence des enfants leur impose un devoir et une responsabilité commune dont tous deux sont également participants. Ce devoir est un lien moral des plus positifs. Le rompre est une faute, peut-être même un crime devant Dieu avant d'en être un devant la loi.

Dans les États où la loi a fait à la faiblesse humaine la concession soit de la répudiation, soit du divorce, on a été obligé de régler le sort des enfants.

Quels que soient les arrangements qu'on adopte à leur égard, qu'on les attribue à l'un des époux ou qu'on les partage entre les deux, il est évident qu'au point de vue du développement physique et moral des enfants, la situation créée par le divorce et par la répudiation est des plus fâcheuses. Elle offre quelque chose de violent puisqu'elle brise le lien de sentiment qui les unit à l'un de leurs parents; elle ôte toute raison et tout motif aux devoirs qu'on leur imposerait par la suite vis-à-vis de celui dont ils sont séparés; ils commencent la vie sous l'influence d'un exemple mauvais et d'une impression détestable. Enfin ils perdent, et

c'est là le côté grave au point de vue social,
ils perdent l'avantage et les bienfaits de cette double affection du père et de la mère, différente dans
ses manifestations et ses soins, mais semblable par
le but, dont le concours est nécessaire à leur parfait développement physique et moral. Aucun arrangement légal ne peut équivaloir au principe de
l'indissolubilité qui seul est conforme à la logique
des choses ; aucun ne le remplace. Je n'ai pas besoin de dire que, lorsque le mariage est stérile, il
n'y a plus les mêmes motifs sociaux pour le maintenir ; il y en a quelquefois pour le rompre.

65. Du moment où la famille existe, quelque
petite que soit cette société, il lui faut un gouvernement. Or, à l'égard des enfants, le pouvoir de
direction et de commandement paraît devoir appartenir également au père et à la mère ; on ne
voit pas pourquoi il en serait autrement. Naturellement il est plus entre les mains de la mère
pendant la première enfance, un peu moins pendant la seconde ; plus tard c'est surtout le pouvoir du père qui prédomine ; mais au fond le
droit des deux parents est égal, puisque ce droit
n'est que la conséquence du devoir qu'ils accomplissent et de la responsabilité qu'ils encourent
tous deux. Presque partout l'usage en a décidé
ainsi. L'usage a triomphé même de la législation
dans les cas où celle-ci voulait le contraire. Sauf

chez quelques peuplades sauvages où la force est
la seule vertu et la seule autorité, la mère, toujours et en tous lieux, a recueilli le respect et
l'obéissance de ses enfants. Voilà pour le gouvernement des enfants; mais entre la mère et le père
qui aura l'autorité supérieure?

Si l'on ne considère que l'intérieur de la famille,
il paraît indifférent que cette autorité appartienne
de préférence à l'un ou à l'autre. Ce qui semble
le mieux, c'est qu'elle revienne à celui des deux
qui aura sur son conjoint cette réelle supériorité
que la pratique de chaque jour ne tarde pas à manifester et qu'on s'empresse de reconnaître partout
sans qu'il y ait besoin de règlement. Mais, quand
il s'agit du gouvernement de la famille, il y a
autre chose à considérer que l'intérieur de celle-ci;
il faut tenir compte surtout des rapports de cette
petite société avec la grande société politique dont
elle fait partie, ou plutôt dont elle est la subor-
donnée. Ce sont là des rapports dont l'influence
est dominante. L'existence et le bien-être de la
famille en dépendent en grande partie. Or, c'est
l'homme qui est en général l'intermédiaire de ces
rapports; c'est lui qui, dans le milieu politique,
représente la famille et par suite c'est lui qui en
est le chef.

Cependant, dans une famille bien réglée, cette
supériorité nécessaire n'ôte rien à l'autorité, ni à

la dignité de la femme; celle-ci administre pendant que le mari gouverne. Il n'est pas rare que la pratique intervertisse les rôles. C'est quelquefois la femme qui conserve et nourrit la famille; c'est elle qui possède la supériorité morale et intellectuelle. Le mieux alors est que la direction de la communauté lui revienne. Rien n'est plus juste et les choses se passent ainsi en France assez souvent; mais c'est un fait que notre législation n'a pas prévu; elle ne le reconnaît pas. Le silence de la loi est sans danger lorsque les époux sont l'un à l'égard de l'autre ce qu'ils doivent être; mais il n'en est plus ainsi lorsque le mari ne sait faire de son droit qu'un indigne usage, nuisible à la communauté, destructeur de la famille. Le seul recours que notre code accorde à la femme est la séparation. N'y a-t-il pas quelque chose de mieux à faire? Ne pourrait-on pas dans ce cas transporter à la femme le droit qui appartient ordinairement au mari? Il n'y a qu'une seule fonction dans laquelle la femme ne puisse suppléer son époux: c'est celle de citoyen.

66. La famille n'a pas été toujours comprise dans l'organisation sociale simplement comme un moyen de conservation de l'espèce. Elle a été et elle est encore, en beaucoup de pays, considérée comme un élément de l'État, comme un principe d'administration et de gouvernement. De là, dans

tant de pays, ces usages qui altèrent l'institution
naturelle de la famille, ces règlements qui révol-
tent nos habitudes modernes, mais que les progrès de la civilisation chrétienne ont corrigés ou
en partie abolis, tels que l'autorité absolue du
père, son droit sur la vie et la liberté des enfants,
la nullité de la mère, la hiérarchie entre les enfants, l'inégalité des partages, le droit d'aînesse.

Un seul exemple suffira pour faire comprendre
l'influence que le système politique peut exercer
sur l'organisation intérieure de la famille. Chez les
Romains où le sénat, comme on sait, était la
moitié du souverain, ainsi que l'exprimaient parfaitement ces mots *senatus populusque romanus*,
ce sénat était l'assemblée des chefs, *patres*, des
familles patriciennes ou des *gentes* dont la confédération avait primitivement constitué l'État tout
entier. Ainsi la famille était en réalité un élément
de la constitution politique. Le chef, le père, celui
qui représentait la famille, ne perdait, en rentrant
dans sa maison, rien du droit de souveraineté
qu'il exerçait dans la cité; seulement il en jouissait
sans partage. Il y était en même temps l'unique
magistrat et l'unique pontife; la mère ou la ma-
trone était assimilée à ses enfants par le mariage
solennel; elle relevait de son tribunal, il disposait
de son sort, il disposait également de la vie et de
la liberté de ses enfants; c'était tout-à-fait l'οἰχονομία

δεσποτικη, le système despotique d'Aristote. Nous avons eu nous-mêmes dans le développement de notre civilisation moderne un exemple de cette influence du système politique sur la constitution de la famille, mais un exemple moindre : le système féodal engendra le droit de primogéniture, l'inégalité entre les enfants, l'usage des substitutions.

67. En général dans notre Europe moderne, la famille se rompt à la mort du père et de la mère et ce qui en reste ne consiste plus que dans les relations morales qu'elle a créées et dans certains rapports légaux qui se manifestent principalement par les droits de succession et les empêchements au mariage. Il n'en était pas ainsi dans l'antiquité et par exemple à Rome ; tant que la famille y fut un élément de l'État, ainsi que nous venons de le voir, elle était considérée comme perpétuelle; c'était la *gens*. Il n'en est pas non plus ainsi aujourd'hui en Chine, aux Indes, chez les princes, dans la noblesse aristocratique de l'Angleterre et de l'Allemagne. Partout enfin où les familles sont encore des éléments de l'État, on s'est efforcé de leur donner, autant que possible, le caractère de la perpétuité. Ainsi le veulent, en Europe, exceptionnellement, quelques constitutions politiques, et en Chine la religion et la législation réunies.

Il semble que la famille soit naturellement dissoute à la mort de ceux qui en furent les auteurs et les chefs. La logique en effet veut que l'action cesse lorsque le but est atteint. Or, ici, le but est l'éducation et l'avancement des enfants. Aussi, à la rigueur, la logique ne prononcerait pas la dissolution seulement au moment de la mort des parents ; mais elle exigerait plus ; elle voudrait qu'au jour où les enfants sont en état de vivre indépendants et par eux-mêmes, l'association qui les unit au père et à la mère, cessât légalement. Elle irait plus loin encore ; elle autoriserait même la rupture du mariage ; car elle ne le déclarait indissoluble qu'en raison du but, c'est-à-dire de l'éducation et de l'avancement des enfants. Ces conséquences paraissent certainement très-rationnelles au point de vue où nous nous sommes placés jusqu'à ce moment ; mais le sentiment les repousse, la justice et l'usage les condamnent Pourquoi ?

La révolte du sentiment en cette circonstance s'explique d'abord par les liens d'affection qui unissent les membres d'une même famille, ensuite par les liens d'habitude que produisent la vie en commun et la communauté d'éducation, et enfin par les liens d'intérêts. Je ne connais pas d'influence capable de dépasser, ni même d'égaler chez les hommes cette triple puissance. Lorsqu'elle prononce sur un sujet, il ne paraît pas qu'il y ait de résistance possible à moins d'un devoir plus grand ou à moins que l'homme ne soit dans un état anomal, c'est-à-dire physiquement ou moralement dépravé. Examinons, en quelques mots la nature et la valeur de chacune de ces influences.

Est-il besoin, en effet, de parler de la puissance de l'affection paternelle, et surtout de l'affection maternelle ? Qui ne la connaît par expérience ? Qui n'en a ressenti les effets ? Cet amour suit les enfants partout où ils vont ; il est toujours actif, toujours indulgent, toujours désintéressé, toujours patient, toujours dévoué en un mot, ne demandant pour récompense que le bien de ceux auxquels il s'attache. Il a des exigences si excessives que les parents sont obligés de s'en défendre comme d'une faiblesse dangereuse pour les enfants même. Ce sentiment qui est commun au père et à la mère continue, ou plutôt perpétue entre eux l'unité de but qui a présidé à leur union primitive.

L'amour filial n'est ni pareil, ni égal à l'amour paternel. Ce dernier est en quelque sorte un instinct ; c'est au moins la manifestation d'une loi naturelle que Dieu a imposée à l'animalité et qui, dans notre espèce, offre un degré de puissance et de perfection proportionnelles à notre force morale et à notre intelligence. Chez les enfants, l'affection ne repose plus sur un instinct : c'est de l'amitié, de la sympathie ou de la reconnaissance.

Il est vrai que ces sentiments sont aussi d'autant plus développés que la force morale l'est davantage; il est vrai encore que l'égoïsme même conclut à les maintenir. Où ces enfants trouveront-ils, en effet, les encouragements, les approbations, l'indulgence, le désintéressement qu'ils sont sûrs de rencontrer chez leurs père et mère! Les parents sont les confidents naturels de leur égoïsme; ils en sont, s'il est permis de dire, les complices.

Au second rang vient l'habitude; c'est une puissance qui parle moins haut, mais qui est peut-être plus durable. Elle se forme, dans le sein de la famille, par l'effet quelquefois d'une ressemblance organique originelle, mais toujours par la similitude d'éducation, l'imitation des mêmes modèles, l'identité de règle dans les actions et les pensées, l'exercice des mêmes sympathies et des mêmes antipathies, enfin par tout ce qui résulte d'une longue intimité. Ces habitudes, quelle que soit la dispersion, ne s'effacent jamais complétement; elles donnent aux enfants qui ont été élevés ensemble une physionomie qui trahit, jusque dans les moindres détails, leur origine commune. Elles constituent enfin comme une seconde nature dont on peut dire comme on dit de la première : « Chassez le naturel, il revient au galop. » Or ces habitudes feront que les membres d'une même famille ne se trouveront avec personne plus à l'aise qu'entre eux, toutes les fois qu'une cause grave de séparation n'existera pas.

Il faut enfin tenir compte des intérêts. Le plus souvent ils sont cause des séparations qui existent entre les enfants d'un même père; rarement ils les réunissent ; mais il est bien rare aussi qu'ils ne constituent pas un lien qui les rattache à leurs parents. Ainsi, soit par sentiment, soit par habitude, soit par intérêt, ou par tous ces motifs ensemble, la plupart des enfants reviennent toujours vers ceux qui les ont engendrés. Ils retrouvent dans ces relations une douceur, une aisance, une sympathie pour tout ce qui les touche, qu'ils ne rencontrent nulle part ailleurs. Voilà pourquoi, selon moi, le sentiment universel repousse ces tristes conséquences logiques que j'énonçais tout à l'heure.

Le mariage et la famille n'auraient-ils pour but que des satisfactions individuelles, il suffirait d'un tel accord de sentiments, pour prolonger la durée de ces petites sociétés et pour justifier la protection que la loi leur accorde. L'État donne son appui à des tendances beaucoup moins générales et moins importantes. Mais il y a plus ; la société politique a un intérêt moral, un intérêt de justice et un intérêt de population à maintenir les obligations de famille jusqu'à la mort des fondateurs et dans certaines circonstances bien au delà.

La morale veut que tout devoir engendre un droit; elle donne le droit soit comme moyen du devoir, soit en même temps comme récompense du devoir accompli. Telle est la règle, tel est le principe.

Or, selon cette loi primordiale, le devoir que les parents ont accompli envers leurs enfants, leur donne droit sur ceux-ci, même lorsque les enfants sont libres et vivent par eux-mêmes dans l'indépendance. Il leur donne droit au respect, à l'appui et au secours des enfants quand ces secours sont nécessaires. Il n'y a pas de pays civilisé où ce droit ne soit reconnu et légalement consacré. J'ajoute qu'au point de vue de la population, l'État trouve lui-même le plus grand avantage à imposer aux enfants ces devoirs qui continuent la famille. En effet, par là, il donne au père et à la mère un motif de plus non seulement pour engendrer des enfants, mais encore pour les élever le mieux possible afin d'en faire des hommes bons et utiles. Il ajoute au motif d'affection qui vient de la nature, un motif d'intérêt qui vient de lui-même.

Ce lien, fondé sur le devoir des enfants envers leurs parents, cesse naturellement à la mort de ceux-ci; néanmoins, selon la coutume la plus générale, la famille n'est pas encore considérée comme complétement rompue. Sans parler de cer-

tains cas spéciaux, tels que le service militaire,
l'exclusion de diverses fonctions corporatives où
l'on tient compte des liens de famille, toutes les
législations européennes les maintiennent dans
deux circonstances : lorsqu'il s'agit d'héritage et
lorsqu'il s'agit de mariage.

68. On comprend sans peine le motif du législateur, en matière d'héritage, toutes les fois qu'il
attribue la succession aux descendants immédiats.
Il se rend l'interprète de la volonté paternelle. On
sait en effet avec quelle passion, dans les familles
honnètes, les pères travaillent pour l'avenir et la
sécurité de leurs enfants. Mais lorsque la loi appelle
à la succession des collatéraux éloignés, il semble
que le législateur n'ait eu d'autre pensée que d'attribuer à quelqu'un une fortune que la mort laissait
sans propriétaire. Peut-être a-t-il obéi seulement
à des habitudes qui ont été toutes-puissantes dans
le passé; peut-être cela a-t-il été de sa part une
imitation de ce qui était en usage dans les familles
princières ou nobiliaires; peut-être enfin s'est-il
proposé d'accorder cette éventualité comme une
récompense pour les restrictions dont il sera question tout à l'heure. On a imaginé, dans ces derniers temps, un droit d'attente à l'aide duquel on
a prétendu justifier ce don, à des parents ou à
des collatéraux éloignés, d'une fortune que ses auteurs n'ont point produite pour eux. Mais ce droit

d'attente n'a d'autre origine que la loi elle-même, et on ne voit pas pourquoi la loi l'a créé. Aussi paraît-il raisonnable de dire que ce droit ne justifie rien. Quoi qu'il en soit, cette légalité perpétue la famille sous un certain rapport. J'aurai occasion de revenir sur quelquelques-unes de ces questions dans le chapitre sur la propriété.

La législation actuelle perpétue encore la famille, sous un second rapport, par les restrictions qu'elle apporte au mariage entre proches parents. Elle a suivi à cet égard les prescriptions de la religion. Il y a, au reste, très-peu de pays où le mariage n'ait pas été défendu entre les parents, à un degré ou à un autre, mais surtout dans les degrés les plus rapprochés. Cependant, il est permis entre frère et sœur chez les Guèbres. On peut citer quelques exemples semblables chez les anciens Egyptiens, mais seulement dans les familles royales. Chez les musulmans et les Chinois, où règne la polygamie, on tolère que le même mari épouse les deux sœurs; mais ce n'est plus la même chose quant au résultat dont nous allons parler.

On a remarqué que les mariages entre consanguins, lorsqu'ils se succèdent et se multiplient dans les mêmes familles, ont un résultat funeste pour la population. Comparativement à ceux qui unissent des familles différentes, et toutes choses égales d'ailleurs, ils produisent une population de

beaucoup inférieure, où les dispositions maladives
dominent et où les arrêts de développement sont
plus fréquents. Ces mariages, en un mot, sont
une cause de dégénérescence dans l'espèce humaine.

On a pu faire une observation analogue dans
quelques familles princières, ainsi que dans quelques familles nobles dont les alliances s'enferment
depuis longtemps dans un cercle tellement restreint, qu'il ne contient plus en réalité que des individus plusieurs fois consanguins. Ces races ont
rapidement et étrangement dégénéré. Leurs mariages ont produit des enfants de plus en plus inférieurs aux ascendants. Elles ont fini par donner
des individus malingres, amoindris, souvent pré-
disposés à l'aliénation mentale ou affligés des plus
mauvais instincts, quelquefois idiots, quelquefois
stériles, c'est-à-dire incapables de se reproduire,
et cela dans une proportion qui étonne, car elle
dépasse souvent la moitié. Il suffit, au reste, de
regarder les portraits des membres de quelques-
unes de ces familles rangées selon l'ordre généa-
logique pour deviner à quelle triste hérédité leur
vanité les a soumises. Les restrictions au mariage
entre consanguins sont prescrites par une loi de
la nature avant de l'être par la loi politique.

Les observations qui nous apprennent quelles
sont les redoutables conséquences des unions

sexuelles entre parents trop rapprochés sont tout
à fait modernes. Dans cet ordre de faits, comme
dans beaucoup d'autres, la loi morale avait de
beaucoup précédé la science; elle fut, en cela
comme partout, le meilleur guide. Les législateurs
ont suivi la loi morale; car rien ne nous apprend
qu'ils aient fait les observations que le hasard de
quelques circonstances exceptionnelles a offertes
à l'attention des savants de nos jours.

Il est inutile de chercher pourquoi la loi morale
défend les unions dont il s'agit. On le comprend
sans peine. Il serait difficile de maintenir la pu-
deur ainsi que la chasteté, plus difficile encore de
donner l'assurance qu'elles ont existé entre des
consanguins très-rapprochés qui ont eu ensemble
l'intimité et les facilités de l'enfance. Cela serait
difficile, dis-je, si les relations sexuelles trouvaient
un encouragement dans la possibilité d'un mariage
futur. Le mieux, le plus court, le plus sûr, était
de placer, comme barrière entre eux, l'idée d'un
crime et l'impossibilité de la réparation.

Cette redoutable conséquence de la consangui-
nité nous montre que l'espèce humaine est faite
pour mêler son sang le plus possible et d'une
manière en quelque sorte indéfinie; mais elle
prouve aussi que la famille était un fait naturel
avant d'être un fait légal.

69. Il me reste à parler d'un usage devenu

presque général en Europe et qui perpétue encore
l'unité morale de la famille ; c'est l'usage du nom
patronymique. Chez les Grecs du temps d'Homère,
chez les Hébreux, chez les Arabes, on se bornait
ordinairement à joindre à son nom propre celui
de son père. Il y avait cependant chez les Grecs
des noms de famille ou plutôt de tribu; mais il en
est parvenu un bien petit nombre jusqu'à nous.
A Rome, dans le commencement de la république,
ce nom était le privilége des seuls patriciens. Plus
tard, les plébéiens eurent aussi leurs noms de famille, et il y en eut d'illustres dont l'éclat ne le
cédait à aucun autre. Cet usage a été adopté chez
nous, parmi les nobles, sous le régime de la féo-
dalité; la révolution des communes l'a établi dans
les villes et de là il s'est étendu dans les campagnes en même temps que l'affranchissement.
Il est général aujourd'hui en France et dans la
plus grande partie de l'Europe. Or ce nom est le
cachet de la famille; il la continue; il en fait en
quelque sorte une petite dynastie; il l'individua-
lise; il est en même temps un signe d'indépendance
et d'affranchissement; car, chez les esclaves, où
l'union des parents et des enfants pouvait à chaque instant être rompue par la volonté du maître,
il n'y avait, en réalité, ni famille, ni possibilité
d'un nom patronymique. Ce nom, tel qu'il est
aujourd'hui, est un honneur auquel on tient même

chez les plus humbles; c'est toujours une obligation morale, quelquefois une fortune, quelquefois une promesse ou un intérêt. Ce n'est jamais une chose indifférente. Ce nom constitue une sorte d'unité suivie qui n'est pas même sans utilité au point de vue de la législation et de l'administration. De même qu'à certaines époques il a servi à assurer l'hérédité de certaines fonctions administratives ou politiques, il peut servir aujourd'hui à l'empêcher. Ainsi, dans quelques constitutions où on ne permet pas que les membres d'une même famille se succèdent au pouvoir ou fassent partie des mêmes assemblées, le nom patronymique est un signe qui dispense de toute autre recherche et montre le danger qu'on veut éviter.

Selon la loi et la méthode du progrès, toutes les fois que, dans la progression historique, un phénomène social s'est montré en croissance d'une manière suivie et constante, on doit conclure qu'il est durable ou que l'avenir lui appartient. Or, comme telle est l'histoire de l'usage dont je viens de parler, nous pouvons être certains que cette forme affirmative de la famille et de sa continuité est un progrès qui ne disparaîtra point.

70. Dans les pages précédentes j'ai cherché quelle était la meilleure institution du mariage et de la famille au point de vue du but; je suis arrivé au système réalisé dans la civilisation la plus

avancée, dans la civilisation chrétienne de l'Europe. Je pourrais terminer ici ce chapitre ; mais précisément parce que je me suis efforcé de dévier le moins possible de la ligne logique dans un sujet aussi compliqué et aussi débattu que celui-ci, j'ai dû négliger ou même complétement passer sous silence plus d'une question historiquement ou moralement importante, quoique momentanément secondaire au point de vue où j'étais placé. Ce sont là des omissions qu'on serait en droit de me reprocher et dont, ce qui serait pis, il pourrait résulter des doutes à l'égard des affirmations précédentes. Je me hâte donc, au risque de quelques répétitions inévitables, de combler ces lacunes.

Le but de la famille est d'autant plus sûrement atteint que l'association est plus parfaite entre ceux qui la composent. Le meilleur serait que l'affection qui en a été le principe et le point de départ ne faiblît jamais, restât ce qu'elle était le premier jour, et suffît à tout maintenir.

Nous avons reçu du Créateur des dispositions instinctives qui donnent à nos sentiments moraux la violence des passions. Ce sont des instincts de ce genre qui nous portent à fonder la famille et à nous y attacher ; ils sont si puissants que nous souffrons lorsqu'ils ne sont points satisfaits. C'est, d'une part, l'amour sexuel et l'instinct de la possession personnelle exclusive ou la jalousie ; c'est,

d'une autre, le double sentiment de la maternité
et de la paternité; c'est enfin, de la part des enfants, le besoin de protection et l'habitude. Ajoutez à ces impressions instinctives le sentiment
moral, les besoins de l'amitié, la confusion des
intérêts, la sécurité d'un appui mutuel, et vous
comprendrez qu'il n'y a pas de société plus solidement fondée que celle-là.

Aussi avons-nous vu demander que cet ensemble de sentiments et d'instincts fût le seul
nœud de la famille, et qu'on renonçât à toute
contrainte légale. Mais rien chez nous n'est plus
irritable que l'instinct; rien n'est plus susceptible
que le sentiment; il suffit d'une blessure pour le
tourner en sens contraire. En même temps, la mo-
bilité et les caprices des passions sont tels que le
plus sage a besoin d'une défense contre elles. Aussi
n'y a-t-il pas d'union si bien assortie qui ne puisse
être mise en péril ou, ce qui est plus dangereux encore au point de vue de la fonction, qui ne puisse
se croire menacée un jour ou l'autre. L'intervention
de la loi n'est ici ni une violence ni une cruauté
comme on s'est plu à le dire : elle est surtout préventive; elle donne aux bons sentiments l'appui
qu'ils méritent; elle écarte les mauvaises pensées
par l'impossibilité même de les satisfaire; enfin
elle donne à tous la sécurité. Si cette loi n'existait
pas, nul doute qu'on en réclamât l'appui, et il faut

bien croire que la nécessité en a été démontrée par l'expérience, puisque partout on s'y est soumis et partout l'on a abandonné à la promiscuité les classes seulement qu'on ne comptait pas dans la cité, les prolétaires, les esclaves. Encore voit-on toujours ceux-ci demander et rechercher cette protection légale qui leur est refusée, et s'en emparer avec passion aussitôt qu'elle leur est accordée. Voyez la plèbe romaine au temps des décemvirs; voyez les téous de l'Océanie et les esclaves de nos colonies, qui comptent parmi leurs plus grandes misères l'incertitude de leurs mariages et de leur paternité.

Il est d'observation au reste que plus la garantie légale est forte, plus est solide et profonde l'affection qui unit les membres de la famille. Ce que la loi sociale déclare sacré, les hommes s'habituent à le respecter comme tel, et du moment où leur âme a consenti, la pensée même du contraire est à leurs yeux plus qu'une révolte; elle leur apparaît comme un sacrilége. Or, lorsque la seule pensée est repoussée comme un crime, jamais l'action n'aura lieu. Le sentiment du bien règne alors sans partage avec toute la force d'un pouvoir qui ne peut être contredit.

71. Il y a deux systèmes légaux en usage pour le gouvernement de la famille. L'un pose en principe l'autorité, l'autre l'association; dans l'un

le pouvoir est despotique et appartient à l'homme;
la famille est considérée comme sa propriété ou
sa chose; dans l'autre le pouvoir est partagé
entre l'homme et la femme, il est en communauté.

Le premier de ces systèmes fut en général celui
de l'antiquité; il règne encore presque universellement en Orient et il conclut le plus souvent à la
polygamie ou à un état qui s'en rapproche. En
effet, lorsque l'on établit le despotisme de l'homme
dans sa famille, il s'ensuit logiquement que ses
sentiments et ses passions auront une autorité
également souveraine. Ce sont les sentiments et
les passions du maître, et ils domineront inévitablement l'institution elle-même. De là la jalousie
exclusive de la part de l'époux qui impose la fidélité à la femme et même la séquestration, sans
rien s'imposer à lui-même. De là les gynécées de
la Grèce, les harems des mahométans; de là la
pluralité des femmes, la polygamie, comme
chez ces derniers, ou au moins la facilité de
la répudiation et le concubinage comme chez les
anciens. Dans tous les pays où on a voulu conci-
lier le système monogamique avec le despotisme
du père dans la famille, il y a toujours eu une
tendance manifeste vers la polygamie, soit directement comme on l'a vu à Athènes, comme on le
voit en Chine aujourd'hui; soit indirectement

comme cela était à Rome grâce à la facilité des répudiations.

On a cru longtemps et beaucoup de gens croient encore que la polygamie est plus favorable à la population que la monogamie. L'expérience a prononcé entre les deux systèmes.

Deux vastes et puissantes civilisations qui depuis plusieurs siècles sont en présence, se sont attachées chacune à l'un de ces systèmes et l'ont uniquement pratiquée. Je veux parler de la civilisation mahométane qui est vouée à la polygamie, et de la civilisation chrétienne qui ne connaît que la monogamie. Jamais expérience plus étendue, plus nette et par conséquent plus probante n'a été faite. Qu'en est-il résulté? C'est que sous le régime de la polygamie le nombre des naissances a été inférieur à celui des morts. Cette infériorité a été, chaque année, très-petite ou très-peu sensible; mais, d'années en années, le vide s'est fait dans la population, et, au bout de quelques siècles, il se trouve que ces contrées de l'Orient, qui autrefois regorgeaient d'habitants, sont devenues des déserts. Ces mahométans dont la multitude, il y a quatre cents ans, menaçait d'envahir le monde, ne sont plus en état de se défendre chez eux; ils voient en quelque sorte, chaque jour, leur nombre diminuer; car l'extinction de leur race devient d'autant plus évidente à tous les

yeux que le vide est déjà plus grand. Les choses
sont à ce point que l'on pourrait presque prédire
le jour où, dans quelques siècles, le dernier musulman aura disparu de la face de la terre.

Et, comme pour achever la preuve que c'est
la polygamie qui va perdant cette population, il
se trouve qu'à côté d'elle, sur le même sol, sont
restés des vaincus qui ont persisté dans leur religion, quoiqu'on leur infligeât les plus rudes tri-
buts et le plus dur régime. Or cette population
vaincue, qui est chrétienne et par conséquent mo-
nogame, malgré les avanies de toutes sortes
qu'elle a subies, malgré des massacres multipliés,
malgré les pillages périodiques, les enlèvements
d'enfants, mille misères enfin, non-seulement
s'est maintenue, mais encore s'est accrue. C'est
elle qui aujourd'hui peuple et cultive ce pays et
lui donne une apparence de vie.

Cette grande expérience constitue contre la
polygamie une preuve qui est au-dessus de toute
contestation; et cependant, tout en l'acceptant, on
s'étonne encore. En effet, lorsqu'on lit que tel ou
tel prince a eu deux ou trois cents enfants, tel
pacha quinze, vingt, ou trente, on se demande
comment une telle fécondité conclut à une dépopulation réelle? C'est qu'on ne réfléchit pas que
ce prince a enfermé dans son harem deux ou
trois cents femmes ou même plus, ce pacha

quinze, vingt, trente et plus ; c'est qu'on oublie
que pour conserver seulement la population il
eût fallu, en tenant compte des chances ordinaires
de la mortalité, que ces femmes engendrassent
chacune au moins trois enfants et pour l'accroître
au moins quatre ; c'est qu'enfin on oublie que
par cette multitude de femmes réunies en la possession de quelques individus, le plus grand nombre des hommes sont condamnés au célibat !

Au reste, chez les mahométans, en même temps
que la population a diminué en nombre, elle s'est
abaissée sous le rapport intellectuel. C'est là un
fait également positif et qui mérite un examen
spécial. Cet examen sera d'autant plus utile ici
qu'il nous permettra de comparer sous un point
de vue nouveau le mariage chrétien au mariage
musulman.

Le mieux est que, de la société entre époux, il
résulte une véritable division du travail pour la
conservation de la famille, le père servant à celle-
ci de défenseur et de soutien, la mère en étant
l'âme et l'administrateur. Dans l'état de monogamie cette division est possible ; mais dans l'état
de polygamie il n'y a place pour rien de semblable ; il n'y a pas réellement société entre les
époux ; car entre un maître et des esclaves, tant
que le maître est maître et les esclaves esclaves,
l'association n'existe pas.

Autre observation. Dans l'intérêt moral des enfants, il est nécessaire qu'il y ait la plus parfaite conformité d'esprit, de sentiments et d'exemples entre le père et la mère ; il faut qu'il y ait unité de tendances et similitude morale. Plus ce rapport sera parfait, meilleurs seront les germes de l'intelligence déposés chez les enfants.

Tout le monde sait que l'avenir moral des enfants est fondé dès leurs premières années. Cette œuvre appartient tout entière à la famille, c'est-à-dire aux parents. Or, plus il y aura de conformité entre eux, plus il y aura d'assurance dans l'enseignement. L'enfant n'apprendra à douter de rien de ce qu'on lui enseigne, ni sur ce qui est bien, ni sur ce qui est mal. Il apprendra à écouter et à croire. Si, au contraire, il y a contradiction entre les parents, l'enfant apprendra à hésiter et à douter ; il n'y aura plus d'autorité, ni de vérités certaines pour lui, il ne saura plus enfin ni écouter ni croire. Or, c'est là le pire des états moraux dans l'intérêt de son futur développement intellectuel ; car celui qui ne sait pas écouter devient incapable d'instruction ; celui qui ne croit pas à ses parents, ne croit pas à ses maîtres. En présence de la vérité il ne sait que douter et en présence de la force il ne sait que dissimuler et obéir.

Voilà quel est le bien, quel est le mal possible dans une famille fondée sous le régime monogamique ; mais rien de pareil ne se rencontre, ni ne peut se rencontrer dans l'état de polygamie. Cet accord entre les parents si profitable aux enfants, y est remplacé par des dispositions contraires. Ici, en effet, l'homme n'a point de compagnes ; il n'a, sous le nom d'épouses, que des concubines ou des servantes qui sont en concurrence pour la possession de sa personne et qui inspirent à leurs enfants les sentiments dont elles sont animées. L'enfant s'instruira donc auprès d'elles à haïr, à dissimuler, à flatter, à obéir lâchement, à commander avec dureté. S'il apprend à croire à quelque chose, ce sera surtout à l'innocence et à la légitimité de ces pratiques ; ce sera ensuite au principe de l'utilité et de l'intérêt personnel, sur lequel elles sont fondées et qu'elles expriment sous toutes les formes ; et plus tard enfin, arrivé à l'adolescence, quoique incapable de croire à rien qui soit opposé à ses habitudes, il ne se trouvera en état d'accepter que la religion qui justifie ces pratiques et qui les a produites. Voilà, selon moi, quelle est la cause principale de cet abaissement de l'intelligence et de la dignité humaine que l'on remarque particulièrement chez les Turcs et les Persans.

Dans l'état de polygamie, la conservation physique des enfants est aussi compromise que la conservation morale. Il est facile de dire pourquoi.

Dans cet état, les enfants n'ont pas en quelque sorte de père, ou au moins il ne s'occupe pas d'eux. Ils n'ont qu'une mère dont l'affection est sans cesse détournée par le besoin de se défendre elle-même contre ses compagnes ; et ils ont plusieurs marâtres.

La femme, dans cet état, manque de la sécurité morale et du calme qui font les bonnes mères et les bonnes nourrices. Les médecins ont constaté des milliers de fois que les troubles de l'âme de la mère sont un danger pour le nourrisson. Sous cette influence fâcheuse, le lait est altéré au point d'agir quelquefois comme un poison, mais toujours comme un aliment de mauvaise nature. La nutrition en souffre et par suite le développement organique ne s'opère ni normalement, ni parfaitement. Il y a plus. Même les dérangements intellectuels peuvent se transmettre à l'enfant, non-seulement par imitation ou sympathie, mais d'une manière plus immédiate et plus directe.

Il arrive trop souvent que la cause de ces maladies nerveuses inguérissables qui tourmentent la vie de l'adulte, la cause de ces arrêts de développement moral, de cette incapacité, de cet abrutissement, de cette obturation de l'intelligence qu'on rencontre exceptionnellement chez nous, mais très-fréquemment en Orient, vient

des parents comme la ressemblance, et date du
moment de la conception. Il n'est pas nécessaire pour cela que ces parents soient eux-
mèmes malades, obtus ou idiots. Il suffit qu'ils
soient quelque chose de semblable au moment
de la génération. Ainsi on a remarqué que cet
état de joie brutale et grossière, particulière à
certaines époques de l'année, dans certains pays,
que l'état d'hébétude qui suit l'abus des plaisirs physiques, les excès de table, l'ivresse de
l'alcool, de l'opium, du hachich, du tabac, on a
remarqué que ces états influent plus ou moins
sur la constitution future des enfants qui sont
conçus sous cette influence. Or ces circonstances,
qui sont exceptionnelles chez les monogames,
sont habituelles chez les polygames, au moins si
nous en jugeons par ce que nous lisons dans leurs
romans et leurs poésies, et par ce que nous entendons raconter. Ce qui est certain, c'est qu'il n'y a
nulle part dans la civilisation chrétienne une
inertie intellectuelle pareille à celle qu'on rencontre généralement en Orient et qui y forme le
caractère apparent de la masse de la population.

72. A tout ce que je viens de dire sur les
effets de la polygamie quant à la population, il y
a une objection ; aux exemples que j'ai cités, il y
a un exemple à opposer ; c'est l'exemple de la
Chine. Là il y a une population immense plus con-

sidérable que celle de l'Europe, extrêmement
serrée, pleine d'intelligence et d'activité, quoique
depuis longtemps stationnaire. Or, en Chine, la
polygamie est autorisée et par conséquent en usage.

Pour écarter cette objection, il suffirait peut-
être de faire remarquer que, dans ce pays, la polygamie est une exception, qu'elle est pratiquée
seulement dans un nombre assez restreint de familles, parmi les mandarins, les riches marchands,
les riches propriétaires, et encore pas chez tous ;
que, par suite, peut-être les quatre-vingt-dix-neuf
centièmes de la population sont monogames. On
pourrait ajouter encore que, même dans les familles polygames, la polygamie est très-bornée et
qu'elle est bien loin d'avoir cette extension qu'on
remarque dans les pays mahométans. Mais j'aime
mieux entrer dans quelques détails sur la constitution de la famille en Chine. Par là on verra
comment la polygamie, fût-elle plus généralement
usitée qu'elle ne l'est, serait cependant encore
très-limitée dans ses effets, pourquoi elle présenterait pour l'éducation des enfants une meilleure
garantie, et par conséquent n'aurait pas de résultats aussi funestes sur la population.

La famille, en Chine, la famille officielle, la famille légale, celle que la loi protége et a régle-
mentée, a un caractère particulièrement religieux.
C'est une unité qui remonte de la vie terrestre

à la vie suprà-terrestre ; c'est une unité que les morts représentent dans le ciel pendant que les vivants la représentent sur la terre. De là le culte des ancêtres qui sont pour leurs adorateurs en même temps des protecteurs et des parents toujours intéressés au succès et au bien-être de leurs descendants. De là, chez les vivants, un vif désir et un devoir d'avoir des enfants qui perpétuent ce culte. Le sentiment du salut et celui de la paternité ne font qu'un. D'après ces préliminaires, on comprend que, dans un tel système, certains effets de la polygamie doivent être amoindris. Voyons maintenant quel est le règlement de la famille.

L'homme est chef absolu et magistrat, sauf certaines restrictions, dans le sein de sa famille. Il dispose souverainement de ses enfants, mais pas également de la mère de famille. Il y a en effet une mère de famille établie par la loi ; c'est la première femme. Celle-là possède le privilége du mariage religieux ; les ancêtres sont avertis par une cérémonie religieuse de son introduction dans la famille.

Légalement le Chinois ne peut avoir une femme secondaire, une petite femme, c'est-à-dire une concubine, que si la première femme est stérile, et le concubinage non justifié doit être puni ; mais cette disposition légale est tombée en dé-

suétude et il règne à cet égard une tolérance
complète. Mais quel que soit le nombre des petites
femmes que prend le mari, les droits de la première femme restent toujours entiers. C'est elle
qui est la vraie mère de famille, la seule légitime
et la seule maîtresse du ménage. Elle seule a le
droit d'appeler son mari du nom d'époux ; les
concubines ne peuvent donner à leur maître que
le nom de père de famille. Elles doivent à la mère
de famille une obéissance égale à celle qu'elles
doivent au mari. La mère de famille peut les
punir et même les battre. C'est à elle seule que
les enfants mêmes qui naissent de ces secondes
femmes, doivent respect, obéissance et affection.
Ils ne portent le deuil que d'elle et n'offrent
qu'à elle les sacrifices dûs aux morts. Les femmes
secondaires sont achetées ; le père de famille peut
les répudier ou les vendre selon son caprice ; mais
il n'en est pas de même pour la mère de famille.
A l'égard de celle-ci, le divorce est seulement permis, et encore à certaines conditions sur lesquelles le conseil de famille doit être consulté.
Les causes de divorce sont au nombre de sept :
la stérilité, l'immoralité, le mépris envers le père
ou la mère du mari, ce qui s'appelle en Chine
impiété, la médisance, le penchant au vol, la jalousie et enfin la maladie habituelle. Ajoutons que
le mari ne peut punir cette première femme, c'est-

à-dire la frapper, sans l'autorisation du conseil de famille. On voit que la polygamie en Chine est plutôt une monogamie mitigée qu'une polygamie réelle, et si on réfléchit qu'en outre elle est exceptionnelle, on comprendra qu'elle n'ait pas eu sur la population les résultats destructifs observés en Turquie, en Perse et en général chez les nations mahométanes. Aussi lorsqu'il s'agit de prononcer, en connaissance de cause, sur les effets de la polygamie, c'est de ces derniers pays qu'il faut particulièrement tenir compte.

La Chine, au reste, nous offre un exemple des entraînements auxquels doit s'attendre le législateur, lorsqu'il fait reposer la conservation de la famille uniquement sur le despotisme de son chef. Primitivement on avait établi la monogamie pure; mais successivement sous l'influence des passions d'un maître, libre de tout contrôle dans son intérieur et qui pouvait le cacher à tous les yeux, le concubinage s'établit, et comme, en même temps, il commença chez les riches et dans les familles gouvernantes, la justice resta muette, la tolérance se généralisa et la coutume prévalut sur la volonté primitive du législateur.

La polygamie abaisse la dignité de la vie de famille. Elle convertit une fonction sociale justement honorée, en une simple satisfaction individuelle; elle soustrait l'intérieur de la famille au grand jour; enfin d'un bonheur et d'un devoir dont on doit être fier, elle fait comme un plaisir honteux et secret dont on se cache. Dans l'Orient la politesse défend de s'informer jamais de la famille de celui auquel on parle.

La polygamie nuit à la femme et par la femme à son enfant. A la femme il faut une éducation qui l'approprie à ce régime. Malheur à elle si elle a le sentiment de la dignité humaine! Malheur à elle si son esprit est développé! Sa destination exige qu'elle soit douée d'une passivité absolue et d'une intelligence telle qu'elle soit toujours inférieure à son époux, quel qu'il soit. C'est là le mieux pour elle; mais c'est ce qu'il y a de pire pour son rôle de mère. Elle ne peut, en effet, inspirer à ses enfants que les sentiments et les pensées qu'elle possède. Elle les fait moralement pareils à elle-même. Que l'on s'étonne ensuite de ne trouver dans l'Orient musulman que des populations passives, indifférentes, résignées, n'ayant de force que celle de l'inertie! C'est à l'éducation du harem qu'elles doivent cette apathie profonde contre laquelle lutte en vain leur gouvernement depuis un quart de siècle.

La monogamie seule donne à la femme la place qui lui appartient dans la famille, le rôle auquel Dieu l'a destinée. Seule elle lui permet tout ce dont elle est capable. Elle ne lui interdit ni l'éga-

lité morale, ni l'égalité intellectuelle avec l'homme ;
elle l'y appelle au contraire et ne lui dénie pas
même la supériorité si celle-ci existe. C'est la seule
forme qui comporte l'amour parfait entre époux,
parce que c'est la seule qui assure cette possession exclusive de l'un par l'autre et cette
fidélité réciproque que l'amour veut éternelle,
la seule qui produise cette sympathie complète
de sentiments et de pensées qu'engendre la
parité des croyances et la parité de l'intelligence,
en un mot la parité morale. Enfin, la monogamie assure à la famille et à la société politique elle-même le bénéfice des facultés spéciales
propres au sexe féminin, parce qu'elle seule les
laisse libres de produire et d'agir.

La famille est d'institution naturelle, ou plutôt
d'institution divine, comme la société politique.
Dieu, en la créant, a donné à l'homme et à la
femme des aptitudes spéciales qui ne peuvent se
suppléer : à la femme, des qualités de cœur, un
charme de douceur et de bienveillance dans les
relations dont l'influence sur les mœurs de l'Europe moderne est manifeste, et en même temps
un esprit de réalisation, d'attraction vers soi et de
conservation dont les résultats ne sont pas moins
évidents dans la vie intime; ces qualités compen-
sent utilement l'énergique rudesse qui est propre
à l'homme ainsi que son esprit de spéculation,

d'entreprise et d'expansion. Les deux époux se complètent ainsi l'un l'autre au point de vue de la famille comme au point de vue de la société générale.

73. On demandera sans doute pourquoi l'association monogamique, qui paraît sous tous les rapports si parfaitement appropriée au but de la famille, a été cependant presque toujours et presque partout incomplétement réalisée ; on demandera pourquoi elle a atteint si tard et seulement dans notre civilisation moderne son organisation logique et définitive. La réponse est facile et c'est l'histoire qui la donne. Les sociétés antiques avaient la guerre pour but principal ou au moins la guerre était chez elles le principal moyen de toutes les réalisations. Le guerrier seul était compté dans la cité et il était tout dans la famille. De là cette οἰκονομία δεσποτική, cette société hérile si bien décrite par Aristote. De là la subordination absolue de la femme. Elle était possédée comme l'enfant, comme l'esclave, presque comme une chose. Et il n'en était pas ainsi seulement chez les peuples de civilisation grecque ou latine. « Tu ne prendras à ton voisin, dit Moïse, ni sa femme, ni son serviteur, ni sa servante, ni son bœuf, ni son âne, ni rien de ce qui lui appartient. » Ainsi, chez cette population sémitique plus libéralement constituée que toutes celles qui l'entouraient, la femme

n'était que la première propriété du maitre, le premier esclave de la tente ou de la maison.

C'est au christianisme que la femme doit sa réhabilitation et notre civilisation la perfection de la famille.

En posant comme principe de la législation l'identité spirituelle de tous les membres de l'espèce humaine, l'Évangile nous a tous déclarés libres et égaux. Par suite la femme a eu le droit dont elle n'avait jamais joui, d'accepter ou de refuser le mariage, c'est-à-dire le pouvoir de choisir. Dès ce moment, son engagement a eu, pour elle comme pour l'époux, la force d'un contrat librement consenti, c'est-à-dire également obligatoire pour tous deux, et, la femme étant en principe l'égale de l'homme, le mariage est devenu une association. Cette position nouvelle lui a donné de nouveaux devoirs et l'a appelée à une culture intellectuelle en rapport avec ces devoirs. Cette révolution aurait suffi à elle seule pour changer le régime intérieur de la famille; mais elle ne s'est pas arrêtée là, elle a également changé l'état des enfants. Ceux-ci, par l'institution du baptême, ont été introduits, dès le moment de leur naissance, dans la société spirituelle. Ils ont été immédiatement comptés comme citoyens dans la cité sainte. Leur vie est devenue aussi précieuse, aussi respectable que celle des adultes,

Elle a été protégée, et cette protection s'est étendue à plus que leur vie, à leur développement intellectuel et moral, car le baptême est un moment solennel où, avec les parents, un second père et une seconde mère spirituels, les parrains, s'engagent devant Dieu pour la meilleure éducation de l'enfant. C'est ainsi que le christianisme a protégé la femme contre le despotisme de l'époux et l'enfant contre le despotisme du père. Il nous a fait apercevoir, en ces choses, un côté de la justice que les anciens ne connaissaient pas. Nos lois civiles ont imité le christianisme. Elles ont donné à la mère le droit et aux enfants la protection. Elles ont ainsi rompu avec le droit romain primitif auquel malheureusement elles ont été trop fidèles dans d'autres questions où le christianisme ne leur présentait pas de moins utiles nouveautés.

74. Les physiologistes et les médecins ont recueilli sur l'histoire de l'homme physique un certain nombre de faits ou plutôt de lois naturelles qui expliquent l'infériorité de la polygamie relativement à la fécondité, à la conservation de la race, à l'éducabilité.

Ces faits offrent des données dont le législateur doit tenir compte, même dans les sociétés où existe la monogamie. Je vais les faire connaître.

La fécondité des mariages est en général proportionnée à une certaine chasteté entre les époux.

Rien ne nuit plus à l'intelligence, à la santé, à l'amour même, rien n'abrége davantage nos jours que les excès entre époux. Au delà d'une certaine limite, chaque faiblesse retranche en quelque sorte un jour à la vie, et de plus la tristesse et le dégoût succèdent à l'excès.

Rien ne nuit plus à la croissance et à la vigueur corporelle, au développement et à la force de l'intelligence, que le précoce usage des plaisirs de l'amour. On a remarqué qu'il avait à lui seul sur l'économie la même influence fâcheuse qu'exercent ensemble une alimentation mauvaise et incomplète, une habitation malsaine, le travail précoce, en un mot la misère. Cet abus, et plus encore les tristes habitudes qui le remplacent trop souvent, arrêtent la croissance du squelette et amoindrissent la taille. Il en résulte souvent un développement imparfait du système osseux, quelquefois des ramollissements partiels. La nutrition générale n'en souffre pas moins. Des désordres du côté de l'estomac, du cœur, de l'utérus, du système nerveux, du cerveau, la phthisie, l'incapacité intellectuelle, en sont les suites presque certaines, et elles sont tantôt simultanées, tantôt isolées selon la précocité et l'intensité de l'abus.

Rien donc de plus fâcheux qu'une puberté

hâtive. Dans l'ordre naturel, dans l'ordre institué de Dieu, la puberté paraît devoir être le dernier terme de notre genèse organique, le couronnement de l'édifice. Il en est ainsi au moins dans toutes les espèces animales que la domesticité n'a pas modifiées. Mais la liberté qui nous a été donnée, nous a été accordée si largement que nous pouvons changer même cette loi de nature.

Nous avons à notre disposition trois puissances qui influent d'une manière décisive sur la puberté : l'éducation, l'exemple et l'hérédité. Expliquons-nous. L'effet de la pensée ou plutôt des idées sur les fonctions générales a été mille et mille fois constaté ; c'est un fait certain. Cette action est en quelque sorte souveraine. Elle provoque la précocité, la croissance et l'énergie de ces fonctions plus immanquablement encore qu'elle ne les arrête quand elle est dirigée dans le sens contraire. Supposez donc l'éducation et en même temps l'exemple, c'est-à-dire l'idée, et de plus tout ce qui l'excite et la maintient présente, et vous aurez ces pubertés précoces des harems orientaux où une fille est apte au mariage vers dix ans, dans les mêmes contrées où, sous le paganisme, elle n'était pubère que vers quinze ou seize ans. Vous comprendrez comment il arrive chez nous que là où cette influence s'exerce dans un certain sens, dans les grandes villes par exemple, la puberté se montre vers quatorze ou quinze ans, tandis que, ailleurs, sous une influence contraire, comme dans certaines campagnes écartées, la puberté apparaît seulement vers dix-huit ou vingt ans. Pendant longtemps on a cru que la puberté précoce était un effet du climat. C'est une erreur, aujourd'hui parfaitement démontrée d'abord par la comparaison des civilisations et des temps historiques, et ensuite parce qu'on a trouvé, dans des climats presque polaires, exactement la même précocité qu'en Orient. Ainsi, chez les Samoïèdes, chez les Ostiacks, chez certaines populations juives de la Russie, par l'effet certainement des mœurs très-abandonnées qui leur sont propres, les filles sont pubères aussitôt qu'à Bagdad, c'est-à-dire vers dix ans. Partout les mêmes causes produisent les mêmes effets.

Quel que soit l'état qui existe sous ce rapport, soit celui de puberté tardive, soit celui de puberté précoce, il se transmet héréditairement. Les enfants reçoivent avec la vie les dispositions de leurs parents, bonnes ou mauvaises. Il faut une suite de plusieurs générations sous l'action soutenue de l'éducation et des exemples pour changer le bien en mal ou le mal en bien. Au reste, lorsque l'on tente de modifier ainsi l'organisme, on est bientôt assuré du résultat définitif. Dès la première génération le changement est sensible. J'ai assisté moi-même à des transformations de ce genre et j'ai vu des jeunes filles, dont les mères avaient été pubères à treize ou quatorze ans, ne l'être, à leur tour, que vers l'âge de quinze ou seize ans.

La précocité dans la puberté conduit à la précocité du mariage. La jeune fille est femme de corps lorsqu'elle n'est encore qu'un enfant sous le rapport de l'intelligence. Si elle épouse un homme, elle est incapable de le comprendre : il ne peut y avoir société entre un enfant et un homme fait. Si elle épouse quelqu'un de son âge, ils sont l'un et l'autre incapables de comprendre la gravité, le but et les devoirs de la société qu'ils ont formée.

Dans l'Orient polygamique la précocité du mariage produit tous ses effets. La femme, qui est toujours un enfant, n'est jamais en société avec son mari ; elle cesse d'être jolie et féconde à l'âge où elle serait capable d'élever ses enfants et d'entrer en communauté avec lui.

Des parents trop jeunes, quelque vigoureux qu'ils paraissent, ne valent pas mieux, au point de vue de la reproduction, que les parents chétifs ou trop âgés. Les uns et les autres engendrent des enfants doués d'une faible vitalité.

L'époque normale ou fixée par la nature pour le mariage est celle qui succède au moment où la

15

croissance est terminée, vers vingt-cinq ans pour les femmes et vers trente pour les hommes. La période de la vie où se produisent les enfants les plus vigoureux est celle de trente à quarante ans pour les femmes, et de trente à cinquante pour les hommes.

Dans l'intérêt de la société générale ou plutôt de la société politique et de tous ses membres, il doit y avoir quant au sexe, entre les enfants engendrés, une proportion qui est à peu près celle-ci : le nombre des mâles doit être à celui des filles à peu près comme seize est à quinze. Cette proportion est approximativement celle qu'on observe en Europe. Dans l'Orient polygame, il naît au contraire plus de filles que de garçons.

Cette majorité dans les naissances des mâles paraît représenter assez exactement le nombre des hommes qui, dans un état politique normal, seraient soustraits au mariage par la nature même de leurs fonctions et par les dangers auxquels celles-ci les exposent.

Cette relation des sexes quant au nombre des naissances représente assez exactement la relation qui existe entre la vigueur vitale des parents. Des expériences nombreuses et suivies sur les animaux ont prouvé que le plus fort des deux, au moment de la conception, est celui qui donne le sexe à l'enfant.

Il arrive le plus souvent, dans les villes au moins, que le premier fruit du mariage est du sexe féminin. Ce fait est en conformité parfaite avec l'observation précédente. Qu'arrive-t-il en effet alors ? C'est que la femme, qui a été chaste jusqu'à ce moment, apporte dans la conception une force bien plus grande que l'homme, trop souvent affaibli par des excès antérieurs.

Il y a un phénomène physiologique plus remarquable encore que celui-là et d'une plus grande portée. En général, c'est à la fille que se transmettent la nature et les dispositions organiques du père ou de ses ascendants, et au fils la nature et les dispositions organiques de la mère ou de ses ascendants. La ressemblance extérieure suit en général la même loi. Par suite le père se reproduit surtout dans sa fille, et la mère dans son fils ; les deux sexes troquent en quelque sorte l'un avec l'autre leurs dispositions physiologiques à chaque génération. Ainsi non-seulement l'homme et la femme ont une âme semblable et de même nature, mais de plus, afin que rien ne dérange cette parité originelle, ils échangent à chaque génération leur organisme et leur chair. Existe-t-il une preuve plus évidente et en quelque sorte plus tangible de l'égalité que Dieu a voulu établir entre l'homme et la femme, en même temps que la diversité des fonctions !

75. Je viens de m'occuper de ce qui m'a paru le plus utile à rechercher et à connaître au point de vue du plus grand et du meilleur développement de l'espèce humaine ou de la population. Il me reste à dire quelques mots d'une secte toute moderne d'économistes qui est dans une préoccupation toute contraire.

Aujourd'hui quelques hommes se sont mis à craindre comme un danger ce que les hommes politiques de tous les temps recherchaient comme un bienfait ou plutôt comme une puissance. On redoute l'excès de population. Et cependant, il y a moins d'un siècle, une des raisons que l'on donnait contre le célibat des religieux et des prêtres, une des raisons au nom desquelles on demandait la suppression des couvents, était le tort que ces institutions portaient à l'accroissement du nombre des hommes.

Je place ces deux opinions en face l'une de l'autre et je laisse les réflexions au lecteur.

Malthus, le chef fameux de cette école, prétend que la population croît en raison géométrique, tandis que la production suit seulement une progression arithmétique. De là il conclut qu'un jour arrivera où la terre ne suffira plus à ses habitants, et tout de suite, quoique ce jour ne soit pas prochain, il recommande tous les moyens propres à éloigner ce fatal résultat. Dans cette nouvelle doctrine d'économie politique, on ne condamne plus le célibat, on l'approuve et on l'encourage. On accepte l'immoralité dont on connaît l'action funeste sur la reproduction de l'espèce. On n'ose pas la louer comme une vertu civique, mais on s'abstient de la combattre, et quand on a la main au pouvoir on la favorise et on l'encourage. On s'apitoie sur les maux de la guerre et de la peste, et sur le fléau plus redoutable encore de la misère, mais on trouve que ce sont des maux nécessaires et d'une grande utilité puisqu'ils bornent la population.

Beaucoup d'économistes ne sont pas très-éloignés de ranger Malthus parmi les grands docteurs. A mes yeux c'est seulement un homme qui avait une idée fixe et voyait tout à travers cette idée. Il avait reconnu l'effroyable misère des classes pauvres de son pays, et remarqué l'accroissement constant, quoique nullement en raison géométrique, de cette population déshéritée et abandonnée. De ce phénomène particulier, de ce fait actuel et local, il a tiré une conclusion relative à tous les temps, à tous les lieux, à l'avenir de l'humanité tout entière. Il a oublié que cette Angleterre produisait bien au delà du nécessaire pour toute cette population, mais qu'elle en disposait pour enrichir un petit nombre de privilégiés ; il n'a pas vu ou n'a pas voulu voir que cette misère extrême était le résultat, non de l'insuffisance, mais de la mauvaise distribution des richesses. Alors, au lieu de chercher une législation du travail qui assurât une répartition plus équitable des produits, il a cherché et imaginé une hypothèse pour justifier à tout jamais un état transitoire, injuste, et profondément immoral, quoi qu'on en dise.

On a répondu maintes fois à Malthus. On a prouvé que la relation qu'il a voulu établir entre ses deux progressions était une erreur; on a démontré que la production des subsistances croissait plus vite que la population ; qu'il y avait, en Europe, dans chaque pays, place pour plus du double de la population actuelle, que le monde était encore un vaste désert; on lui a dit que si un jour devait arriver où la terre manquerait à l'homme, ce jour était bien éloigné, qu'il fallait au moins l'attendre et ne pas commencer l'application de cette étrange philanthropie avant qu'il fût venu, qu'il y avait enfin plusieurs moyens moins désespérants que les siens de parer à ce danger quand il existerait. Mais il n'est pas de mon sujet de développer ces arguments. Je me bornerai à renvoyer aux ouvrages d'économie politique où ils sont exposés [1]. Je me permettrai seulement un argument de l'ordre politique.

---

1. Voyez particulièrement le *Traité d'économie sociale*, par M. A. Ott.

L'excès de population, loin d'être un mal, est un bien pour une nation. C'est le moyen le plus puissant de développer et de propager sa nationalité [1]. C'est en versant l'excès de sa population sur le monde que l'Angleterre a répandu sa langue, ses mœurs, son but d'activité sur les immenses territoires de l'Amérique du Nord et de l'Australie. C'est par là qu'elle a conquis à son nom, à sa gloire, à ses traditions et à ses intérêts un avenir immense. Si, il y a quelques siècles, à l'époque où elle rédigeait sa première loi sur le paupérisme, l'Angleterre eût connu et adopté l'hypothèse malthusienne et les admirables méthodes de destruction qu'on y trouve, que serait-elle devenue? Elle n'aurait pas peuplé ces vastes colonies qui ont été le point de départ et la cause de sa vaste industrie et de son grand commerce; elle ne verrait pas sa langue se répandre et ses institutions prospérer dans des contrées cinq ou six fois plus grandes que l'Europe! L'Angleterre serait un petit pays.

Nos ancêtres les Gaulois ne s'effrayaient pas de l'excès de la population. Ils en faisaient un moyen d'agrandissement; ils en formaient le *ver sacrum*. De temps en temps, ces masses armées sortaient du pays et allaient coloniser par la guerre. Pour-

1. Voyez *l'Histoire de l'émigration*, par M. Jules Duval.

quoi n'imiterions-nous pas nos ancêtres? pourquoi chaque année n'émettrions-nous pas de notre
sein des armées pacifiques, chargées d'accomplir
l'œuvre sacrée de peupler et de cultiver quelqu'un
de ces vastes territoires qui attendent encore des
habitants?

CHAPITRE IV.

DE LA CONSERVATION DE LA SOCIÉTÉ PAR LA CON-
SERVATION DES INDIVIDUS. CONCORDANCE DES IN-
TÉRÊTS INDIVIDUELS AVEC LES INTÉRÊTS SOCIAUX.

76. On oppose habituellement aujourd'hui
l'individu à l'État et réciproquement. Malheureusement cette opposition n'est pas seulement
théorique, elle existe aussi presque partout dans
les faits. Il n'y a pas cependant d'opposition qui
soit plus fausse en principe et plus contraire à la
raison des choses. L'État n'est rien de plus que la
société constituée, rien de plus par conséquent
qu'une association d'hommes sous une certaine
forme et dans un certain but. Or, l'association n'a
pas de bien plus précieux que les hommes;
n'est-ce pas en eux, en effet, que réside tout ce
qu'elle possède d'intelligence, de savoir, d'ini-

tiative, de richesse, de puissance, et jusqu'à la conviction du but qui l'a engendrée et la fait vivre. Raisonner à propos de l'État comme si celui-ci existait par lui-même, abstraction faite des individus, comme s'il avait des droits particuliers autres que ceux de l'association elle-même, c'est commettre la plus grande, la plus dangereuse erreur et malheureusement la plus commune jusqu'à ce jour. Quant à l'individu, on peut l'abstraire de la société; il peut s'en séparer lui-même, mais il n'est pas moins vrai que la société est son plus grand bien; c'est à elle qu'il doit tout ce qui le fait homme. N'est-ce pas d'elle qu'il reçoit la vie morale et intellectuelle? N'est-ce pas elle qui lui donne la parole et avec la parole la faculté de raisonner? Comment donc peut-il y avoir contradiction entre les tendances de deux existences également indispensables l'une à l'autre, qui sont, l'une à l'autre, leur plus grand bien?

En général, c'est par leurs mauvais côtés que l'individu et l'État s'opposent l'un à l'autre.

77. L'homme individuel peut manifester son activité sous deux formes dont les conséquences, au point de vue social, sont fort différentes : l'une, qui est la simple et légitime expression de sa nature, de ses facultés, de ses besoins, en un mot, de ses droits, et que je désignerai sous le

nom d'individualité ou d'individualisme[1]; l'autre,
qui a été flétrie par tous les moralistes sous le
nom d'égoïsme et à laquelle je conserverai ce
nom. On me permettra d'insister sur cette distinction qui est fondamentale.

L'égoïste pose son moi avant tout et par-dessus
tout. Dans son for intérieur, il ne reconnaît ni
égaux, ni semblables, ni amis; il ne voit que des
concurrents, des instruments ou des victimes.
L'égoïsme est une erreur de la raison; du moment où on s'y laisse aller, on voit le monde à
faux; on pose sa personnalité comme centre et
comme criterium en toutes choses, lorsqu'on
n'est en réalité qu'une minime partie d'une immense circonférence. C'est un vice de l'âme; il
n'y a pas une passion mauvaise qui ne tienne de
lui et qui n'en vienne. C'est enfin un danger social, car il sépare inévitablement les hommes et
les isole dans l'étroite considération de ce qui
convient à chacun d'eux; il ne les unit que dans

_____

1. Le mot individualité veut dire ce qui constitue l'être
envisagé individuellement. Quant au mot individualisme, il
n'est pas usité dans ce sens il est vrai, mais on ferait peut-
être bien de l'adopter pour marquer une distinction qui n'est
pas suffisamment exprimée dans notre langue, c'est-à-dire le
juste sentiment de nous-même et de ce qui nous est dû, par
opposition au mot égoïsme qui est déjà reçu pour exprimer
l'amour exclusif de soi avec toutes les conséquences morales
qui en résultent et en font un principe de conduite.

un seul sentiment, le plus dangereux de tous en
politique, celui de la peur.

Qui ne sait, qui n'a expérimenté que l'égoïsme
est une tendance constante à attenter à la justice,
au droit, en un mot, à la liberté des autres sous
une forme ou à un degré quelconque? Que sont
la plupart et les meilleures des lois pénales, sinon
des règlements destinés à prévenir les excès de
l'égoïsme? L'histoire des plus grandes misères de
l'humanité, c'est-à-dire l'histoire de l'exploitation
de l'homme par l'homme, est-elle autre chose
que celle des entreprises et des triomphes de l'é-
goïsme? Qu'est-ce que la tyrannie, sinon l'égoïsme
au pouvoir? D'un autre côté, qu'est-ce que l'a-
narchie, cette tyrannie de la multitude, sinon
l'égoïsme d'un grand nombre; et enfin, quelle
est, dans ces deux cas, la force qui leur assure
l'obéissance, sinon la peur, cette autre forme de
l'égoïsme? Aussi, il ne peut y avoir de doute sur
ce qu'il est juste de faire lorsqu'il s'agit de ce
vice; il faut se défendre contre lui. Laisser la société et les hommes sans garantie contre ses entreprises, ce serait les vouer à la domination du
mal.

L'individualité ou l'individualisme, au contraire,
ne représente que l'homme lui-même avec les besoins, les instincts, les appétits qui lui ont été
donnés comme guides pour la conservation de sa

vie et de son espèce, avec les facultés spirituelles et physiques dont l'usage le fait roi de la création et par lesquelles il est un être libre, raisonnable, moral et, par-dessus tout, ainsi que le disait le vieil Aristote, un être destiné à la vie politique, c'est-à-dire à la vie la plus parfaite de ce monde, puisqu'elle est, par excellence, celle de la prévoyance et du dévouement. L'individualité, en un mot, représente l'ensemble de ces droits de l'homme qui sont non moins imprescriptibles, non moins respectables que ceux de la société, car ils sont de même date, de même origine et de même autorité, Dieu ayant créé l'individu et l'état social l'un pour l'autre. Malheureusement, ces droits ont été jusqu'à ce jour plus souvent contestés que reconnus, et contestés autant qu'ils pouvaient l'être. Lors même qu'on les reconnaît, la manie de réglementer, sous prétexte de les défendre, dépasse la nécessité et par suite équivaut dans la pratique presque aux mêmes conséquences que la négation. Voyons donc comment, par l'effet d'un mauvais système, l'État peut être opposé théoriquement et pratiquement aux légitimes aspirations de l'individualisme.

78. J'ai déjà dit que l'Etat était la société politique constituée, possédant par conséquent une administration et un gouvernement. Or, toutes les formes de gouvernement ne sont pas également

protectrices des droits des hommes; il n'y a pas
eu encore de gouvernement qui ne péchât sous ce
rapport, soit accidentellement, soit constamment;
enfin, il y en a qui sont fondés sur la négation
même de ces droits. Tels sont, par exemple, les
gouvernements qui considèrent la société politique comme un domaine héréditaire dont ils
peuvent user et abuser à la manière d'une propriété matérielle ordinaire acquise par le travail.
L'administration n'est pas toujours un calque fidèle du gouvernement. Sous certains pouvoirs,
son imperfection est un bienfait; c'est une porte
ouverte à la liberté, tandis que son extrême développement est toujours un danger. Avec les intentions les meilleures, elle peut avoir des résultats
funestes. L'excès de prévoyance de sa part constitue une des formes les plus réelles du despotisme. Mais je laisse ces questions dont je dois
m'occuper plus tard. J'en ai dit assez pour indiquer par quel côté l'État est opposable à l'individu.

79. Il est à peu près inutile de remarquer que,
ni l'État, ni l'individu ne tirent profit des erreurs,
des défauts ou des vices par lesquels ils s'opposent
l'un à l'autre. L'égoïsme ne fait pas le bonheur de
celui qui s'y abandonne. Dans le succès, l'égoïsme
est puni par la satiété, l'ennui et quelquefois l'aliénation mentale; dans le malheur, par l'abandon

et le tourment de ses désirs inassouvis. Quant à l'État, tout le monde sait à quel point la société souffre des défauts ou des vices de sa constitution. Elle s'appauvrit, elle se dépeuple, elle se déprave jusqu'à en périr, comme nous le voyons aujourd'hui dans les États ottomans.

L'histoire n'offre peut-être pas un exemple d'une société politique où il y ait eu une concordance parfaite entre l'individu et l'État, et cependant nous ne pouvons admettre en principe que deux êtres tellement constitués qu'ils ne peuvent subsister l'un sans l'autre, soient à jamais condamnés à se combattre ou à se nuire. Nous allons voir que le contraire est la vérité. Pour cela il suffira de démontrer que ce qui est préférable, au point de vue général et commun, pour les citoyens envisagés individuellement, est en même temps ce qu'il y a de meilleur pour la société politique.

80. La liberté, par exemple, est, après la vie, le premier bien de l'homme; sans elle, il n'y a pour lui ni dignité, ni moralité, ni génie, ni mérite, ni bonheur; sans elle, il n'est plus ce que Dieu l'a fait. On estime d'autant plus la liberté qu'on a soi-même plus de valeur, plus de capacité et plus d'initiative; on l'aime alors à l'égal de la vie et quelquefois plus que la vie. C'est cependant à ce bien que s'attaque toujours ce mauvais côté de l'État dont nous parlions tout à l'heure. La société

a-t-elle réellement quelque profit à la restreindre, à la gêner, à l'entraver comme on le fait habituellement ? Non; elle se nuit à elle-même. Pour en avoir la preuve, il suffit d'examiner ce qui se passe là où l'État traite la liberté comme une ennemie ou au moins comme un danger. Les exemples ne manquent pas. D'abord l'initiative individuelle est tuée. Or, l'initiative dans l'État n'est jamais que la conséquence ou l'effet d'une initiative individuelle. Partant plus d'inventions, plus de progrès, ni sous le rapport des choses intellectuelles et morales, ni sous le rapport des choses matérielles. Comme l'État remplace tout, il tue l'émulation et la concurrence; la population attend tout de lui, et ne fait plus rien par elle-même. Comme l'État juge tout, il se pose lui-même comme le niveau officiel de toute espèce de mérite, de toute espèce d'intelligence, et comme son niveau ne s'accroît pas faute des initiatives individuelles, ou même s'abaisse par défaut d'émulation, la société devient stationnaire lorsqu'elle ne rétrograde pas. Regardez, en effet, les pays où la liberté a été le plus entravée et vous verrez que ces pays sont devenus les plus arriérés et les plus misérables sous tous les rapports. Si vous y rencontrez quelques tentatives de progrès, quelques essais en quoi que ce soit, vous reconnaîtrez d'abord que c'est l'État qui les fait et ensuite qu'il les fait seulement par imitation de ce qui a lieu chez ses voisins, pour se conserver et se défendre contre eux. Les plus puissants empires, l'empire romain et l'empire ottoman, ont péri par défaut de liberté. Il n'y a pas une ville, pas une contrée qui se soit distinguée, dans un temps quelconque, soit par ses richesses intellectuelles, soit par son industrie ou son commerce, qui n'ait été en même temps supérieure à tout son voisinage par la possession d'une liberté individuelle plus grande. C'est parce que la liberté est également la source des richesses de tous les genres, que toujours on a vu la science, la philosophie et les arts prospérer là où prospéraient le commerce et l'industrie. Concluons donc que si la liberté est ce qu'il y a de plus précieux pour l'individu, elle est aussi ce qu'il y a de meilleur pour la société.

81. L'homme ne peut vivre qu'en modifiant le monde extérieur, en agissant incessamment sur les énergies brutes et vivantes qui l'entourent, en un mot en faisant usage de ses facultés productives; mais l'homme ne vit pas au jour le jour, au hasard; il est prévoyant, il s'assure l'avenir en conservant ses produits. Aussi, ce qu'il y a de meilleur pour lui, au point de vue individuel, c'est un système légal ou économique qui lui assure les moyens fondamentaux de la production et la propriété du produit. D'un autre côté, au point de

vue social, tout homme doit produire. L'oisiveté, quand elle n'est pas celle de l'impotent qui souffre ou du vieillard qui se repose, l'oisiveté est un abus. La société, répétons-le, est un grand corps qui vour vivre et s'accroître, est obligé d'achever simultanément une multitude de travaux divers. Tout individu est donc à ses yeux l'instrument d'une fonction nécessaire ou au moins utile à son bien-être et à sa puissance. Elle ne se considère elle-même, sous le rapport de la production, que comme un vaste système d'échange où il y a réciprocité de services de chacun, réciprocité si rigoureuse et si parfaite que le plus grand est l'obligé du plus petit comme le plus petit est l'obligé du plus grand.

Maintenant, quel moyen la société a-t-elle d'assurer l'exercice de toutes les professions ou l'accomplissement de tous les travaux? Elle en a deux : le devoir et l'intérêt. C'est en effet un principe essentiellement social qu'il y a devoir pour tous les citoyens d'exercer une fonction ou d'accomplir un travail; mais quelque bien justifié, quelque démontrable que soit ce principe, il peut faire défaut ou s'obscurcir dans le cœur de l'homme. Dans les grandes et hautes fonctions, où l'importance du dévouement est évidente, le sentiment du devoir peut suffire ; il n'en est plus de même dans les fonctions minimes qui sont toujours les plus nombreuses. Le lien qui les unit à la chose sociale devient presque invisible ; le sentiment du devoir n'étant dans cet ordre excité par rien de grand, rien d'immédiat, ferait défaut s'il n'était soutenu et en quelque sorte nourri par l'intérêt. L'union du devoir et de l'intérêt constitue le mieux dans l'ordre des services dont il s'agit. La société l'opère en garantissant à chaque individu le bénéfice de sa profession, c'est-à-dire, pour parler le langage économique, en garantissant à chacun la propriété ou la rémunération de son travail. Ainsi, la logique sociale arrive à protéger comme une des conditions d'existence de l'association politique, un principe ou un droit qui apparaît, sous un autre rapport, comme une conséquence de la constitution naturelle de l'homme.

82. Les économistes ont constaté que ce qu'il y a de plus avantageux pour la société, au point de vue de la production, ce n'est pas seulement le nombre des individus, mais leur qualité. En un mot la situation préférable est celle où le nombre des ouvriers formés est plus grand que celui des ouvriers qui se forment, le nombre des savants supérieur à celui des élèves, le nombre des soldats plus considérable que celui des recrues, où enfin le nombre des hommes instruits, exercés, habiles, dépasse celui des jeunes gens qui apprennent ; par conséquent ce qu'il y a de meilleur pour l'État

c'est que la santé, le bien-être et la sécurité aient de telles garanties que les hommes y parcourent une longue carrière. N'est-ce pas aussi ce qu'il y a de meilleur au point de vue individuel?

On le comprend sans peine, pour apprécier la force productrice d'une société, ce n'est pas seulement de sa population qu'il faut tenir compte, mais c'est surtout de la composition de cette population. Si elle contient peu d'individus adultes, c'est-à-dire peu de producteurs, et beaucoup d'enfants, c'est-à-dire beaucoup de consommateurs, elle sera manifestement plus faible que celle qui serait dans les conditions contraires. Ainsi, la France est moins peuplée que la Russie; elle est cependant plus forte, parce que la proportion des adultes y est plus grande. Mais il est un aspect que les économistes ont oublié. Lors même que les sociétés que l'on viendrait à comparer seraient semblables sous le rapport dont il vient d'être question, il n'y aurait pas égalité si l'une d'elles était inférieure à l'autre sous le rapport du but commun d'activité, de l'attachement des individus à ce but, sous le rapport enfin de l'éducation, des mœurs, de la science et de l'industrie. L'importance de ces éléments, au point de vue de la production et de la force, est si évidente qu'il est inutile de la démontrer.

Ainsi, la force d'une société politique est hu-

mainement d'autant plus grande que la moyenne
de la vie y est plus longue, que les mœurs, le
dévouement, l'intelligence et le travail y sont plus
développés. Or, tous ces intérêts qui sont sociaux
sont en même temps des intérêts et des biens individuels.

83. En recherchant les concordances qui unissent la société aux individus, nous avons trouvé
l'indication des garanties que la société doit assurer à ses membres, ou, en d'autres termes, les
constantes de conservation individuelle. Ce sont
la liberté, le travail avec la propriété du produit,
enfin la santé et la force, c'est-à-dire la vie et la
meilleure vie. Nous avons trouvé aussi ce dont
elle doit se défendre, savoir de l'égoïsme, qui est
le mauvais côté de l'État et de l'individu. Ces
questions seront traitées dans les chapitres suivants.

CHAPITRE V.

DE LA LIBERTÉ AU POINT DE VUE INDIVIDUEL ET AU POINT DE VUE SOCIAL.

84. Il n'y a pas de sujet, dans cet ouvrage, où il soit plus besoin de commencer par une définition, car il n'y en a pas qui ait été plus obscurci, tantôt par des explications calculées, tantôt par des restrictions légales[1], tantôt par des erreurs volontaires ou philosophiques[2]. Mais il n'y a pas non plus de sujet où la définition soit plus acces-

1. Voici un exemple de restriction légale. L'une des définitions les plus suivies et dont l'auteur est Montesquieu, est celle-ci : « La liberté consiste à faire tout ce qui n'est pas défendu par la loi. » D'où il résulte que si la loi défendait presque tout, on ne pourrait presque rien faire. Mais d'où cette loi restrictive de la liberté tire-t-elle son droit? Voilà ce que la définition ne nous dit pas et ce que cependant elle devrait nous dire.

2. Il y a deux écoles philosophiques : l'école matérialiste

sible au simple bon sens, à l'expérience de chacun, et plus directement pratique. Ajoutons que
la définition de la liberté constitue toute la doctrine de la liberté. Je commencerai donc par une
définition.

Dans l'ordre pratique, c'est-à-dire en politique,
en morale, dans les relations civiles, la liberté
n'est rien de plus, mais rien de moins que le
droit de choisir. Elle est la manifestation extérieure d'une faculté spirituelle, d'une faculté de
l'âme humaine qu'on appelle le libre arbitre.
Donc, parlons d'abord du libre arbitre.

DU LIBRE ARBITRE.

85. Le libre arbitre est certainement la plus
belle, la plus distinctive des facultés spirituelles

et l'école panthéiste, qui ne peuvent réellement définir la
liberté. L'une et l'autre sont obligées d'admettre que tous les
événements, même ceux de notre pensée, sont nécessaires;
qu'ils sont le résultat forcé de ce qui précède, comme eux-
mêmes seront la cause de ce qui les suivra; en un mot, ces
doctrines concluent à un fatalisme universel. Aussi, lorsqu'elles ont été obligées de donner une définition, elles n'en
ont pas trouvé d'autres que celles-ci : c'est l'indépendance
dans l'exercice des facultés, l'affranchissement de tout empê-
chement; c'est l'exemption de la sujétion d'un autre Hobbes),
la possession de soi-même (Raynal). Ne dirait-on pas des
définitions imaginées par des esclaves! J'ajoute que ce ne
sont point des définitions réelles, car elles n'expriment que
l'un des phénomènes extérieurs qui caractérisent la liberté.

que Dieu ait données à notre espèce. Elle nous sépare absolument du reste du monde visible. Dans ce monde, nous exceptés, tout obéit irrésistiblement à des lois invariables, les corps inorganiques aux lois de la matière brute, les animaux aux lois de leurs instincts. L'homme seul a reçu le pouvoir d'accepter ou de refuser les lois qui lui sont proposées.

La raison est la faculté que l'on met ordinairement en première ligne lorsqu'il s'agit de caractériser l'espèce humaine ; mais que serait la raison sans la liberté ? A quoi servirait-elle si l'homme était sous une servitude quelconque et ne pouvait choisir ? Et, d'ailleurs, n'est-ce pas la liberté qui invoque la raison ? Si donc, chez nous, la liberté ne constitue pas tout l'être spirituel, elle en est le fondement et le point de départ. Sans libre arbitre, il n'y a plus d'être moral ; il n'y a plus ni volonté réelle, ni responsabilité, parce qu'il n'y a plus de choix ; il n'y a plus ni bonnes, ni mauvaises actions, ni mérite, ni démérite, parce que, comme chez les bêtes, les idiots et les déments, il n'y a plus que des impressions, des réactions et des instincts. Plus donc on restreint les possibilités du libre arbitre, plus on restreint l'être moral.

Mais ce n'est pas tout. La liberté n'est pas seulement le point de départ de la raison, le fondement de la volonté et de la moralité, elle est aussi

le principe du talent, de l'invention, du génie
même. Au premier abord, il semble que ce soit
un paradoxe de dire qu'elle est l'origine du génie.
Rien cependant n'est plus démontré par l'expérience et plus facilement explicable. En effet, le
doute par lequel commence l'œuvre de génie, la
négation qui succède, les recherches qui suivent,
et enfin l'affirmation qui constitue l'invention, ne
sont-ils pas autant d'actes de liberté? Aussi a-t-on
remarqué que les époques des grandes inventions
correspondent toujours aux époques politiques où
la liberté fait ses plus grands efforts.

Le libre arbitre n'est point cependant une faculté d'une puissance absolue, c'est-à-dire sans
limites et sans conditions, telle enfin que nous
nous figurons la liberté en Dieu, lorsque nous
essayons de la comprendre. Chez nous, soit
qu'il agisse purement dans l'ordre des pensées,
soit que ses manifestations se rapportent au
monde extérieur, le libre arbitre a ses limites et
ses conditions. Ses limites dans l'ordre de la
pensée, sont celles de nos connaissances, et, dans
les relations extérieures, celles du possible. Quant
à ses conditions d'activité, elles se résument en
deux : l'occasion de choisir, et le motif pour
choisir.

La question des limites du libre arbitre n'offre
ni difficultés, ni doutes; aussi je ne m'y arrêterai

pas ; mais il n'en est pas de même de la question des conditions ; elle constitue toute la théorie de la liberté pratique ; elle ouvre carrière à une suite de considérations qu'il est indispensable de connaître si on ne veut pas se perdre au milieu d'obscurités dangereuses dans un sujet si important.

Je veux essayer de poser rigoureusement le problème et d'en déterminer la solution. On me pardonnera quelques mots d'une analyse métaphysique dont il m'est impossible de me passer.

86. Ce qui donne lieu au choix, ce qui en constitue l'occasion, c'est la simultanéité de contradictions ; en d'autres termes, il faut la présence simultanée de plusieurs objets ou de plusieurs partis tellement différents ou tellement contradictoires que si on veut l'un, on soit nécessairement obligé de rejeter l'autre. Mais ce n'est là que l'occasion. Tout acte du libre arbitre est un acte raisonné ; il n'est même un acte de liberté que parce qu'il est raisonné ; par conséquent tout acte du libre arbitre est un acte motivé. Il nous faut d'abord un motif pour choisir ; il nous en faut un ensuite pour déterminer notre choix.

En effet, lorsqu'une occasion ne met en jeu ni notre intérêt ni nos passions, car ce seraient là des motifs, pourquoi notre volonté inclinerait-elle d'un côté plutôt que d'un autre ? On pourrait citer une multitude de sujets dans les sciences,

dans la philosophie, dans la politique même, où
les contradictions sont visibles pour tout le
monde et devant lesquelles cependant la masse
du public reste complétement indifférente, précisément parce qu'elle n'a pas de motifs pour s'en
occuper. De même lorsqu'il s'agit du choix, les
raisons contraires peuvent être tellement égales,
les sollicitations et les tendances dans un équilibre
si parfait, qu'elles nous laissent dans le doute, hésitant entre deux partis sans savoir lequel prendre. C'est pour les circonstances de ce genre
qu'on a imaginé ce proverbe : « Dans le doute,
abstiens-toi. » Il n'est pas rare de rencontrer des
hommes qui restent indécis entre deux partis,
jusqu'à ce que le moment d'agir soit passé ou que
la solution leur ait été donnée par des faits extérieurs. Ainsi il faut un motif pour déterminer
le choix, comme il en faut un pour nous déterminer à choisir. Ordinairement ces deux motifs
sont confondus en un seul ; la même raison qui
nous détermine à choisir, devient l'argument de
notre choix. Il est évident d'ailleurs que plus les
contradictions se compliquent, plus les motifs sont
multipliés, plus aussi le champ de la délibération
devient étendu, et plus la faculté de choisir a de
liberté.

Il résulte de ce qui précède que les conditions
du libre arbitre résident dans l'occasion et le mo-

tif du choix. Je vais chercher quelles sont les
sources véritables de l'une et de l'autre.

87. Si nous ne possédions que la vie animale,
si nous n'étions que de purs organismes, si enfin
nous ressemblions à ce sauvage solitaire et sans
éducation que certaines hypothèses philosophiques nous donnent comme le premier-né de l'espèce humaine, nous aurions dans nos instincts et
nos appétits des motifs d'action, mais nous n'aurions jamais occasion de choisir. En effet, l'ordre
des impressions ou des sensations matérielles ou
corporelles n'offre point de contradictions simultanées et par conséquent d'occasions de choisir.
Lors même qu'il en existe autour de nous ou
dans notre organisme, nous ne sommes pas capables de les percevoir simultanément. Le caractère général de la vie nerveuse ou corporelle est
toujours la successivité, soit quant aux sensations,
soit quant aux appétits, soit quant aux instincts,
ainsi que je le montrerai bientôt. La loi, dans ces
phénomènes, c'est que l'impression la plus forte
obscurcisse les autres et que les sensations dominent pendant un certain temps, chacune à leur
tour. Une successivité analogue règle les phénomènes de mémoire, comme chacun peut s'en assurer en s'observant lui-même ; ils se suivent toujours, soit qu'ils rappellent une suite d'impressions
différentes, soit qu'ils représentent seulement l'his-

toire d'un événement ou un spectacle dont nous avons été témoins. Ainsi, ni les impressions, ni les sensations, ni les appétits, ni les instincts, ni même les simples faits de mémoire n'offrent, à eux seuls, cette occasion dont nous nous occupons, cette occasion qui donne lieu à un choix. Il y a malheureusement trop de gens dont la vie n'est guère composée que d'entraînements de cette sorte et d'actions faites sans choix, et qui croient vouloir lorsqu'ils ne font qu'obéir.

Rien ne serait changé lors même que l'une des sensations dont il vient d'être question, éveillerait immédiatement une habitude et même un préjugé ou un intérêt qui lui ferait directement opposition. Alors certainement la contradiction existerait et, au premier coup d'œil, il semble qu'il y aurait occasion de choisir et que le libre arbitre serait mis en situation d'agir. Il n'en serait rien cependant. En effet, pour que le choix fût possible ou plutôt libre, il faudrait qu'il existât un moyen de jugement, un motif étranger aux deux instances contradictoires. Du moment qu'elles seraient seules en présence, elles deviendraient elles-mêmes des motifs d'action. Alors, si elles se trouvaient être de forces inégales, l'une l'emporterait sur l'autre et entraînerait la volonté, sans que le libre arbitre s'en mêlât ou fît autre chose que consentir, comme il arrive lorsque les sensations sont seule-

ment successives. Si, au contraire, elles se trouvent être d'égale puissance, l'individu resterait
indécis, hésitant entre les deux partis sans en prendre aucun, comme je l'indiquais tout à l'heure.
Tel serait l'homme dépourvu de ce que lui donne
la société, c'est-à-dire de l'éducation. Il serait
comme l'animal à l'état sauvage, mû *a posteriori*,
trouvant des motifs d'action, mais jamais occasion
d'exercer cette faculté de jugement qui le fait
libre et que nous appelons libre arbitre.

Hésiter, douter, s'abstenir peuvent être, dans
certains cas, et à un certain degré, des actes de
liberté ; mais les nécessités de la vie humaine exigent davantage. Le plus souvent elles demandent
tout l'opposé de l'abstention, elles obligent l'individu à faire effort et surtout à résister. En effet,
le cours ordinaire d'une vie honnête, dans l'état de
société, se compose d'une suite de sacrifices de
nous-mêmes qui, si petits qu'ils soient, envisagés
isolément, n'en forment pas moins par leur réunion
un ensemble considérable. Il faut en un mot des
solutions rapidement pratiques, des décisions positives et suivies d'effet. Or, pour que le libre arbitre soit ainsi constamment en éveil et constamment actif, nous devons trouver en nous et autour
de nous une source non moins riche de motifs. La
vie sociale nous offre la première ; nous allons
voir d'où émane la seconde.

88. Il existe un système d'idées et de préceptes ou, disons mieux, il existe une connaissance, une doctrine, qui répond directement à la nécessité du motif imposée à l'exercice du libre arbitre, connaissance aussi universelle que cette nécessité même : c'est la *morale*. Elle a précisément pour but de régler les déterminations du libre arbitre. Devant toutes les occasions, elle place une classification des actes correspondants en bons et en mauvais, en défendus et en permis, en utiles et en nuisibles, ou en indifférents ; elle pose en un mot un devoir ou un droit. Il n'existe pas de motif plus général et plus fécond. Elle apparaît comme une connaissance si primitive dans l'histoire de l'humanité et en même temps si nécessaire qu'on est en droit de dire que, sans la morale, notre faculté du libre arbitre ne se fût jamais éveillée.

Il y a cependant d'autres sources de motifs, mais moins générales et surtout moins primitives ; telles sont certaines notions scientifiques, certaines habitudes, certaines règles, dont la plupart émanent du but d'activité auquel l'homme s'est attaché. Il y aurait peut-être quelque intérêt à étudier les rapports qui peuvent exister entre ces motifs secondaires et la morale considérée comme motif général, mais une telle recherche serait complétement en dehors du but que nous nous proposons ici.

Les systèmes d'idées dont je viens de parler n'atteignent le libre arbitre que par le moyen d'un raisonnement. Or, quelles sont les bases, quelles sont les méthodes du raisonnement pour l'immense majorité des hommes, quel en est l'instrument et la loi pour tous? C'est incontestablement le langage. Par là même le langage est aussi l'instrument de notre liberté.

Il faut remarquer d'abord que le langage est une immense nomenclature d'idées représentant des différences, des oppositions, des relations de toute espèce, en un mot le tableau complet des connaissances humaines. Toutes les occasions, tous les motifs qui peuvent s'offrir au libre arbitre y sont exprimés. En outre, il présente une catégorie nombreuse d'idées dont aucune ne peut être conçue sans rappeler immédiatement une relation contradictoire : ainsi, oui et non, bien et mal, beau et laid, juste et injuste, permis et défendu, devoir et droit, utile et nuisible, cause et effet, tout et partie, grand et petit, actif et passif, etc.[1]. Tandis que d'autres espèces de mots, ceux qui

---

1. Dans certaines écoles philosophiques modernes, on donne le nom d'*antinomies* à ces oppositions logiques, à ces dualités contradictoires. On se demande pourquoi, si l'on voulait un mot grec, on ne leur a pas conservé le nom d'*antilogies* ou mieux encore celui d'*antiphases*, dont se servait Aristote?

expriment des êtres, des substances, des relations
non contradictoires, n'offrent au plus que des occasions de choix, ceux de cette première catégorie contiennent en général les motifs même de
choisir.

Je n'insisterai pas sur les rapports du langage
avec le libre arbitre. Pour les exposer dans toute
leur étendue, il faudrait un travail spécial fort en
dehors de notre sujet. Ce serait quelque chose
comme un traité de logique et de métaphysique,
car le langage est la manifestation en quelque
sorte matérielle des lois et des procédés généraux
de l'esprit. Les indications que je viens de donner
suffisent d'ailleurs pour faire comprendre, et c'est
là ce qui est important, comment la science
agrandit le champ d'action du libre arbitre, et
comment l'ignorance peut le rétrécir à ce point
que l'individu n'ait plus d'autre moteur et d'autre
guide que l'instinct, ainsi qu'on l'observe chez un
grand nombre de crétineux et chez les sourds et
muets de naissance qui ont été complétement
abandonnés à eux-mêmes. L'expérience prouve
d'ailleurs que le seul remède efficace à ces misères
est l'éducation.

On voit enfin nettement et avec certitude que
la connaissance de la loi morale, ainsi que celle
de la loi des qualités logiques contradictoires, révélée par le langage, sont des occasions et des

17

motifs si nécessaires d'une action libre qu'on ne comprend, chez personne, la liberté sans elles ; en sorte que si Dieu ne les eût pas données à notre premier père, dès le début de l'humanité, il eût fallu que l'homme les trouvât avant de pouvoir jouir de sa plus précieuse faculté.

89. Cet examen a montré que le libre arbitre est la plus caractéristique de nos facultés spirituelles, celle qui engendre tout ce qui nous fait véritablement hommes ; car, sans elle, la morale, le langage, et la science seraient sans objet : ce seraient des connaissances inutiles. Sans elle, la raison serait une faculté stérile et sans but ; le génie, l'invention et le progrès impossibles. L'homme obéissant à toutes les impulsions de sa chair serait comme la pierre et la bête, impuissant à vouloir, impuissant à résister. Il n'y aurait plus, parmi nous, ni mérite, ni vertu, ni responsabilité ; car le mérite, la vertu, la responsabilité émanent du pouvoir de choisir. L'homme enfin ne serait pas l'être moral et social que nous connaissons. Nier la liberté, nier le libre arbitre, c'est anéantir l'homme spirituel tout entier.

Les plus dangereux ennemis de la liberté sont donc ceux qui cherchent à diminuer la puissance du libre arbitre. Il y a divers moyens d'y parvenir. Le plus usuel consiste à restreindre l'instruction et à développer outre mesure les appétits sensuels. C'est ainsi qu'on abrutit les hommes. Chez les anciens, on n'enseignait pas la morale aux esclaves et on leur permettait tout, dès que cela ne nuisait pas à l'obéissance. Les despotes procèdent de la même manière à l'égard de leurs sujets; ils rétrécissent l'enseignement, ils excitent les mauvaises mœurs, ils facilitent les satisfactions grossières. Une population ignorante et dépravée est un terrain si bien approprié à la tyrannie qu'elle ne peut plus supporter autre chose.

Il y a, en outre, une servitude de l'âme que l'on fonde par un certain système d'instruction, aussi solidement que la servitude du corps par les mauvaises lois. On atteint presque inévitablement ce résultat lorsque l'enseignement est tellement constitué, tellement détaillé, tellement spécialisé, qu'il ne peut plus se présenter une occasion dans la pensée, ou une circonstance dans le monde extérieur qui ne soit prévue et où il n'y ait une réponse prête. Le disciple alors répond, non avec sa propre raison, mais avec sa mémoire, et il est dans une situation telle qu'il est obligé ou de rejeter tout ce qu'on lui a appris s'il veut redevenir libre, ou de consentir à rester esclave de l'enseignement qu'il a reçu. On reproche ce résultat à quelques écoles scientifiques modernes. La conséquence en est que leurs élèves, quoique très-savants, ne découvrent ni n'inventent jamais rien,

là où d'autres, qui ont reçu une instruction différente, trouvent une mine féconde. Pour bien
élever un homme, il ne suffit pas de l'enseigner et
de le forcer à apprendre; il faut combiner de telle
sorte l'enseignement qu'on lui donne, qu'il ajoute
au ressort du libre arbitre au lieu d'en diminuer la
force. J'ai horreur de l'éducation couventuelle, de
toutes ces écoles enfermées où l'élève n'a rien à son
choix, ni le sujet, ni le professeur, ni la direction.
Elles sont très-propres à produire des conserva-
teurs de la science, mais nullement des créateurs.

Je m'arrête ici, après avoir, je crois, indiqué
toutes les questions relatives au libre arbitre envisagé comme faculté de l'âme. Je vais maintenant aborder le problème de la liberté dans l'ordre des relations humaines.

DE LA LIBERTÉ PRATIQUE.

90. La liberté, dans l'ordre des relations, n'est,
comme je l'ai déjà dit, que la manifestation ou
plutôt l'expression de la faculté spirituelle du libre
arbitre. Aussi constitue-t-elle, chez nous, une tendance incoërcible, toujours active, dont la violence s'accroît de celle de toutes nos passions
justes ou injustes. C'est d'ailleurs un état si naturel de l'homme qu'il n'en connaît le prix que
lorsqu'il l'a perdu. C'est en même temps une

chose si précieuse qu'il n'y a pas d'effort qu'il ne
fasse pour la recouvrer lorsqu'il ne l'a plus. Il est
au-dessus du pouvoir humain de l'anéantir, de
l'aliéner ou d'y renoncer ; l'essayer est un crime
devant la morale et devant Dieu ; car c'est manifestement attenter à la nature et à la destination
que Dieu a mise en nous ; c'est renier sa sagesse
et sa loi. Aussi n'y a-t-il pas de droit contre elle,
si ce n'est celui de la liberté même, ainsi que
nous le verrons bientôt. S'il y a du mérite dans
l'obéissance, c'est parce que l'obéissance est volontaire, c'est parce qu'elle est un effet continué
du libre arbitre et un sacrifice.

La liberté, dans l'ordre des relations ne se
meut pas avec une puissance indéfinie. De même
que le libre arbitre dont elle n'est que l'expression,
il lui faut des occasions qui constituent le champ
de son action, des motifs qui la sollicitent. Enfin
elle a des limites qu'elle ne peut dépasser impunément. En un mot, elle est contingente et finie
comme toute faculté humaine. Ces occasions, ces
motifs, ces limites sont le milieu humain où nous
vivons. C'est ce monde vivant, plein de diversités
et de contraires, qu'habitent en outre des libertés
égales à la nôtre. C'est là que l'on peut reconnaître par expérience cette vérité, sur laquelle j'ai
déjà tant insisté, à savoir, que, le champ de la
liberté s'étend en proportion même de l'accrois-

sement des préceptes moraux, du progrès de la connaissance, de la perfection et de la multiplicité des relations, en un mot avec la civilisation. Là aussi on peut trouver la preuve que l'homme, sans l'état social, ne saurait faire usage de sa liberté. En effet, il suffit de retrancher successivement, par hypothèse, tout ce que nous recevons de la société, savoir, la connaissance de la loi morale, celle des devoirs et des droits, celle du juste et de l'injuste, celle du nuisible et de l'utile, puis cette science immense et cette puissance de raison contenues dans le langage, puis encore la masse incalculable des richesses intellectuelles que nous a fournies la civilisation, enfin la variété presque infinie de motifs et d'occasions de toute nature que nous présente la société, pour apercevoir clairement, tout de suite, qu'afin d'être libres, il nous faut l'état social, et que, sans lui, nous ne le serions pas.

Quelques philosophes du dix-huitième siècle, et, entre autres, J. J. Rousseau, en haine de la société de leurs temps, plus par mauvaise humeur que par raison, ont préconisé comme le plus favorable à la liberté un prétendu état de nature, une sorte de vie sauvage ou de vie solitaire et indépendante dans les bois. Cette doctrine a encore des partisans ; voilà pourquoi j'en parle. Mais, de ces sauvages si enviés il n'en existe pas. Ceux aux-

quels nous donnons ce nom, ne sont rien de plus
que les membres de sociétés qui sont au plus bas
rang de la civilisation. Il n'y a pas d'êtres moins
libres que ces malheureux soumis aux besoins les
plus grossiers, aux passions les plus brutales, aux
superstitions les plus cruelles, d'une ignorance profonde, sans sécurité dans la santé ni dans la maladie, en un mot sans satisfaction assurée d'aucun
genre. Quant à cet autre état, cet état de nature,
si complaisamment décrit, si innocemment vanté,
je l'ai déjà dit, il n'a jamais pu exister. Que serait
en effet l'homme dans la solitude de la nature,
dépourvu des connaissances qu'il tient de la société ? Certainement il n'y serait plus ce que nous
le voyons, le roi de la création. Ce ne serait plus
qu'un bimane misérable, esclave des mille douleurs de la faim, de la soif, des intempéries
atmosphériques, esclave surtout de la peur, toujours en quête de sa nourriture, sans langage, sans
pensée, sans prévoyance, en un mot le plus dénué
et le plus dépendant des êtres.

Comment quelqu'un, et bien plus, un philosophe a-t-il pu s'imaginer qu'un tel être serait, en
fait, le plus libre des hommes ? Ce qui constitue la
liberté pratique, la liberté de fait, c'est, comme
nous l'avons vu, la possibilité de choisir. Or, à
quelle occasion, et entre quoi ce malheureux
bimane choisirait-il ? — Entre ses instincts ? Mais,

il n'aurait que la vie animale ; et la loi de la vie animale est que chaque instinct s'éveille et commande à son tour, puis s'endorme lorsqu'il est satisfait. Choisirait-il entre les impulsions produites par ses souffrances? Mais c'est un fait d'observation médicale, aussi vieux que la médecine, qu'entre deux douleurs il y en a toujours une qui obscurcit et éteint l'autre ; il obéirait donc au mal le plus fort. En un mot, ce sauvage suivrait la loi des bêtes. Comme elles, il obéirait, sans résistance et presque sans conscience, aux impulsions de son mécanisme organique, mangeant quand la faim l'ordonnerait, sans même choisir ses aliments, n'étant guidé à cet égard que par l'instinct du goût ou de l'odorat, s'accouplant au gré des excitations sexuelles, veillant ou dormant suivant les dispositions de ses organes.

L'âme ou le libre arbitre n'auraient jamais occasion d'agir, parce qu'ils n'auraient jamais à choisir entre un appétit qui demande à être satisfait et un principe moral qui ordonne de s'abstenir, entre l'instinct et un but.

J'insiste sur ces fait : je les analyse plus qu'il ne faut sans doute ; mais je tiens à ce qu'on en saisisse complétement la portée. J'y trouve en effet un excellent exemple pour faire, en quelque sorte, toucher du doigt une de mes affirmations précédentes, à savoir que la faculté du libre arbitre, chez l'homme, serait comme n'étant pas, si l'homme n'avait devant lui, indépendamment du monde physique, une loi idéale qui lui donne lieu de choisir entre des commandements moraux et les commandements des instincts. Ce que je veux dire, ce que je veux répéter, c'est que l'opposition entre la loi morale ou notre conscience et certaines impulsions instinctives, est la première occasion de choix qui en toutes choses et à tout âge existe pour l'homme, et que cette opposition est, en même temps, la condition *sine qua non* et la première condition de la liberté en action.

Le véritable état naturel de l'homme est l'état de société. L'homme a été constitué pour la société et c'est elle qui forme le vrai terrain de son libre arbitre; c'est elle qui offre le plus vaste champ à son action; hors d'elle on conçoit la liberté seulement comme une faculté en puissance, mais aucunement comme une faculté en acte.

Ce qui a été dit plus haut à propos des conditions, c'est-à-dire des occasions et des motifs du libre arbitre, est complétement applicable à l'usage de la liberté dans l'ordre social. Je ne reviendrai pas sur ce sujet; mais il y a un problème important, une question capitale, au point de vue de la pratique, dont je n'ai pas encore parlé : c'est la question des limites. Il faut absolument la résoudre, car de cette solution dépend toute la théorie des lois relatives à la liberté dans la vie sociale.

DES LIMITES DE LA LIBERTÉ DANS L'ORDRE SOCIAL.

91. Dans l'ordre des pensées, la liberté n'a d'autres limites que celles de la connaissance ou du possible; mais, dans l'ordre des relations sociales, on comprend qu'il n'en peut être ainsi. En effet, le possible peut aller jusqu'au désordre, jusqu'à l'injustice, jusqu'au mal, jusqu'au crime, en un mot jusqu'aux derniers excès de l'égoïsme et jusqu'à la folie. Le possible peut aller jusqu'à nier tout devoir et toute obligation. Or, ce possible serait un attentat continu à la liberté des autres et une négation constante des conditions d'existence de l'état social. Il faut donc lui imposer des limites; il le faut absolument dans l'intérêt de la liberté même; mais quelles seront-elles? Comment limiter la liberté sans la détruire? Où est le principe et quelle est la loi en cette matière? Voilà ce qu'il s'agit de trouver.

De ce que l'état social est, pour l'homme, le premier intérêt, la première condition de sa liberté, on a conclu que l'État avait des droits sur cette liberté, et, par exemple, celui de lui imposer certains sacrifices et de la contraindre lorsqu'elle refuse de se soumettre volontairement. Sur ce que

l'État donne, a-t-on dit, il a le droit de retenir
ce qui nécessaire à sa conservation, et ce droit
n'est en définitive que le moyen, l'équivalent, et
en quelque sorte le salaire du service qu'il rend.
C'est une conséquence bien formulée qui, au premier coup d'œil, paraît logique ; mais l'est-elle ?
On en a tant abusé que force a été d'en douter.
On a tant exagéré dans la pratique, qu'on semble
s'être proposé de donner, contre ce raisonnement,
cette fameuse démonstration par l'absurde que la
logique a empruntée aux géomètres. Des jurisconsultes de l'ancien régime n'ont-ils pas été jusqu'à
poser en principe que le droit de travailler était
un droit royal, un privilége que le souverain pouvait vendre et que les sujets devaient acheter[1]?
N'a-t-on pas dit la même chose du commerce ?
Aujourd'hui l'administration ne dispose-t-elle pas
de votre faculté de marcher ou de voyager avec
ses lois sur les passe-ports et les livrets? Ce sont ces
principes qui conduisent à dire que la liberté est
le droit de faire ce que la loi ne défend pas ; or
comme la loi peut tout défendre, l'homme serait à
peu près aussi libre dans ces conditions qu'un
arbre ou un pavé.

Une formule dont on tire de telles conséquences

---

1. Voyez le préambule de l'édit de Turgot de 1776 contre
les maîtrises, jurandes, etc.

ne peut être une vérité. Il n'y a que l'erreur qui puisse engendrer le mal, il n'y a que le faux qui puisse conduire à l'absurde. Le public en a jugé ainsi, et il a bien jugé.

L'affirmation dont il s'agit fait reposer le droit de la société sur une base essentiellement fausse. La société n'est pas quelque chose d'existant par soi-même qu'on puisse prendre pour base sans tenir compte des individus qui la composent. Si l'individu existe par la société, la société existe par les individus. S'il est vrai que l'état de société est nécessaire à l'existence humaine, il est également vrai que l'homme est le fondement nécessaire de la société. L'un et l'autre sont inséparables; l'un et l'autre sont solidaires à ce point qu'on ne peut supprimer l'un sans que l'autre disparaisse. A cet égard il y a entre eux une égalité complète, et ce qu'on pourrait en déduire seulement, c'est que chacun des deux aurait des droits pareils vis-à-vis de l'autre; conclusion bien différente de la précédente, car il en résulterait que si la société, vis-à-vis de certaines exigences ou de certaines rébellions, avait le droit de contraindre l'individu, cet individu, à son tour, aurait le droit de contraindre la société au moins en ce qui est nécessaire à sa conservation individuelle.

L'hypothèse qui attribue à l'État le droit de limiter la liberté a un autre côté fâcheux qui tient

toujours à la fausseté du point de départ : c'est
qu'elle n'implique pas de limites au droit de
l'État. Or, un droit, vrai dans son expression,
porte toujours ses limites dans cette expression
même. On a bien dit que les limites du droit social étaient le nécessaire ou plutôt l'utilité. Une
école de juristes nombreuse a adopté ce principe.
Pour elle l'utilité sociale est l'origine du droit.
L'Anglais Bentham en a été le plus illustre représentant et le plus énergique promoteur au commencement de ce siècle. Mais où est la limite de
l'utilité elle-même? N'est-ce pas au nom de l'utilité sociale, réelle ou imaginaire, et le plus souvent imaginaire, qu'on a justifié tous les crimes et
toutes les violences politiques? Ne s'en sert-on pas
tous les jours pour justifier ces mille petites ser-
vitudes dont l'administration nous enlace au nom
de la société et à l'aide desquelles on habitue un
grand peuple à toutes les bassesses, à toutes les
peurs, à toutes les flatteries habituelles aux gouvernements despotiques?

Qu'on ne s'étonne pas de ma persistance contre
cette fausse doctrine. Elle a produit peu de bien
et le moindre bien, quand on la compare à celle
que j'exposerai bientôt, et qui est aussi simple que
féconde; mais, par contre, elle a produit des
maux infinis. Il n'y a pas un abus de la force, pas
une injustice qu'elle n'ait servi à autoriser. Or,

c'est un danger énorme qu'une formule fausse
qui est reçue comme un principe. Sans doute, *à
priori*, on est tenté de considérer ces discussions
comme vaines. Il semble que ce soit peu de chose
qu'un principe pour ou contre lorsque la force se
montre, et cependant c'est beaucoup! Rarement
on a vu la force consentir à s'avouer toute seule;
toujours elle cherche un appui moral, un droit,
une utilité. Elle ne consent jamais à passer pour
un pur caprice ou une pure exploitation. Lorsqu'elle le fait, c'est qu'elle ne peut faire autrement. Il n'y a pas d'exemple de force, si grande
qu'elle fût, qui ait pu durer longtemps par elle seule.

92. Contre la doctrine du droit de l'État dont
je viens de parler, il s'est élevé une autre école
non moins excessive dans ses conclusions, mais
sous le rapport inverse. C'est celle des défenseurs
de la liberté absolue, ou, pour mieux dire, de la
liberté individuelle sans limites. Ils soutiennent,
comme on sait, que la liberté individuelle, complétement abandonnée à elle-même, suffirait seule
à tout. A peine admettent-ils qu'il soit nécessaire
d'une force organisée pour punir les meurtres et
les brigandages. J'ai même connu des personnes
qui soutenaient, en parfaite bonne foi, qu'on n'a-
vait pas le droit d'instituer une magistrature pour
garantir les contrats ni pour réprimer les crimes;
elles disaient qu'il fallait laisser faire à l'indignation

publique. Cette école offre cette singularité qu'elle disparaît toutes les fois que vient la liberté politique même la plus modérée. J'en ai connu des partisans à la fin du premier Empire et sous la Restauration. Ils se sont effacés après 1830. Les mêmes opinions ont reparu en 1848 devant la crainte du despotisme populaire et de l'organisation du travail par l'État. Elles semblent inspirées par le besoin de combattre un excès par un autre excès. Quels que soient le mérite et la bonne foi de leurs défenseurs, le bon sens public repoussera toujours les conclusions de cette école. Bien loin de les accepter, il s'en effraye.

La liberté individuelle sans limites apparaît en effet comme la négation de l'état social. Qu'on se figure le tableau que présenterait l'humanité sous ce régime! Plus de but commun d'activité; plus de devoirs politiques; plus de communauté ni d'égalité, ni de similitude dans l'éducation et l'instruction; bientôt plus d'unité dans le langage; la divergence infinie dans les croyances morales, scientifiques ou religieuses, s'il restait quelque chose qu'on pût encore appeler croyance; plus d'examens sur l'instruction scientifique, partant plus d'obligation sérieuse de s'instruire; plus de garanties pour les contrats, partant plus de contrats ni rien de ce qui s'ensuit; plus de mariage et par conséquent la promiscuité et la réalisation

du rêve des rapports libres entre les sexes; plus
de certitude dans la paternité, partant plus de paternité ; la maternité à la manière des bêtes et souvent repoussée comme une charge ou une impossibilité; nulle association solide ou durable; le caprice régnant souverainement; plus de propriété
et par suite plus de travail; le travail remplacé par
la cueillette ou la chasse; enfin, l'adresse et la
force régnant partout, et la sécurité nulle part. Je
ne crois pas ce tableau complet; mais quelque imparfait qu'il soit, il nous montre une situation
dont la pensée est insupportable et dont la réalité
serait incompatible avec la nature humaine.

93. Je viens de présenter les doctrines de deux
écoles opposées, également excessives dans leurs
principes et dans leurs conclusions. Avant d'arriver à l'exposition de la doctrine qui, selon moi,
est la seule véritable, il me reste à parler d'une
dernière école.

Cette troisième école admet les arguments que
je viens de faire valoir et contre le droit de l'État
et contre la liberté sans limites; elle en reconnaît
la vérité. De là elle conclut que les droits de l'État
et les droits de la liberté sont incompatibles et
inconciliables. Entre le despotisme qu'elle appelle
autorité et la liberté sans limites, qu'elle appelle
licence, elle choisit le moindre mal. Or, l'autorité,
dit-elle, fût-elle même despotique, fût-elle même

tyrannique, est le moindre mal, car elle conserve au moins l'État social. Cette école choisit donc le régime de l'autorité. Ajoutons cependant, pour être juste, qu'elle accorde à chacun la part de liberté individuelle qui est conciliable avec l'autorité. Elle la promet au moins, car toutes les fois qu'elle a été au pouvoir, il s'en est fallu de beaucoup qu'elle soit restée dans les limites qu'elle s'était fixées à elle-même. Ce qui l'a toujours particulièrement distinguée alors, c'est de vouloir tout administrer, jusqu'au libre arbitre individuel.

Cette école dont l'unique principe est de craindre les abus de la liberté, c'est-à-dire la licence, est fort nombreuse. On peut presque dire que c'est celle des masses. Dans toutes les époques, et encore aujourd'hui, les peuples oscillent entre deux systèmes ; tantôt ils se jettent dans celui de l'autorité ou du despotisme par horreur de la licence, et tantôt ils exagèrent la liberté par souvenir du despotisme. C'est ainsi que fait la France depuis trois quarts de siècle.

93 *bis*. J'arrive maintenant à l'exposition de la vraie doctrine sur les limites de la liberté.

Il y a pour l'homme, dans l'état social, deux espèces de relations : 1° les relations individuelles ou civiles qui naissent de son but d'activité personnel, de ses passions, de ses besoins, de ses intérêts; 2° les relations politiques ou civiques

qu'il a avec la société ou l'État, en qualité de
citoyen et comme participant au but commun
d'activité.

Ce sont là les occasions de sa liberté dans l'ordre social; mais où en sont les limites? Disons-le
tout de suite. Elles sont données par la nature
même de ces relations. Nous en trouverons la
preuve dans l'examen qui va suivre. Je commence
par les relations civiques.

94. Toutes les relations civiques se formulent
en des devoirs que l'on doit accomplir et en des
droits que l'on doit exercer. Le devoir civique
est le plus souvent un sacrifice de soi; le droit
civique est presque toujours au contraire une satisfaction; mais quelle que soit la manière dont
ils nous touchent, ils ont égale autorité, égale valeur. Si l'un ou l'autre faisait à un certain point
défaut, l'existence de l'état social serait menacée.
La société, en un mot, a presque autant besoin de
l'usage du droit que de l'accomplissement du devoir. Souvent même l'un et l'autre se confondent
dans la pratique, par exemple, en fait d'élection,
et, en général, dans l'exercice de ce qu'on appelle
les libertés politiques.

De tout devoir civique émane logiquement un
droit de même nature, soit que ces droits forment seulement les moyens d'accomplir le devoir, soit qu'ils apparaissent comme des bénéfices

ou une autorité émanant du devoir. Le simple citoyen sous ce rapport doit être aussi avantagé que l'État lui-même. Il a droit à tous les moyens nécessaires à son devoir et à tous les bénéfices qui en découlent; mais l'État également. Par exemple, si l'on demande au citoyen de concourir à la défense de la société, soit contre l'ennemi extérieur, soit contre l'ennemi intérieur ou le criminel, on doit lui donner le droit des armes et le droit de magistrature. De même, si la société est chargée de protéger tous ses membres, il faut qu'elle ait le pouvoir d'imposer à chacun le devoir des armes et les devoirs du jury ou tout autre pareil; il faut enfin qu'elle ait le droit de se protéger elle-même. La similitude est complète; elle ne l'est pas moins quant à l'origine du devoir.

Rappelons-nous ici ce qui a été dit, au commencement de cet ouvrage, sur le but commun d'activité. La poursuite de ce but n'est pas seulement le principal intérêt de la société; il est aussi son grand et, en toutes choses, son définitif devoir. Elle est obligée de l'accomplir sous peine de périr; il n'y a pas une de ses défaillances sous ce rapport qui ne soit punie par des souffrances extrêmes et d'immenses dangers. Les citoyens, dont l'union dans ce but commun constitue la société, ont évidemment le même devoir. Ils ont également le même intérêt; car ils participent au bien-être qui suit l'accomplissement de ces obligations et aux misères qui en suivent l'oubli.

De là un droit de tous à l'égard de tous, ou, pour parler le langage ordinaire, le droit de l'État d'obliger et de contraindre chacun à faire ce qu'il doit.

En résumé, la société n'a le droit d'obliger les individus que parce qu'elle est obligée elle-même, et pas plus qu'elle ne l'est elle-même. En obligeant les individus elle ne fait que se rendre interprète d'un devoir inhérent à la vie sociale. La limite du droit de l'État n'est autre que celle de ses devoirs. Là où cesse son devoir, là cesse son droit. Il découle de là, pour la législation, une règle qu'on peut formuler ainsi : la société n'a le droit de commander aux individus que ce qu'elle se commande à elle-même, et elle doit faire pour eux ce qu'elle veut qu'ils fassent pour elle-même.

Le moyen, dans une société, d'empêcher la législation de dépasser le droit, c'est, ainsi que nous le montrerons plus tard lorsqu'il s'agira du gouvernement, de faire en sorte que les lois soient votées et leur exécution surveillée par les citoyens. Au reste, ce vote et cette surveillance n'appartiennent pas seulement à ces derniers à titre de garantie, mais encore comme des droits corrélatifs au devoir d'obéissance que ces lois leur imposent.

La limite de la liberté civique est formulée par le devoir social. Le mérite de l'homme est d'accomplir celui-ci volontairement ; sa faute et quelquefois son crime, c'est de s'y soustraire. La société n'est pas tenue de récompenser l'accomplissement du devoir, autrement que par le bien ou l'honneur qui en découle ; mais elle est obligée de punir la désobéissance.

Telle est, selon moi, la loi des limites de la liberté dans l'ordre des relations politiques ou civiques ; j'ai maintenant à examiner ce qu'elle est dans les relations individuelles et civiles.

95. Le principe généralement reçu est que, dans les relations individuelles, la liberté de chacun a pour limite la liberté des autres. On donne le nom de mal, de délit ou de crime, à toute action qui, dépassant cette limite, attente au droit d'un de nos semblables. Le maintien de la limite, ou, en d'autres termes, la garantie contre ces atteintes est assurée par un système de pénalités proportionnelles au mal commis. C'est la société elle-même qui se charge de l'application de la peine. L'institution judiciaire est créée pour cela.

La loi qui résulte de cet ensemble de principes et d'institutions, est que rien, si ce n'est la crainte de mal faire ou d'encourir une peine, n'empêche l'individu de dépasser les bornes qui séparent le juste de l'injuste. Le régime de la liberté veut que l'homme puisse toujours choisir entre l'honnête qui est le respect de la limite, et le mal qui en est l'oubli ou la violation : mais il veut aussi qu'alors, pour protéger la victime, punir le méfait, la justice intervienne et la force même s'il est nécessaire.

Le mérite d'un pareil arrangement est évident : il est tel qu'on n'en conçoit pas de meilleur dans l'intérêt de la liberté de tous et de chacun. La liberté, en effet, complétement abandonnée à elle-même, pourrait se mouvoir indifféremment vers le mal, comme vers le bien : et il faut ajouter que le mal offre quelquefois d'étranges tentations ; les choses mêmes ont été jusqu'à ce jour disposées de telle sorte que le mal offre autant d'attraits que le bien de difficultés. Or, le méchant est nécessairement oppresseur. Son caractère essentiel est d'abuser de toutes choses, et surtout de l'homme lui-même, son semblable. Il arriverait donc, si nous pouvions toujours agir sans crainte de répression, ou que les bons subiraient l'oppression des méchants, ou que les relations entre les hommes ne seraient plus qu'un combat où les plus forts auraient raison de tout. On aurait ainsi la réalisation de cette hypothèse par laquelle Hobbes essaya de démontrer la nécessité du despotisme. Il n'y a exemple d'hommes ayant usé de la liberté sans limites, que dans l'histoire des plus odieuses tyrannies. Néron, Caligula, Héliogabale usèrent de la liberté de cette manière. Il faut donc, pour que tous soient libres, pour que la liberté de l'un n'empêche pas celle d'un autre, il faut que des limites rigoureuses séparent l'usage de l'abus, le juste de l'injuste ; et pour que ces limites soient réelles il faut qu'elles soient garanties. C'est avec une profonde raison que l'on a dit que l'existence de la liberté supposait l'existence du pouvoir. Or, le pouvoir, ici, c'est la loi pénale et le juge. La question principale, quand il s'agit du pouvoir et du juge, c'est la formation de la loi, et la constitution judiciaire. En effet, tout, ici, est humain, sujet à abus, et par suite douteux. On n'est jamais certain que des hommes, soit qu'ils fassent la loi, soit qu'ils l'appliquent, soient toujours pénétrés du sentiment de la justice, veuillent toujours s'oublier eux-mêmes, ou même soient toujours suffisamment intelligents.

De là, pour que gouvernants et gouvernés aient le même intérêt au respect de la liberté, pour que tous soient également disposés à faire disparaître les abus, la tendance des peuples à rendre temporaires et électifs les pouvoirs des législateurs et des juges, ou, au moins, à placer le contrôle d'un jury mobile auprès des juges, et celui de la représentation auprès de l'autorité exécutive. De là encore la tendance à rendre les pou-

voirs responsables. Mais ces questions seront traitées ailleurs dans cet ouvrage, je ne m'y arrêterai
donc pas davantage ; il suffisait de les indiquer
pour en montrer le rapport avec le sujet dont je
m'occupe en ce moment, et auquel je reviens.

Tout le système que je viens de présenter sur la
liberté dans les relations individuelles, est la conclusion des travaux des publicistes du dix-huitième
siècle. Il forme la base du droit consacré dans les
principales constitutions de la France moderne [1].

---

1. Voici textuellement ce qu'ont décrété sur ce sujet les
grandes assemblées nationales de la France qui ont fait des
déclarations de principes :

« La liberté consiste à faire tout ce qui ne nuit pas à autrui : ainsi l'exercice des droits naturels de chaque homme
n'a de bornes que celles qui assurent aux autres membres de
la société la jouissance des mêmes droits. Ces bornes ne peuvent être déterminées que par la loi. » (Art. 4 de la déclaration des droits votée par notre première Assemblée constituante le 14 septembre 1791.)

« La liberté consiste à pouvoir faire tout ce qui ne nuit pas
aux droits d'autrui. » (Art. 2 de la déclaration des droits
de la Constitution votée en l'an III (1795) par la Convention.)

« La liberté de chaque individu n'a d'autres bornes que
la liberté des autres individus, et les lois qui fondent et protégent l'ordre social. » *Cette disposition du projet fut remplacée
par l'article suivant* : « La liberté de chaque individu consiste
à pouvoir faire ce qui ne nuit pas à autrui.. » (Art. 7 de la
déclaration des droits votée par l'Assemblée des représentants
le 5 juillet 1815.)

« L'exercice de ces droits (de s'associer, de s'assembler,
de pétitionner, de manifester ses pensées par la presse ou
autrement) n'a pour limites que les droits ou la liberté d'au-

Il est d'ailleurs conforme aux principes de la morale enseignée universellement et dans tous les temps. La formule que j'ai présentée n'est qu'une traduction abrégée de ces deux préceptes : « Fais à autrui ce que tu voudrais qui te fût fait ; — Ne fais pas aux autres ce que tu ne voudrais pas qu'on te fît. » Aussi, dans ce sujet aujourd'hui si controversé, d'autant plus controversé qu'on sent plus le prix de la liberté parce que l'on en a moins, je n'hésite pas à affirmer le principe de limitation qui a été posé.

La limite, comme nous l'avons vu, et l'on ne saurait trop le répéter, est le moment où commence le délit ou le crime. Y a-t-il, comme on l'assure, quelque difficulté à déterminer ce moment ? Nullement ! car il n'y a pas une législation, si libérale qu'elle fût, qui ait hésité sur ce point. L'histoire même nous montre que les lois sont unanimes à cet égard, sauf les variations que le progrès et l'adoucissement des mœurs y ont introduites. Le décalogue de Moïse est encore une vérité aujourd'hui. D'ailleurs, si la difficulté existait quelque part, la solution se trouverait en partie dans la doctrine qui a présidé à l'institution de la société politique où l'on vit, c'est-à-dire dans la morale

---

trui et la sécurité publique. » (Art. 9 de la Constitution de 1848.)

et le but d'activité social. Quant au système pénal lui-même, comme il doit être surtout répressif, il devra correspondre à la nature du délit, aux motifs qui l'ont fait commettre, au danger qu'encourent les victimes, et enfin à l'intensité du besoin de répression.

96. On a élevé contre le principe de limitation dont il s'agit plusieurs objections. Elles ne portent que sur des points de détail; néanmoins, je ne crois pas pouvoir les passer sous silence. Elles m'offriront l'occasion de montrer toute l'étendue d'une doctrine qu'on attaque toujours comme si elle venait de naître, quoiqu'elle remonte au berceau des plus anciennes civilisations.

On lui reproche, d'une part, d'être trop large, de l'autre, d'être insuffisante. Avant d'examiner les raisons qu'on invoque en faveur de ces objections, faisons une remarque qui s'applique à la plupart des cas particuliers qu'on invoque ordinairement dans cette discussion. Ils sont tous tirés des habitudes actuelles de la vie civile ; or, celles-ci se rapportent à un état social qui est loin d'être parfait, et qui probablement changera ; parmi ces habitudes, plusieurs disparaîtront ; d'autres seront profondément modifiées. Elles ne constituent donc que des arguments transitoires qui ne peuvent être admis vis-à-vis d'un principe primordial, c'est-à-dire d'un principe dont la nature n'est pas de plier, mais, au contraire, de tout ramener à lui tôt ou tard. Ce préliminaire posé, occupons-nous des objections, et d'abord de la première.

Le principe de limitation serait excessif, dit-on, dans certains cas, parce que, loin de servir la liberté de tous, il enrayerait celle du plus grand nombre au profit de quelques-uns, au profit des premiers occupants. Ainsi, par exemple, ajoute-t-on, toute concurrence qui s'établit dans la pratique d'un art, d'un métier, d'un commerce, rétrécit la liberté de ceux qui l'exercent déjà : il faudrait donc empêcher la concurrence. Cet exemple est le seul que j'aie entendu citer. Je n'en connais pas d'autre. Je ne comprends pas comment on a été chercher une pareille objection ; car autant vaudrait dire qu'il sera défendu de publier qu'on a fait une découverte, par crainte d'empêcher un autre de la faire un jour.

L'objection d'ailleurs est mal choisie. Ce n'est pas à la liberté que nuit la concurrence, mais à quelques intérêts, et le plus souvent avec un immense avantage pour le plus grand nombre.

Sans doute, il y a certains cas où la lésion des intérêts nuit à la liberté. Ainsi, par exemple, lorsque cette lésion va jusqu'à ôter à quelqu'un les moyens de vivre, à le placer dans la dépendance absolue d'autrui, enfin à le mettre sous la terrible servitude de la misère. Mais ce malheur est du nombre de ceux qu'une meilleure constitution sociale fera disparaître. Il serait irrationnel de le discuter, à un titre quelconque, en ce lieu où il s'agit seulement de reconnaître le principe générateur de la législation en matière de liberté.

Voyons maintenant la seconde objection, celle d'insuffisance. Ici c'est le contrat que l'on trouve en dehors du principe. Le contrat, dit-on, est, comme chacun le sait, l'accord de plusieurs volontés sur un point donné dans un but déterminé; c'est un pacte d'où naît un engagement. Cet engagement a force de loi; il constitue en conséquence une limitation de la liberté. Le principe général précédemment établi ne comprend pas cette limitation, ou, au moins, ne semble pas l'admettre. Cependant rien n'est plus nécessaire que le droit de contracter; car sur ce droit repose une partie considérable de la vie civile.

Personne ne peut mettre en doute l'importance du contrat au point de vue du droit et du fait; mais ni à l'un ni à l'autre point de vue l'objection qu'on y croit trouver ne s'y rencontre. En effet, si on veut bien se rappeler la définition de la liberté, on reconnaîtra que l'individu ne cesse pas d'être libre parce qu'il reconnaît des obligations; le devoir constitue même une des conditions de sa liberté, et quant aux contrats par lesquels il s'oblige, ils ne sont eux-mêmes autre chose qu'une manifestation de sa libre volonté. Quelle est, à cet égard, la restriction exigée par le principe qui a été posé? c'est que par un acte une fois accompli l'individu ne renonce pas à disposer de lui-même à tout jamais et en toutes choses. Il peut bien, en vertu d'un avantage, s'obliger à une prestation ou à un acte déterminé; mais le principe ne permet pas qu'il enchaîne sa liberté complétement et d'une manière absolue. Tel a été en effet le progrès réalisé dans la législation moderne. Il a été un temps, par exemple, où le débiteur engageait sa personne au créancier; celui-ci, à défaut de payement, pouvait disposer de sa vie et le vendre comme esclave.

La contrainte par corps est un reste affaibli de cet odieux usage; elle disparaîtra sans doute comme lui. Aujourd'hui, dans notre législation française, toute obligation de faire ou de ne pas faire se résout en dommages et intérêts, en cas d'inexécution de la part du débiteur (art. 1142 du Code civil). Le mariage, qui est un contrat d'un ordre spécial, fait seul exception à cette règle.

En définitive, il y a plusieurs espèces de contrats. Les uns sont tels qu'ils ne peuvent disparaître qu'avec la vie sociale. Les autres sont en rapport avec un état déterminé de la société; ils peuvent disparaître ou se transformer complétement avec cet état.

Les contrats qui doivent se perpétuer autant que l'humanité elle-même dans la vie sociale, sont ceux qui ont pour but la constitution de quelqu'une de ces innombrables petites associations particulières qui se forment dans la grande société politique, et dont celle-ci est la mère et la protectrice. Ainsi, le mariage, les sociétés industrielles, les associations de divers genres, seront toujours des éléments nécessaires de la conservation et de la prospérité des nations. Mais, il faut remarquer que le règlement de ces associations n'est pas donné par la liberté seule. Il a d'autres principes, d'autres lois, une autre origine; l'art social consiste à appliquer ces principes de telle manière que la liberté soit respectée en tout ce qui n'est pas contraire au maintien de l'association. C'est même uniquement dans ce but que la législation doit s'en occuper.

Quant aux autres espèces de contrats, ils tombent tous sous le principe de limitation que nous avons exposé. La protection qui leur est donnée aujourd'hui tient à des habitudes, à des usages qui peuvent être modifiés, et qui le seront certainement. Sans doute il y aura toujours des marchés à livrer, des marchés à terme : mais y aura-t-il toujours des contrats de louage et des prêts à intérêt? mais le système de commerce, de crédit et de jeu dont dépendent les abus des marchés à terme ou à livrer, ne peut-il changer ?

Le droit de contracter, le droit de prendre des engagements, est, ainsi que je l'ai déjà dit, une des conséquences et une des formes de la liberté. La limite, en cette occasion, est la même que partout; c'est celle où le mal commence. C'est au législateur à déterminer ce point. Voici les principes qui doivent le guider en cette matière : que l'individu n'engage pas sa vie, ni son individualité tout entière ; que son engagement soit rigoureusement limité à une chose déterminée et bien spécifiée ; qu'il ne soit ni trompeur ni trompé ; enfin qu'il n'engage point sa volonté.

Les hommes sont souvent tentés de faire abus de leur liberté comme de toutes choses, jusqu'à la détruire. C'était un abus lorsque, chez les Romains, chez les Gaulois, chez les Germains des temps primitifs, les hommes se donnaient comme clients ; plus tard, lorsqu'ils s'engageaient comme colons, comme serfs, comme vassaux ; il y a encore aujourd'hui des pays où l'homme vend lui-même sa personne et se livre comme esclave. La civilisation moderne, comme nous l'avons vu, a supprimé ces abus, et en supposant qu'il se trouvât aujourd'hui quelqu'un qui fût capable d'un engagement analogue et quelqu'un pour l'accepter, la législation ne reconnaîtrait point un contrat qui

serait de la part de l'engagé, un suicide, et de la
part de celui qui l'accepterait, un crime.

GARANTIES DE LA LIBERTÉ DANS L'ORDRE DES RELA-
TINS INDIVIDUELLES. — SYSTÈME PRÉVENTIF;
SYSTÈME RÉPRESSIF.

97. Nous avons vu qu'en matière politique la
liberté avait pour limite le devoir, et que ce devoir était le même pour l'État que pour l'individu,
en sorte que si l'État a le droit de contraindre l'individu, celui-ci a également droit de contraindre
l'État. Il nous reste à voir comment l'un et l'autre
peuvent exercer leurs droits ; mais cette question
sort de l'ordre individuel : c'est dans le système
des institutions gouvernementales, dont il sera
traité dans le livre suivant, qu'elle trouve sa solution. Nous n'avons à achever ici que ce qui concerne la liberté en matière civile ou dans les relations entre particuliers.

Nous avons vu que, dans cet ordre de relations,
la liberté n'avait pour limite que la liberté même.
Elle doit s'arrêter là où elle commence à attenter
à celle d'autrui. Là, en effet, commence le mal.
Lorsque ce point est dépassé, il y a nécessairement
un coupable et une victime. Selon le degré et la
nature de l'atteinte, c'est une faute, un délit ou un
crime. Aussi y a-t-il pour ce point nécessité d'une

définition et d'une garantie, d'une définition pour fixer rigoureusement la limite, d'une garantie pour empêcher qu'on ne la dépasse. C'est donc là que doit intervenir le pouvoir social ou la loi. Il est au reste, comme je l'ai déjà dit, facile d'établir la limite ; on ne s'est jamais trompé à cet égard et tout le monde est d'accord. Il suffit que la loi définisse ce qui est mal, c'est-à-dire faute, délit ou crime. Mais il n'y a pas le même accord lorsqu'il s'agit de la garantie. Ici nous trouvons deux systèmes en présence, le système préventif et le système répressif.

Le système préventif consiste en principe à interdire l'usage pour empêcher l'abus. C'est, je crois, la meilleure définition qu'on puisse en donner. Par exemple, on est dans ce système quand on vous défend de porter sur vous des armes, avec lesquelles vous pourriez vous défendre, de peur que vous ne vous en serviez pour attaquer. C'est dans ce système qu'on vous défend d'entrer au théâtre une canne à la main, de peur que vous n'en fassiez une arme de combat. C'est ce système, qui en Turquie et en Perse, pour garder la vertu des femmes, les enferme sous clef, et en Chine leur mutile les pieds. C'est lui qui, pour assurer la chasteté, a imaginé les eunuques ; qui, en Scythie autrefois, et il y a peu de temps encore à Surinam, avait imaginé de couper une jambe

19

ou un pied aux esclaves pour les empêcher de se sauver. On n'en finirait pas si l'on voulait énumérer toutes les merveilleuses inventions auxquelles il a donné naissance, depuis les espionnages de l'autrichienne Marie-Thérèse pour garantir la fidélité des époux, jusqu'aux boutiques de barbiers de Pierre le Grand pour nettoyer les mentons et les têtes de ses sujets.

Le système répressif se borne à punir la faute commise. De cette manière, à la pensée du délit ou du crime, il oppose la pensée de la punition ; c'est la seule barrière qu'il oppose à la liberté.

De ces deux systèmes quel est le meilleur ? La réponse n'est pas douteuse. Dans les pays de liberté on se borne à réprimer ; dans les États despotiques, au contraire, ou dans ceux où ne règnent que des libertés partielles, on préfère prévenir, ce qui, pour les gouvernements de ces États, a l'avantage précieux de faire sentir partout l'autorité, d'habituer les hommes à compter toujours avec elle, et, en un mot, de les assouplir et de les mater.

La méthode répressive est la seule qui convienne dans un régime libéral ; elle est rationnellement facile à établir et intelligible pour tout le monde ; elle n'est gênante que pour ceux qui la bravent volontairement, c'est-à-dire pour les coupables ; elle est enfin très-simple dans ses moyens

d'action ; car elle n'en a qu'un seul, la justice.
Elle ressemble, autant que possible, au système
que Dieu a institué pour nous faire libres. Dieu
n'empêche pas; il ne nous a pas ôté la faculté
d'agir; il a multiplié, au contraire, les moyens, les
occasions et les motifs de l'action ; il permet toujours de choisir ; mais il a annoncé que le bien
aurait sa récompense et le mal sa punition. Le législateur peut-il mieux faire que d'imiter dans
ces choses le plan établi par la Providence
divine ?

La méthode préventive, au contraire, s'éloigne,
de ce plan autant que possible. Elle est très-compli-
quée, et elle a beau se compliquer de plus en plus,
elle manque toujours son but ; elle est toujours
incomplète. Elle ne peut, en effet, en fermant une
porte, faire autrement que d'en laisser une autre
ouverte. Ainsi elle vous défendra de porter une
canne ; mais elle ne peut vous ôter vos poings. En
outre, elle ne suffit pas à elle seule ; elle est toujours obligée, en définitive, de recourir aux moyens
de répression. Ce n'est pas tout : elle a le grand
défaut de multiplier les délits. Elle ajoute en effet,
par ses défenses de toutes sortes, à la classe des
délits naturels une classe tout entière de délits
véritablement artificiels et de son invention. Par là,
elle trouble la conscience des simples, en mettant
sur la même ligne ce qui devrait être parfaitement

indifférent et ce qui est réellement mauvais et coupable. Elle traite les hommes comme des enfants ; elle blesse leur dignité. Enfin elle n'empêche pas ce qu'elle prétend empêcher, c'est-à-dire les délits et les crimes ; mais elle détruit ce qu'elle prétend protéger, c'est-à-dire la liberté, ce qui est le comble de l'absurde.

Cependant il n'y a dans la civilisation moderne que trois pays qui se soient à peu près soustraits à la méthode préventive, l'Angleterre, les États-Unis et la Suisse. Ailleurs elle est maîtresse du terrain, et on y est si bien habitué que beaucoup de gens s'alarmeraient si on pensait à la supprimer. Poursuivons donc notre critique ; je ne dis pas achevons ; car pour la rendre complète il faudrait un volume.

Le système préventif est essentiellement despotique. Aussi est-il préféré sous les gouvernements absolus, là où on ne laisse à la liberté que ce qu'on ne peut pas lui ôter. L'administration qui, en toutes choses, ne comprend que l'ordre matériel, l'ordre écrit, y incline constamment. Lorsqu'elle est placée dans cette voie et qu'on la laisse faire, bientôt partout la règle se substitue à la liberté, la surveillance à la discipline personnelle ; enfin on interdit les moyens par crainte des abus ou de ce qu'on appelle des dangers. J'ai déjà donné des exemples de cette manière de procéder ; je vais en citer encore quelques-uns. On ne saurait trop les multiplier. Ainsi, c'est pour empêcher les abus de la presse qu'on établit la censure ou quelque chose d'analogue ou de pire. C'est pour que vous n'abusiez pas de votre liberté, qu'on s'efforce de vous faire croire que vous êtes toujours surveillé ou suivi, et, afin que vous n'en doutiez pas, on ne vous permet pas de voyager sans autorisation et sans connaître vos motifs. Dans certains pays, on vous oblige à rendre compte de vos moyens d'existence et on ne vous permet pas d'habiter même votre propre maison sans un permis de séjour; dans d'autres (en Bavière, dans le Wurtemberg, à Francfort), il n'est permis à personne de se marier qu'après avoir fait, devant le magistrat, preuve de la possession d'une certaine fortune ou des moyens d'élever une famille. Ailleurs, ou vous défend de parler sur certains sujets, de peur de calomnie ou de fausses nouvelles. On va quelquefois encore plus loin. On vous impose, sinon des sentiments, au moins les apparences de ces sentiments. Ainsi on vous commande de vous réjouir, de vous mettre en fête, d'illuminer; autrefois même on vous ordonnait quelquefois de porter le deuil. Il y a des pays où on tient sous clef et sous surveillance certains instruments aratoires, toujours de peur du mauvais usage. On ne finirait pas si on voulait donner toutes les preuves de l'ingé-

niosité préventive. Elle aspire à remplacer Dieu,
car sa prévoyance aspire à l'infini.

Ce système tend à substituer partout la police à
la liberté. Les catholiques disent que Dieu a donné
à chacun un ange qui veille sur nous ; c'est une
charmante et consolatrice image de son indul-
gente protection. Mais ce ne sont point des anges,
ni de purs esprits que la police met à nos côtés ;
ce sont des gens qui comprennent très-bien le mal
et qui se feraient scrupule de n'y pas croire, si
bien qu'ils n'admettent guère la probité. Quoique
d'après les statistiques les plus sévères, celle de la
France par exemple, il y ait toujours quinze cents
à parier contre un, que le premier passant venu
est innocent de tout délit, eux voient partout des
suspects, sinon des coupables.

En définitive, le système préventif soumet tous
les hommes sous la loi de la suspicion. Sous prétexte d'empêcher quelques délits, il met tout le
monde au régime des repris de justice. Sa conclusion est de faire de la société une grande prison
où rien ne remue sans permission. Il emploie une
partie des citoyens à surveiller l'autre ; il encourage la délation ; il substitue la routine administrative à la spontanéité entreprenante de la liberté.
Il fait enfin que nul mouvement, nul progrès n'est
possible dans la société, autrement que par une
révolution violente. Cependant empêche-t-il ce

qu'il prétend empêcher? Non ! Il y a sous ce régime autant de crimes qu'ailleurs, et de plus toutes les contraventions dont lui même a créé les occasions et les motifs.

L'abus qu'on a fait de la méthode préventive l'a jugée et tuée. Un jour viendra sans doute où on ne comprendra pas comment on a pu imaginer et supporter un pareil régime. Il répugne à la nature humaine ; il blesse ce qu'il y a de plus essentiel en elle, la spontanéité : il la nie, il l'abâtardit, il l'éteint. Voyez où ce régime a conduit le Bas-Empire ; voyez ce qu'il a produit en Chine ; il est vrai que le peuple chinois, comme certaines races qui s'habituent à un état maladif, n'en a pas moins beaucoup multiplié ; mais quel peuple !

La méthode préventive n'est admissible que dans certains cas minimes et exceptionnels ; par exemple lorsqu'il s'agit d'individus déclassés, mis en quelque sorte en dehors de la vie sociale, les uns parce qu'ils ont perdu la raison, tels que les aliénés et les idiots ; les autres à cause de misères morales, d'habitudes coupables ou dangereuses. Pour les premiers la méthode équivaut à une charité ; pour les autres à une peine. Partout ailleurs, il faut tâcher de l'effacer à ce point qu'elle soit oubliée comme ces coutumes barbares du passé que l'historien seul connaît et dont il ne parle qu'avec horreur.

CHAPITRE VI.

DE LA CONSERVATION ET DU PERFECTIONNEMENT DE LA VIE HUMAINE.

98. La liberté est le premier des droits de l'homme, ou plutôt elle les comprend tous ; mais il ne suffit pas de la garantir pour assurer la conservation de l'individu. Que devient-il, en effet, si on le laisse esclave de la faim et de l'insécurité? Peut-on dire qu'il est libre s'il est tyrannisé par la misère et par l'incertitude de l'avenir ? Il se vendra pour un morceau de pain et pour un peu de sécurité. Rien, comme nous venons de le voir, n'était plus commun chez nos ancêtres, Celtes, Gaulois, Germains et Romains des premiers siècles. On donnait sa personne à un maître afin de s'assurer la satisfaction de ces besoins physiques auxquels on ne peut résister qu'en consentant à

mourir. Et aujourd'hui encore, ne voyons-nous pas des classes entières de pauvres gens consentir à tout pour s'assurer le pain quotidien, l'homme au servage des plus dangereuses professions, et la femme à la prostitution ?

99. Dans le but de soustraire les hommes aux tristes conséquences de la misère et de la faim, on a proposé, dans ces derniers temps, d'assurer à chacun, à titre de droit, le travail nécessaire pour vivre ; mais la question de la meilleure conservation individuelle serait-elle résolue par ce moyen? incontestablement, non !

Le problème, en effet, n'est pas de donner le droit de travailler ; ce droit est un des éléments de la liberté, et personne ne le conteste à personne; mais c'est de donner le moyen d'exercer le droit, c'est-à-dire le travail lui-même. Le droit de travailler n'est nullement la même chose que le droit au travail. Si l'État établissait le droit au travail, il s'imposerait à lui-même le devoir de donner du travail, et par conséquent de le distribuer, d'en déterminer la forme, la quantité et le moment. Telle est rigoureusement la difficulté, et, ajoutons, l'impossibilité de la solution proposée, à moins que l'État lui-même ne se fasse directeur et entrepreneur du travail. Une fois entré dans cette voie, il serait bientôt obligé de se charger de tous les travaux. Sans doute il voudrait

d'abord se borner, et c'est par là qu'il commen-
cerait, mais il serait entraîné malgré lui. En effet,
il ferait immédiatement aux travailleurs indépendants une concurrence d'autant plus redoutable
qu'il la soutiendrait à leurs propres frais, concurrence devant laquelle ceux-ci ne manque-
raient pas de succomber. En outre, obligé de
donner à chaque ouvrier le travail de sa spécialité, et il ne pourrait s'en dispenser puisque ce
serait son devoir, comment y parviendrait-il, s'il
n'était pas le maître de tous les travaux? Il faudrait
donc, bon gré mal gré, qu'il se fît roi et souverain de l'industrie. Ce serait alors lui qui déterminerait et répartirait les spécialités, qui classerait et
hiérarchiserait les travailleurs. Personne ne serait
libre à l'égard ni du lieu, ni de l'heure, ni de la
nature du travail. Chacun se trouverait à la disposition de l'administration ; chacun deviendrait un
soldat de l'industrie. En un mot, tous seraient
enrégimentés. Partant, plus de liberté individuelle et, en place, toutes les obligations et toutes
les tyrannies propres au système réglementaire.

La conclusion que je viens de présenter n'est
point imaginaire ; elle est forcée ; elle est nécessaire.
Tous ceux qui ont cherché un système quelconque
pour assurer le travail à tout le monde, tous ceux-
là sont uniformément arrivés à ce système d'enré-
gimentaton générale incompatible avec la liberté.

La possession d'une sécurité complète compenserait-elle au moins la perte de ce plus précieux des biens? Rien n'est moins certain. La sécurité manquerait d'abord dans toutes les choses de sentiment et particulièrement dans les rapports de famille. Aussi, ceux qui ont poussé le système jusqu'au bout, ont supprimé la famille et proposé la promiscuité. Quant à la vie matérielle, l'État, quelque puissant producteur qu'il fût, n'en serait pas moins sujet, comme aujourd'hui les particuliers, aux crises industrielles et probablement à de pires. Alors, que deviendrait la sécurité promise? Quant aux droits de l'homme et du citoyen, les malheureux soumis à ce régime en jouiraient comme les noirs dans les plantations de sucre. Et cependant ce rêve insensé a été présenté comme le dernier mot, le *nec plus ultra* de la civilisation, et on en a eu peur comme s'il était réalisable!

100. Travailler est certainement un des droits naturels de l'homme, une tendance et un besoin qui émanent de son individualité; mais au point de vue de la morale et de la société ce n'est pas seulement un droit, c'est de plus un devoir, une peine et un mérite. La société ne l'impose pas. Si elle l'imposait, elle serait obligée d'en déterminer la forme, la nature et le moment. Par là elle attenterait à la liberté au plus haut degré, comme nous venons de le voir. Bien plus, elle at-

tenterait à son propre intérêt. En effet, il est tel travail que l'homme imagine lui-même et s'impose, auquel personne n'a pensé, que même le grand nombre confond avec une distraction de l'oisiveté et dont la conséquence est cependant un grand bien pour l'humanité. Qui, par exemple, pouvait imaginer et par conséquent imposer un travail tel que ceux poursuivis par Descartes, par le père Papin, le marquis de Jouffroy, Jacquard, Daguerre et tant d'autres parmi les philosophes, les savants, les ingénieurs? Voilà donc deux motifs pour ne rien spécifier à l'égard du travail : le respect de la liberté et l'intérêt social.

Le droit au travail d'ailleurs n'est nullement l'équivalent du droit de vivre. Autre chose est de garantir le travail, autre chose est de garantir la vie. C'est de cette dernière garantie que je dois d'abord m'occuper.

101. Lorsqu'on sait combien longue est l'agonie de la faim, combien il faut de jours pour qu'elle tue sa victime, on s'étonne que l'on puisse en mourir au sein d'une population aussi serrée que la nôtre, où les secours sont si près, où chaque homme en touche en quelque sorte plusieurs à la fois [1].

1. Voyez dans le *Traité du suicide* de M. Brierre de Bois-mont, l'histoire d'un homme qui se laissa mourir de faim par honte d'avouer sa misère. Il vivait encore après le dix-hui-

Cela s'explique cependant. Souvent le malheureux n'ose pas avouer sa détresse; car, dans nos contrées où la richesse est une supériorité qui suffit à tout, la pauvreté est aussi une honte qui est au-dessous de tout. L'affamé est honteux d'avoir faim, honteux à en mourir. Ici, comme il est ordinaire chez les hommes, l'opinion est plus forte que l'instinct.

D'autres fois, sa misère est prise pour un mensonge, car la mendicité est devenue une industrie, industrie coupable puisqu'elle s'exerce aux dépens des pauvres. On craint d'être dupe; on ne veut donner qu'à coup sûr; on repousse celui qu'on ne connaît pas. Autrement, qui refuserait une aumône à celui qui la demande pour avoir du pain ! D'un autre côté, on ne veut pas que la mendicité, c'est-à-dire la paresse, devienne un métier. De là, mille mesures de précaution autour de l'asile des pauvres, qui peuvent ne pas nuire à ceux qui ont le temps d'attendre, mais qui perdent ceux que frappe un malheur imprévu. Quel

tième jour d'abstinence lorsqu'il fut trouvé expirant au coin d'un bois. Il mourut au moment même où il reçut les premiers secours. — Moi-même, j'ai vu un jeune ouvrier qui, après avoir souffert la faim pendant huit jours, se traîna au bureau central où il fut reçu comme malade (atteint d'une gastrite selon le langage du temps) et envoyé à l'Hôtel-Dieu. Ce fut là que je le trouvai. Il avoua sans peine la cause de sa maladie. Il fut heureusement et facilement sauvé.

est le médecin, quelle est la sœur de charité qui
n'a pas rencontré quelque exemple de l'un de ces
désastres inattendus qui placent les victimes en
dehors des prévisions et des règlements adminis-
tratifs !

On a reproché au gouvernement de 1848, avec
des emportements et une malveillance dont la
postérité sera juge, la création des ateliers nationaux. Fallait-il qu'il imitât la molle et calme indifférence du pouvoir en Irlande dans une année
précédente? Plusieurs milliers d'hommes y mou-
rurent littéralement de faim; un plus grand nombre, des maladies qui résultent d'une nourriture
insuffisante; et des millions souffrirent horrible-
ment. Il est vrai que les résultats furent avantageux à l'Angleterre. Des millions d'hommes quittèrent un sol ingrat, abandonnèrent une patrie
imprévoyante, et émigrèrent en Amérique. L'Irlande, débarrassée du superflu de sa population,
a été tranquille pendant quelques années.

En règle générale, au point de vue véritablement social, quand un homme meurt de faim, le
pouvoir et l'administration sont coupables. La
société devrait prendre le deuil.

Un tel malheur est plus rare en France peut-
être qu'en aucun autre pays; mais si la mort
immédiatement produite par la privation d'a-
liments est rare, rien n'est plus commun que

la mort par suite d'une alimentation insuffisante ou malsaine. On peut affirmer que, dans notre pays, incontestablement l'un des plus riches de l'Europe, où, grâce à la révolution, la propriété est le plus divisée, la majorité de la population ne mange pas tous les jours à sa faim.

102. Dans les républiques de l'antiquité, la prévoyance publique assurait aux citoyens pauvres l'indispensable nécessaire à leur subsistance, ce qu'on appelait, dans notre révolution, la suffi-sante vie. A Sparte et en Crète, la vie des citoyens était assurée par l'institution des repas publics; à Athènes, les citoyens pauvres recevaient une ou deux oboles par jour, sans compter leur droit d'entrée au théâtre qui leur était payé en argent; sans compter encore leur participation à l'indem-nité générale qui était accordée à tous ceux qui assistaient aux assemblées publiques, à ceux qui faisaient partie du jury judiciaire [1]. A Rome, les citoyens pauvres étaient nourris aux dépens des greniers publics. On ne s'occupait pas alors des étrangers [2], pour lesquels la cité croyait avoir tout

---

1. G. F. Schoemann. *Antiquitates juris publici Græcorum*, p. 308.

2. Μέτοικοι, métèques à Athènes. Il ne faut pas confondre avec les métèques, les hôtes, πρόξενοι, ni ceux qui jouissaient de la combourgeoisie, ἰσοπολιτεία. Schoemann remarque que, sauf à Sparte, les usages étaient dans toute la Grèce à peu près pareils à ceux d'Athènes.

fait en les tolérant, ni des esclaves qu'on comptait à peine comme des hommes.

Dans les premiers temps du christianisme, chaque église avait une institution parfaitement appropriée contre le malheur de la faim. C'était le *diaconium* ou *diaconia*, plus tard *hospitium*. Si cette institution s'était développée en proportion de la puissance religieuse, elle eût sans doute résolu une partie du problème qui fait aujourd'hui le désespoir des économistes, au moins celle qui est relative aux vieillards et au paupérisme accidentel ; mais elle s'est au contraire successivement amoindrie et transformée. L'*hospitium*, dans les premiers siècles, emportait une tout autre idée qu'aujourd'hui. Il n'était pas uniquement destiné aux malades, mais encore aux voyageurs, aux orphelins, à tous les malheureux. On n'y demandait à personne d'où il venait. Il suffisait d'avoir besoin pour être accueilli. On y secourait les païens aussi bien que les chrétiens[1]. On les recevait comme des hôtes et non comme des pauvres. Les *hospitia* et les distributions quotidiennes d'aliments qui étaient encore dans le moyen âge au nombre des attributions des couvents et des maisons épiscopales, étaient une imitation affaiblie de ces usages primitifs. Ces institutions elles-mêmes

---

1. *Lettres de l'empereur Julien*, Lettre 49, à Arsace.

ont disparu peu à peu, à ce point qu'en France, au moment de la révolution, il n'en restait presque plus rien. Aujourd'hui elles sont bien imparfaitement représentées, dans l'Église, par les quêtes dominicales et les aumônes; dans l'ordre civil, par les hôpitaux, les hospices, et les bureaux de bienfaisance. L'insuffisance des ressources, la crainte d'ouvrir un asile à la paresse, ont fait, comme je l'ai déjà dit, multiplier les précautions, si bien qu'un homme auquel les aliments manquent accidentellement, ne sait où demander à apaiser sa faim. Si la charité particulière ne vient à son secours, il est perdu.

Évidemment, dans des sociétés comme les nôtres, où tous les hommes sont citoyens, ou au moins sujets, avec les mêmes titres à la liberté et la même participation à la chose publique, on ne peut, pour garantir à chacun l'indispensable, penser à rien de pareil à ce qui se faisait en Grèce ou à Rome, où le titre de citoyen était une exception, et où, de plus, on avait pour tributaires des cités et quelquefois des provinces. Les citoyens grecs et romains formaient des peuples rois qui vivaient, comme de juste, aux dépens de leurs sujets. Dans nos temps modernes au contraire, sauf quelques exceptions, chacun vit du produit de son travail. Malheureusement pour le plus grand nombre, ce produit est si faible qu'il suffit à

peine à donner le nécessaire. Le devoir de la
société quant à la conservation de ses membres
et l'intérêt sont les mêmes que dans l'antiquité ;
mais les moyens ne peuvent l'être.

103. Personne aujourd'hui ne peut se refuser
à reconnaître que le meilleur moyen contre la misère, serait de garantir au travailleur une rémunération suffisante pour lui assurer non-seulement
la vie quotidienne, mais encore la possibilité de
l'épargne [1]. Quand on a étudié les causes du paupérisme on reconnaît tout de suite que ce moyen
le réduirait à de très-petites proportions ; mais on
reconnaît aussi qu'il ne le détruirait pas complètement. En effet, s'il apporte un remède à la cause la
plus générale de la misère, qui est l'insuffisance des
salaires, il ne détruit pas une catégorie entière
d'autres causes, celles qui résultent par exemple des
déclassements, des crises industrielles, des maladies et de quelques autres accidents imprévus.
Il en diminuerait cependant l'intensité et la pression ; la possession d'une épargne permettrait à
beaucoup de gens de traverser ces époques mal-
heureuses sans trop souffrir. Ainsi l'assistance
publique resterait toujours une nécessité, quoique
dans de moindres proportions.

1. Voyez. sur ce sujet, le *Traité d'économie sociale*, déjà
cité de M. Ott.

Les moyens de garantir la suffisante existence sont de deux sortes, les uns transitoires qui paraissent immédiatement réalisables, les autres définitifs que l'on ne peut atteindre que dans un avenir plus ou moins éloigné.

Les moyens transitoires sont : 1° L'établissement d'un minimum des salaires, en faveur des travailleurs. Ainsi, par exemple, dans chaque canton de la France, et dans chaque profession, un comité de prud'hommes déterminerait quel est le salaire nécessaire pour assurer la suffisante vie. Ce serait là un *minimum* au-dessous duquel il ne serait permis à personne d'offrir, ni d'accepter le travail. On pourrait offrir et accepter plus, mais jamais moins. 2° Une institution organisée de telle sorte que les citoyens pauvres auraient dans certains cas nettement déterminés, la possibilité de se mettre à la disposition de l'administration qui se chargerait de les faire vivre ; mais qui, par contre aussi, aurait le droit de disposer de leur personne pendant un certain temps, de les déplacer, de les caserner, en un mot de les employer comme des soldats industriels, soit à coloniser, soit à toute autre espèce de travaux. Il y aurait, entre l'engagé volontaire et l'administration, un contrat temporaire parfaitement spécifié, mais aussi parfaitement obligatoire pour les deux parties contractantes. 3° Un développement tel

de l'assistance publique que les secours se trou-
vassent partout où un pauvre en aurait besoin.

Tels sont les moyens transitoires qui me paraissent immédiatement applicables dans presque
tous les États européens. Quant au moyen définitif, nous croyons qu'il suppléerait, avec d'immenses avantages, à toutes les mesures qui viennent d'être indiquées. Il consiste dans la générali-
sation ou plutôt dans l'universalité de l'association
ouvrière, de l'association dans le travail.

Je n'ai pas besoin de dire que le genre d'associations dont je parle diffère complétement des
sociétés commerciales ou industrielles qui sont
généralement usitées. Dans l'association que je
propose, les hommes associent leur travail et non
leurs capitaux. C'est un contrat par lequel des travailleurs prennent le double engagement : 1° De
constituer un capital commun qui sera l'instrument du travail, mais qui restera inaliénable, indivisible et devra toujours croître à l'aide de prélè-
vements annuels opérés sur les bénéfices. 2° D'unir
leurs efforts pour faire valoir ce capital par leur travail sous la direction d'une gérance nommée par
eux et dans l'intérêt de tous. A ces devoirs des associés répondent leurs droits qui consistent à recevoir : 1° le salaire suffisant en usage dans la profession et le pays; 2° une part dans les bénéfices,
proportionnelle au travail accompli par chacun.

Ces bénéfices appartiennent tout entiers aux travailleurs, sauf la portion attribuée au capital commun et destinée à l'accroître. La condition essentielle de l'existence de cette espèce d'association est en effet la formation, la conservation et l'accroissement du capital social. Il en est le lien et le centre. Le droit de l'exploiter et l'avantage qui en résulte constituent l'intérêt destiné à maintenir l'association au delà même du personnel qui l'a fondée. Celui-ci peut changer sans que celle-là cesse d'exister. En outre l'accroissement du capital est une force qui contraint les associés à accroître leur nombre pour suffire à la puissance qu'il leur donne.

Je ne fais ici qu'indiquer ce système. Il a été exposé plus longuement dans l'Européen de 1832. La question a été traitée depuis *in extenso* par MM. Feugueray et Ott [1].

La possibilité et, il faut le dire, l'excellence de l'association ouvrière est démontrée par l'expérience pratique. Il est une de ces associations qui a servi de modèle à toutes les autres, qui existe et qui prospère depuis bientôt trente ans; d'autres se conservent et prospèrent depuis plus de douze ans; mais c'est bien peu quand on regarde tout ce

---

1. Feugueray, *L'association ouvrière, agricole et industrielle*, Paris, 1851, chez Havard. — Ott, *Traité d'économie sociale*, déjà cité p. 132 et suiv., 191 et suiv., 308 et suiv.

qui reste à faire. Nous sommes encore bien loin
de l'époque où ce système pourra être complètement réalisé. Pour mesurer la distance qui nous
sépare de ce but désirable, il suffit de penser qu'il
suppose une révolution dans les choses et dans
les mœurs, plus grave que la révolution des communes, une révolution aussi grande que celle de
la transition du servage à la liberté individuelle.

104. Dans tout ce qui précède, mon seul but
a été de montrer que, dans toute société parfaitement organisée, il y a eu, il doit y avoir constamment des institutions spéciales destinées à garantir l'indispensable aux citoyens qui ne peuvent
y atteindre par leurs propres forces, ou dont les
forces défaillent. J'ai maintenant à examiner un
autre côté de la question, c'est celui du perfectionnement de la vie, au point de vue physiologique.

C'est la durée qui est la mesure et le criterium
de la perfection de la vie. Je donne ici au mot vie
son sens physiologique. La vie, a dit Bichat, est
la résistance à la mort. Elle est, sans doute, quelque chose de plus encore ; mais cette définition
suffit pour faire comprendre comment, au point
de vue matériel ou physique, la durée de la vie
est la mesure et le criterium de sa perfection.

Il s'en faut de beaucoup que la durée moyenne
de la vie humaine soit ce qu'elle devrait être.

Quoique l'amélioration toute nouvelle des institutions sociales et le bien-être qui s'en est suivi, l'aient beaucoup accrue dans plusieurs pays de l'Europe, on ne trouve guère de contrées où elle dépasse la moyenne de quarante ans. Le savant secrétaire perpétuel de l'Académie des sciences, M. Flourens a démontré par une suite de raisonnements physiologiques, que normalement la durée de la vie humaine devait dépasser un siècle. Quoique cette conclusion ait paru exagérée à beaucoup de gens, je crois que M. Flourens est resté au-dessous de la possibilité normale assignée à notre espèce. Voici comment je raisonne :

La plupart des animaux mammifères, même parmi nos animaux domestiques, lorsqu'ils ne sont ni maltraités, ni surmenés, en un mot, lorsqu'ils sont dans de bonnes conditions, vivent six à dix fois le temps qu'ils mettent à atteindre la puberté. Or, chez l'homme, la puberté arrive en général aujourd'hui vers l'âge de quinze ou seize ans, plus tôt chez les femmes. Mais cette puberté. est hâtive ; elle est le résultat des excitations mauvaises produites par le milieu où nous vivons. Il est certain que, dans quelques localités privilégiées où ces excitations manquent, elle n'arrive guère avant la vingtième année dans les deux sexes. J'en ai vu moi-même plus d'un exemple. La loi, la vraie loi est que la puberté soit l'achèvement, le dernier terme et en quelque sorte la conclusion finale de la croissance. S'il en était ainsi, l'époque normale de la puberté pourrait encore être reculée au delà de la vingtième année. Qu'on ne s'étonne pas de me voir admettre une loi naturelle qui n'aurait pas toujours son plein effet. Dieu a donné à la liberté humaine de si larges limites, qu'il nous est permis de modifier même notre constitution physiologique.

Si l'homme vivait, conformément à ce qui paraît être la règle chez les animaux mammifères, six ou dix fois l'âge actuel de la puberté, la durée de son existence pourrait aller jusqu'à cent, et même cent-cinquante ans ; mais s'il est vrai que l'âge normal de la puberté soit vingt ans, comme il paraît probable, notre existence devrait s'étendre beaucoup au delà.

Je sais parfaitement que ces conclusions peuvent paraître fort extraordinaires ; je sais que, séparées du raisonnement qui les précède, elles choqueront beaucoup de gens ; je sais qu'on peut s'en amuser et en rire, mais ce n'est pas une raison pour ne pas les exprimer, et surtout pour n'en pas tenir compte. Rien n'a paru plus ridicule, il y a quelques siècles, que d'admettre des antipodes ; cela n'a pas empéché les antipodes d'exister. Continuons donc sérieusement un raisonnement sérieux.

D'où vient cet amoindrissement dans la durée

normale de la vie ? Ce n'est point la vie sociale
qui en est cause ; car la vie sociale est l'état naturel de l'homme ! La cause, la vraie cause, c'est
tantôt l'abus que l'homme fait de ses semblables
et de lui-même, tantôt l'influence du milieu matériel où il vit et quelquefois l'un et l'autre ensemble.

Il faudrait parcourir tous les chapitres d'un
traité complet d'hygiène publique et privée pour
indiquer toutes les circonstances qui concourent à
ce triste résultat, insalubrité de l'air, des eaux et
des lieux, habitations, vêtements, aliments, professions, système social, mœurs, ou plutôt immoralité, hérédités maladives, etc.; mais aussi, en
parcourant ces chapitres, nous apprendrions
qu'aucune de ces causes n'est au-dessus de la
puissance humaine, nous apprendrions que les
choses contre lesquelles la science est le plus
faible, sont celles qui viennent de la volonté de
l'homme lui-même. Je n'entrerai point dans ces
nombreux détails qui sont l'objet d'une science
spéciale très-étendue. Ils ne touchent la politique
que par le côté des institutions.

L'hygiène se divise en hygiène publique et en
hygiène privée ou individuelle. L'une et l'autre
sont également indispensables ; mais il ne paraît
pas qu'il soit besoin pour la seconde d'aucune organisation spéciale. Les institutions qui garantissent

au citoyen l'éducation, l'instruction, la liberté, la sécurité, la suffisante vie sont de véritables constantes hygiéniques. Du moment où elles sont réalisées, on est certain que l'individu ira de lui-même vers le mieux, aussi bien dans la vie morale que dans la vie physique. L'expérience prouve que la moindre amélioration dans ces institutions est toujours récompensée par un accroissement dans la durée moyenne de la vie et dans le chiffre de la population. La France moderne nous offre à cet égard un exemple que je ne puis m'empêcher de citer. Quoiqu'elle soit bien loin encore d'avoir réalisé ses espérances de 1789, cependant les améliorations produites par la révolution, tout imparfaites qu'elles soient, ont eu ce résultat que, malgré les dépenses effroyables d'hommes et de richesses faites au commencement de ce siècle, la population et la moyenne de la vie ont augmenté de près d'un tiers.

L'hygiène publique ne peut pas, comme l'hygiène privée, se passer d'institutions spéciales. Il faut, de toute nécessité que la société intervienne; la liberté, quelque intelligente et parfaite qu'elle soit, ne peut rien ou presque rien à cet égard; l'obstacle est au-dessus des forces individuelles. Pour détruire les grandes causes d'insalubrité, il ne faut rien moins que la puissance sociale et une persévérance séculaire qui ne se lasse point.

Dans toutes les sociétés dont l'organisation a été complète, on a essayé d'établir, autant que l'état de la science le permettait, un système de salubrité. Chez plusieurs peuples de l'antiquité, ce système était consacré par la religion. Ainsi, chez les Juifs, une multitude de mesures qui n'avaient évidemment pour but que l'hygiène publique faisaient partie des observances du culte. Telles sont ces nombreuses prescriptions, que l'on trouve dans le Lévitique, relatives aux abstinences, aux souillures, aux impuretés, aux purifications. Il paraît que la plupart de ces commandements étaient empruntés aux Égyptiens. Nul peuple en effet, plus que celui-ci, ne multiplia les pratiques de ce genre. Parmi ces pratiques, il en est une, remarquable entre toutes, qui annonce une grande prévoyance hygiénique et qui, à défaut de science, suppose une bien longue expérience. Je veux parler de l'usage relatif aux embaumements et aux ensevelissements des morts. L'abandon de cet usage a fait de l'Égypte, qui était chez les anciens réputée parmi les pays les plus sains, le foyer d'une des maladies contagieuses les plus redoutables. On est généralement d'accord aujourd'hui pour attribuer l'origine de la peste aux habitudes actuellement suivies dans l'ensevelissement des morts et à l'abandon complet où on laisse les cadavres d'animaux et les masses de débris que les anciens enfouissaient profondément sous terre ou mettaient à l'abri de la corruption.

Je pourrais sans peine multiplier ces sortes d'exemples de prévoyance hygiénique. On en trouve partout les traces dans l'histoire ancienne, sans parler des immenses travaux opérés pour l'amélioration du sol, la purification de l'air, l'aménagement et la direction des eaux, travaux dont l'abandon a rendu inhabitables de vastes contrées autrefois couvertes d'une population florissante. Les traités d'hygiène sont remplis de ces exemples.

Dans les sociétés modernes de l'Europe, il y a à peine quelques siècles que les pouvoirs publics se sont partiellement occupés de salubrité. Ce défaut de prévoyance, ou plutôt cette prévoyance imparfaite, est d'autant moins excusable que nous possédons écrite presque toute la science ancienne sur ce sujet. La France est, je crois, sous le rapport de l'hygiène publique, le pays le plus avancé. Il est certain que la révolution française a fait faire à cet ordre d'institutions un pas immense. Mais qu'on est loin encore, non pas de la perfection, mais de l'institution normale et complète que la science aperçoit et permet d'établir!

Un système achevé d'hygiène publique aurait sur la santé, la vitalité, le chiffre de la population

et sur sa puissance productive qui est toujours en
rapport avec la durée moyenne de la vie, une influence qui dépasserait probablement tout ce que
nous en attendons aujourd'hui. L'expérience des
anciens, les résultats déjà obtenus par nos propres
efforts, nous en donnent l'assurance. Aussi n'y
a-t-il pas, j'ose le dire, d'intérêt social qui mérite
à un plus haut point l'attention et les soins constants des pouvoirs politiques. Toutes les forces
sociales doivent concourir à cette œuvre, la législation, l'administration générale, les administra-
tions locales et partielles, les ingénieurs. Le service de l'hygiène réclame en un mot l'intervention
de tous les autres services publics ; mais l'hygiène
publique elle-même comme principe d'action,
comme doctrine et comme système, doit être représentée par une institution spéciale. C'est celle
d'un corps savant tellement constitué qu'on soit
assuré que son attention sera portée sur toutes les
parties du pays et sur tout ce qui appartient au
domaine hygiénique. Nous avons en ce moment
en France des comités d'hygiène peut-être assez
nombreux, mais il leur manque le doit d'enquête,
le droit d'initiative et la publicité.

Quant à l'hygiène privée, en supposant remplies les conditions indiquées plus haut, il suffirait
pour en assurer la pratique, d'ajouter, comme
complément, à toute éducation et à toute espèce

d'instruction, un cours d'hygiène. Un tel enseignement remplacerait avec avantage ces sèches
nomenclatures d'histoire naturelle, de chimie et
de physique que l'on impose aujourd'hui partout
à la mémoire des élèves et qu'ils oublient aussitôt qu'ils sont sortis des écoles. Il serait autrement
attrayant, autrement saisissant et par suite d'autant plus facile à retenir. Il leur apprendrait
d'ailleurs, des sciences naturelles, tout ce qui en
est nécessaire pour un homme qui ne veut pas en
faire une étude spéciale. Enfin il aurait un autre
avantage, ce serait d'apprendre à tous ce que vaut
l'hygiène générale et par suite d'y intéresser l'opinion publique. Ajoutons que l'enseignement de
l'hygiène serait une véritable confirmation de
l'enseignement moral en ce qui concerne les devoirs de l'homme envers lui-même et quelques-
uns de ceux qui concernent ses semblables. Il en
serait le complément scientifique et expérimental.
Ne démontrerait-il pas en effet que la modération en toutes choses, la chasteté, la sobriété,
une vie régulière et occupée, la patience, la fermeté et le courage, sont du nombre des meilleurs
agents de la santé physique ?

Cependant, en supposant que la société ait enfin atteint le mieux sous le rapport des institutions et de la pratique hygiénique, il ne faudrait
pas s'attendre à voir se réaliser tout de suite ce

résultat que nous avons montré comme la fin de l'hygiène publique, c'est-à-dire l'extension de la vie à ses dernières limites. Sans doute chaque amélioration sera récompensée presque immédiatement par un accroissement de la moyenne de la vie; et nous en avons déjà la preuve dans les statistiques modernes. Mais que l'on sera longtemps encore loin du bien proposé! C'est qu'après avoir vaincu la misère, les mauvaises mœurs, l'ignorance, les habitudes pernicieuses, les endémies, le climat, en un mot les insalubrités de toutes sortes, il y aura encore à vaincre une disposition physique, une cause inhérente à nous-même : l'hérédité!

Nous recevons tous de nos parents l'hérédité de la mort; mais nous en recevons de plus l'hérédité d'une mort hâtive. Il faudrait des siècles d'un état hygiénique parfait pour que nos enfants perdissent cette triste ressemblance que nous leur léguons en leur donnant la vie.

CHAPITRE VII.

DE LA PROPRIÉTÉ.

105. Dans la question de la propriété, on accorde, presque toujours, trop ou trop peu au droit, trop ou trop peu à l'autorité législative. De là particulièrement la nécessité de s'occuper ici d'un sujet qui a déjà été traité tant de fois. Je vais tâcher d'établir les principes et les limites du droit de propriété. Afin de bien éclairer mon point de départ, je me servirai d'une analogie qui est indiquée par le mot lui-même.

Par le mot propriété, en philosophie et en physique, on entend certaines qualités ou certaines facultés qui émanent de la nature intime de l'être et qui lui sont si essentielles, si immédiatement inhérentes, que l'on ne pourrait les nier sans nier l'être lui-même. Il y a quelque chose d'analogue dans le principe humain du droit de propriété.

L'homme en effet apporte, en naissant, le système d'organes, l'ensemble d'aptitudes et de facultés actives, qui le mettent en rapport avec le monde extérieur. Là sont les instruments de sa fonction à l'égard de la partie de ce monde que Dieu lui a donnée pour domaine. Là sont les moyens et les éléments de son existence, comme individu et comme membre de la société. Nier ces facultés ce serait nier la nature et la destination de l'homme. Elles constituent donc un propre que chacun possède de droit de nature ou mieux de droit divin.

Le travail n'est autre chose que l'application de ces facultés, dans un certain but, à un certain objet ou intellectuel ou physique, et le produit n'est qu'un effet, une conséquence du travail. Ainsi le produit est, en quelque sorte, une extension de la faculté. Il est arrivé ainsi que le produit a été considéré comme aussi inhérent à la personne du producteur que la faculté productive elle-même. De là, je ne dis pas le nom, mais le droit de propriété, c'est-à-dire un droit sur les choses égal à celui que l'homme a sur lui-même.

Il ne fut, je crois, jamais besoin d'un raisonnement pour que cette conclusion se formulât ; elle est, en quelque sorte, spontanée chez tout le monde. C'est comme l'effet d'un instinct logique que chacun considère *à priori* l'œuvre qu'il a faite, comme lui appartenant aussi personnellement que son travail et ses facultés mêmes. Telle est même la force de cette tendance, que presque toujours elle dépasse le droit et la justice.

Ainsi, chez les Grecs et les Romains, on déclarait propriété inhérente à la personne du maître l'esclave qu'il avait pris à la guerre, la femme qu'il avait achetée ou ravie, l'enfant qu'il avait engendré, le champ qu'il avait occupé ou conquis. Les philosophes ne pensaient pas à cet égard autrement que le peuple. Cette opinion est nettement exprimée dans Aristote. On ne voit poindre une opinion contraire que longtemps après la prédication du christianisme.

Ces exagérations, qui sont en même temps de fausses conclusions, ne prouvent rien contre la réalité de l'inhérence du produit à la personne du producteur et n'empêchent pas d'en tirer les conséquences légitimes. Il reste toujours évident que, dans le produit, le travailleur a la propriété de tout ce qui vient de lui. Ce qu'il y a mis, de son intelligence et de sa main, lui appartient. Je ne vois pas comment on pourrait démontrer le contraire.

Par quel argument en effet prouver que le créateur n'a pas un droit complet sur ce qu'il a créé,

sur ce qu'il a fait de sa main ou par sa pensée !
Ajoutons que s'il arrivait qu'on enlevât au travail
sa propriété, ce serait dans un but ; or, ce but
ne pourrait être que de la détruire ou d'en faire
profiter quelque autre. Si c'était de la détruire, le
fait pourrait être justifié dans certains cas : la société, en effet, en vertu de son devoir de protéger
ses membres, est autorisée à supprimer les produits nuisibles et à empêcher les travaux du
même genre. Mais si le but était d'en faire profiter un autre, quel serait cet autre et pourquoi
cet autre? En vertu de quoi donnerait-on à cet
étranger oisif ce que j'ai produit pour moi-même
et par moi-même, c'est-à-dire mon but, ma pensée, mes efforts, la portion de ma vie que j'y ai
consacrée, mes espérances enfin et celle des miens
peut-être! Ce serait le renversement de toutes les
notions de droit et de justice ; dans toute langue,
un acte pareil s'appelle vol et violence! Autant
vaudrait prendre à un homme son âme et son
corps. Il y avait de la logique dans la doctrine de
l'esclavage. On se disait propriétaire du produit,
parce qu'on se prétendait propriétaire de l'homme.
En dehors de cette doctrine dont notre civilisation
chrétienne a débarrassé l'Europe et débarrassera
le monde, il n'y a nul moyen de contester au travailleur la propriété de son produit.

Cette dernière affirmation soulève tout de suite

trois questions qui sont aussi trois objections :
1° à quel degré le produit appartient-il au producteur? 2° le produit est-il l'unique objet du
droit de propriété; 3° ce droit a-t-il des limites?
Nous allons étudier séparément chacune de ces
questions ou de ces objections.

A QUEL DEGRÉ LE PRODUIT APPARTIENT-IL
AU PRODUCTEUR.

106. Il n'y a pas de produits purement individuels. Toujours plusieurs éléments concourent à
les former. Outre l'effort personnel du producteur, il y a l'instruction qu'il a reçue de ses parents et de la société, et, dans le produit même,
il y a presque toujours, outre la forme et l'utilité
qui viennent du travailleur, la matière qui n'en
vient pas. Le degré d'appropriation du produit
au producteur dépend évidemment de la valeur
relative de ces éléments, et l'on comprend sans
peine qu'il puisse beaucoup varier, selon les produits, en raison de la part plus ou moins grande
de l'élément individuel qui y est inhérente. En-
trons dans quelques détails pour développer et
surtout éclaircir cet obscur sujet.

Nul, sans doute, ne peut enlever à l'homme
une seule des facultés que Dieu lui a données, ni
ajouter un organe à ceux qu'il a reçus. Mais Dieu,

qui a voulu que l'homme, en cela, ne dépendît
que de lui, a voulu en même temps que, pour
l'usage et le développement de ces facultés, il
dépendît aussi de ses parents et de la société. En
effet, ces facultés, telles qu'il les reçoit, sont seulement des énergies en puissance. Pour passer à
l'état d'énergies productives, elles ont besoin
d'être accrues au moyen d'instruments dont les
parents et la société sont les distributeurs. Ces
instruments sont le langage, l'expérience, l'instruction professionnelle, en un mot tous les
moyens intellectuels et matériels qui forment le
fonds commun de l'héritage que chaque génération naissante reçoit de ses aînées. Il est certain
que, sans cet héritage, la plupart des facultés de
l'homme seraient désarmées et presque impuis-
santes; quelques-unes, et parmi elles les plus importantes, seraient côme n'existant pas.

De là, une certaine participation des parents et
de la société à la valeur du travail et par conséquent au produit. Voyons d'abord ce qui en résulte pour la société.

De cette participation très-réelle de la société
au produit, il semble rationnel de déduire le
droit de lever l'impôt nécessaire à sa conservation. Je ne veux ici ni soutenir ni combattre cette
opinion que j'ai peut-être contribué à propager;
une réflexion m'a montré qu'elle n'avait pas toute

l'importance que j'y attachai d'abord. La voici :
La société qui, en définitive, nous représente tous,
ou plutôt qui représente la solidarité qui nous
unit, a le plus grand intérêt au travail et à la production ; c'est pour elle une question d'existence.
S'il ne se faisait ni travail ni produits, elle serait
obligée de les commander. Lorsqu'elle a besoin
de quelque richesse, elle fait avec raison les plus
grands sacrifices pour la créer dans son sein. Elle
est donc suffisamment soldée de sa participation
à la production par l'utilité qu'elle en reçoit. Son
droit à l'impôt vient d'ailleurs et n'a pas besoin
de cette justification.

Quant au droit du père et de la mère sur les
produits de leurs enfants, il est moins contestable.
Dans tous les cas, il primerait celui de la société, car les parents sont les intermédiaires
ordinaires de la transmission de ces armes intellectuelles et physiques dont je parlais tout à l'heure
et qui doublent, triplent et décuplent même
l'énergie native de nos facultés. Les parents donnent à leurs enfants en quelque sorte trois fois
la vie : d'abord quand ceux-ci naissent ; ensuite
par les soins et les enseignements du jeune âge ;
enfin par l'instruction professionnelle. De là une
participation évidente à leur avenir. Dans l'antiquité, je le répète, ce droit était consacré par l'au-
orité absolue du père sur les enfants. Aujour-

d'hui il est modestement représenté dans nos lois
par un droit à l'assistance de leur part. Je ne fais
ici, on le comprend, que suivre les conséquences
de la sèche logique, à la manière des économistes.
J'oublie, pour un moment, les prescriptions morales qui commandent l'union des parents et des
enfants dans une réciprocité de soins, d'affections
et de services.

107. Ces causes ne sont pas les seules qui
s'opposent à ce que le travailleur s'approprie complétement le produit. Nous avons vu, en effet,
que la plupart des produits se composent de deux
éléments : la forme et la matière. Or, la matière
n'appartient à personne en particulier; c'est le domaine de tous. Par sa nature même, elle échappe
tôt ou tard à la possession, car tout ce que
l'homme en fait est périssable, s'use et se détruit.
La forme au contraire vient tout entière de
l'homme. Cette forme peut être une valeur d'art
ou une valeur d'utilité, mais quelle qu'elle soit,
elle constitue toute la propriété du travailleur.

De ce que l'homme engendre la forme et reçoit
ou prend la matière, quelle conclusion tirer? C'est
qu'il a droit de possession sur la matière, en proportion de la valeur de la forme, c'est-à-dire des
qualités ou des utilités qu'il y a mises. Ainsi, par
exemple, un laboureur amende un terrain, y met
de l'engrais de manière à en augmenter la fécon-

dité. Par suite, ce laboureur aura un droit sur ce terrain en proportion des qualités spéciales qu'il lui a données. Si cette fécondité additionnelle dure un an ou deux, il aura, pendant un an ou deux, droit à quelque chose des produits de cette terre, en rapport avec le travail qu'il y a mis ; mais, sur la terre elle-même, on ne voit pas d'où lui viendrait le droit, car il ne l'a pas produite. — Autre exemple, d'un extrême contraire : un ouvrier, un mécanicien, un artiste fait, avec un morceau de métal, une œuvre très-parfaite. Dans ce cas, il est possible que la forme l'emporte sur la matière. Je suppose que la matière soit si intimement unie à la forme et si dépendante de celle-ci, qu'en quelque sorte elle disparaisse. Alors on pourra dire que cette œuvre appartient tout entière à son auteur.

Il n'y a de produits parfaitement purs de toute matière que les idées, les formules scientifiques, les doctrines : ce sont là les plus vraies, les plus complètes des propriétés individuelles. Mais ce sont, en même temps, les créations les plus impersonnelles de toutes : dès qu'elles sont produites elles appartiennent à tous ; on cherche encore le moyen d'en faire des propriétés particulières. Une seule récompense peut être réservée à l'auteur : c'est qu'elles portent son nom et qu'on lui en soit reconnaissant. Mais, la plupart du temps, que dis-je,

presque toujours, il n'a ni l'honneur du nom, ni
l'avantage de la reconnaissance. C'est une chose
remarquable que le produit le plus évidemment
inhérent à la personne du producteur, le produit
qui constitue la propriété la plus positive, soit
précisément celui dont chacun s'empare avec le
moins de scrupule et que l'on respecte le moins.

LE PRODUIT EST-IL L'UNIQUE OBJET DU DROIT DE PROPRIÉTÉ?

108. La réponse paraît facile quand on prend
le fait existant; comme expression du droit elle
serait négative. Il n'en est plus de même lorsqu'on
cherche le motif historique de ce qui existe et
encore moins lorsqu'on tient compte des principes.
Je ne m'occuperai point ici de la raison historique;
je me bornerai à renvoyer à l'ouvrage déjà cité de
M. Ott, où la question est largement et complétement traitée [1]. Je ne parlerai que des principes
théoriques. Ce sont eux qui en définitive dominent
le sujet et auxquels tôt ou tard le fait devra
se conformer.

Aujourd'hui, on donne également le nom de
propriétés à des objets qui sont des produits du
travail et à des objets qui évidemment n'en pro-

---

1. *Traité d'économie sociale*, liv. IV, chap. ii.

viennent pas, à la terre par exemple. Légalement,
nous possédons la terre au même titre qu'une
chose qui serait l'œuvre de nos mains. Au point
de vue théorique, le titre n'est pas le même.

Cette terre en effet que nous prenons comme
exemple des choses que nous pouvons posséder
sans les avoir produites, cette terre, nous ne l'a-
vons pas faite. Elle a une valeur propre et une
fécondité indépendante de notre travail, sans laquelle tous nos efforts seraient vains. On ne peut
donc pas dire qu'on la possède au même titre et
en vertu du même principe que la chose qui est
l'œuvre de nos mains et de notre intelligence. On
l'occupe seulement.

Mais il y a plus lorsqu'il s'agit de la terre ; il y a
entre elle et tous les hommes quels qu'ils soient,
un rapport naturel tel, que du moment où un
homme est né, il lui faut une place sur le sol. Chacun de nous a droit à cette place comme à la vie
même. Elle nous est aussi indispensable que l'air
et la lumière ; c'est la condition nécessaire de
notre existence matérielle. Or, quand en vertu du
même principe, de la même raison, tout le monde
a un droit pareil sur une chose, on ne peut pas
dire que ce droit appartienne à quelqu'un exclu-
sivement ; en d'autres termes, de ce que tout le
monde a droit sur une chose, il en résulte que
personne n'y a un droit particulier. La terre est

donc un domaine commun qui ne peut appartenir en principe qu'à la communauté elle-même,
c'est-à-dire à la société. La société en effet, c'est
tout le monde. Elle représente tous les individus et toutes les générations, ceux qui sont nés
et qui sont à naître ; c'est à elle, la protectrice de
tous, à déterminer la part de chacun.

Je n'ai pas besoin de rappeler que cet usage a
existé dans plusieurs nations et jusque dans des
temps assez modernes. Il suffit de citer la constitution de Moïse et celle de Lycurgue. Dans certains
pays pour que la population fût toujours en rapport avec la place à occuper, on avait recours à des
moyens quelquefois barbares. Tout le monde sait
qu'à Sparte on condamnait à mort les enfants dont
la constitution ne paraissait pas robuste ; à Rome
c'était au père qu'était confié ce détestable pouvoir. Quelques traditions obscures nous apprennent que chez certains peuples on a été jusqu'à
condamner des générations entières. Chez d'autres,
on laissait arriver la génération surabondante à
l'âge adulte ; mais alors on l'exilait ou, pour mieux
dire, on l'essaimait. Tel était le *ver sacrum* des
Gaulois nos ancêtres. Je ne prétends pas que ces
usages se soient établis comme une conséquence
rationelle parfaitement comprise du principe auquel je les rattache ici ; mais ils furent la conséquence de ce fait que chacun doit avoir sa place

sur le sol ; lorsque le sol manquait on diminuait le nombre des compétiteurs. Les progrès de la civilisation ont changé les nécessités à cet égard ou plutôt les ont modifiées et amoindries. Sans doute il faut toujours une place à chacun, mais cette place est si petite qu'on ne peut craindre d'en manquer ; pourvu qu'on ait sa place au travail, on est sûr de son existence.

Je ne dois pas oublier de faire remarquer que plusieurs des définitions données par les jurisconsultes se rapportent aux idées que je viens d'énoncer. Grotius et Puffendorf donnaient pour base à la propriété le consentement universel. Mirabeau, à la Constituante, dans la discussion sur les biens du clergé, affirmait « que la loi seule constitue la propriété, parce qu'il n'y a que la volonté publique qui puisse opérer la renonciation de tous et donner un titre, un garant à la jouissance d'un seul. » Un peu plus tard Tronchet disait que les lois conventionnelles sont la véritable source du droit de propriété. Mais les uns et les autres, dans leurs définitions, confondaient les choses qui sont le produit du travail et les objets qui n'en proviennent pas.

109. De tout ce que je viens de dire, il résulte que notre pouvoir sur les choses vient ou de ce que nous les avons produites, ou de ce que nous les occupons et nous nous en servons. Évidem-

ment ces deux pouvoirs ne se ressemblent pas. Ils
n'ont ni la même origine, ni les mêmes conséquences. Du produit, nous pouvons faire ce que
nous voulons, en user et en abuser, selon la définition des Institutes sur la propriété, le consommer,
le détruire, l'échanger, le donner, le transmettre.
De ce que nous occupons nous ne pouvons faire
que l'usage autorisé par la loi. Il est juste, il est
logiquement nécessaire de distinguer d'une manière positive ces deux espèces de pouvoirs. Cette
distinction serait importante, n'eût-elle d'autre but
que de servir de base au raisonnement ; mais elle
l'est à d'autres égards; elle a des conséquences
pratiques que l'on apercevra bientôt.

Mais, pour marquer complétement cette différence, il ne suffit pas qu'elle existe devant la
science; il faut qu'elle existe aussi devant la langue. Les noms en effet sont les signes caractéristiques des idées. Aussi je propose de désigner par
le mot de *propriété* le droit du producteur sur le
produit, et par le mot de *possession* le droit sur les
choses que nous tenons comme nous appartenant
à tout autre titre. Je distinguerai moi-même,
dans la suite de ce chapitre, entre ces deux mots
et m'en servirai dans le sens restreint que je leur
donne, et que d'ailleurs je ne suis pas le premier
à leur donner.

110. La distinction que je viens d'établir répond

à la question posée en tête de cette section. Elle montre qu'il n'y a qu'un seul objet que l'individu possède complétement et à titre de propriété personnelle, c'est le produit de son travail. Telle est en principe la vérité.

Il faut remarquer en même temps et tout de suite, qu'aujourd'hui en France et dans quelques autres pays, les objets, qui par leur nature ne devraient être que des possessions, le sol par exemple, sont devenus des objets d'échange. Par suite ils ont passé de mains en mains, par voie d'achat et, en définitive ils représentent un capital qui a été acquis par le travail. Ces possessions participent, autant que possible, du caractère de la propriété et méritent le même respect. On ne pourrait les soustraire légitimement à leurs possesseurs qu'en les rachetant.

On a dit que la conversion des possessions en propriétés individuelles était un progrès; mais, pour démontrer cette assertion, il faudrait prouver ce qui n'est pas, c'est-à-dire que c'est un fait nouveau et le dernier effort de la civilisation. Or, dans des sociétés très-différentes de la nôtre et certainement beaucoup moins avancées, on trouve, dès la plus haute antiquité, les choses dans la même situation qu'aujourd'hui. La distinction que j'ai établie pouvait être faite dès lors.

« Les Sages, dit Manou, ont décidé que le champ

cultivé est la propriété de celui qui le premier en
a coupé le bois pour le défricher, et la gazelle
celle du chasseur qui l'a blessée mortellement [1]. »
Voilà le droit du travail. « A moins, dit plus bas
le même code, que relativement au produit, le
propriétaire du champ et celui de la semence
n'aient fait une convention particulière, le produit appartient au maître du champ : la terre est
plus importante que la semence; mais lorsque,
par un pacte spécial, on donne un champ pour
l'ensemencer, le produit est déclaré la propriété
commune du propriétaire de la semence et du
champ [2]. » Voilà le droit du possesseur qui prime
le droit du travailleur, exactement comme de nos
jours. Dans ce même code de Manou, on trouve
encore la preuve qu'il existait des biens communaux et des règlements sur l'administration des
possessions particulières [3].

J'ai cité ces curieux passages parce qu'ils ne
l'ont pas encore été dans une discussion du genre
de celle-ci. Ils suffisent pour prouver que ce que
plusieurs personnes ont considéré comme une
acquisition moderne ou un progrès, est au con-

---

1. *Lois de Manou*, traduction de Loiseleur Deslongchamps,
liv. IX, st. 44, dans la collection des Livres sacrés de l'Orient.
  2. *Ibid.*, st. 52 et 53.
  3. *Ibid.*, liv. VIII, st. 220 à 265, et en outre st. 307, 308,
330, 415, 416, 417.

traire une institution très-ancienne. On pourrait d'ailleurs citer des textes pareils pour la plupart des civilisations intermédiaires entre celle des Indes et la nôtre.

Il est très-remarquable que partout et toujours on a considéré le travail comme donnant droit au produit. C'est un principe de justice, une affirmation primitive qui, comme tout jugement émané en quelque sorte spontanément de la raison humaine, n'a pas varié. On peut dire plus; il a été le type, l'idéal poursuivi par les hommes dans l'extension de leur droit sur les choses, lors même que cette extension attentait au droit des autres. On ne l'a donc jamais nié, quoique d'ailleurs on ne l'ait jamais appliqué au moins d'une manière complète, et qu'on lui ait toujours fait subir la contradiction de quelque autre institution ou de quelque autre usage, le producteur étant obligé d'abandonner soit la totalité, soit une partie plus ou moins grande de son produit, à titre d'esclave ou de serf de la glèbe, comme aujourd'hui à titre de fermier, de métayer, de salarié. Loin de contester le droit personnel de chacun sur le fruit de ses œuvres, les anciens lui donnaient, dans certains cas, une extension abusive, comme, par exemple, lorsqu'on assimilait à des produits du travail l'homme dont on s'emparait à la guerre.

Dans l'antiquité, d'ailleurs, on définissait le travail autrement que nous. On y voyait principalement le labeur; c'était un effort du corps ou de l'esprit dans un but déterminé. Or, le labeur le plus important, le travail supérieur à tous les autres, le travail civique par excellence, le seul noble, disait-on encore au moyen âge, c'était la guerre : à ce titre, la guerre était l'une des bases du droit de propriété. « Aucune chose, disait Cicéron, n'est dans le domaine privé, par la nature, mais par une ancienne occupation ou par la victoire [1]. » — « Ce qu'avant tout on croyait à soi, dit Gaius, c'était ce qu'on avait pris à l'ennemi [2]. » Ce n'est en quelque sorte que de nos jours qu'on a défini le travail par le produit, et qu'en reconnaissant sa véritable signification on lui a attribué sa juste autorité.

111. Le droit de propriété, tel que nous l'avons défini, n'est point une institution purement sociale. C'est le droit personnel du créateur sur l'œuvre qu'il a créée. La société le reconnaît, le protége, mais ne le fait pas naître. Il peut être méconnu, violenté; mais il n'en émane pas moins de l'action personnelle de l'homme sur le monde. Son origine est claire, ses conséquences évidentes. Partout il doit primer la possession, ce

---

1. Cicéron, *De officiis*, ch. VII, 17.
2. *Omnia maxime sua esse credebant quæ ex hostibus cepissent*. Gaius, *Comm.*, IV, 15.

que personne au reste aujourd'hui ne conteste en principe.

Le droit de propriété est beaucoup plus restreint que le pouvoir de possession. Rigoureusement il ne s'applique qu'aux produits du travail et aux objets échangés. Il ne peut s'étendre à la terre; car la terre n'est point une création de l'homme. Celui-ci ne peut avoir, en elle, rien au delà du travail qu'il y a mis ou de la fécondité qu'il lui a donnée. Le droit de propriété ne peut pas se transmettre par héritage; car ce n'est pas l'héritier qui a créé ce dont il hérite. C'est en quelque sorte par un abus de langage que nous donnons le nom de propriétés aux biens qui nous viennent par cette voie. Ce ne sont que des possessions.

Le pouvoir de possession peut atteindre tout ce que le droit de propriété ne saisit pas. Ainsi on possède le sol; on possède des fonctions sociales; on possède même des hommes; on possède par héritage, par don, par location, par détention ou première occupation, par conquête. C'est la civilisation, c'est la morale et, en définitive, la loi qui fixe, étend, restreint cet effrayant pouvoir; effrayant, car l'avidité humaine est insatiable; si on la laissait faire, elle l'étendrait jusqu'aux dernières limites du possible.

Lorsqu'on laisse s'étendre le pouvoir de possession au delà de certaines limites, il arrive inévitablement qu'il nuit et qu'il attente au droit de propriété. Ainsi, par exemple, sous forme de location, il pourra forcer le travailleur de donner au possesseur une part usuraire de son produit, et sous forme d'héritage l'immobiliser dans la misère. Il y a des pays où le possesseur exige tout au plus la moitié du produit; mais il y en a d'autres où il en prend les deux tiers et même les trois quarts. Dans ces pays, l'hérédité des possessions a pour résultat de perpétuer les excès usuraires et par suite la misère du travailleur.

Dans l'ordre des rapports dont il vient d'être question, il y a une règle à suivre, une règle à laquelle on doit s'efforcer de ramener la pratique, c'est que le pouvoir de possession ait pour limites le droit de propriété. Ainsi le veulent, je ne dis pas seulement la morale et la justice, mais la logique des principes et l'intérêt social.

112. Avant de terminer cette section, il y a, au point de vue d'une législation future, quelques réflexions à faire sur l'hérédité, qui est aujourd'hui le plus puissant élément de la possession. En général, les jurisconsultes s'accordent à admettre que la transmissibilité par héritage est d'institution purement sociale. Je suis loin de le nier, mais il me semble qu'il y a quelque chose dans cette institution qu'on n'a pas assez regardé,

et qu'on ne peut trop regarder; de plus il y a des distinctions à établir.

L'hérédité est le lien qui unit les générations et qui fait de l'humanité comme un être qui croît et progresse toujours. Dieu a établi que le père travaillerait pour ses enfants, et chaque génération pour celle qui la suit. La société dont la conservation et la croissance reposent sur l'accomplissement de cette loi, l'a imitée dans les règlements qu'elle a faits sur la transmission des biens. Elle a laissé aux enfants les bénéfices du travail de leurs pères. C'est là un usage général.

On ne peut nier non plus qu'en cela elle était d'accord avec la volonté et les tendances des hommes. Il est peu de parents qui ne spéculent pour la sécurité et le bien-être de leurs enfants, qui ne veuillent leur assurer une vie meilleure que la leur, et qui en conséquence ne travaillent pour cet avenir qu'ils ne verront pas. Il n'y a certes pas de volonté plus exprimée que celle-là; il n'y en aurait guères de plus utile à la croissance sociale, si les enfants étaient constamment dignes des pères. Jusqu'à ce jour, la société l'a toujours respectée; elle a laissé à la disposition de cette prévoyance paternelle tout ce qu'elle accordait à la propriété.

Mais que serait la volonté d'un homme après sa mort, si elle n'était adoptée par les autres hommes, et garantie par la société! L'homme, pendant sa vie, peut consommer, donner, échanger, en un mot, transmettre ce qu'il possède ; c'est son droit. Mais sa volonté dure-t-elle au delà du tombeau ? On peut en douter, même lorsqu'on croit que l'âme survit à la mort ; car, si ce n'est pas sa volonté qui expire, c'est certainement sa puissance et son droit. En conséquence, la société, par le fait même, est substituée à sa personne. Elle a droit sur tout ce qu'il laisse ; aux possessions, parce que c'était en vertu de sa loi qu'il avait pu les acquérir ; aux propriétés, par l'effet de cette participation qu'elle y avait et dont nous avons parlé plus haut. Sous ce dernier rapport, il n'y a que le père dont le droit sur l'héritage de ses enfants puisse égaler celui de la société. De là, généralement, et en parfaite justice, ce me semble, on a conclu que la société pouvait disposer de toute espèce d'héritage, quelquefois d'une manière absolue, et quelquefois en participation avec les parents jusqu'à un certain degré.

Lorsque la société garantit aux enfants la succession de leurs parents, elle obéit à la volonté que ceux-ci manifestent ; elle participe à leur prévoyance ; elle assure l'activité laborieuse qui en est la suite et dont en définitive elle profitera elle-même avec tous ses membres. C'est un calcul de bienveillance et en même temps d'utilité. Mais, on demande pourquoi, lorsque les enfants viennent à manquer, la législation transporte les faveurs de l'héritage à des collatéraux. Il n'y a ici aucun des motifs dont il vient d'être question, aucune justification tirée de la volonté du possesseur, ni de l'intérêt social. On conçoit qu'elle sanctionne des donations testamentaires; mais on ne comprend pas qu'elle fasse elle-même des donations.

On ne voit point en vertu de quel raisonnement cet usage a été établi. Il paraît probable que c'est par suite d'une habitude traditionnelle qui nous est venue de l'époque où les fonctions étaient héréditaires et où les possessions les plus importantes, si ce n'est toutes, étaient l'attribut de ces fonctions, comme dans certaines cités, telles que Sparte, où le nombre des citoyens possesseurs était limité, comme dans le moyen âge, sous le régime féodal. Alors l'attribution de la possession suivait l'attribution du devoir. De là l'intérêt, pour la société politique, et la coutume de donner au sol des maîtres dont l'unité d'origine ou la consanguinéité, selon les préjugés du temps, assurait en quelque sorte la similitude des croyances, des aptitudes et des actions. Mais, aujourd'hui qu'il n'y a heureusement plus de traces de tout cela, à quoi bon ce soin que prend la société!

Les biens, qui sont les objets de la transmissibilité héréditaire, sont de deux espèces, meubles ou immeubles. Il est remarquable que les immeubles appartiennent, pour la plus grande partie, à la classe des possessions, c'est-à-dire aux choses sur lesquelles le pouvoir du possesseur est, comme nous venons de le voir, d'institution légale. C'est la terre, ce sont les habitations; ces dernières sont sans doute des œuvres de la main humaine ; mais elles rentrent dans les possessions par le fait de la place qu'elles occupent sur le sol. Les choses mobilières, au contraire, capitaux et autres, sont tous, en principe, des produits du travail ; ils ont tous ce caractère particulier d'être périssables et surtout consommables. On demande pourquoi, au point de vue de la transmissibilité héréditaire, on met sur la même ligne des choses si différentes de nature et d'origine ; pourquoi, par exemple, partout où l'État prend un droit de mutation, il n'établit aucune différence entre des possessions si diverses; pourquoi, en d'autres termes, la part d'héritage, qu'il s'attribue, n'est pas plus grande sur les immeubles que sur les meubles ? Évidemment, il a plus de droit sur les premiers que sur les seconds. Aussi, s'il arrive un jour où l'on pense à changer la législation sur les successions, les premières modifications devront se porter sur la classe des immeubles.

L'hérédité des possessions est aujourd'hui en Europe la source d'abus considérables. C'est par

cette institution que se perpétue un système de
détention que l'impartiale histoire nous montre
sans doute comme utile à certaines époques et
dans certaines circonstances, lorsqu'il s'agissait,
par exemple, d'asseoir une population sur le sol,
de changer la vie nomade en la vie stable ; mais
qu'elle nous présente aussi trop souvent comme une
usurpation et une calamité. Cette institution est la
cause entre les hommes d'une inégalité que Dieu
n'a pas faite. Elle conserve l'oisiveté héréditaire de
quelques familles au prix de la pauvreté également
héréditaire d'un plus grand nombre. Partout où il y
a une extrême richesse, il y a une misère également
extrême, avec cette inégalité de plus que pour un
seul riche il y a une masse de misérables. Aussi
cette institution partage les membres de la même
société en deux classes ennemies. C'est une source
de mauvaises passions, de troubles, de révoltes,
de maux de toutes sortes.

Remarquons que, sous la plupart de ces rapports, la situation de la France est bien supérieure à celle de l'Angleterre qu'on lui compare
toujours et qu'on nous donne comme exemple en
trop de choses. Chez nous, la grande majorité de
la population participe à la possession du sol.
Nous avons quelques millions de possesseurs,
tandis qu'en Angleterre il n'y en a que quelques
milliers. Nous avons moins de grandes fortunes

territoriales, moins de riches ; mais aussi nous
avons moins de misérables. Pour opérer cette
grande diffusion du pouvoir de possession, il a
suffi d'une loi sur les successions qui a facilité ou
plutôt multiplié les partages et les échanges. Et de là
une conséquence morale qui caractérise notre population ; je veux dire ce sentiment d'égalité qui
est si général et si puissant chez nous, mais qu'on
ne connaît pas en Angleterre.

Maintes fois on a proposé aux législateurs de
retrancher quelque chose de la proie maintenant
dévolue à l'héritage. On a proposé de n'admettre
que les héritiers directs ou testamentaires, de ne
leur abandonner que les choses mobilières ; enfin
on a proposé même de supprimer tout héritage.

Contre cette dernière proposition, on doit, aujourd'hui, objecter que ce serait attenter à la prévoyance des pères en faveur de leurs enfants et
par suite leur ôter un stimulant qui les pousse à
produire au delà de leur consommation, c'est-à-
dire, en définitive, détruire une source de richesses dont la société tout entière profite.
Cette prévoyance est un instinct que nous
n'avons pas fait, mais que nous devons respecter
comme le don d'une sagesse supérieure. On ne
peut concevoir qu'un seul état social, où cette
sollicitude se satisferait par de moindres efforts.
Ce serait celui où serait généralement établi le

système des assocations ouvrières dans l'agriculture et l'industrie. Il suffirait alors aux parents de
donner une profession à leurs enfants pour assurer leur avenir. Mais aussi, dans cet état universel
d'association, qu'importerait qu'il y eût ou qu'il
n'y eût pas hérédité des richesses mobilières, puisqu'elles ne pourraient plus donner moyen d'acheter des possessions, ni d'affermer à intérêt des
instruments de travail; il n'y aurait donc aucune
raison de changer la législation actuelle. Les pères
auraient toujours l'espérance de transmettre à
leurs enfants les fruits de leur travail, seulement
cette transmission ne serait un mal pour personne[1].

QUELLES SONT LES LIMITES DU DROIT DE PROPRIÉTÉ?

113. J'ai établi les limites du droit de propriété,
quant aux choses, dans les paragraphes précédents. Il résulte en effet de la discussion qu'on a
lue, que rigoureusement ce droit finit là où la
chose produite ou acquise cesse d'être un produit du travail ; et comme le travail n'y met rien
de plus que l'utilité ou la forme, il s'en suit que
l'homme n'est vraiment propriétaire que de cette
utilité et de cette forme.

---

1. Voyez les ouvrages déjà cités de MM. Ott et Feugueray.

Cependant la forme et l'utilité ne peuvent avoir dans les choses une existence réelle sans une certaine appropriation de la matière ; elles ne prennent corps et elles n'ont puissance que par là ; il faut donc admettre, relativement aux produits, que le travail engendre une possession, possession qui ne pourrait être contestée sans attenter au droit de propriété, c'est-à-dire au droit que le travailleur a sur l'utilité et la forme qu'il a créées. On peut, en effet, définir le produit matériel une certaine forme ou une certaine utilité auxquelles le travail a donné un corps à l'aide d'une certaine quantité de l'élément matériel. Ainsi le droit de propriété peut, dans une certaine mesure, s'emparer de la matière et s'y attacher. Mais quelle est cette mesure ?

La limitation est facile ; elle a été déjà établie précédemment par quelques exemples. Le droit finit là où cesse l'effet du travail, là où cesse le produit. L'homme n'emploie la matière que comme moyen de l'utilité et de la forme ; il ne la possède pas au delà.

Au reste, cette manière de détenir la matière ne diffère pas essentiellement des autres espèces de possession. C'est à la législation à la régler, en tant qu'il est nécessaire, dans chaque cas particulier. Deux principes généraux dominent la question : c'est que l'homme n'a un droit de propriété

que sur le produit ; et que le pouvoir de possession s'arrête au point où il nuit au droit de propriété.

Ces deux principes que je ne discuterai pas
parce qu'ils sont le simple résumé de ce qui a été
dit précédemment, suffisent selon moi à la limitation du droit de propriété quant aux choses, en
même temps qu'à celle du pouvoir de possession.

114. J'ai maintenant à dire quelques mots des
limites morales et politiques du droit de propriété.

En général elles sont les mêmes que celles que
j'ai décrites dans un chapitre précédent où j'ai
parlé de la liberté. Ce sont les prescriptions de la
loi morale, les devoirs politiques et l'intérêt
social ; c'est enfin le point où commencent l'abus
et le mal. La proscription, dans ces cas, atteint
non-seulement l'usage qu'on peut faire du produit,
mais le produit et le travail même. On comprend,
sans que je le dise, qu'on doit compter parmi les
produits, non-seulement les choses, mais les capitaux qui les représentent. De même qu'il y a des
travaux nuisibles, des travaux insalubres, il y a
aussi possibilité d'user des produits capitalisés dans
un but de monopole nuisible, pour provoquer des
baisses et des hausses factices, pour s'enrichir par
une concurrence ruineuse, etc. La société a évi-

demment l'obligation d'empêcher ce qui nuit; et on peut dire que toutes les fois en effet que les gouvernements n'accomplissent pas ce devoir, c'est par ignorance ou par connivence avec les coupables.

Ce que je viens de dire sur les limites morales du droit de propriété, s'applique également au pouvoir de possession.

115. Résumons ce qui précède.

Il faut distinguer le droit de propriété du pouvoir de possession.

Le droit de propriété est primordial. La société le reconnaît, le protége, mais ne l'a point créé. Il tient à l'homme comme ses facultés, c'est un attribut de sa personne comme la sociabilité elle-même.

Le pouvoir de possession est tout entier de convention ou, en d'autres termes, d'institution légale.

Le droit de propriété prime toujours le pouvoir de possession, jamais celui-ci ne devrait valoir contre le droit, quoique, jusqu'à ce jour, le contraire ait été le cas ordinaire. En règle générale et en principe, le pouvoir de possession finit là où il commence à nuire au droit de propriété. Passé cette limite, il n'est ni rationnel, ni juste, ni moral.

Le droit de propriété ne s'applique qu'aux produits du travail personnel ou à ce qu'on a pu acquérir du travail des autres par échange.

Le pouvoir de possession peut s'étendre à tout ce qu'il est dans la puissance de l'homme d'atteindre et de la législation de sanctionner. C'est de tous les pouvoirs le plus vivace, le plus entreprenant, le plus difficile à borner. On lui a déjà beaucoup retranché, au moins chez les peuples les plus avancés de la civilisation moderne. On a arraché à sa rapacité l'esclave, l'épouse, l'enfant, un grand nombre de fonctions publiques; mais on n'a fait que la moitié de la besogne, la moitié la plus importante il est vrai. Il reste encore une longue et difficile tâche à la législation future.

BUT DE LA LÉGISLATION RELATIVEMENT AUX PROPRIÉTÉS ET AUX POSSESSIONS.

116. La question des rapports entre la propriété et la possession est la même que celle des relations entre le travail et le capital. Sous ce dernier titre elle a été spécialement l'objet des études des économistes. On peut en conclure que leur enseignement est applicable au sujet que je traite ici, et on devrait en déduire qu'il suffit de laisser faire et de laisser passer pour que tout s'arrange pour le mieux. Or, une telle solution, prise au point de vue général et absolu, serait parfai-

tement fausse. Elle est appropriée seulement à un
système social déterminé où nous-mêmes nous
ne sommes pas encore parvenus, mais que nous
apercevons comme un idéal que nous espérons
atteindre; dans l'état présent et à peu près partout, elle est excessive et inacceptable. En effet,
dans beaucoup de cas et dans un grand nombre
de pays, ce serait abandonner la propriété à la
possession. Laissez faire et laissez passer en toute
autre question qu'en affaires commerciales, dans le
Meklembourg, par exemple, en Russie, en Moldo-
Valachie, vous ne ferez autre chose qu'abandonner le faible au fort.

Le devoir et l'intérêt social commandent à l'État
d'intervenir, ne fût-ce que pour empêcher de dépasser les limites où la liberté et l'intérêt de l'un
attentent à la liberté ou à la conservation d'un
autre. Il ne peut se borner à laisser les choses
suivre leur cours; son intervention doit être active. Il doit savoir que tout ce qu'il donne à la
possession, il l'ôte à la propriété. A cet égard, il
suivra naturellement les préférences qui seront
conformes au but qu'il se propose d'atteindre.
Ainsi, par exemple, dans un gouvernement aristocratique, où la population et le travail paraissent de moindre importance que l'existence de
certaines famille puissantes, on traitera la possession plus favorablement que la propriété.

Ainsi, Napoléon Ier, voulant constituer solidement sa nouvelle noblesse, rétablit les majorats, c'est-à-dire le système de l'immutabilité dans la possession ; cette institution si contraire au droit commun établi par notre révolution, si opposée aux tendances du siècle, a été abolie après 1830. Ainsi, encore la Restauration eut la pensée, qui heureusement ne fut pas réalisée, de rétablir le droit d'aînesse. Aujourd'hui, en France et dans une partie de l'Europe, à notre exemple, nos tendances politiques ne sont ni aristocratiques, ni nobiliaires. Les idées de liberté, d'égalité, de fraternité dominent toutes les questions. Notre but, dans l'ordre matériel, est de garantir à tous également la meilleure vie. Le travail et la production en sont les moyens. C'est donc la propriété que nous devons respecter avant tout ; à nos yeux, la possession ne doit être qu'un moyen de la propriété.

117. S'il est vrai, s'il est démontré que l'association dans le travail est non-seulement le seul système qui assure complétement au travailleur la propriété du produit, mais encore le meilleur système d'exploitation en agriculture comme en industrie, le but à poursuivre est nettement indiqué. Il faut se proposer de mettre l'instrument de travail à la disposition des associations.

Le problème parait presque résolu et la solution presque acceptée en ce qui concerne l'industrie. Dans les travaux de cet ordre, l'association est d'ailleurs plus facile et de nature à s'établir assez rapidement. Elle ne constitue là qu'une question de crédit. Il n'en est pas de même relativement aux associations agricoles. Pour celles-ci, il n'y a encore rien de fait; aussi je m'en occuperai uniquement.

Parmi les mesures à prendre pour opérer sans secousse la transformation du système actuel de la possession du sol, au point de vue des futures associations agricoles, la première c'est de travailler à reconstituer les terres communales. On a fait, en France, sous le premier Empire, une grande faute lorsque, poussé par des nécessités financières, on a commencé à aliéner les biens communaux. On répète cette faute toute les fois qu'on autorise la transformation de ces biens en possessions particulières, soit par partage, soit par vente. Malheureusement il y a une école d'économistes qui pousse de toutes ses forces à cette aliénation. C'est cette école à laquelle j'ai répondu plus haut, qui voit un progrès dans l'attribution du sol aux individus à titre de propriété.

La destruction des communaux a d'abord pour conséquence immédiate d'enlever aux pauvres des campagnes le bien qui les fait vivre en grande partie. Ensuite, au point de vue du but où nous

sommes placés, elle sacrifie l'avenir au présent et
pour un médiocre profit. Le principal argument
qu'on fait valoir contre la conservation des
terres communales, c'est l'abandon où on les
laisse ; c'est qu'elles ne produisent pas autant
qu'elles le pourraient, si elles étaient cultivées
comme des terres particulières. Mais pourquoi
les laisse-t-on à l'abandon ? Rien n'y oblige : on
peut aller étudier en Belgique, dans le pays
wallon, où les terres communales sont immenses, un système de distribution périodique auquel
président les citoyens eux-mêmes, un système de
roulement tel que chaque habitant ou plutôt
chaque travailleur en profite. Il en résulte que le
sol communal est cultivé avec un soin et une perfection que l'on ne trouve qu'exceptionnellement
dans nos fermes françaises. Le pays wallon est
aujourd'hui le grenier de la Belgique. Conservons
donc nos terres communales, augmentons-les autant que possible et imitons en attendant mieux,
la sagesse, peut-être passagère, de quelques communes du pays wallon.

Après et même avant la conservation des terres
communales, le plus puissant moyen que possède
la société de changer la distribution du sol et
d'arriver au résultat proposé, c'est le règlement
des successions. Il suffira, par exemple, de laisser
la loi française actuelle produire ses derniers effets,

pour amener une division telle dans les possessions, que les possesseurs arriveront à comprendre
que leur plus grand intérêt serait d'associer leur
travail et leurs terres pour en tirer un parti meilleur avec moins d'efforts et plus de sécurité pour
chacun.

Si, pendant que s'accomplira ce morcelle-
ment, la société fidèle au but posé et voyant dans
les biens communaux les noyaux du domaine
futur des associations agricoles, s'appliquait à les
accroître en y adjoignant tout ce qui provien-
drait des déshérences et d'une législation restrictive sur les successions collatérales, et en consa-
crant à cet accroissement, autant que la situation
des finances le permettrait, une part des droits de
mutation, la transformation serait moins éloignée
qu'elle ne le paraît aujourd'hui. Il est vrai qu'il
faudrait en même temps qu'un désir correspon-
dant s'établît dans les populations des campagnes;
mais je suppose qu'en préparant les moyens matériels, on s'occuperait aussi de la préparation
morale, et qu'un enseignement spécial propagerait
le sentiment et l'intelligence de l'association.

CHAPITRE VIII.

DES DEVOIRS ET DES DROITS EN GÉNÉRAL ET PARTICULIÈREMENT DES DEVOIRS ET DES DROITS INDIVIDUELS.

118. Il n'y a pas d'action si indifférente dans le monde social qu'on ne puisse rapporter à un devoir ou à un droit. La doctrine des devoirs et des droits domine et comprend la vie tout entière des hommes en société. Relations politiques ou civiques, relations fonctionnelles, relations individuelles, relations de famille, relations de travail, d'industrie, d'échange, d'intérêt, contrats, système pénal, système rémunératoire, tout y rentre et tout en doit sortir.

En principe, la doctrine des devoirs et des droits n'est pas autre que la doctrine morale. Il n'y a de différence que dans la forme et surtout en ce que la première paraît d'institution humaine, tandis que la seconde est enseignée comme d'institution divine. Si ces deux doctrines s'isolent, si elles apparaissent comme séparées, sous des noms différents, c'est d'abord parce que la doctrine des devoirs et des droits est une interprétation formulée au point de vue spécial de la pratique civile et politique; c'est ensuite parce que les sociétés, sans varier quant au fond sur les devoirs et les droits, ne se ressemblent pas quant au nombre de ceux qu'elles acceptent.

Aussi, tout ce qu'on affirme de la morale on peut l'affirmer de la doctrine des devoirs et des droits; c'est une des constantes sociales dont on doit dire avec le plus d'assurance que, si elle est complétement reconnue et pratiquée, la société est dans le meilleur état possible; si elle l'est moins, l'état de la société est supportable; si elle l'est peu, la société est en péril.

119. Je crois avoir déjà fait remarquer que la morale est toujours restée fondamentalement la même, en ce sens qu'elle implique constamment un sacrifice volontaire de nous-même, soit à la société ou à nos semblables, soit à Dieu et à notre propre perfection, ou à notre salut, comme on dit en langage religieux. Cependant, dans la série progressive des civilisations, elle s'est accrue de plusieurs prescriptions. Il semble qu'en même temps la relation du devoir au droit soit devenue

plus précise, au moins dans les termes. Cette
relation s'exprime en un langage plus net, par
exemple, chez nous que chez les Romains et chez
les Romains que chez les Grecs. Les hommes ont
toujours reconnu à ces doctrines la plus grande
autorité qu'il leur fût donné de concevoir. Ils
ont universellement admis que les lois de l'ordre
moral ne dépendent pas plus de la volonté humaine que les lois de l'ordre astronomique et
physique.

Aux époques religieuses, aux époques que, dans
la philosophie du progrès, nous appelons organiques, la morale et par conséquent la doctrine des
devoirs et des droits sont enseignées comme un
commandement direct de Dieu. Aux époques de
dislocation, de réforme et de doute, mais aussi
de réalisation qui, jusqu'à ce jour, ont succédé
aux premières et que nous appelons critiques, la
philosophie les enseigne comme des lois inhérentes à la nature même de l'homme et de la
société. Elles sont une émanation du Verbe
divin, disait Platon. Ce sont des notions innées,
elles forment le fond de la conscience, disent
les Cartésiens. C'est la lumière de la raison éternelle, divinement allumée dans nos âmes, disait
Leibnitz. Elles sont la synthèse des besoins, des
facultés, des tendances que l'homme tient de sa
nature, dit le naturalisme. Ainsi, la philosophie

eu revient en définitive à poser la loi de l'ordre
moral comme une dépendance de l'ordre universel. Pour qu'il en fût autrement, il faudrait
qu'elle admît que l'homme s'est créé lui-même.
Elle conclut donc comme la religion. Seulement
la route de la philosophie est moins directe, plus
variable, moins explicite. J'aime mieux le procédé de la religion.

On pourrait démontrer que dans ce sujet, entre
l'affirmation religieuse et les théories explicatives
des philosophes, il n'y a aucune opposition contradictoire en principe; qu'elles ne peuvent être
posées en face l'une de l'autre comme négations
réciproques, mais qu'au contraire il y a une concordance très-remarquable. Je ne puis ici entreprendre ce travail, qui ne serait point à sa place;
il me suffit d'avoir indiqué cette concordance.

120. La principale question et la plus contro-
versée, dans le sujet qui nous occupe, est celle de
savoir lequel du devoir et du droit est antérieur
à l'autre, si l'un des deux possède en quelque
sorte la priorité et la prééminence, ou si au contraire ils sont égaux et de même date, en tout ou
en partie.

Au premier abord, la question semble résolue
du moment où l'on pose un but commun d'activité, c'est-à-dire un devoir comme la première
condition d'existence de l'état social; mais on

remarquera qu'il résulte seulement de cette formule que le devoir social engendre les droits
politiques ou du citoyen. Elle n'atteint pas toute
une catégorie de droits que l'on regarde généralement aujourd'hui comme les plus essentiels et
les plus respectables : je veux parler de ceux qu'on
appelle les droits de l'homme. On peut en effet
considérer ceux-ci ou même seulement l'un d'eux
comme capables de constituer le but d'activité
d'une société politique. Cette doctrine est très-
généralement admise aujourd'hui. On a même
essayé de la réaliser aux États-Unis d'Amérique,
et on a pu croire jusqu'à ces derniers temps que
la tentative avait réussi.

On y pose en principe que l'état social est fait
uniquement pour donner plus de sécurité, plus
d'aisance et plus de facilité à l'exercice des droits
de l'individu. C'est au fond la même doctrine
que celle d'Aristote, dont il a été question au
commencement de cet ouvrage. Théoriquement
elle n'est pas plus soutenable. En effet, établir l'individualisme comme but unique, c'est
donner pour finalité à la politique la chose la
plus étroite, la chose la plus immobile qui se
puisse rencontrer, une chose qui n'a point changé
d'un iota depuis le commencement du monde.
Par suite, c'est se mettre dans la nécessité de
méconnaître ou de nier l'un des faits les mieux

prouvés aujourd'hui, le fait qui est la gloire et la grandeur de l'humanité; c'est nier le progrès.

Si le principe de l'individualisme pur régnait seul quelque part, s'il avait formé une société durable, il est très-probable que la pratique vérifierait les conclusions de la théorie. Dans cette société tout serait immobile. Cela serait certain si elle était seule au monde : mais comme, dans l'état actuel, les nations sont nombreuses, qu'elles se touchent, qu'elles s'influencent par leurs contacts, il resterait encore pour produire un certain mouvement, les communications avec les étrangers, l'exemple et l'initiative imitatrice de quelques individus. Encore est-il douteux que ces imitations dussent jamais sortir du cercle des choses matérielles et donner plus que des perfectionnements de détail. Il arriverait là ce qu'on peut observer dans l'histoire des autocraties où l'égoïsme d'un despote est tout. Les perfectionnements n'y sont jamais que des imitations provoquées par le caprice ou par le besoin de s'enrichir ou de se défendre.

Telle est bien la conclusion rationnelle de cette doctrine; mais il ne faut pas oublier, à la décharge des inventeurs, que la théorie de l'individualisme a été formulée à une époque où la loi du progrès n'avait pas encore été reconnue. La théorie se conserve cependant, comme toute chose qui est faite. Voyons maintenant comment on s'y prend pour faire sortir le devoir du droit.

Une société, dit-on, est une réunion d'individus, c'est-à-dire un composé de droits égaux. Or, comme chaque droit obéit à son énergie propre, il va directement à sa satisfaction ; par suite il a constamment tendance à entreprendre sur les droits voisins et à les subalterniser. Comment arrêter cette tendance commune, qui, en définitive, produirait un état de guerre de chacun contre tous, c'est-à-dire l'état le plus anarchique et le plus triste possible? Le moyen de pacification, est de poser et de faire accepter en principe que le droit ne peut rien ou ne vaut rien contre le droit; en d'autres termes, que nul ne peut faire à un autre ce qu'il ne voudrait pas qu'on lui fît. Or, c'est là le devoir, et c'est ainsi qu'il prend naissance de l'opposition qui existe naturellement entre les droits du moment où ils sont en contact. Ajoutez à cela la sympathie naturelle de l'homme pour l'homme, et vous aurez la raison complète des choses sociales suivant cette doctrine.

Cette explication appartient à la philosophie du naturalisme; mais elle a été prise par beaucoup de personnes comme une démonstration facile et simple de la nécessité du devoir dans une société.

Cette circonstance lui a fait faire son chemin dans le monde; elle l'a rendue populaire. Voyons donc ce qu'elle vaut.

Si, dans une constitution politique, on en restait aux termes qu'on vient de lire, on n'aurait fait que poser un principe. Mais ce principe n'aurait rien d'obligatoire par lui-même. Rien n'empêcherait encore le plus fort d'abuser de la faiblesse de son voisin. Il faudrait une sanction à ce principe. Or, cette sanction sera-t-elle seulement une loi pénale? Dans ce cas, on n'obéira au principe que par force, on désobéira toutes les fois qu'on croira pouvoir le faire impunément, et quand le devoir demandera trop, on le rejettera tout simplement; on désobéira publiquement ou on se révoltera unanimement et sans remords. A cette sanction joindra-t-on de plus celle d'une affirmation religieuse? Mais si celle-ci est démontrée par la méthode déjà employée pour découvrir l'origine du devoir, c'est-à-dire par une méthode d'induction purement philosophique, la sanction ne sera augmentée qu'en apparence. Au fond elle restera la même. En effet, l'affirmation religieuse apparaîtra non comme une vérité primordiale, mais seulement comme un accessoire utile, quelque chose de fictif, de possible sans doute, mais de discutable; en un mot comme le *Deus ex machinâ* employé dans les anciennes tragédies quand le dénoûment devenait impossible par les moyens naturels.

La masse des hommes ne raisonne pas habituellement assez mal pour être si facilement trompée. Il faut se garder avec elle de donner même à la vérité un genre de démonstration qui prouve que, *à priori*, on n'est pas très-certain de ce que l'on affirme. Il faut poser sa croyance fermement, c'est-à-dire comme on croit. Autrement, on appelle le doute, et le doute équivaut à l'incrédulité, surtout lorsque les intérêts ou les passions sont en jeu.

En fait, il n'y a pas d'exemple de société qui ait commencé par une convention ou des raisonnements semblables à ceux qu'on est obligé de supposer lorsqu'on veut faire engendrer le devoir par le droit. L'histoire nous fait assister à la naissance d'un grand nombre de sociétés. Nul détail n'y manque; il n'y a là ni obscurités, ni ténèbres : tout ce qu'il y a d'important est authentique et parfaitement clair. Or, on voit toujours que les sociétés commencent par un acte qui affirme un devoir.

Nous avons, en ce moment, sous les yeux l'exemple d'un grand peuple qui a fait au droit plus que sa juste part, une part qui est cependant au-dessous de ce qu'on lui donnerait dans la théorie que je combats. A cause de cela, il est déchiré par la guerre civile (1863). Les États-Unis d'Amérique ont cependant commencé par un acte qui leur im-

posait un devoir, le devoir de conquérir leur indépendance et de se faire nation. Malheureusement
ils se sont constitués de telle sorte que l'œuvre de
l'indépendance achevée, le devoir politique devait
tenir la moindre place et les droits locaux et individuels la plus grande[1]. Le rôle du devoir était
borné à la protection du droit. Ils restèrent après
la victoire comme avant, des colons appliqués à la
seule recherche des biens matériels. Ce peuple est
religieux, mais il considère la religion seulement
comme un droit individuel et un principe d'éducation également individuelle. Qu'est-il arrivé? Il
s'est trouvé qu'un droit, un droit injuste, partout
condamné, s'est cru menacé. Une portion du
pays, comme nous l'avons vu, s'est séparée de
l'autre. Heureusement les États-Unis ont assez
duré pour avoir une tradition, un honneur, de la
gloire; en un mot ils forment déjà une nationalité
et une race. C'est là ce qui sauve en ce moment
la république, mais ne la sauvera pas toujours,
si elle n'inscrit dans sa constitution quelque devoir capable de la conserver.

121. Quelle que soit la réalité que l'on considère
pourvu qu'on la voie d'assez haut, le devoir apparaît comme logiquement antérieur au droit. Pour

---

1. Voyez *De la crise américaine*, par M. Sain de Bois-le-
Comte.

saisir tout d'un coup la forme générale de cette
relation, plaçons-nous au point de vue de la création qui est en définitive le point de vue le plus
élevé de la réalité que nous connaissons et dont
nous faisons partie. Que trouvons-nous ? Nous
trouvons que Dieu a créé le monde dans un but et
par suite que le but préexistait à la création. Dieu
a créé également l'homme et la société dans un but,
et ce but également préexistait à l'homme et à la
société. Or, qu'est ce but pour lequel l'homme et
la société ont été créés ? C'est précisément le devoir
qu'ils sont destinés à accomplir l'un par l'autre. Et
en face de ce devoir, que sont les droits de
l'homme, c'est-à-dire ses facultés rationnelles, morales ou physiques, ses besoins, ses passions
même ; que sont les droits de la société ? Ce sont
les moyens d'accomplir le devoir !

Cette progression rationnelle qui représente le
mieux à mon avis comment le but est la source du
devoir et le devoir la source ou la justification
du droit, sera probablement considérée comme
purement hypothétique. Elle ne l'est pas cependant
autant qu'elle le semble. Je vais montrer qu'elle
est rigoureusement exacte dans tous les points
que l'homme peut en saisir, ou si l'on veut que
beaucoup de termes en sont démontrables.

Si l'on admet le principe qui sert de point de
départ à cet ouvrage, à savoir que le but commun

d'activité est la première des conditions d'existence de toute espèce de société, on admet dès lors que ce but engendre tous les devoirs politiques et civiques et comme conséquence tous les droits auxquels on donne les mêmes noms. Cette conclusion me paraît forcée et inniable. Voilà donc pour les droits politiques ; mais en est-il de même pour ce qu'on appelle les droits de l'homme ou les droits civils? Nous avons vu, dans le livre précédent, que les grands buts communs d'activité, ceux qui président à une civilisation spéciale, sont toujours déduits d'une morale préexistante. Je crois avoir suffisamment démontré ce fait. Il est donc inutile de rappeler l'exemple des sociétés sorties du christianisme qui seul suffirait à une probation complète; inutile de montrer que le bouddhisme était depuis longtemps enseigné avant qu'il y eût des sociétés bouddhiques; inutile de faire remarquer que, même dans les cas où la fondation de la société suit immédiatement la promulgation de la loi, le rapport ne change pas. La loi existe toujours avant la société, comme on le voit chez les Hébreux et les mahométans. C'est un fait constant et d'ailleurs logiquement nécessaire que la cause précède l'effet. Or, dans ces grandes transformations sociales, la cause est une doctrine morale et religieuse. Ceci posé, voyons comment les droits de l'homme sortent de la morale.

La morale ne comprend et n'enseigne en général que des devoirs ; mais chaque devoir ou chaque commandement affirme et définit un droit corrélatif. Ainsi les devoirs qu'elle nous impose à l'égard de notre prochain deviennent des droits pour ce prochain ; ainsi lorsqu'elle prescrit le respect de la propriété d'autrui, elle consacre le droit de propriété. C'est sous cette forme que le devoir engendre même les droits de l'homme et leur est antérieur.

Historiquement les choses se sont passées ainsi : souvent on n'obéit que tardivement au devoir, mais enfin on y obéit. Ainsi en reprenant l'exemple de la propriété que je viens de citer, nous voyons que ce droit s'est étendu jusque sur l'homme : partout le plus grand nombre a été esclave. C'est la morale qui a fait les hommes égaux en leur imposant le double devoir de la charité et de la fraternité ; lentement, trop lentement sans doute le droit est sorti de ce devoir et s'est fait jour. La science malheureusement avait trouvé des arguments pour justifier l'esclavage. Aristote n'enseigne-t-il pas qu'il y a des esclaves par nature[1] ! Mais, dira-t-on, ces esclaves n'en étaient-ils pas moins destinés à la liberté par ce même droit de nature ? Sans doute, mais ils ne jouissaient pas du droit ;

1. Voyez *Politique d'Aristote*, traduction de Barthélemy Saint-Hilaire, ch. II, § 13.

ils ne le connaissaient pas, et, bien plus, ils ne croyaient pas l'avoir.

Dans l'ordre politique, toujours au point de vue de l'histoire, l'antériorité du devoir·moral est encore plus évidente. Quand une classe de la société acquiert un droit civique, que l'on regarde ce qu'elle faisait avant ! On trouvera constamment qu'elle accomplissait le devoir dont ce droit est le corollaire. Ainsi, dans notre moyen âge, la bourgeoisie des villes en se saisissant du devoir de défendre la paix publique, du devoir de protection commune, acquit le droit politique, le droit de siéger au plaid royal et dans les assemblées nationales. Par contre, lorsqu'une classe abandonne son devoir, elle ne tarde pas à perdre le droit. Ainsi, encore dans le moyen âge, la caste nobiliaire, en transformant en un intérêt personnel le devoir militaire, et par suite, en oubliant la charge de défendre la nationalité et la paix publique qui avait été le principe de son institution, perdit ses privilèges politiques et changea en un abus ce qui avait été un droit rémunératoire.

122. Il est une faculté que la morale pose chez l'homme en même temps qu'elle se pose elle-même, c'est le libre arbitre ; il est un droit qu'elle nous reconnaît et sans lequel elle n'aurait pas de raison d'être, c'est le pouvoir de choisir, c'est la liberté. Elle donne à la liberté une autorité en quelque

sorte égale à elle-même puisqu'elle se soumet à son acceptation ; mais, d'un autre côté, elle la fait naître, puisque, sans la morale, l'homme serait comme les bêtes dépourvu de motif pour résister aux impressions, aux appétits, aux passions ; en un mot il serait sans choix. Sous ce dernier rapport, la morale ou le devoir sont antérieurs à la liberté ou au droit.

Cette antériorité est un fait consacré par toutes les législations. La justice déclare irresponsables, c'est-à-dire non libres, tous ceux qui ne connaissent pas la morale, tels que l'enfant et le sauvage ignorant. Elle les assimile au soldat, à l'esclave, à l'aliéné, dont les actions sont forcées.

Historiquement, la connaissance de la morale précède constamment l'usage du droit. C'est la connaissance que, dans les pays où l'esclavage était pratiqué dans toute sa vigueur, comme chez les Spartiates, on cachait avec le plus de soin aux esclaves. Les esclavagistes intelligents des États-Unis ont toujours proscrit l'enseignement religieux dans leurs habitations. Enfin, lorsqu'on observe comment les masses humaines se sont élevées, par leurs propres efforts, d'une situation inférieure et servile à la possession de la liberté, on reconnaît toujours que ce mouvement a été précédé et préparé par l'enseignement moral. Telle est l'histoire de la plèbe dans les premiers temps de la républi-

que romaine; telle est l'histoire du peuple dans nos
sociétés chrétiennes. Par contre, lorsqu'on cherche
comment le despotisme s'établit et se maintient,
comment des populations qui ont été libres, ont
consenti à la servilité, on trouve constamment,
comme préliminaire, l'affaiblissement des sentiments moraux. Ainsi il n'y a pratiquement nul
doute que ce soit la morale qui fasse naître la liberté.
On peut affirmer qu'elle en est la mère. Nous retrouvons donc ici ce principe de l'antériorité du
devoir au droit que nous avons reconnu ailleurs.

123. Le principe de l'antériorité du devoir au
droit fut défendu par l'abbé Grégoire à la Constituante lors de la déclaration des droits en 1789;
mais on passa outre. On n'avait alors qu'une pensée : c'était d'affirmer avant tout ce qui jusqu'à
ce moment avait été le plus méconnu et le plus
nié. La philosophie du temps était d'ailleurs peu
favorable à la thèse de Grégoire. Par suite, on
posa le principe qui devait faire table rase du
passé et on oublia celui de la réédification. La
Constituante de 1848 l'a rétabli au rang qui lui
appartient. (Art. 3 du préambule.)

Dans mille circonstances le principe de l'antériorité du devoir au droit est indispensable.

Par exemple, en face d'un prince tout-puissant,
contre une majorité oppressive, quel recours,
quelle espérance invoquer s'il n'existe, entre le

fort et le faible, l'oppresseur et la victime, une morale commune qui les oblige également, si la victime ne peut réclamer au nom d'un devoir qui soit le même pour tous les hommes !

C'est le devoir qui est le véritable et unique protecteur du droit des minorités tant de fois réclamé et si peu respecté. C'est encore lui et lui seul qui nous rend tolérants.

Ce principe est indispensable dans l'éducation et comme préliminaire de tout enseignement. Il est la loi de toutes les fonctions publiques et de toutes les professions particulières. Il n'y a pas une relation qui lui échappe. Il ôte à l'homme son autocratie ou sa férocité native ; il le rend meilleur ; il lui rappelle incessamment que son droit n'est pas tout, qu'il n'est pas seul au monde ; en un mot ce principe le fait penser aux autres toutes les fois qu'il pense à lui.

Si maintenant nous cherchons quelle en est la valeur au point de vue de la limitation, nous trouverons qu'en beaucoup de cas il aboutit à la même conclusion que la formule exposée au chapitre de la liberté : « Le droit s'arrête là où commence le droit d'un autre. » Seulement il la rend plus précise, et dans beaucoup de cas où cette formule ne dit rien ou ne semble rien dire, il affirme et résout la difficulté. Citons quelques exemples.

Je suppose qu'il s'agisse de trouver la limite du

droit de l'État, lorsqu'il agit comme représentant de la société. La limite n'est pas certainement
la même que celle des actions et des intérêts individuels, puisque le droit de l'État est surtout de
commander et de contraindre. Sans doute, il est
soumis à la loi qui règle les relations entre particuliers lorsqu'il agit lui-même comme particulier
pour des choses du droit commun, comme ache-
teur ou comme vendeur par exemple; mais lorsqu'il agit comme pouvoir politique, avec l'autorité
et les sanctions dont il dispose, quelle autre
limite y a-t-il à son droit que celle du devoir? Il y
a, dira-t-on, celle que lui imposent la constitution,
les lois, les droits reconnus des citoyens! Sans
doute, mais ne peut-on tourner ces obstacles, les
dédaigner et même les violer en vertu de la grande
raison du salut public? Cela s'est fait des milliers
de fois! Voyez ce qui se passe en ce moment
même dans les États-Unis du Nord, le pays par
excellence du droit individuel et de la moindre
puissance de l'État. En toutes circonstances, de la
part du gouvernement comme de la part des individus, le devoir est la garantie suprême et fondamentale.

Autres exemples. Je suppose qu'un homme, en
temps de disette, se trouve en possession de toute
la masse des blés nécessaire à l'alimentation d'une
population, et qu'il mette sa marchandise à un

prix excessif, inaccessible à un grand nombre. Cet homme usera de son droit. Les économistes, tout en blâmant sa dureté de cœur, reconnaîtront que sa conduite est légitime et parfaitement conforme aux règles du laisser-faire, laisser-passer. Je suppose encore un autre cas pareil, celui d'un entrepreneur d'industrie qui, dans une crise, se trouve seul, parmi ses confrères, capable de continuer le travail, et qui, voyant sur la place une masse d'ouvriers inoccupés, profite de la circonstance pour baisser les salaires jusqu'à l'insuffisance. Cet entrepreneur sera encore dans son droit et les économistes n'auront rien à dire. Mais, dans ces deux cas, il y a une limite au droit, une limite positive, c'est le devoir qui dit au marchand et à l'entrepreneur: « Ne fais pas à autrui ce que tu ne voudrais pas qu'on te fît, » et qui impose à la société l'obligation de protéger la vie de ses membres.

Autre exemple. Un homme s'interpose entre un insulteur et sa victime, entre un brutal qui abuse de sa force et celui qui en souffre, on lui demande pourquoi il se mêle de ce qui ne le regarde pas et de quel droit? On ne peut pas, en pareilles circonstances, invoquer les droits de l'homme, pas même celui de défense personnelle, puisqu'on n'est ni attaqué, ni menacé, et cependant on sent qu'on fait bien d'intervenir. C'est qu'alors on

agit au nom du devoir. C'est le devoir qui justifie
et commande même le droit d'intervention, aussi
bien entre les nations qu'entre les individus.

124. Il est une catégorie de devoirs dont je ne
dois pas omettre de parler. Il s'agit des devoirs
de l'homme envers lui-même qui sont compris
dans la morale, mais que la plupart des théoriciens politiques passent sous silence, quoique cependant on en tienne compte dans la pratique.
L'*esto vir* de saint Paul est un précepte dont la
valeur est surtout sociale. Le respect de soi-
même, la conservation de sa dignité, l'indépendance, le désintéressement, la fermeté dans
les opinions, la solidité d'un caractère toujours égal devant les pressions de l'opinion
et même devant l'oubli, la fierté du devoir
accompli, et enfin le perfectionnement de soi-
même par la culture intellectuelle et morale, sont
des vertus et parmi les premières des vertus de
l'homme et du citoyen. Ce sont aussi des devoirs
qui engendrent des droits. L'État n'a le droit de
rien demander ni de rien imposer qui y soit contraire. Demander à un homme d'abandonner sa
dignité, son opinion, son indépendance, son désintéressement, ou, en d'autres termes, d'accepter
n'importe quoi, de se soumettre à tout, de mentir
à ses convictions, car, quoi qu'il fasse, il en a; lui
demander de se vendre, d'être traître à l'occasion,

c'est attenter à l'individu, c'est le corrompre, et, plus
encore, c'est attenter à la société elle-même. En
effet, par là, on la détruirait dans sa base, qui est
la moralité humaine et la confiance que les citoyens s'inspirent les uns aux autres. L'État,
par de tels procédés, travaillerait à la ruine de
ses propres forces. Mais demander à l'homme
de changer d'opinion, c'est pire encore s'il est
possible ! C'est le supposer sans conviction, sans
volonté, tout ce qu'il ne doit pas être, c'est-à-dire
un misérable avec une âme esclave. Je n'admets
qu'on change d'opinion qu'à la manière dont on
s'instruit, en perfectionnant sa raison et sa pensée
par l'accroissement du savoir, ou, en d'autres
termes, d'une manière complétement désintéressée
et par pure démonstration intellectuelle. Il n'y a
rien que d'honorable dans une pareille transformation ; mais je dis plus : c'est presque un devoir
pour un citoyen, c'est au moins un devoir de
conscience, lorsqu'il s'est posé dans une opinion
que d'ailleurs rien ne démontre mauvaise ni moralement condamnable, c'est, dis-je, presque un
devoir, et à coup sûr un service public, d'y persister contre les courants contraires, afin que le
jour où la société en aura besoin, elle sache où la
trouver.

L'État doit à l'homme et au citoyen le même
respect que ceux-ci se doivent à eux-mêmes. Il a

l'obligation stricte de ne rien demander, de ne rien exiger qui abaisse la dignité de l'individu. Le droit qui émane de ce devoir s'appelle l'honneur. Il a été souvent gênant pour le pouvoir. Ne pouvant le dompter, on l'a perverti en lui opposant d'autres passions. Il a fallu plusieurs siècles pour opérer cette transformation : l'œuvre n'a été à peu près achevée que sous Louis XIV. Mais enfin on est parvenu à substituer à la réalité des exigences morales une combinaison de préjugés, d'usages, de vanités quelquefois puériles, en un mot on a réussi à le satisfaire avec des apparences. Au lieu de l'honneur véritable, on a eu alors l'apparence de l'honneur. C'est de cet honneur-là que parle Montesquieu lorsqu'il en fait le principe du gouvernement monarchique.

125. Les conclusions qui vont suivre et par lesquelles je terminerai ce chapitre sont la conséquence de ce qui a été dit dans les paragraphes précédents. Le lien avec ce qui précède étant évident, je me bornerai à quelques affirmations générales sans commentaires. Je n'ai pas besoin de dire que je me propose d'exposer seulement ce qui doit être et non ce qui est.

Les devoirs de l'État émanent uniquement du but commun d'activité. Ces devoirs sont l'origine de ses droits ; ils en sont en même temps la limite. Hors de là, il ne possède rien de plus que les individus. En fait de devoirs et de droits, il est simplement l'égal du premier venu d'entre eux.

Les devoirs des individus sont de deux espèces : les uns émanent de la participation de chacun aux obligations sociales ou au but commun d'activité ; les autres, purement moraux, sont relatifs à nos semblables et à nous-mêmes. De là deux espèces de droits : les droits civiques ou politiques et ceux qu'on appelle justement les droits de l'homme. Un étranger, à cet égard, diffère du citoyen seulement en ce qu'il ne possède pas les droits civiques.

Il n'est pas nécessaire d'en dire davantage sur les droits de l'homme. Tout commentaire serait inutile. Ils ont été inscrits dans toutes nos constitutions ; ils ont été affirmés de toutes les manières ; s'ils ne sont pas universellement reconnus, ce n'est pas faute de démonstrations et de réclamations. Il n'en est pas de même des droits politiques. Ils ne sont pas tous également et suffisamment justifiés.

Comme membre de la société, chaque individu participe au devoir de l'État, au but d'activité commun, à la protection que la société doit à ses membres. Il participe en effet à la responsabilité générale. Si le devoir de l'État est faussé ou négligé, c'est l'individu qui en souffre ; si l'existence sociale est compromise, c'est encore lui qui perd tous les biens qu'elle lui assurait ; si enfin, en créant la vie politique comme une des premières obligations de l'homme, Dieu y a attaché une sanction rémunératoire, c'est encore l'individu qui porte cette responsabilité. De là pour lui le droit de participation à l'œuvre sociale, non pas d'une manière passive, non pas en simple commanditaire, non pas en simple dévouement d'obéissance, mais par son intervention active dans les affaires publiques. En un mot, son devoir de citoyen affirme son droit d'influence dans la chose politique.

CHAPITRE IX.

126. Dans le chapitre précédent, j'ai établi
quelles étaient les relations du devoir et du droit;
j'ai indiqué de plus quelles étaient les conséquences générales de ces relations. Il serait superflu de rien ajouter en ce qui concerne l'individu; mais, quant à la société elle-même, il reste
à montrer la hiérarchie logique ou la loi de génération des devoirs et des droits qu'elle est
appelée ou plutôt obligée à établir, à déléguer
ou à imposer du moment où elle forme un État
constitué. Ce sujet touche de très-près la question
gouvernementale et surtout la question administrative : il n'est cependant ni l'une ni l'autre et sa

véritable place est en ce lieu. Je n'ai pas besoin d'ailleurs de dire qu'ici, comme toujours, je considère la société politique, à la manière des juristes, c'est-à-dire comme une personne morale. J'éviterai de me servir du mot État, quoiqu'il soit excellent pour exprimer cette sorte de personnalité arbitraire attribuée à un être collectif. Il y a en effet telle constitution de l'État qui ne représente que très-imparfaitement la société, ainsi que nous le verrons dans le livre suivant, et il s'agit ici d'obligations et de pouvoirs qui, en principe, concernent tous les individus associés. Il est donc nécessaire d'être très-précis dans les termes.

La société a incontestablement le devoir et simultanément le droit de se conserver. De là les diverses constantes sociales que nous avons examinées et celles que nous examinerons par la suite. Demander pourquoi la société a ce devoir et ce droit, c'est demander pourquoi elle existe ; les nier, c'est lui refuser l'existence.

Mais elle n'a pas seulement à se conserver, c'est-à-dire à maintenir ce qu'elle possède et à le préserver contre toute entreprise soit de l'intérieur soit de l'extérieur, elle a aussi le devoir et simultanément le droit de poursuivre son but d'activité. Autrement pourquoi un but ; pourquoi cette condition première d'existence ?

De cette double raison émanent, par voie de déduction logique, toute la série des devoirs et des droits politiques; et d'abord, comme conséquence primordiale, ce qu'on a appelé la souveraineté, c'est-à-dire le droit législatif, le droit de commandement et le droit de coaction qui ne sont, au fond, qu'un même droit sous trois formes différentes. Viennent ensuite comme conséquences secondaires ou subordonnées les séries des devoirs et des droits répondant aux diverses fonctions ou institutions sociales, telles que l'éducation, la justice, l'armée, l'administration. Chaque constante constituée donne lieu à une série de ce genre. Les droits attribués à ces institutions sont analogues aux droits de législation, de commandement et de coaction que possède la société elle-même, mais d'un moindre degré, dans les conditions et avec la limite du devoir imposé à chaque fonction par la législation générale. Chacune de ces séries secondaires est décroissante en ce sens qu'à mesure qu'on s'éloigne du point de départ primordial, les obligations et les pouvoirs deviennent moins étendus. Cependant chaque terme domine toujours le terme qui le suit, en vertu même du droit social qui est toujours présent partout. La société, sous ce rapport, se présente, comme un ensemble hiérarchique de fonctions, d'obligations et de pouvoirs correspondants.

Ce tableau n'est point une pure création de

l'esprit; il n'est point imaginaire. C'est celui que devrait présenter une société parfaite ou autrement dit complétement achevée. Il ne paraît pas qu'il en ait encore existé de semblable; mais partout où un service public est complétement organisé on trouve une vérification de ce système de génération hiérarchique qui vient d'être exposé. On le trouve constamment indiqué dans les constantes supérieures. Quant aux constantes subordonnées ou aux séries secondaires de devoirs et de droits, plusieurs peuvent manquer en tout ou en partie, soit parce que la nature du gouvernement le veut ainsi, soit parce que le principe social ne les comprend pas; mais, lorsque la constante existe comme institution sociale, on y trouve toujours le rapport de génération indiqué et les exigences logiques qui en sont les conséquences. Ainsi il est des pays, tels que la France, la Prusse, où le devoir militaire est imposé à tout le monde, mais ne donne pas les droits correspondants, le droit des armes et le droit plus important d'intervenir dans les questions de paix et de guerre. Soyez certain que tôt ou tard il donnera même ce dernier droit; déjà on le réclame. Ce ne serait pas d'ailleurs un droit nouveau; il existait à Athènes, il a existé en France, il existe aux États-Unis d'Amérique. A Athènes, c'était le peuple qui intervenait directement; aux États-Unis, ainsi que cela fut chez nous, il intervient par ses représentants.

Lorsqu'une constante n'est pas comprise parmi les institutions sociales, il est tout simple qu'il n'y ait en ce qui la concerne ni législation, ni règlement, ni hiérarchie; ainsi est-il de l'éducation aux États-Unis; mais il y a des institutions qui ne manquent nulle part, qui sont, sous une forme ou une autre, complètes partout, telles que l'institution judiciaire, l'armée, l'administration. Là on trouvera à peu près toujours les rapports du devoir au droit tels que le but social les engendre. Il n'y a pas de logicien plus rigoureux que l'espèce humaine prise en masse ; il n'y en a pas qui sache mieux tirer d'un principe tout ce qu'il contient. Il serait étrange, en effet, que les hommes n'eussent pas ensemble une puissance rationnelle égale à celle de l'un d'entre eux. Les masses n'inventent pas, mais elles concluent parfaitement.

Je ne me dissimule pas que la déduction précédente est un peu abstraite et peut-être obscure. Je la laisse cependant telle qu'elle est. Il faudrait beaucoup d'espace pour la développer, et rien ne serait plus aride, outre l'inconvénient des répétitions, puisque chaque constante est l'objet d'un chapitre particulier. Je me fie à la bienveillante attention du lecteur.

D'ailleurs il n'est pas difficile de voir que les

trois droits primordiaux de législation, de commandement et de coaction, ne sont, sous trois formes différentes, que le même droit ayant pour origine le devoir de conservation et de progression. Il est également facile de voir que tous trois s'engendrent, l'un de l'autre, dans l'ordre même où ils sont nommés et qu'enfin ils s'enchaînent si nécessairement que l'un suppose l'autre et que l'un ne signifie rien sans l'autre. Les mêmes rapports se manifestent dans les services secondaires, quelle que soit la constante que l'on examine. Seulement le droit de légiférer n'est plus que celui de réglementer ; le commandement et la coaction diminuent d'une manière proportionnelle. Ils ont aussi, sous trois formes différentes, le même droit émanant du devoir propre à la fonction.

Outre que les droits politiques primordiaux surpassent les droits secondaires en étendue et en puissance, il y a entre eux cette autre différence déjà indiquée dans le chapitre précédent, mais qu'on ne saurait trop rappeler, savoir, que les premiers appartiennent à toute la société, qu'ils ne peuvent jamais être délégués complétement et pour toujours, que tous les citoyens doivent y conserver leur active participation, une participation aussi active que celle qu'ils ont au devoir ou, comme le disait Jeanne d'Arc, à la peine ; tandis que les droits secondaires ne concernant qu'une

25

fonction spéciale peuvent être à peu près complétement délégués. Cette question au reste sera reprise à sa place, soit dans le chapitre de l'administration, soit dans le livre suivant consacré à l'organisation gouvernementale.

127. Nous n'avons étudié jusqu'à ce moment le droit social ou politique qu'au point de vue de l'organisation intérieure. Il reste maintenant à chercher quel il est au point de vue des relations extérieures ou internationales.

La société n'a-t-elle vis-à-vis des nations étrangères que le devoir ou le droit de se défendre? Incontestablement ils lui appartiennent : se défendre contre l'attaque est rigoureusement la même chose que se conserver ; mais, par le fait d'une prévoyance dont on est obligé d'admettre la légitimité, ce droit acquiert une grande extension. Ainsi dans la crainte d'une attaque, prendre l'offensive, ainsi contre le même danger, prendre des garanties, c'est toujours se défendre. Mais il y a plusieurs espèces de garanties exigibles. La coutume des tribus gauloises et germaines était de former un désert autour d'elles. Les Romains désarmaient leurs adversaires. L'usage des Athéniens et des Spartiates était de leur imposer une certaine forme de gouvernement, les Athéniens la forme démocratique, les Spartiates la forme aristocratique. Dans les temps modernes, selon les

circonstances, nous imitons les Gaulois, les Athéniens ou les Spartiates. Comme les premiers, nous
nous efforçons, non pas de nous entourer d'un
désert pour nous séparer de nos voisins les plus
redoutables, maisd'un groupe de petits États dont
la sécurité repose en partie sur notre propre conservation; et comme les seconds, nous fondons
en outre notre garantie sur la forme du gouvernement. En 1814, les diplomates les plus habiles
de l'Europe réunie tout entière contre l'Empire,
pour se garantir contre les entreprises imprévues
d'un pouvoir purement personnel placé à la tête
d'une puissance aussi formidable que celle de la
France, ne trouvèrent rien de mieux que le gouvernement parlementaire, c'est-à-dire l'intervention de la nation dans ses propres affaires. Elles
l'imposèrent aux Bourbons. Trente ans et plus
d'expérience ont prouvé qu'ils avaient bien jugé.

Le droit de défense a une limite, qui n'est point
le droit de la force. On a essayé à diverses reprises
de fonder la paix sur l'équilibre des forces. On l'a
essayé en Italie dans le quinzième et le seizième
siècle; on l'a essayé dans le reste de l'Europe; mais
toujours vainement. Cet équilibre, qui est encore
le rêve des diplomates, un rien le compromet, un
rien l'anéantit. Un changement dans le courant
de l'opinon publique, un caprice royal, une ambition, une loi nouvelle, une modification dans

l'état militaire, un simple progrès industriel, un
accroissement de population, en un mot une multitude d'événements très-naturels mais cependant
imprévus, le mettent en péril ou le détruisent.
L'expérience à cet égard est faite; elle a démontré
que le système était insuffisant. Quelle est donc la
limite? Il n'y en a qu'une seule et celle-là a le mérite d'être invariable. C'est ce que j'appelle la morale ; c'est ce que les philosophes anciens et ceux
qui en sont les continuateurs chez nous appellent la justice.

128. Le droit de défense mis de côté, une société politique peut-elle exercer, vis-à-vis des nations étrangères, le triple droit de réglementa-
tion, de commandement et de coaction qu'elle
possède dans son sein? Évidemment elle le peut
par l'intimidation, par la supériorité des forces.
Il y a, dans l'histoire, des exemples multipliés de
pareilles usurpations. Il n'y a pas d'autre limite à
ce droit excessif que le devoir, c'est-à-dire la morale.

129. Il est impossible de ne pas reconnaître
que le rapport d'un État avec les États étrangers
sera celui que lui imposera son but d'activité. Il
n'y a pas de raisonnement, pas de réglement, pas
d'autorité, sauf celle d'une force supérieure, qui
puisse arrêter une action qu'un grand peuple considère comme un devoir ou qu'il poursuit avec

passion. Dans la période de civilisation antérieure
à la nôtre, chez les Grecs et les Romains, la domination par la force était un principe admis.
Il en résulta du mal et du bien; mais on ne peut
disconvenir que la conquête de l'Asie par les Grecs
et ensuite la formation de l'immense empire des
Romains n'aient été un bien pour l'humanité et
une préparation à la civilisation qui devait venir
après, c'est-à-dire à la nôtre.

130. Il y a, entre les nations comme entre
les individus, un droit de réciprocité qui est en
même temps un devoir. C'est proprement dit ce
qu'on appelle le droit des gens. Mais il faut voir
quelle en est l'origine et la base.

L'origine de cette réciprocité, qui est la plus
puissante des garanties pour la paix des nations,
a toujours été une certaine similitude entre les
principes sur lesquels était fondé le régime intérieur de ces nations ou, pour préciser, entre les
croyances d'où chacune d'elles avait tiré son but
d'activité spécial. Ainsi, lorsque, quelque part
dans l'histoire, un même droit des gens est accepté
par un certain nombre de peuples et régit leurs
relations, on trouve toujours chez eux la même
morale, c'est-à-dire les mêmes principes des devoirs et des droits, souvent un même système
d'organisation sociale, constamment enfin un
degré peu différent de civilisation.

Les Grecs, entre eux, reconnaissaient un droit des gens; mais ils n'y admettaient pas les barbares. Ils n'eurent jamais avec les Perses de paix réelle. Tant que les Romains ne sortirent pas d'Italie, c'est-à-dire d'un milieu où régnaient les mêmes mœurs et les mêmes croyances religieuses, ils eurent recours, avant la guerre, à leur collège de Féciaux; mais, lorsqu'ils passèrent en Asie, en Afrique, en Espagne, en Gaule, on ne les voit plus recourir à ces cérémonies préliminaires dont le but paraît avoir été de dénoncer la guerre avant de la faire. Je ferai remarquer ici qu'on ne peut considérer comme une preuve de l'existence d'un droit des gens entre des peuples, ni un traité de commerce, ni une alliance temporaire dans le but spécial d'une certaine attaque ou d'une certaine défense, par exemple le traité de commerce des Romains avec les Carthaginois ou les alliances conclues entre les Perses et les Spartiates. Nos traités avec le Zanguebar. la Chine ou le Dahomey ne prouvent point que le Zanguebar, la Chine ou le Dahomey règlent leurs relations avec les peuples étrangers en vertu des principes qu'on admet en Europe. D'ailleurs, en règle générale, les traités de commerce sont motivés surtout par des intérêts individuels. Les alliances temporaires ne prouvent pas davantage. Ainsi, il ne résulte pas de l'alliance de François Ier avec le Grand

Turc qu'ils acceptassent le même droit international.

131. Le droit des gens modernes, reconnu par l'Europe, est évidemment sorti du christianisme, comme notre civilisation. L'histoire en est la preuve irrécusable. A mesure que le sentiment moral chrétien s'est fait jour, la guerre elle-même a changé d'aspect. Les violences et les férocités, qui en étaient comme les conséquences obligées, ont cessé. Ce n'est plus aujourd'hui qu'un duel réglé entre des armées où l'on respecte autant que possible les existences et les propriétés particulières qui n'y sont point engagées. Il n'y a pas trois siècles que le pillage et le sac des villes étaient encore un droit de guerre. La barbarie qui s'est conservée dans la guerre maritime ne tardera pas à perdre ce dernier refuge.

L'Europe, sous le rapport du droit des gens, forme déjà une grande communauté et comme une sorte de fédération. Cet état nous autorise à prévoir que le jour est prochain où les débats entre les peuples se décideront à l'amiable par un simple arbitrage ou par un tribunal européen. Notre droit des gens est si strictement d'origine chrétienne qu'il y a moins de deux siècles, les Européens, tout en contractant des alliances temporaires et des arrangements de commerce avec les peuples d'une autre religion, avec les mahomé-

tans par exemple, ne se considéraient jamais
comme réellement en paix avec eux et donnaient
à ces traités le nom et le caractère de trêves. Aujourd'hui, la Turquie cherche à entrer dans le droit
européen; mais elle le cherche seulement; elle n'y
est pas et il est à remarquer que par ces tentatives
elle renonce, par le fait, au Coran qui lui enseigne qu'elle n'est pas tenue de respecter les
traités contractés avec les infidèles. Bien différent est le principe chrétien qui nous ordonne
de faire à autrui ce que nous voudrions qu'on
nous fît.

C'est ce droit des gens, né de la morale, que les
juristes appellent droit naturel.

132. Le droit positif est autre chose. Il est fondé
sur les conventions, sur les traités et en partie sur
la coutume. Les traités de Westphalie ont longtemps gouverné l'Europe. Les traités de 1815 sont
supposés la gouverner aujourd'hui. Mais il semble
qu'ils ne doivent pas tarder à disparaître devant
le nouveau droit, né de la Révolution française,
qui retire la souveraineté aux monarques et l'attribue aux peuples. Le réveil général des nationalités annonce que ce droit nouveau a pénétré dans
la conscience des peuples.

L'autorité d'une convention ou d'un traité à
l'égard d'une nation est, au point de vue de la
morale, la même que celle d'un contrat à l'égard

d'un individu. Elle engage sa liberté d'action jusqu'au degré où il a le droit de disposer de lui-même, mais nullement au delà. Ainsi, une convention par laquelle un État abdiquerait son autonomie ou sa nationalité serait aussi nulle qu'un contrat par lequel un homme renoncerait à sa liberté.

De même un traité par lequel une société mettrait en péril sa conservation, son avenir, ou, pour tout dire en un mot, son but d'activité, un tel traité serait nul, un pareil engagement, fût-il ratifié par le peuple tout entier, ne pourrait être obligatoire. Il n'est pas moralement admissible que l'on puisse par un contrat demander ni accepter la non-existence. Rationnellement, ce serait absurde. En effet, un contrat en principe n'est pas autre chose que l'engagement de persister dans une certaine volonté. Or, une société qui consentirait à s'anéantir s'engagerait par le fait à ne plus vouloir, à ne plus exister comme société. Si elle continuait à observer le contrat, ce serait prouver qu'elle existe toujours, ce serait aller contre le contrat. Il n'y a qu'un seul moyen de détruire une société politique, c'est d'inspirer à ses membres d'autres croyances, une autre religion, une autre morale qui leur fassent abandonner leurs anciennes traditions et leurs vieilles coutumes, en leur donnant d'autres espérances et d'autres intérêts. Il y a un pire moyen, c'est de les démoraliser, c'est de les rendre incrédules à toutes les croyances, c'est de les matérialiser, c'est de leur inspirer l'amour des choses honteuses et basses, c'est de les convertir au pur égoïsme. Mais quelque parti que l'on adopte, il faut toujours attaquer une société qu'on veut détruire en la prenant homme par homme, génération par génération. Encore le succès est-il douteux et le réveil toujours à craindre!

La garantie des conventions et des traités est d'abord dans leur conformité avec la loi morale ou la justice. Lorsque le *suum cuique* est assuré à chacun, il n'y a intérêt pour personne à compromettre ce qu'on possède en vue d'une acquisition douteuse. Est-on vainqueur, le meilleur moyen d'assurer la paix est de n'imposer à l'ennemi vaincu que des conditions acceptables et que son intérêt lui conseille de garder. A plus forte raison, dans un débat pacifique, faut-il chercher à faire de son propre intérêt ou de son propre motif un intérêt pour la partie adverse. Mais quoi qu'il arrive, du moment où le traité est accepté, du moment où il n'est contraire ni à la justice, ni au but d'activité, c'est un devoir de l'observer et c'est aussi le plus grand intérêt. La loyauté dans ce cas est ce qu'il y a de mieux comme calcul d'utilité. La fidélité aux engagements est aussi nécessaire, aussi profitable aux nations qu'aux individus. Un peuple qui ne tiendrait pas ses engagements, lorsque nulle loi ne les condamne, ce peuple deviendrait suspect aux yeux de tous; il sèmerait l'insécurité autour de lui et se condamnerait à l'isolement. Il deviendrait un danger pour ses voisins et ne serait réellement en paix avec aucun d'eux. Il se formerait enfin contre lui une coalition qui tôt ou tard punirait son manque de foi.

133. Le droit des gens constitue une science qui est représentée aujourd'hui par la diplomatie. En Angleterre, il y a un collége de jurisconsultes que le gouvernement consulte dans les questions difficiles. Il serait à désirer qu'un collége semblable fût établi dans tous les États; et de plus afin que leurs décisions fussent à l'abri de toute suspicion, qu'ils se réunissent, soit par députés, soit en corps, pour prononcer ensemble sur le juste et l'injuste. Ce serait un premier pas pour arriver à l'établissement de ce tribunal européen dont je parlais précédemment [1]. Sans doute les décisions d'une réunion de ce genre ne seraient point obligatoires; mais elles exerceraient une puissante influence sur l'opinion publique et l'on sait de

---

1. J'ai indiqué les conditions morales sur lesquelles pourrait être fondé un tribunal de ce genre dans un article sur la fédération européenne. *Européen*, 1re série, 1831.

quel poids pèse aujourd'hui l'opinion même sur les pouvoirs qui ont la prétention de lui résister davantage.

Dans la période du moyen âge, il y eut un pouvoir qui était appelé à jouer ce rôle pacificateur et précisément par une action sur l'opinion : ce fut le pouvoir religieux. L'Église l'a rempli souvent et très-utilement pendant une suite de siècles ; mais enfin elle en abusa elle-même ; son autorité morale fut d'abord seulement compromise ; mais l'abus continuant et croissant, cette autorité fut attaquée et complétement anéantie dans la partie de l'Europe qui adopta la réforme protestante. Pendant plus d'un siècle il n'y eut plus de droit public entre les peuples. La seule loi fut celle de la force. Enfin la fatigue d'une guerre sans cesse renaissante, qui avait épuisé tout le monde, amena les traités de Westphalie. Ces traités établirent un nouveau droit public, fondé d'une part sur l'équilibre des forces, et de l'autre, sauf quelques anomalies, sur l'hérédité dynastique. Ce droit gouverna l'Europe jusqu'à la Révolution française. La doctrine de la souveraineté du peuple, apportée par celle-ci, non seulement était négative de ce droit, dans les points les plus importants, mais elle mit en péril tout ce qu'il avait fondé. Les traités de 1815 doivent être considérés en principe comme une restauration des traités de Westphalie. Mais la doctrine de la souveraineté du peuple est encore debout ; loin de s'éteindre, elle grandit, elle gagne incessamment du terrain ; elle deviendra inévitablement la base du droit public de l'avenir.

CHAPITRE X.

134. En France et dans quelques pays de l'Europe, nous comprenons aujourd'hui l'égalité comme une loi morale, comme un droit de justice envers tous les hommes en leur seule qualité d'hommes, enfin comme un droit qui nous est commun à tous. Les anciens n'avaient ni l'idée, ni le sentiment d'une parité à ce point généralisée. Je ne suis pas sûr que tous eussent le mot, mais ceux qui l'avaient ne le comprenaient que dans un sens restreint. Ce ne fut que dans les derniers temps de la civilisation grecque et romaine que l'on vit apparaître le principe, sous le nom de justice, chez les philosophes de l'école de Socrate. Encore ceux-ci ne paraissent-ils comprendre que l'égalité

restreinte et l'égalité matérielle. Ainsi, dans leurs
utopies, ils excluent toujours une partie de la population du droit de cité; Platon le refuse aux
laboureurs, aux artisans et aux marchands. Ainsi
ils admirent les institutions de Lycurgue dont une
des principales était l'égale répartition des biens
territoriaux; Platon voulait plus encore; il proposait la communauté des biens. Enfin Aristote
enseignait que, dans une république ou une démocratie, on ne pouvait compter ni sur la sécurité
intérieure, ni sur la durée du gouvernement, si
les fortunes n'étaient pas égales ou uniformement
médiocres. C'est ainsi que, dans l'antiquité, les
philosophes même les plus avancés, comprenaient l'égalité. Nous nous en faisons une autre
idée aujourd'hui.

Chez les peuples soumis au régime des castes,
dans les Indes et en Égypte, on ne pouvait raison-
nablement tenir pour ses semblables que les hommes nés dans la même caste que soi. Chez les
Athéniens, le peuple le plus libéral de la Grèce,
les citoyens étaient égaux devant la loi, mais ils
n'admettaient, comme leurs pairs, ni les citoyens
des cités voisines, ni les métèques, c'est-à-dire les
hommes libres nés parmi eux, mais dont les ancêtres étaient étrangers et qu'ils persistaient à
considérer comme tels. Ceux-ci étaient obligés
d'avoir un Athénien pour patron ou pour répon-

dant. Ils plaçaient à une plus grande distance les hommes qui n'étaient pas nés en Grèce et qu'ils appelaient les barbares. Leur conduite envers les prisonniers, dans la guerre, donne la mesure de l'opinion qu'ils avaient à l'égard des uns et des autres. Lorsque la victoire leur livrait des barbares ou que la prise d'une ville et d'un territoire mettait à leur discretion les métèques qui l'habitaient, ils vendaient les uns et les autres comme esclaves. Ils n'infligeaient qu'exceptionnellement cette humiliation aux Grecs. Ils les mettaient à mort ou les gardaient à titre d'otages. Quant aux femmes et aux enfants d'origine grecque qui leur tombaient entre les mains, on les traitait habituellement plus mal que les hommes, on les vendait. Je ne parle ni des Ilotes, ni des esclaves dont on s'emparait comme des choses. Tels étaient les usages à une époque des plus brillantes de la Grèce, lorsque Thucydide écrivait son histoire.

A Rome, les patriciens et les plébéiens formaient deux classes qui restèrent longtemps séparées. Les mots *senatus populusque romanus* étaient les signes d'une inégalité réelle. L'histoire des révolutions intérieures de la cité romaine est celle des efforts successifs des plébéiens pour conquérir l'égalité des droits. Les sentiments des Romains à l'égard des peuples étrangers n'étaient ni meilleurs ni plus humains que ceux des Grecs.

Nos ancêtres, dit Cicéron, n'avaient qu'un nom pour désigner un étranger et un ennemi. C'était le mot *hostis* [1].

135. Il y a un sentiment qui n'est pas celui de l'égalité, qui en est l'altération ou plutôt le précurseur, mais dont les effets sont, à certains égards, analogues à ceux que produirait l'idée d'égalité; je l'appellerai le *désir d'avancement*. Il se caractérise par ceci qu'il a toujours un but personnel. Lors même qu'il s'empare d'une classe entière de la société, il la saisit par le côté personnel. Ainsi, dans l'antiquité, lorsque des esclaves se révoltaient, ce n'était point pour fonder une liberté universelle, mais pour devenir maîtres à leur tour et avoir eux-mêmes des esclaves. Ainsi quand les plébéiens, à Rome, conspiraient ou se révoltaient pour acquérir quelqu'un des droits que s'étaient réservés les patriciens, ce n'était pas pour les partager, par exemple, avec les alliés du Latium, mais pour en user comme d'un privilége, soit vis-à-vis de ceux-ci, soit contre les patriciens eux-mêmes. Cette tendance ambitieuse et jalouse, mais légitime dans ses conséquences, paraît avoir été universelle dans l'antiquité et partout avec le

1. *Hostis apud majores nostros is dicebatur, quem nunc peregrinum dicimus.* Cicéron, *De Officiis*, ch. xii, 32; et plus bas, il cite cet article de la loi des Douze Tables : *Adversus hostem æterna auctoritas.*

même caractère. Dans les Indes même, où chacun
était si rigoureusement enfermé dans sa caste, il
arriva à diverses reprises que des castes entières
et des plus inférieures, animées par le désir d'a-
vancement, se révoltèrent et établirent leur domination en donnant des maîtres au pays; mais
chaque fois elles se bornèrent à acquérir le pouvoir pour leur propre avantage et ne firent rien
pour la destruction générale du système social lui-
même. Ces révolutions ont si peu altéré le régime
des castes qu'il dure encore. Il n'y a eu qu'une
seule réforme radicale tentée dans ces contrées :
c'est celle de Bouddha; mais celle-là est relativement très-moderne [1].

On ne connaît point de sentiment qui paraisse
plus naturel que le désir d'avancement. Cependant
il n'est pas certain qu'il ait existé, à un degré égal
ou sous une forme pareille, dans les civilisations
antérieures à celles dont nous nous occupons.
Plusieurs observateurs ont remarqué qu'il n'existe
pas chez certains peuples que nous appelons sauvages. Il semble qu'il devrait se manifester d'a-
bord par des tentatives d'imitation; mais ces
peuples ne nous imitent en rien. Depuis trois
siècles que les nations de l'Amérique du Nord et

---

1. Voyez *Européen* de 1836 : *les Sources du protestantisme
indou*, par L. Cerise, et les articles *Bouddhisme*, par Bazin.

du Sud sont en contact avec la civilisation européenne, elles ne lui ont rien emprunté que des
armes. Il n'y a que les peuples convertis au christianisme dans l'Amérique espagnole, qui aient
témoigné le désir de l'avancement et des tendances à l'imitation, les Mexicains, les Péruviens,
les Guaranis qui ont appartenu aux anciennes réductions des Jésuites. Faudrait-il donc admettre
que primitivement cette ambition ne s'est pas développée spontanément, mais qu'elle a eu besoin
d'être excitée et en quelque sorte enseignée ?

Il est certain qu'aux Indes et en Égypte le désir
d'avancement était en rapport avec l'enseignement
religieux. On y apprenait que la place de chacun
dans ce monde était la récompense ou la punition
d'une vie antérieure et qu'il dépendait aussi de la
volonté de chacun de s'élever par l'expiation
d'une situation inférieure et misérable, à un état
de supériorité et de béatitude dans une vie future.
Nous savons que, chez les Indous, cette doctrine,
interprétée dans le sens matériel, devint l'argument de révolutions politiques. Lorsqu'une caste,
par son courage et son audace, avait rompu la
hiérarchie et conquis la domination, on croyait le
précepte accompli. Toujours une légende religieuse venait justifier la révolte. Ce serait une
erreur de prendre toute l'histoire des Avataras
de Vichnou pour une œuvre purement mystique.

Elle est un reflet de l'histoire réelle, une explication théologique par laquelle on attribue une origine orthodoxe à des événements qui paraissent contraires à la foi.

Nous connaissons moins l'histoire de l'Égypte ancienne que celle des Indes. Elle est en quelque sorte plus loin de nous. Nous possédons, il est vrai, d'une manière à peu près complète, la série de ses dynasties. Il suffit de la parcourir pour y trouver la preuve de plusieurs grandes révolutions; mais nous ignorons quelles en furent les causes et les caractères. Il y a cependant deux faits qui ont quelques rapports avec ceux dont je viens de parler; c'est la longue domination des Hycsos; c'est la révolte des Hébreux. Il est à supposer que, si l'on vient à lire les papyrus, on trouvera que ce ne sont pas les seuls du même genre. Les émigrants qui transportèrent en Grèce la civilisation, Cécrops, Cadmus et peut-être Inachus, étaient probablement des révoltés.

La civilisation grecque et romaine fut la dernière expression des civilisations de l'Égypte et de l'Inde. Il est à croire qu'il y restait quelque chose du fond religieux et des tendances primitives. On pourrait citer un grand nombre de passages d'auteurs anciens qui prouvent que l'analogie entre les doctrines de la Grèce et de l'Égypte était plus grande qu'on ne le pense généralement. Nous ne savons rien des enseignements secrets des temples, ni des mystères des initiations. Nous ne connaissons cette époque que par les écrivains des derniers temps qui ne nous apprennent que peu de choses. Certes celui qui ne consulterait que le théâtre, les philosophes et même les historiens du dix-huitième siècle, ne se douterait guère de l'importance du christianisme dans notre civilisation.

S'il y a quelque vérité dans ce qui précède, il en résulte que ce que nous appelons aujourd'hui le sentiment d'égalité n'a été, au début, qu'un désir d'avancement, et que ce désir d'avancement a été inspiré par l'enseignement, comme l'a été plus tard le sentiment d'égalité qui domine actuellement dans notre pays. Au reste l'esprit de domination est plus naturel à l'homme que l'esprit d'égalité. Dans ses tendances à tout surpasser, il y a un moment où l'homme atteint l'égalité ; mais il ne s'en contente pas. Il veut être le maître. Dans les démocraties il conclut à la démagogie ou à l'aristocratie et partout à la monarchie. Telle est la différence qui existe dans les conséquences entre le désir d'avancement lorsqu'il est satisfait et le véritable esprit d'égalité, ainsi que nous le verrons.

136. On a fondé l'égalité sur la nature ; on a dit que les hommes naissaient égaux. Il n'y a rien

de moins vrai, au moins depuis les temps historiques. Il est possible qu'à une époque primitive,
voisine de la création, cette affirmation fût applicable; mais il n'en est plus ainsi aujourd'hui. Les
hommes naissent semblables en tant que membres
d'une même espèce, en tant qu'ils ont tous une
âme et un corps; mais d'ailleurs ils diffèrent naturellement en plus et en moins, de mille manières,
par les forces physiques, par les facultés sen-
suelles, par les aptitudes, par la capacité intellectuelle, par la mémoire, par le caractère. On en
finirait pas si l'on voulait énumérer toutes les inégalités naturelles que nous apportons en naissant.
Helvétius croyait que toutes les différences entre
les hommes résultaient de la disparité d'instruction. Malheureusement l'expérience prouve
qu'Helvétius se trompait. Il y a des hommes qui
peuvent apprendre tout ce qu'ils veulent, d'autres
très-peu, d'autres enfin certaines choses seulement. Il n'y a pas plus de parité sous ce rapport
que sous celui des forces physiques. Nous avons
les mêmes muscles; mais nous ne les avons pas
également développés. En un mot, autant il y a
de dissemblances entre les figures, autant il y a
de nuances entre les caractères et les dispositions intellectuelles et physiques. Il n'y a qu'une
seule nature qui soit la même chez tous : c'est la
nature spirituelle, c'est l'âme. Quant à son instru-

ment, quant à l'organisme, il diffère autant qu'il est possible dans une même espèce.

L'égalité originelle des hommes n'est donc pas un fait démontré par l'observation; elle est quelque chose de plus : elle est un principe moral, un précepte religieux. Comme je l'ai déjà indiqué, elle a été affirmée clairement pour la première fois par le christianisme; elle a fait partie ensuite de son enseignement et a été consacrée par ses pratiques. Il en est résulté, lorsqu'enfin elle a été comprise, le devoir pour tous et pour la société de traiter tous les hommes en égaux; et lorsque ce principe moral a été transporté sur le terrain politique, ce devoir s'est converti en droit. Telle est historiquement la vérité. On ne saurait trop le répéter.

L'égalité n'existe donc que devant la loi et par la loi, la loi morale d'abord, la loi positive ensuite. L'état social au reste était seul capable de la réaliser pratiquement. Seul il pouvait annuler autant que possible les inégalités originelles en offrant à chacune d'elles une place appropriée, en les convertissant même en utilités et en services ; car ces inégalités sont en définitive comme des appropriations natives aux diverses fonctions nécessaires à l'existence de la société.

On doit aujourd'hui et provisoirement reconnaître deux sortes d'égalités devant la loi : l'égalité civile et l'égalité politique. La première est recon-

nue, en Europe au moins, plus généralement que la
seconde; elle forme la base du droit civil et pénal.
La seconde n'existe encore que d'une manière très-
restreinte; mais elle est l'objet d'une réclamation
universelle.

137. Je ne puis me dispenser ici de parler d'un
droit légal qui est complétement l'opposé de l'égalité: je veux dire du droit de naissance. La négation de ce droit en 1789 a ouvert le règne de
l'égalité. Il n'existe plus en France qu'à l'état de
prétention; mais il joue encore un grand rôle dans
presque toute l'Europe.

C'est un très-grand avantage de recevoir en
naissant un nom honoré et illustre. Cet avantage
n'a nullement besoin d'être reconnu par la loi
pour exister; il trouve une consécration suffisante
dans l'opinion. D'ailleurs, la société en profite; car
un beau nom oblige; l'homme qui le porte doit
se rendre digne de ses ancêtres et se faire remarquer comme eux par de nobles exemples; et d'un
autre côté, c'est un grand stimulant pour chacun
de penser qu'il peut, par ses bonnes actions, créer
pour les siens un héritage plus précieux que la
richesse. Mais à cet avantage déjà si grand, qui est
un fait d'opinion contre lequel la loi ne peut rien,
est-il juste d'ajouter des priviléges destinés à placer
le possesseur dans une position légale exceptionnelle, ainsi que cela a lieu dans les pays où la

noblesse est un pouvoir politique, en Angleterre, par exemple? Évidemment non! A quoi bon, quand nul service n'en fait une obligation, quand le service dont ces priviléges ont été jadis la rémunération peut être accompli d'une manière plus désintéressée et meilleure; quand enfin cette position n'est qu'une tradition d'un passé où le droit à l'égalité était encore inconnu? Cette institution, en effet, est une négation du devoir moral dont nous parlions tout à l'heure, une négation du droit qui en émane. La justice vaut mieux qu'une institution; dès qu'on l'aperçoit il faut y obéir.

On a dit que ces priviléges héréditaires représentaient l'inégalité naturelle. Il n'est rien de plus faux, rien dont le contraire soit mieux démontré. Ces priviléges d'abord ne répondent point aux véritables inégalités natives. Tel souvent qui naît dans un rang inférieur se trouve de tous points supérieur à celui qui naît dans un rang élevé, et c'est même le cas le plus ordinaire. Si parmi les héritiers de noms illustres il en est qui restent dignes de leurs ancêtres, il en est d'autres qui descendent au-dessous du niveau commun, non pas seulement parce qu'ils font abus de leurs priviléges, mais parce qu'ils apportent en naissant un certain degré de dégénérescence, une véritable inégalité. Il y a une loi naturelle, d'une action lente mais constante, qui tend à l'extinction des

familles privilégiées et qui en a déjà éteint le plus
grand nombre. J'ai précédemment parlé de cette
loi d'hérédité organique, en vertu de laquelle les
races se produisent, s'améliorent ou dégénèrent.
Or, une des causes de dégénérescence les mieux
démontrées réside dans les mariages qui s'opèrent
entre un nombre trop limité de familles et surtout
dans les mariages consanguins. L'usage dans les
familles nobles est de s'unir entre elles ; plus elles
se croient élevées, plus elles craignent de se mésal-
lier. Comme, en définitive, dans chaque pays et
dans chaque fraction de pays, les nobles sont le
petit nombre, il se trouve que leurs alliances ne
sortent guère d'un cercle très-restreint ; la con-
sanguinité y est très-commune. Cela se remarque
surtout dans les familles princières. Ajoutez à cette
cause l'hérédité accumulée des suites d'une vie
licencieuse, qui est le danger et comme la peine attachée à la fortune et à la puissance, et on comprendra
comment un aussi grand nombre de ces familles se
sont éteintes naturellement et comment tant d'autres sont représentées par des descendants indi-
gnes de leurs ancêtres. Si tous les gouvernements
n'avaient l'habitude de créer incessamment des
nobles, il est très-probable qu'il n'en resterait plus
guère. Au reste, la question du droit de naissance n'est plus à débattre ; elle est suffisamment
résolue par le sentiment public.

138. L'égalité devant la loi n'est nullement la liberté. Elle n'en vient pas; elle ne la produit pas. Sous le règne du despotisme l'égalité est la loi. C'est, il est vrai, celle de la servitude; mais enfin c'est l'égalité. En Turquie, les emplois sont accessibles à tous les citoyens, comme chez nous.

L'égalité devant la loi ne constitue pas non plus l'égalité morale. Les hommes ne sont moralement égaux que lorsqu'ils ont un pareil amour du devoir et un pareil dévouement; mais alors ils le sont absolument. Cette espèce d'égalité n'est pas seulement indépendante de la loi; elle est de plus au-dessus de toutes les différences qui résultent des positions sociales, de la fortune, de l'instruction et même des aptitudes intellectuelles et physiques. Elle les efface toutes. Elle est la vraie égalité et elle offre, sur l'égalité légale, cette supériorité qu'elle est un effet de la liberté individuelle, puisque tout le monde peut y atteindre par la volonté et la pratique du bien.

FIN DU PREMIER VOLUME.

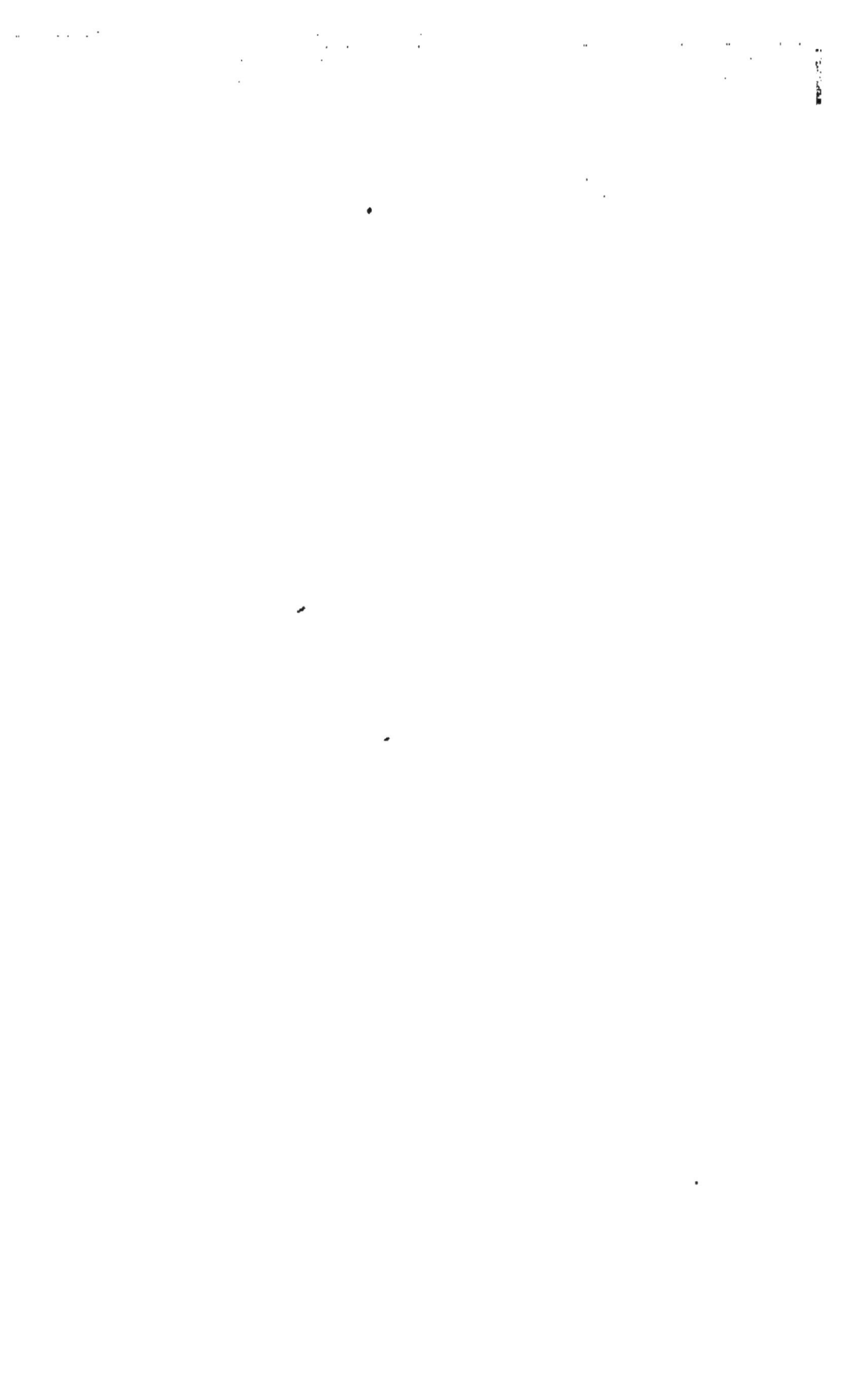

TABLE DES MATIÈRES

CONTENUES DANS LE PREMIER VOLUME.

Préface. I

Notice sur la vie et les travaux de Buchez. XI

Première partie. La vie de Buchez et le développe-
ment de ses idées. XIII

    § 1. Sa jeunesse. Les conspirations contre la Restaura-
    tion. — § 2. Buchez et l'école saint-simonienne. —
    § 3. Principaux travaux de Buchez. Son école. —
    § 4. Son rôle politique sous la République. —
    § 5. Ses dernières années.

Deuxième partie. Le système philosophique de Buchez.

    1re Section. § 1. Le progrès. — § 2. Les périodes orga-
    niques et les périodes critiques. — § 3. La physio-
    logie individuelle. — § 4. La physiologie sociale.
    — § 5. La prévision historique et l'histoire univer-
    selle. . . . . LM

    2e Section. Recherches de Buchez sur divers points
    spéciaux. — § 1. Théorie de l'hypothèse et du crite-
    rium. — § 2. Ontologie. Les lois générales du monde
    physique. Forces sérielles et circulaires. — § 3. An-
    thropologie. — § 4. Politique et science sociale... CIX

LIVRE I.

INTRODUCTION.

CHAP. I. Du caractère de la science politique ou sociale.   2

1. La science sociale est la partie la plus expérimentale
de la philosophie. — 2. Elle n'est pas la dernière à
se former, comme l'a prétendu Auguste Comte. —
3. Le langage, contemporain de la formation de la
société. — 4. La morale, de même date que la société
et le langage. — 5. La morale a été la première
science. — 6. La science sociale a dû précéder toutes
les sciences autres que la morale et le langage. —
7. Toute théorie dont les conséquences sont contraires à l'un des principes fondamentaux de l'état
social est fausse.

CHAP. II. De la science politique chez les anciens et
jusqu'à nos jours..   23

8. La terminologie et les définitions de Platon et d'Aristote forment encore aujourd'hui la base de la science
politique. — 9. C'est de ces philosophes que nous
tenons l'idée d'un gouvernement typique. — 10. Et
de même l'idée que la question sociale réside tout entière dans la forme du gouvernement, et que les mêmes
formes ne font que se succéder suivant un ordre prévu.
— 11. Formes nouvelles que les anciens ne connaissaient pas.

CHAP. III. D'une idée nouvelle à introduire dans la politique, ou du progrès   32

12. La loi du progrès conclut à des principes directement opposés à ceux de la science antique. — 13. La
vie sociale n'est pas le résultat du développement des
facultés individuelles. L'individu est perfectible, la
société seule est progressive. — 14. Les sociétés sont
fonctions de l'humanité.

CHAP. IV. Des tendances qui doivent caractériser la
science sociale moderne, comparativement à la science
des anciens..   41

15. Différences entre les tendances modernes et celles
de la science antique. — 16. Nécessité d'une réforme
de l'enseignement politique.

Chap. V. Des constantes sociales. Plan de l'ouvrage.   45

17. Des constantes sociales. Science sociale proprement
dite. — 18. Théorie pratique. — 19. Les trois parties de la science. Plan de l'ouvrage.

LIVRE II.

DU PRINCIPE PREMIER DE LA SCIENCE SOCIALE.

Chap. I. Du but commun d'activité ou de la constante
sociale générale.   55

20. Définition de l'état social. — 21. Il n'est pas de
société possible sans but commun. — 22. Différence
entre un but personnel et un but commun. —
23. La simultanéité d'action est différente de la communauté de but. — 24. Pourquoi une société ne peut
exister sans but commun. — 25. Le but rend la société obligatoirement progressive. — 26. Auteurs qui
ont parlé du but commun.

Chap. II. Premières consé quences sociales d'un but
commun d'activité. Détermination des constantes
sociales.   68

27. C'est le but commun d'a ctivité qui préside à la génération logique des constantes sociales. Constantes
de conservation et de progression.

Chap. III. De la conséquence la plus caractéristique
d'un but commun d'activité : la nationalité. . . .   74

28. Définition de la nationalité. Comment les nationalités se produisent.

Chap. IV. Réponse à quelques objections   81

29. Examen de diverses doctrines opposées. — 30. Théorie du contrat social. — 31. Si la nationalité provient
de la communauté du langage. — 32. Si elle provient
de la race. — 33. Comment se produisent les races.
— 34. Influence du caractère de la race sur l'individu.

Chap. V. De l'origine, de la formation et de la nature
des buts communs d'activité.   99

35. La question de l'origine des buts d'a ctivité est de
la nature des questions historiques. Buts généraux

et buts partiels naissant *a priori* et *a posteriori*. —
36. Le progrès serait impossible s'il n'y avait que des
buts *à posteriori*. — 37. Les buts généraux sont
toujours fondés sur des croyances religieuses. —
37. Exemples historiques. — 38. Utilité de maintenir les croyances qui ont donné naissance aux buts.
— 39. A quels caractères on peut reconnaître la vérité des buts et des croyances dont ils dérivent.

CHAP. VI. De l'activité vers le but ou de la division du
travail.   119

    40. Nécessité de la division du travail. Définition du
travail. — 41. Effets sociaux de la division du travail. Activité professionnelle et activité civique. —
42. Inconvénients et avantages sociaux de l'échange.
— 43. De la distribution des richesses. — 44. Loi de
génération de la division du travail. Théorie et pratique. — 45. Division du travail entre les nations.

LIVRE III.

INSTITUTIONS OU CONSTANTES DE CONSERVATION.

CHAP. I. Considérations générales.   133

    46. Nature des constantes de conservation. Leurs di-
verses espèces.

CHAP. II. De la conservation du but commun d'activité
par voie d'enseignement.   136

    47. Transmission du but par l'enseignement. Nécessité
de l'éducation. — 48. Différence entre l'éducation et
l'instruction. — 49. L'éducation a toujours deux
buts : faire l'homme et le citoyen. — 50. De l'éducation continuée par les beaux-arts. — 51. L'éducation de la première enfance. — 52. Rôle de la religion dans l'éducation. — 53. De l'instruction. —
54. L'éducation doit être obligatoire. Moyens de
développer l'instruction. — 55. Culture de la littérature et de la science. Académies.

CHAP. III. De la famille ou de la conservation de la
société par la conservation de l'espèce humaine. . .   168

    56. Le mariage et la famille. — 57. La société a débuté
par la famille. — 58. La famille est toujours la base

nécessaire de la société. — 59. Il ne suffit pas à l'homme d'être abandonné à son instinct pour se reproduire. — 60. Différence qui existe à cet égard entre l'homme et l'animal. — 61. Théories naturalistes sur l'union des sexes. — 62. Le but du mariage est la famille. — 63. Devoir du mariage. — 64. Indissolubilité du mariage. — 65. Gouvernement de la famille. — 66. Rôle politique de la famille. — 67. Rupture de la famille. — 68. Maintien des liens de famille par le droit de succession et les empêchements au mariage. — 69. Du nom patronymique. — 70. Nécessité de la sanction sociale du mariage. — 71. De la monogamie et de la polygamie. — 72. La polygamie en Chine. Supériorité de la monogamie. — 73. La famille moderne issue du christianisme. — 74. Effets physiologiques de la polygamie. — 75. De l'utilité de l'accroissement de la population.

CHAP. IV. De la conservation de la société par la conservation des individus. Concordance des intérêts individuels avec les intérêts sociaux.   233

76. Opposition entre l'individu et l'État. — 77. Du sentiment légitime de l'individualité, différent de l'égoïsme. — 78. Par quels motifs l'État se trouve en opposition avec l'individu. — 79. En réalité leurs intérêts sont les mêmes. — 80. Preuve quant à la liberté. — 81. Quant à la production industrielle. — 82. Quant à la qualité des hommes. — 83. Garanties nécessaires à l'individu.

CHAP. V. De la liberté au point de vue individuel et au point de vue social.   246

84. Définition de la liberté

Du libre arbitre. — 84. Importance de la question du libre arbitre. — 85. Conditions du libre arbitre : l'occasion et le motif du choix. — 86. La vie instinctive n'offre ni d'occasions ni de motifs pour choisir. — 87. La morale seule réunit ces conditions. — 88. Les plus dangereux ennemis de la liberté sont ceux qui cherchent à diminuer la puissance du libre arbitre.

De la liberté pratique. — 89. La liberté pratique est l'expression du libre arbitre. Du prétendu état de nature,

Des limites de la liberté dans l'ordre social. — 90. L'État a-t-il le droit de restreindre la liberté individuelle? — 91. De la liberté individuelle illimitée. — 92. De l'incompatibilité prétendue entre les droits de l'État et la liberté. — 93. Véritable théorie des limites de la liberté. Distinction entre les relations civiques et les relations individuelles. — 94. De la liberté civique. — 95. Liberté individuelle ou civile : la liberté de chacun a pour limite la liberté des autres. — 96. Réfutation des objections élevées contre ce principe. La limite indiquée est facile à établir.

Garantie de la liberté civile. Système préventif. Système répressif. — 97. Abus du système préventif. La méthode répressive est la seule qui convienne dans un régime libéral.

CHAP. VI. De la conservation et du perfectionnement de la vie humaine. 296

98. Il faut que tout individu soit assuré de la vie matérielle. — 99. Le droit au travail n'est pas le moyen d'arriver à ce but. — 100. La société ne peut imposer l'obligation du travail. — 101. Quand un homme meurt de faim, l'administration est coupable. — 102. Institutions qui ont eu pour but d'assurer aux hommes la suffisante vie. — 103. Moyens proposés pour arriver à ce but aujourd'hui. — 104. Du perfectionnement de la vie. Des institutions hygiéniques.

CHAP. VII. De la propriété. 320

105. La propriété, fait naturel, s'étend à tout ce que l'individu crée lui-même.

À quel degré le produit appartient-il au producteur? — 106. Participation des parents et de la société au produit. — 107. De la matière dont le produit est composé.

Le produit est-il l'unique objet du droit de propriété? — 108. Deux espèces de pouvoirs sur les choses. — 109. Distinction entre la propriété et la possession. — 110. L'individu n'a la propriété complète que des choses qu'il a produites. — 111. Différences entre le pouvoir de possession et le droit de propriété. — 112. Du droit de succession.

Quelles sont les limites du droit de propriété? — 113. Li-

mites matérielles de ce droit. — 114. Limites morales
et politiques. — 115. Résumé de ce qui précède.

*Du but de la législation relativement aux propriétés et aux
possessions.* — 116. Question de la relation du capital
avec le travail. — 117. Du capital foncier. — Biens
communaux.

CHAP. VIII. Des devoirs et des droits en général, et
particulièrement des devoirs et des droits individuels.   356

118. La doctrine des devoirs et des droits s'étend à toutes
les relations sociales. — 119. Base des croyances morales. — 120. Question de la priorité du devoir ou
du droit. — 121. Le devoir est antérieur au droit.
122. La morale est antérieure à la liberté. — 123. Importance de cette antériorité pour la solution des problèmes sociaux. — 124. Devoirs de l'homme envers
lui-même. L'honneur. — 125. Conclusion de ce chapitre.

CHAP. IX. Des devoirs et des droits sociaux ou politiques dans les relations intérieures et extérieures et,
par suite, du droit des gens..   380

126. Devoir et droit de la société de se conserver. Droits
de souveraineté et hiérarchie des fonctions qui en découlent. — 127. Devoirs et droits d'une nation vis-
à-vis des nations étrangères. Droit de défense. —
128. Droit de coaction. — 129. Conquête. —
130. Droit de réciprocité. — 131. Origine du droit des
gens moderne. Fédération européenne. — 132. Droit
des gens positif. — 133. De l'institution d'un tribunal
européen.

CHAP. X. De l'égalité comme principe d'institutions sociales.   398

134. Le principe de l'égalité inconnu aux anciens. —
135. Il était remplacé par le sentiment de l'avancement. — 136. Des fondements de l'égalité. —
137. Du droit de naissance. — 138. L'égalité devant
la loi.

FIN DE LA TABLE DU PREMIER VOLUME.

8600. — Imprimerie générale de Ch. Labure, rue de Fleurus, 9.